학문의 이해
5

문화사회학의 이해

Understanding Cultural Sociology

문화사회학의 이해

Understanding Cultural Sociology

초판 1쇄 인쇄 2020년 7월 13일

초판 1쇄 발행 2020년 7월 20일

지은이 김윤태 · 김남옥 · 손동기 · 이연희 · 이희정 · 홍찬숙

펴낸이 이방원

편 집 윤원진 · 김명희 · 안효희 · 정우경 · 송원빈 · 최선희

디자인 박혜옥 · 손경화 · 양혜진

영 업 최성수 **마케팅** 정조연

펴낸곳 세창출판사

출판신고 1990년 10월 8일 제300-1990-63호

주소 03735 서울시 서대문구 경기대로 88 냉천빌딩 4층

전화 723-8660

팩스 720-4579

이메일 edit@sechangpub.co.kr 홈페이지 http://www.sechangpub.co.kr

블로그 blog.naver.com/scpc1992 페이스북 fb.me/scp1008 인스타그램 @pc_sechang

ISBN 978-89-8411-952-9 93300

이 도서의 국립중앙도서관 출판시도서목록(CIP)은 서지정보유통지원시스템 홈페이지(http://seoji.nl.go.kr)와
국가자료공동목록시스템(http://www.nl.go.kr/kolisnet)에서 이용하실 수 있습니다. (CIP제어번호: CIP2020028432)

이 책은 2017년 정부(교육부)의 재원으로 한국연구재단의 지원을 받아 수행된 연구임 (NRF-2017S1A3A2066149)

학문의 이해
5

문화사회학의 이해

Understanding Cultural Sociology

김윤태 엮음

김윤태 · 김남옥 · 손동기 · 이연희 · 이희정 · 홍찬숙 지음

세창출판사

이 책은 문화와 사회에 관심 있는 학생들에게 유익한 입문서가 될 것이다. 현대 문화의 변화와 관련된 철학, 미학, 경제학, 사회학, 여성학, 정치학의 다양한 논쟁을 체계적으로 소개하면서 문화의 생산, 유통 및 소비에 관한 최신 쟁점을 사회 이론의 관점에서 깊이 생각할 기회를 제공한다.

　　　　　　　　　-이수희, 영국 켄트 대학 경영대학 교수, 창의도시포럼 공동대표

이 책이 주는 큰 즐거움은 '문화'를 이해하기 위해서 문화사회학이라는 학문의 세계로 우리를 초대하고 있다는 것이다. 우리가 쉽게 생각하고 받아들이는 '문화'라는 개념과 실체가 얼마나 복잡하고 깊은 이해와 성찰을 요구하는지를 가르쳐 준다. 그 깊은 이해가 도달하는 종착지에는 궁극적으로 '지금 여기'라는, 동시대 대한민국의 문화를 돌아보는 진지한 질문이 놓여 있다.

　　　　　　　　　　　　-홍창수, 고려대 문화창의학부 교수, 극작가

서구 인문사회학계가 '문화로의 전환'을 외친 지 어언 반세기가 흘렀다. 사회학이 인간 사회의 위기와 전환을 이해하고 대응하기 위해 탄생했던 것처럼, 또 다른 위기의 시대를 맞은 오늘날 사회학자들이 의기투합한 이 작업이 '문화'에 대한 성찰을 통해 새로운 계몽의 빛을 밝혀 주기를 기대한다.

　　　　　　　　　-설혜심, 연세대 사학과 교수, 『소비의 역사』의 저자

반가운 소식이다. 세밀하게 그려진 문화사회학의 지도가 나왔으니 말이다. 독자들은 한 페이지 한 페이지 읽어 가다 보면 사회적 삶을 구성하는 문화에 대한 통찰력을 얻는 기쁨을 느낄 것이다. 문화사회학의 세계로 안내할 홀륭한 도슨트를 만나기 바란다.

　-유승호, 강원대 영상문화학과 교수, 전 한국문화경제학회 회장, 『문화도시』, 『스타벅스화』의 저자

낯선 곳을 향하는 여행자들에게 좋은 지도, 정보, 안내자는 여행의 기쁨을 배가시키듯, 이 책은 '문화'를 통해 우리의 사회적 삶의 세계로 친절하게 안내한다. 지적인 기쁨을 배가시키는 훌륭한 안내자로서도 손색이 없다. 문화라는 프리즘을 통해 복잡한 현실 세계를 다채롭게 이해하고자 하는 모든 이들에게 이 책과의 만남은 큰 행운이 될 것이다.

　　　　　-정수남, 전남대 사회학과 교수, 『감정은 사회를 어떻게 움직이는가』의 공저자

인생에서 중요한 것은 당신에게 무슨 일이 일어났느냐는 것
이 아니라, 당신이 무엇을 기억하느냐, 그리고 그것을 어떻게
기억하느냐는 것이다.

─가브리엘 가르시아 마르케스, 『이야기하기 위해 살다』

오늘날 우리가 살고 있는 시대는 문화의 시대이다. 문화는 사
회를 이해하는 데 필수적인 키워드가 되었다. 문화를 이해하지 못하
면 현대 사회의 모습을 제대로 알 수 없다. 문화는 단순히 취향, 예술,
대중문화, 삶의 양식을 표현하는 데 그치지 않고, 정치, 경제, 사회,
그리고 개인들의 일상생활, 나아가 삶의 의미에 커다란 영향을 미친
다. 문화는 급격한 정치 변동의 원인이 되기도 하고, 기업의 경제 활
동도 좌우하며, 학교 교육과 언론의 작동 방식을 바꾸며, 나아가 개인
의 사랑, 결혼, 몸, 소비, 여가, 예술, 오락에 이르기까지 다양한 분야
에 영향을 미치고 있다. 문화를 연구하는 것은 사회에 대한 구조적 이
해뿐 아니라 개인의 행동에 대한 풍부한 지식을 제공할 수 있다. 이런
점에서 문화는 모든 학문 분야에서 주요 관심사로 부상하고 있다.

누구나 문화에 대해 알고 있다고 생각하지만, 문화만큼 복잡
하고 이해하기 어려운 것은 드물다. 우리는 자동차의 엔진과 부품을
몰라도 운전을 하고, 컴퓨터 부품을 전혀 이해하지 못해도 능숙하게
사용할 수 있고, 문화에 대해 잘 알지 못해도 문화에 적응하고, 즐기
고, 창조하며 살아갈 수 있다. 우리가 자신만의 문화적 취향을 가지

고, 예술을 감상하고, 다양한 대중문화를 즐길 수 있지만, 실제로 문화가 어떻게 작동하고, 어떤 내적 논리가 있으며, 문화가 사회의 다른 영역과 어떻게 관련이 있는지 이해하는 것은 매우 어려운 일이다. 그렇기 때문에 문화를 이해하는 지적 작업은 하나의 간단한 법칙이나 몇 가지 공리로 정리하기는 불가능한 일이다. 특히 문화는 인간의 이성과 합리성의 결과일 뿐 아니라 변덕스럽고 예측 불가능한 감정과 직관에 의해 큰 영향을 받았기에 문화를 자연과학처럼 분석하는 것은 거의 불가능하다. 그럼에도 불구하고 문화가 세상의 모든 일에 영향을 주고, 인간의 사고방식과 행동을 바꾸고, 나아가 미래의 사회를 만드는 데 중요한 역할을 수행하는 한 문화를 이해하려는 노력을 포기할 수는 없다.

　　문화에 대한 체계적인 학문적 연구는 주로 인문학과 사회과학 분야에서 이루어지고 있다. 인류학에서 심리학과 정신분석학을 거쳐 경제학과 경영학에 이르기까지 다양한 학문 분과가 문화를 중요한 주제로 설정하고 있다. 또한 문화연구(cultural studies)라는 독자적인 학문 분야도 등장했고, 대학과 대학원의 학위 과정으로도 만들어졌다. 문화를 연구하는 다양한 학문 분과 중 사회학이 제공하는 통찰력은 중요한 의미를 가지고 있다. 사회학이 탄생한 이래 문화는 언제나 중요한 연구 주제였다. 19세기 이래 마르크스(Karl Marx), 베버(Max Weber), 뒤르켐(Emile Durkheim), 짐멜(Georg Simmel)은 탁월한 통찰력을 제공했으며, 20세기 후반 이후에도 데이비드 리스먼(David Riesman)과 리처드 호가트(Richard Hoggart)에서 스튜어트 홀(Stuart Hall)과 피에르 부르디외(Pierre Bourdieu), 제프리 알렉산더(Jeffrey Alexander)에 이르기까지 수많은 학자들이 주목할 만한 연구 성과를 세상에 내놓았다. 이러한 사회학의 전통 속에서 이 책은 문화에 관한 다양한 이론적, 경험적 연구를 소개하며 현대 문화에 대한 체계적인 이해를 돕고자 한다. 사회학은 어떤 학문 분야보다 문화에 대한 가장 포괄적 이해를 제공하고 있으며, 지속적으로 새로운 이론적 접근법과 방법론적 실험을 통해 문화연구에서 주도적 역할을 수행하고 있기 때문이다.

역사적으로 사회학은 유럽의 계몽주의, 산업혁명, 정치혁명이 만든 지적 성과물이었다. 마르크스, 베버, 뒤르켐, 짐멜 등 고전 사회학자들은 인간의 이성, 자본주의 경제, 대의민주주의가 만든 현대성을 해석하기 위해 많은 노력을 기울였다. 그들은 현대 사회가 등장하면서 전통 사회의 불합리한 질서는 무너졌지만, 소외, 관료주의, 아노미(anomie), 비인간화 등 다양한 새로운 문제가 등장하는 현실을 목격했다. 고전 사회학자들이 현대성에 대한 독창적 성찰을 통해 현대인이 직면한 사회문제를 해결하기 위해 노력한 것처럼, 사회학은 언제나 세계에 대한 해석을 넘어 새로운 대안을 모색하기 위해 노력했다. 프랑스 사회학자 피에르 부르디외가 말했듯이 오늘날 "사회학은 다른 학문에 비해 '성찰적'이란 특성을 갖기에 사회 제도에 내재한 갈등을 분석하고 해결책을 고안하는 데 있어 다른 학문보다 더 강력한 모델과 이론을 생산해 왔다"라는 평가를 받는다. 이런 점에서 다른 어떤 학문보다 사회학은 좋은 삶을 위해 필수적 지식을 제공할 것이다. 문화사회학의 이해 역시 인간이 문화를 통해 더욱 자극을 받고, 영감을 얻고, 고양된 삶을 살아가는 데 도움이 되어야 할 것이다.

게오르크 짐멜에 의해 문화에 대한 사회학적 연구가 중요하게 부각되면서 20세기 초 독일에서 문화사회학이 본격적으로 태동했다. 사회학의 초기 단계에는 에밀 뒤르켐과 막스 베버의 학술적 연구가 중요한 기여를 했으며, 민속지를 활용한 말리노프스키와 래드클리프 브라운 등 다양한 인류학 연구도 많은 영향을 미쳤다. 독일 사회학자

알프레트 베버(Alfred Weber)가 '문화사회학'이라는 용어를 처음 사용했지만, 이 용어는 영어권 국가에서 1960년대 문화에 대한 연구가 폭발하던 시기에 새롭게 활용되었다. 특히 영국 버밍엄 학파는 다양한 이론적, 경험적 연구를 발표하면서 문화사회학의 발전에 커다란 기여를 했다. 그 시기에 지성계에서 인기를 끌었던 프랑스 구조주의와 포스트모던(postmodern) 사회학은 과학적 연구 대신 언어와 상징의 해석학적 이해에 초점을 맞추었다. 한편 문화 분석과 비판 이론을 연결하려는 지적 시도도 지속적으로 관심을 끌었다. 그 후에 문화는 사회학의 다양한 분야에서 연구 주제로 떠올랐으며, 사회계층, 미디어, 사회 네트워크 분석에서도 관심을 끌었다. 경험주의적 전통을 계승하는 사회학자들은 추상적, 포스트모던적 접근법을 거부하고 사회심리학과 인지과학의 과학적, 실증적 방법을 활용하는 경우도 있다. 오늘날 대부분의 문화사회학 연구는 압도적으로 질적 분석을 많이 활용하지만, 통계를 활용한 양적 분석도 출간된다. 문화사회학의 다양한 접근법은 문화에 대한 높은 관심을 보여 주는 것인 동시에 문화 자체의 복잡한 특성을 보여 주는 것일 수 있다.

우리는 한 권의 책으로 문화의 모든 것을 설명하기란 불가능하다는 것을 잘 안다. 그러나 한 권의 책이 문화에 대한 지적 관심의 출발점이 될 수는 있을 것이다. 이 책은 문화에 관한 사회학적 연구의 역사적 발전 과정을 살펴보면서, 현대 사회학의 다양한 문화 분석의 성과를 소개한다. 먼저 문화가 사회 속에서 어떻게 만들어지고, 유지되고, 재생산되는지에 관한 다양한 고전적, 현대적 사회학 이론과 논쟁을 검토하고 평가할 것이다. 이 책은 문화와 계급, 젠더, 예술, 대중문화, 여가, 몸, 소비, 정치, 정보사회에 관한 이론적, 경험적 분석을 살펴보면서 독자들과 문화사회학의 연구 성과를 공유하고자 한다. 이를 통해 문화가 단순히 경제의 반영이거나 사회적 관계의 부산물이 아니라 정치적 역동성과 밀접한 관련을 가지며, 특히 현대 사회에서 정치적 프로젝트로서 중요한 의미를 가진다는 점을 강조한다. 이 책은 문화와 계급의 관계에 대한 사회학적 분석의 중요성에 주목하며, 예술과 대중문화에 대한 사회학적 차원의 설명을 제공한다. 그리고 현대 사회의 가장 중요한 특징 중 하나인 대중소비에 관한 다양한 관점을 제시하며, 성, 사랑, 정체성, 놀이, 스포츠, 아름다움, 성형수술, 사치품, 광고, 미디어의 역할 등 현대 문화의 새로운 변화를 조명할 것이다. 시대와 지역을 초월한 문화사회학의 지적 탐험을 통해 오늘날 우리의 사회적 삶이 문화와 어떤 관련을 갖는지 깊이 성찰하는 기회를 제공할 것이다.

이 책은 현대 사회의 가장 커다란 구조적 변동을 주도하는 급속한 정보화와 지구화가 문화에 미치는 효과에 대해서 큰 관심을 가진다. 최근 정보기술의 발전과 문화의 지구화 과정이 급속하게 진행되면서 개인의 정체성과 몸매 가꾸기부터 소비자 마케팅과 집단의 갈등에 이르기까지 문화는 새로운 차원으로 변화했다. 문화를 이해하지 못한다면 정당의 정치적 프로젝트와 신사회운동의 대중 활동도 성공할 수 없다. 시장의 작동과 운영이 지구적 영역으로 확대되면서 기업 활동 역시 문화의 다양성에 대한 이해가 없다면 제대로 성공하기 어려워졌다. 한편 한국에서도 인터넷의 사용이 급증하고 다양한 문화 공간과 활동이 증가하면서 문화적 차원의 의사소통은 더욱 중요한 의미를 가진다. 정보기술의 발전으로 자유로운 정보의 이동이 가능해짐으로써 민주주의와 인권의 침해를 감시할 수 있고 다양한 문화가 공존하는 새로운 시대가 도래할 것이라는 낙관적 기대는 점점 약해지고 있다. 최근 인터넷의 혐오 발언, 당파적 논쟁, 가짜 뉴스,

정부와 기업에 의한 감시의 강화, 사생활 침해는 많은 사람들의 우려와 불안감을 키우고 있다. 물론 인터넷이 만든 새로운 문화는 두 가지 가능성을 모두 가지고 있다. 이런 점에서 문화에 대한 체계적 이해는 개인의 삶에 새로운 의미를 줄 수 있고, 사회적 관계의 새로운 방향을 제시할 뿐 아니라 개인들의 예술적 창조와 삶의 질에도 중요한 영향을 미칠 수 있다. 따라서 우리가 좋은 삶을 추구하고, 다른 사람과 좋은 관계를 유지하고, 좋은 사회를 만들기 위해서는 문화에 대한 더 깊은 이해가 필요하다.

이 책은 문화사회학이 대학에서 광범위하게 교육되기를 바라는 마음으로 출간된 전문 학술서이다. 단순히 다양한 저자들의 개별적 논문을 모은 책이 아니라 주요 문화사회학 의제와 이슈를 기획하여 이론, 젠더, 계급, 예술, 대중문화, 소비, 몸, 정보사회 등 문화사회학의 핵심 주제를 다룬다. 먼저 이 책은 문화의 일반 이론을 제시하는 대신 문화에 관한 고전적, 현대적 학자들의 다양한 학술적, 분석적 연구를 소개하고 평가한다. 또한 중범위 이론의 연구 전략을 활용하여 문화사회학의 주요 이슈에 관한 다양한 이론적, 경험적 연구를 소개하고 평가한다.

편집자로서 나는 사회학을 공부하고 대학에서 문화사회학의 다양한 주제를 연구하고 강의한 학자들과 함께 저서를 출간하게 된 점을 매우 기쁘게 생각한다. 우리는 사회학과 문화 분석에 대해 공통적 관심을 가지고 있기에 서로 대화를 나누며 이 책의 출간을 위해 함께 노력했다. 저자들은 이 책이 대학에서 전문 학술서로 활용하도록 집필되었지만, 문화사회학에 관심 있는 모든 시민들도 큰 어려움 없이 읽을 수 있는 책이 되도록 노력했다. 이 책의 중요한 목표는 다음과 같다. 첫째, 이 책은 해외 학자들의 문화사회학의 주요 이론적, 경

험적 연구 결과를 체계적으로 소개하는 동시에 한국적 맥락에서 가
지는 의미를 분석하려고 시도했다. 모든 문화 현상에는 인간 사회의
보편적 특성과 개별 국민국가의 특수성이 공존하기 때문이다. 둘째,
고전적 연구뿐 아니라 가장 최신 연구를 포함하여 다양한 정보를 소
개하기 위해 노력했다. 문화에 대한 고전적 연구는 우리에게 중요한
통찰력을 제시하지만 오늘의 문화를 이해하려는 학자들의 지적 탐구
에 대한 이해도 필요하기 때문이다. 셋째, 문화의 다양한 주제에 대한
이론적 연구와 함께 경험적 분석을 소개하면서 체계적인 지식을 전
달하기 위해 노력했다. 문화는 죽어 있는 개념과 지나치게 일반화하
기 쉬운 이론에만 존재하는 것이 아니라 항상 살아 있는, 생동감이 있
는 현실에서 새롭게 탄생하는 것이기 때문이다. 물론 문화의 연구 영
역이 너무 방대하기 때문에 이 책이 모든 주제를 다루기는 어렵지만,
가능한 현대 사회의 가장 쟁점이 되는 주제를 담으려고 노력했다.

　　편집자인 김윤태가 2018년부터 이 책의 기획과 편집을 맡았지
만, 김윤태(1, 2, 3, 8, 9, 10, 11장), 홍찬숙(4장), 김남옥(5장), 이연희(6장), 손동
기(7장), 이희정(12장) 등 다양한 분야의 사회학자들이 협력하여 이 책
을 출간했다. 저자들의 관심과 주장이 약간 다른 점도 있지만, 독자
들에게 필요한 일반적 지식과 체계적인 설명을 제공하는 책을 만들
기 위해 공동의 지적 작업에 참여했다. 편집자로서 나는 학문은 단순
한 지식의 축적이 아니라 인간에 대한 깊은 이해를 제공함으로써 좋
은 사회를 만들기 위한 지식인의 책임과 관련이 있다는 문제의식을
계승해야 한다고 생각한다. 단순한 현상에 대한 소개에 매몰되어 평
균적 수치를 물신화하거나, 나르시시즘, 쾌락주의, 소비주의로 귀결
되는 포스트모더니즘의 문화를 무비판적으로 추종하거나, 몸과 정신
을 팔아 돈과 신보수주의적 견해를 숭배하는 저열한 속물과 사이비

학자의 지적 왜곡을 없애는 데 도움이 되기를 바라는 희망이 이 책의 출발점이다. 궁극적으로 이 책이 돈이 지배하는 기업의 세계, 순간적 만족만 제공하는 문화산업, 성찰을 잃어버린 도구화된 학문의 세계가 만든 어둠을 넘어 새로운 계몽의 빛을 찾는 데 도움이 되기를 바란다.

이 책을 준비하는 동안 우리는 여러 학술대회와 토론회에서 학자들과 나눈 대화와 토론으로부터도 도움을 받았는데, 그분들의 도움과 격려에 대해 감사의 마음을 전한다. 많은 학자들과 문화와 사회에 관한 대화를 나누고 토론하는 기회에서도 배운 점이 많다. 내 글의 일부는 신문과 언론에 기고된 칼럼을 인용했는데, 글을 읽고 의견을 준 여러 동료들에게 감사드린다. 이 책을 준비하는 동안 다양한 수업에서 대화를 나눈 고려대학교 공공정책대학 학부생과 대학원생들에게 감사의 마음을 전한다. 나는 학생들과의 수업에서 내가 가르친 것보다 더 많은 것을 학생들로부터 배웠다. 그리고 마지막 단계에서 원고의 편집을 도와준 고려대 김명은, 장소매 연구조교에게도 감사드린다. 2018년 연구년 동안 내 연구에 도움을 준 홍콩중문대학과 페니 청 교수, 앤서니 펑 교수에게도 감사드린다. 이 책은 2020년도 고려대학교 공공정책대학 교내지원연구비의 지원을 받았다. 연구에 도움을 준 고려대학교 공공정책대학에 감사드린다. 또한 이 책은 2017년 정부(교육부)의 재원으로 한국연구재단의 지원을 받아 수행된 연구이다. '다중격차 시대의 융합적 사회통합' 연구를 수행하는 한국사회과학연구지원사업(SSK) 여러분들에게 감사드린다. 끝으로 우리의 원고를 책으로 훌륭하게 만들어 준 세창출판사 김명희 이사님과 편집부의 선생님들에게 깊은 감사의 인사를 드린다.

괴테가 『파우스트』에서 "모든 이론은 회색이고, 영원한 것은 저 푸른 생명의 나무이다"라고 말한 대로, 이 책을 읽은 독자들은 때로는 책을 덮고 거리로 나가 직접 사회 곳곳의 문화에 대한 관찰과 체험을 통해 우리 시대의 문화의 빛과 어둠을 더 깊이 이해하기를 기대한다. 책이 쌓여 있는 서재뿐 아니라 광장, 거리의 뒷골목, 공연장, 그리고 인터넷의 바다에서 직접 새로운 문화를 해석하고, 비평하고, 창조하는 기쁨도 느끼길 바란다. 문화를 아는 사람이 사회를 알 수 있고, 사회를 아는 사람이 인간을 알 수 있다. 인간을 이해하는 일은 쉽지 않은 일이고, 때로는 실망과 환멸에 빠지게 만들지만, 끊임없이 밀어닥치는 삶의 거센 파도를 헤쳐 나가는 데는 물러서지 않는 지적 노력이 필요하다. 나아가 사회의 복잡다단한 문화적 과정을 꿰뚫어 보는 통찰력을 얻고 좋은 사회를 만들기 위해 노력하는 학문적 작업을 위해서는 더 많은 노력이 필요하다. 부디 독자들의 머나먼 지적 오디세이에서 이 책이 유용한 별자리가 되길 바란다.

2020년 7월

김윤태

차례

1장

문화를 보는 관점

거미는 방적기처럼 활동한다. 벌은 벌집을 만들 때 건축가처럼
행동한다. 그러나 최고의 벌과 최악의 건축가 사이에는 차이가
있다. 건축가는 실제로 건축물을 만들기 전에 상상 속에서 구조
를 만든다.

─카를 마르크스, 『자본론』

호르헤 루이 보르헤스(Jorge Luis Borges)의 단편 「보르헤스와 나」
는 환상을 다루고 있지만 살아 있는 자신의 모습을 묘사한다. 이따금
걸음을 멈추며 부에노스아이레스의 거리를 걷고 있는 작가는 교수
협의회 명단과 인명사전에 있는 자신을 발견한다. 그는 모래시계, 지
도, 18세기 활판 인쇄, 어원학, 커피 맛, 스티븐슨의 산문을 좋아하는
자신을 마치 꿈을 꾸듯이 드러낸다. 작가는 스스로 자신을 표현하고
있지만 다른 사람, 즉 기호와 상징으로 바뀌어 버린 한 인간을 우리
앞에 보여 준다. 이 짧은 소설은 한 인간을 말하고 있지만 세상의 모
든 것에 대한 알레고리의 형태로 바뀐다.

1
장
문화를 보는 관점

나는 살아가고 있고, 내 자신이 살아가도록 내버려 두고 있
다. 보르헤스는 자신의 문학을 만들어 갈 수 있을 거고, 바로
그 문학이 나의 존재를 정당화시켜 줄 것이기 때문이다. 나는
그가 몇 페이지의 좋은 글을 썼다는 사실을 당당하게 말할 수
있다. 그렇다고 해도 그 글들이 나를 구원해 줄 수는 없다. 왜
냐하면 좋은 것은 이미 그 누구의 것도 아니고, 그의 것도 아
니고, 단지 언어 또는 전통의 소유물이기 때문이다. 게다가
나는 명백하게 소멸할 운명을 가지고 있고, 단지 내 자신의
어떤 순간들만이 남의 기억 속에 남게 될 것이지 않은가. 비
록 나는 그가 왜곡하고 과장하는 타락한 습관을 가지고 있다
는 것을 알고 있지만 나는 조금씩 그에게 모든 것을 양도하고

있다.[01]

　한 인간만이 아니라 우리가 살고 있는 이 세상의 모든 존재도 마찬가지이다. 모든 것은 스스로 만들어지는 것처럼 보이지만, 누군가에 의해서 끊임없이 재창조된다. 어제의 것은 사라지는 것처럼 보이지만, 오늘 다른 것으로 변하여 새롭게 태어날 수 있다. 우리가 널리 사용하는 언어조차도 오랜 전통을 거쳐 만들어진 개념이며 어느 한 개인에 의해 창안되거나 결정된 것은 아니다. 과거의 언어는 사라지고 오늘 다른 의미로 변하여 새롭게 사용될 수 있다. 문화라는 개념도 예외가 아니다.

　문화는 오랜 전통을 가지고 있으며 지금까지 우리가 일상적으로 사용하는 용어이지만, 학문적으로 정의하기는 매우 까다롭다. 문화에 관한 연구로 유명한 영국의 문학 이론가 레이먼드 윌리엄스(Raymond Williams)는 "문화는 영어에서 가장 복잡한 두세 가지 단어 중 하나이다"라고 말한 바 있다(윌리엄스, 2010). 학문 분야마다 관점이 다를 뿐 아니라 학자마다 문화를 다르게 정의한다. 역사적으로 문화는 지배계급의 통치 수단으로 활용되었지만, 시대의 변화에 따라 다양한 성격을 가지게 되었다. 오늘날에도 문화를 회화, 음악, 문학과 같은 고급문화로 보는 관점도 있지만, 단지 '교육을 받아 교양을 갖추고 세련된 태도'를 가리키는 경우도 있으며, 또는 보통사람들의 평범한 오락, 놀이, 취미를 가리키는 말로 사용하기도 한다. 이 견해에 따르면, 바흐의 〈평균율〉, 베르디의 〈아이다〉, 할리우드 영화 〈라라랜드〉, 한국 텔레비전 드라마 〈부잣집 아들〉, 그리고 인터넷 게임 '리그 오브

01　호르헤 루이 보르헤스, 1997, 「보르헤스와 나」, 『보르헤스 전집 4 칼잡이들의 이야기』, 황병하 옮김, 민음사, p. 64~65.

레전드'도 모두 문화에 해당된다.

문화의 개념은 오랜 역사를 갖지만, 국가에 따라 다른 의미를 지녔다. 문화라는 개념을 체계적으로 발전시킨 유럽에서도 문화는 다양한 의미로 쓰였다. 레이먼드 윌리엄스는 영어에서 문화라는 단어는 라틴어 어원으로 '배양하다(cultivate)'라는 단어에서 생겨났으며, 주로 농촌적, 교육적 의미가 강하다고 지적했다. 이런 점에서 문화가 없다는 표현은 교육을 못 받아 교양이 없고 세련되지 못하다는 의미를 함축한다. 이에 비해 문명은 '시민적(civil)'이라는 단어에서 유래했고 도시적, 인공적인 것과 관련 있다고 주장했다(윌리엄스, 2010). 한편 문명이라는 개념은 단지 장소와 기술적 차원의 문제가 아니라 가치 판단의 개념으로 사용되었다. 예를 들어, 문명을 가진 유럽 국가와 '야만' 상태에 있는 아프리카를 비교하는 경우가 그렇다. 반면에 유럽 국가 가운데 독일은 문화의 개념을 약간 다른 의미로 사용했다. 독일에서 문화란 상징과 가치를 가리키고, 문명은 사회 조직을 가리킨다. 이렇게 문화와 문명의 관념에는 나라별로 차이가 존재한다.

중국에서 문화라는 용어는 고대 시대부터 사용되었지만, 서양의 개념과 동일한 것은 아니었다(강진석, 2004). 고대 중국에서 '문(文)'은 단지 문자와 인간에 의해 성취된 것만 가리키는 것이 아니라 사람을 가르친다는 의미로 쓰이기도 했다. 19세기 말 중국 학자들은 서양의 문화와 문명이라는 단어를 번역하면서 서양과 비슷한 의미로 사용했다. 한편 역사적으로 한족은 주변 지역과 거처, 음식, 의복, 도구, 언어가 다르다고 보며 구별했다(邸永君, 2009; 百度百科). 동시에 한자는 한족의 경계를 넘어 중국의 통일에 큰 기여를 했으며 중국의 문화적 정체성을 형성하는 중요한 토대가 되었다. 한자문화는 한국과 일본 등 동아시아 사회에도 커다란 영향을 주었으며, 민족의 경계를 넘어 동아시아 세계의 정신적 토대가 되기도 했다. 이런 점에서 분명히 동양과 서양의 문화에 대한 관념의 차이는 존재한다.

학문적 차원에서 문화에 관한 본격적인 연구는 19세기 인류학자들에 의해 이루어졌다. 영국 인류학자 에드워드 타일러(Edward Tylor)는 『원시문화』에서 문화란 "지식, 신념, 예술, 도덕, 법률, 관습 등과 같이 인간이 학습으로 얻은 모든 것의 복합체"라고 정의했다(Tylor, 1871). 이러한 관점에서 오늘날 인류학에서의 문화란 생물학적 유전에 의한 것이 아니라 신념이나 사회적 가치 등에 의해 이루어진 행위이며, 주로 언어의 매개를 통해 학습되고 사회적으로 공유되는 것을 가리킨다. 이런 정의는 오늘날 보통사람의 생각과 상당히 다르다는 난점이 있다. 그럼에도 불구하고 인류학자의 문화에 대한 정의는 오늘날 사회학자들에게 커다란 영향을 주었으며 상당히 광범하게 받아들여진다. 오늘날 넓은 의미에서 문화라는 개념은 생물학적으로 결정된 것과는 달리, 인간 사회에서 상징적 학습으로 습득한 모든 것을 가리킨다.

문화와 사회의 만남

문화는 사회와 밀접한 관련을 가진다. 문화는 언제나 사회 속에서 만들어지며 사회의 다양한 개인과 집단의 이해관계, 사고, 삶의 양식의 영향을 받는다. 문화의 사회적 관련성, 문화와 사회구조, 그리고 문화와 개인 및 집단행동 사이의 관계를 설명하는 작업은 심층적 문화 코드의 제약을 받는다. 문화를 보는 관점 역시 자신이 태어나고 자란 사회로부터 큰 영향을 받는다. 자신이 속한 집단이나 사회의 특성에 따라 다른 집단이나 사회를 보는 관점에 차이가 나는 경우가 많다. 19세기에 에드워드 타일러는 문화와 문명은 더 높은 도덕적 가치로 진보하는 것이라고 보았다. 이런 사고는 영국 사회학자 허버트 스펜서(Herbert Spencer)의 사회 진화론과 유사하며, 더 높은 수준을 가진 서양 문명이 아프리카, 아메리카, 아시아에 식민지를 만드는 활동을 합리화하고, 문화와 문명의 위계질서를 설정한 영국 빅토리아 시대의 의식을 반영한다고 볼 수 있다.

사회과학에서 자신의 문화를 중심으로 다른 문화를 해석하는 것을 자민족중심주의(ethnocentrism)라고 부른다. 이는 그리스어로 인종 또는 민족을 나타내는 '에스노스'와 중심을 나타내는 '켄트론'이 결합하여 생긴 용어이다. 자민족중심주의는 민족에 국한하지 않고 여러 사회적 계층에서 자기가 속한 내집단과 자기가 속하지 않은 외집단과의 차별을 강력히 의식하고, 내집단에는 긍정적, 복종적 태도를, 외집단에는 부정적, 적대적 태도를 취하는 정신적 경향을 가리킨다. 그리하여 다른 문화에 대한 편견과 거부감을 만들기도 한다. 또한 자신과 다른 문화를 이해할 때 자신의 문화적 기준과 잣대를 기준으로 해석하는 경우가 많다. 19세기 프랑스 화가 앵그르가 오스만 제국의 터키를 방문하고 그린 〈터키탕〉과 같은 그림에서 여자들은 알몸을 드러내고 남자에게 순응하는 모습으로 묘사된다. 키플링의 소설 『킴』에서 원주민은 언제나 열등한 존재로 묘사된다. 유럽 제국주의가 세계를 지배하면서 현대 문화를 이식하는 한편 유럽 중심적 사고까지 널리 확산된 것은 분명한 사실이다. 자민족중심주의는 모든 민족과 집단에도 일정 정도 내재하고 있지만, 그 정도가 심해지면 나치스의 유대인 박해와 같은 극단적인 배외주의로 변화되기도 했다.

그러나 19세기 말부터 다른 문화에 대한 관심이 커지면서 다양한 사회를 비교하는 연구가 발전했다. 미국 원주민 사회를 연구했던 프란츠 보아스(Franz Boas)와 같이 주로 현지조사를 수행했던 인류학자들은 20세기 초반에 문화상대주의(cultural relativism)의 시각으로 전환했다. 문화상대주의는 한 문화가 다른 문화에 적용할 수 있는 절대적인 기준을 가지고 있지 않다고 주장한다. 이는 다양한 문화에 서열을 매기지 않으며, 있는 그대로 묘사하고 비교하고 대조하는 것을 목적으로 한다. 이누이트와 같은 부족 사회도 오직 유럽 사회와 다른 사회일 뿐이지 이 세상에 더 우월하거나 열등한 사회는 없다고 주장했다. 모든 문화는 다른 문화적 배경을 가진 사람들과 구별되는 독특한 행위의 유형을 가지고 있다. 어떤 사람이 속한 문화를 알지 못한다면, 그 사람들의 행위와 신념을 제대로 이해하지 못할 것이다. 문화는 그 내부에 있는 의미와 가치로써 이해되어야 한다. 이런 관점은 오늘날 문화를 연구하는 사회학자에게도 커다란 영향을 주었다.

문화상대주의는 서로 다른 문화를 비교하는 데 유용한 관점을 제시한다. 보아스의 제자인 마거릿 미드(Margaret Mead)는 1930년대 뉴기니아의 세 마을에 대한 현지조사를 통해 우리가 흔히 문명 사회에서 남성답다고 표현하는 것과 부족 사회에서 남성답다고 하는 것이 같은 의미인지 질문을 던졌다. 미드는 『세 부족사회에서의 성과 기질』을 통해 세 부족 사회에서 남성과 여성의 기질을 규정하는 방식이 아주 다르다는 사실을 발견했다(미드, 1998). 먼저 아라페쉬 부족 사람들은 남녀 모두가 비슷한 인성을 가졌다고 믿었는데, 이는 서구인들의 관점에서 모성적 또는 여성적이라고 분류할 수 있는 기질이었다. 둘째, 먼더거머 부족 사람들은 아라페쉬 사람들과는 대조적으로, 남녀 모두 무자비하고 공격적인 성향을 보였다. 세 번째 부족인 챔불리에서는 성적 차이를 인정하면서 그것을 사회생활을 구성하는 데 활용하고 있다. 그런데 성적 차이의 내용은 서양인들이 일반적으로 생각하는 것과는 정반대로, 여자는 지배적이고 통솔권을 가지는 반면에 남자는 책임감이 약하고 정서적으로 의존적인 성향을 가졌다. 미드의 인류학적 연구에서 보이는 것처럼 세 가지의 대조적인 상황을 보이는 부족 사회의 경우에는 수동성, 민감함, 아기를 귀여워하는 마음 등을 딱히 여성적인 기질이라고 단정할 수 없으며, 공격적이고 추진력이 강한 것을 남성적이라고 단정하기 어렵다. 이는 인간의 본성이란 것이 얼마나 쉽게 길들여지는 것이며, 개인의 삶에 미치는 사회적 조건의 영향력이 얼마나 막강한 것인지를 보여 준다. 이러한 미드의 논의는 지나치게 상대주의적인 관점을 부각시키고 있다는 비판을 받았지만, 이 책이 유럽중심주의가 팽배하고 남녀의 성적 역할에 대한 고정관념이 널리 확산된 시대에 쓰였다는 점을 고려할 필요는 있다.

프랑스 인류학자 클로드 레비스트로스(Claude Lévi-Strauss)는 브라질 아마존의 부족 사회에 관한 논문을 출간했다. 그는 1955년 출간한 『슬픈 열대』에서 유럽 사람들이 구분하는 '문명'과 '야만'의 개념에 근본적 질문을 던졌다. 레비스트로스는 서양처럼 발명과 업적을 중시하는 사회를 '과열된 사회' 또는 '동적 사회'라고 부른 반면, 종합적 재능과 인간의 교환 가능성이 반복적으로 지속되는 사회를 '냉각된 사회' 또는 '정적 사회'라고 불렀다. 그는 신비스러운 조화의 구조를 가졌던 원시적 과거가 문명의 이름으로 이제 우리의 눈앞에서 사라지는 현실을 비판했다. 그는 서양 문명이 문명화라는 이름으로 부족 사회를 파괴하면서 유럽 사회가 원시적 행동과 순수함을 잃고 있다고 지적했다. 문화적 다양성을 인정하지 않는 서양 문명의 전제적 사고방식과 다른 행동 양식을 가진 사회를 야만 사회라고 무시하는 태도야말로 편견에 불과하다며 신랄한 비판을 던졌다.

　문화상대주의는 문화를 이해하는 데 중요한 공헌을 하지만, 몇 가지 한계를 가진다. 첫째, 인류의 진보가 아예 발생하지 않는다는 가정에 빠져서는 안 되며, 실제로 특정한 분야에서 진보가 발생하는 경우가 간과되어서는 안 된다. 물론 진보는 언제나 부분적 퇴행을 겪기도 하면서 불연속적인 방식으로 나타난다. 둘째, 인류학자들은 주로 산업 사회 이전의 사회를 연구하는데, 모든 사회를 하나의 척도로 비교하기는 어렵다. 셋째, 인류학자들은 한 사회의 가치에 대해 지적, 윤리적, 도덕적 판단을 내리기가 어렵다고 말하지만, 어느 사회나 도덕적 기준을 가지고 있다. 다른 문화를 비교할 때 가치의 우열을 규정하고 도식화하는 사고를 부정하고, 한 사회의 문화를 있는 그대로 존중해야 하지만, 어떤 문화에 대한 가치 판단 자체를 부정할 수는 없다. 예를 들어 서구 문명은 기술, 경제, 사고방식, 패션, 음식, 심지어 스포츠조차도 다른 세계에 광범위하게 영향을 미쳤지만, 식민주의, 노예제, 세계대전, 핵무기, 환경 파괴의 문화까지 긍정적으로 평가하기는 어렵다. 또한 다른 문화와 긴밀하게 연결되고 서로 영향을 주는 현시대에서 어떤 문화를 수용하고 어떤 문화를 거부할 것인지를 판단하는 일은 여전히 중요한 과제이다.

　오늘날의 사회학에서도 문화상대주의는 다양한 문화를 비교하는 중요한 관점이다. 인류학자의 긴 여정은 다양한 사회의 공간적 경계를 뛰어넘는 횡적 차원의 관점을 제시했다. 그러나 인간의 문화는 과거에서 현재로 변화하는 시간적 구분을 뛰어넘는 종적 차원의 역동성도 보여 준다. 이러한 관점은 역사학의 연구에서 주로 나타난다. 이런 점에서 현대 사회의 중요한 특징은 17~18세기 유럽에서 탄생한 계몽주의, 산업혁명, 정치혁명에 의해 이루어졌다고 해도 과언이 아니다. 유럽의 문명이 전 세계적으로 확대되면서, 상당한 정도로 보편적인 경향을 보이며 세계의 문명을 바꾸었다는 점을 부정할 수 없다. 물론 유럽 이외의 지역이 유럽과 동일한 사회가 되었다는 의미는 아니다. 하지만 유럽에서 출발한 과학기술의 발전, 자본주의 시장 제도, 민주적 정치 제도의 확산은 다른 지역에서도 비슷하게 나타난다. 서구와 비서구의 차이점을 강조하는 학자들은 '후기 현대성,' '2차 현대성,' '복수 현대성,' '식민적 현대성'이라고 표현하지만, 누구도 현대성이라는 특징이 전 세계적 현상이라는 사실을 부정하지는 않는다.

오늘날 많은 사회학자들은 현대성(modernity)의 특징으로 세 가지 요소를 지적한다. 첫째, 유럽의 계몽주의가 확산되면서 합리성에 대한 믿음과, 인간이 과학과 기술을 통해 자연을 정복하고 세계를 변화시킬 수 있다는 믿음이 확산되었다. 인간의 자발적 의지와 노력으로써 사회를 개조할 수 있다고 믿으며 역사가 진보한다고 가정한다. 둘째, 영국에서 출발한 산업혁명 이래로 대규모 기계를 통한 산업 생산과 자본주의 시장경제를 위한 경제 제도가 확대되었다. 드넓은 초원이나 숲속이 아니라 벽돌로 지은 공장과 고층 사무실에서 이루어지는 이윤을 위한 상품 생산이 경제 활동의 주요 형태가 되었다. 셋째, 프랑스 혁명 이래로 국민국가와 대중민주주의 같은 정치 제도가 만들어지고 선거권을 비롯한 시민권의 관념이 널리 확산되었다. 신에게 권력을 물려받는다던 군주나 태어날 때부터 씨가 다르다는 귀족들은 단두대에 올라가고, 양을 치고 감자를 캐던 농부 또는 낫과 칼을 만들던 대장장이와 같은 평범한 사람들이 정치의 무대에 올라갔다.

현대성의 가능성과 한계

현대성의 출현은 19세기의 위대한 학자들의 관심을 끌었다. 무엇보다도 계몽주의는 지적인 철학자와 작가들의 마음을 사로잡았다(버만, 2004). 괴테는 신의 음성을 통해 "비록 그가 지금은 오로지 혼란 속에서 나를 섬기고 있으나, 나는 그를 곧 밝음으로 인도하리라"라고 말했으며, 카를 마르크스는 "모든 단단한 것이 공기 속에 녹아 버린다"라고 적었다. 파리의 거리에서 보들레르(Charles Baudelaire)가 발견한 것과 상트페테르부르크의 운하에서 도스토옙스키가 관찰한 것은 20세기 뉴욕의 마천루에서 볼 수 있는 것과 크게 다르지 않을 것이다.

이마누엘 칸트는 『계몽이란 무엇인가』에서 인간은 이성의 빛을 통해 편견과 헛된 망상에서 벗어나야 한다고 역설했다. 미신과 종교의 권위에서 벗어나 인간을 합리적 이성을 가진 존재로 변화시키려는 노력은 인간의 역사가 진보한다는 생각으로 발전했다. 동시에 전통 사회의 비합리적 성격에 대한 광범위한 비판이 제기되면서 합리적 이성을 기반으로 한 새로운 지식에 열정적으로 몰두했다. 볼테르는 『캉디드』에서 낙천주의 철학자 팡글로스를 통해서 과학의 단순함에 매몰된 인간을 날카롭게 풍자했지만, 합리적 정신은 현대 사회의 가장 중요한 문화적, 정신적 토대가 되었다. 이는 합리적 자본주의와 대중적 민주주의라는 새로운 사회 제도를 탄생시킨 새로운 사고의 출발점이었다. 17세기 파리의 카페 르 프로코프의 의자에 앉은 철학자들이 찬양한 계몽주의라는 정신 사조가 지나간 자리에는 자본주의와 민주주의라는 새로운 길이 뚫렸다.

19세기부터 현대성이 본격적으로 세계를 바꾼 시대는 사회학의 탄생과 깊은 관련이 있다. 종교와 형이상학이 아니라 과학을 통한 보편적 문명을 만들 수 있다고 믿은 생시몽과 오귀스트 콩트는 실증주의 철학을 제시했다. 생시몽의『산업사회』와 콩트의『실증철학 강의』이래로 사회학은 현대 사회의 등장을 해석하려는 인간의 의식적 노력의 결과라고 할 수 있다. 생시몽과 콩트의 영향을 받아 카를 마르크스는 과학적 사회주의를 주창했고, 존 스튜어트 밀은 사회적 자유주의를 주창했다. 콩트의 제자였던 에밀 뒤르켐은 광범한 통계 분석을 통해 인간의 행동을 설명할 수 있다고 믿었다. 현대 사회의 등장은 수많은 사회학자들에게 영감을 불러일으켰다. 그들은 현대성이 과거의 사회 질서보다 매우 역동적인 성격을 가졌다고 보았다. 전통 사회는 단순한 제도로 유지되었으나 현대 사회는 매우 복잡한 제도를 형성했다. 전통 사회는 과거를 중요하게 여겼으나 현대 사회는 미래를 더 중시했다. 경제 성장과 민주화는 대부분의 사회가 성취해야 할 주요 목표가 되었으며, 유토피아의 전망이 사람들의 마음을 사로잡았다. 인간 사회는 마치 미래를 향해 질주하는 전차와 같았다. 누구도 막을 수 없을 것 같은 현대성의 힘은 많은 사람에게 경이와 두려움을 동시에 안겨 주었다.

19세기 러시아 소설가 니콜라이 체르니셰프스키는『무엇을 할 것인가』에서 1851년 런던 무역박람회에 등장한 수정궁을 미래 사회의 비전을 보여 주는 상징으로 표현했다. 베라 파플로브나라는 젊고 똑똑한 중간계급 여성이 하층계급의 청년 로푸호프와 그의 친구 키르사노프를 만나 수정궁이 보여 준 꿈같은 이상향에 대해 토론한다. 젊은 주인공들은 모두가 열심히 일하고 사이좋게 이익을 분배해서 모두가 잘살게 되는 미래 사회를 꿈꾼다.

가난한 사람들은 이자 없이 금전적인 도움을 받을 수 있다는 것을 알게 되었다. 이런 신용조합이 설립된 후에 소비조합의 근간이 마련되었다. … 그러나 이렇게 하기 위해서는 그들이 서로 이웃 가까이에서 살아야 한다는 것을 알게 되었다. 그들은 곧 작업장 근처에 있는 아파트를 골라 한 아파트에 여러 명씩 함께 살기 시작했다. … 이렇게 반년쯤 지나자 처녀들은 이미 하나의 커다란 아파트에서 함께 살게 되었으며, 공동의 식탁을 갖게 되었으며, 식구 많은 가정에서 하는 것과 같이 그들의 식탁을 준비했다.[02]

체르니셰프스키의 소설은 당대 러시아 젊은이들 사이에서 선풍적 인기를 끌었다. 이전 세대의 브나로드 운동는 낡은 노스탤지어가 되었다. 그는 1890년대 세대에게 다가올 미래를 위해 식생활, 의생활, 결혼생활, 삼각관계, 이익 분배 등 다양한 삶의 문제에 대한 해답을 상세하게 그려 냈다. 니콜라이 카람진의 잉여인간에 반대하여 체르니셰프스키는 새로운 인간을 창조하여 러시아 인텔리겐치아를 혁명의 길로 이끌려고 시도했다. 그의 혁명적 프로파간다는 레닌이라는 젊은 혁명가를 감동시켰고, 레닌은 훗날 지하 활동을 하는 중에 체르니셰프스키의 소설과 같은 제목의 팸플릿을 써서 경찰을 놀라게 했다. 한편 『무엇을 할 것인가』라는 작품은 도스토옙스키로 하여금 낙관적 이상주의를 정면에서 비판하는 『지하생활자의 수기』를 쓰게 만들었다. 도스토옙스키는 유럽을 향한 창이라 불리는 상트페테르부르크에서 유럽의 자본주의와 합리성이 만든 문명과 낙관적 사고

02 니콜라이 체르니셰프스키, 2009, 『무엇을 할 것인가』, 서정록 옮김, 열린책들.

를 철저하게 조롱했다.

다른 한편 19세기 현대성의 중심인 파리는 보들레르를 통해 악마의 도시로 표현되었다. 보들레르의 『파리의 우울』은 급속도로 변화하는 파리를 괴물처럼 묘사했다. 당대 현대성의 선두주자인 파리는 보들레르에게는 매춘부와 같은 곳이었다. 너무나 매혹적이지만 돈이 없다면 안을 수 없는 매춘부처럼, 파리에서는 돈이 없다면 쾌락을 얻을 수 없다. 돈이 있다면 모든 것을 구매할 수 있지만, 그렇지 않다면 파리는 우울한 곳이다. 보들레르가 『파리의 우울』에서 노래하는 것은 화려한 파리가 아닌 변두리의 은밀한 공간이다. 그는 도시를 표현하기 위해 병원, 유곽, 연옥, 지옥, 도형장 등 도시가 차지하는 거대한 건축물을 노래하는데, 이는 파리를 표현하는 알레고리이다. 시인을 이해하는 것은 악마뿐이며, 이 악마야말로 거대하고 불길하지만 우리를 지배하는 유일한 정신이라고 선언한다. "나는 너를 사랑한다. 오 치욕의 수도! 창녀들과 강도들아, 종종 이렇게 너희들이 가져다주는 것은, 불경한 속인들이 알지 못하는 쾌락"(보들레르, 2008: 138). 시인은 파리라는 늙은 매춘부를 탐하려 하고, 파리라는 도형장에서 진정으로 고독한 산책자가 된다. 보들레르는 현대성의 수도 파리에서 삶과 고통, 그리고 추함과 아름다움을 동시에 찬미한다. 세상의 깊이를 보지 못하고 믿지 못하는 사람과 달리 보들레르는 예술가로서 매춘부와 강도와 더불어 생명이 살고, 꿈꾸고, 고뇌하는, 어두우면서도 밝은 세상의 모습을 이해하려고 애썼다.

보들레르는 거리에서 구걸하는 가난한 사람들에서 한 시대의 본질을 포착한다. 21세기 파리의 거리에는 구걸하는 사람들이 도처에 있지만, 19세기 말의 파리도 마찬가지였다. 시인 보들레르는 구걸하는 사람들의 시선을 날카롭게 바라보았다. 그는 가난한 사람에게 성직자처럼 자선을 베풀지 않았고, 그렇다고 냉담한 부르주아지처럼 외면하지도 않았다.

> 내가 카바레에 들어서려고 할 때, 한 거지가 자신의 모자를 내게 내밀었다. 그런데 그의 시선은 잊을 수 없이 특별한 것이었다. 만일 정신이 물질을 움직이고 최면사의 눈이 포도들을 익게 하는 것이 가능하다면, 그의 시선은 왕권을 붕괴시킬 수도 있을 것 같았다. … 바로 나는 거지에게 달려들었다. 단 한 번의 주먹질로 나는 그의 한 눈을 갈겼다. 눈은 순식간에 공처럼 커졌다. 그의 두 이를 부러뜨리는 데 나는 내 손톱 하나를 부러뜨렸다.[03]

보들레르는 가난한 사람에게 폭력을 가하면서 시적 평등이 무엇인지 증명하려고 시도했다. 보들레르는 구걸하는 사람에게 그도 자신과 똑같은 사람이라는 사실을 깨닫게 해 주고 싶었다. 그러자 구걸하는 사람의 태도가 달라졌다.

> 갑자기, 오, 기적이여! 오, 자신의 이론의 훌륭함을 검토하는 철학자의 즐거움이여! 나는 이 낡아 빠진 해골이 몸을 뒤척이며, 그처럼 묘하게 고장 난 기계에서 결코 가능하리라고 내가 상상조차 하지 못했던 힘으로, 몸을 일으키는 것을 보았다. 그리고 이 늙어 빠진 불한당은 나에게 '좋은 징조'로 생각되는 증오에 타는 시선을 보내며 나에게 달려들어 내 눈을 멍

---

03 보들레르, 2008, 『파리의 우울』, 윤영애 옮김, 민음사.

들게 하고 이를 네 개나 부러뜨렸다. … 나는 그에게 말했다. "선생, 당신은 나와 동등하오! 나와 나의 돈주머니를 나누는 영광을 베풀어 주시오. 그리고 당신이 진정한 박애주의자라면 당신의 동료들에게도, 그들이 당신에게 동냥을 구걸하거든, 방금 내가 마음 아프게도 당신의 등에 시도한 '수고'를 낳게 했던 이론을 적용시킬 것을 기억하시오."04

보들레르는 가난한 사람들에 대한 태도에서 새로운 저항의 방법을 보여 준다. 그는 악마의 도시 파리에서 이렇게 외친다. "남과 평등함을 증명하는 자만이 남과 평등한 자이며, 자유를 쟁취하는 자만이 자유를 누릴 자격이 있느니라." 보들레르는 반항적 자아의 내면에서 블랙 유머를 통해 세계의 운명에 도전한다. 보들레르의 블랙 유머는 "울적하고 서글프고 무료함"으로 지친 대도시에서 살아가는 저주받은 사람들, 가난한 사람들, 억압받는 사람들을 바라보는 정신적 혼돈을 보여 준다.

보들레르는 돈이 지배하는 거대한 소비사회의 출현과 혼란을 날카롭게 묘사했다. 1930년대 독일에서 파리로 망명한 발터 벤야민(Walter Benjamin)이 보들레르에 주목한 이유가 바로 이것이다. 벤야민은 파리 국립도서관에서 『파사주 프로젝트(Das Passage-werk)』를 집필하면서, 보들레르가 어떻게 인간이 소비사회의 지배를 받고 어떻게 그에 저항하려고 했는지 탐구한 것에 주목한다. 벤야민은 보들레르의 통찰력을 찬양하면서 현대성의 수도인 파리야말로 두 개의 얼굴을 가지고 있다고 보았다. 그는 보들레르가 도시의 주변 뒷골목을 묘사한 것

04 보들레르, 2008, 『파리의 우울』, 윤영애 옮김, 민음사.

처럼 파리의 파사주(passage, 회랑식 상점가)야말로 현대성의 상징이라고 주장했다. 1789년 프랑스 혁명 10년 후 처음 등장한 파사주 파노라마를 비롯한 고급 상점이 파리의 새로운 도시 풍경이 되었다. 아직까지 파사주 베르도다, 파사주 주르디 등 약 10여 개의 파사주가 남아 있는데, 커다란 유리 천장 아래 직선의 통로 양옆에 화려한 상점이 펼쳐진다. 파리 사람들은 파사주를 실외이면서도 실내처럼, 상점을 마치 내집 거실처럼 느끼면서 유리창 너머 진열된 상품을 바라보았다. 바로이 경계점을 벤야민은 '문지방 영역(Schwelle)'이라 불렀고, 이것이야말로 현대성의 중요한 특징이라고 보았다. 그러나 파사주는 1850년대 나폴레옹 3세와 오스만 시장의 대대적인 파리 재개발로 쇠퇴하고, 르봉 마르셰(Le Bon Marché) 등 현대적인 백화점이 새롭게 등장한다.

　　1852년 파리 서쪽 세브르가에 등장한 르봉 마르셰 백화점은 고객이 물건을 창문 너머 보는 것에 그치는 대신 직접 물건을 만져 볼 수 있도록 하고, 할인, 정찰제 등 현대적 마케팅 기술을 도입하면서 파리 시민의 열광적 관심을 끌었다. 에밀 졸라는 르봉 마르셰 백화점을 배경으로 쓴 소설 『여인들의 행복 백화점』에서 이렇게 묘사했다.

　　　그가 창조해 낸 것들은 새로운 종교를 일으켰다. 그의 백화점
　　　은 흔들리는 믿음으로 인해 신도들이 점차 빠져나간 교회 대
　　　신, 비어 있는 그들의 영혼 속으로 파고들었다. 여인들은 공
　　　허한 시간을 채우기 위해 그의 백화점을 찾았다. 그리하여 예
　　　전에는 예배당에서 보냈던 불안하고 두려운 시간들을 그곳
　　　에서 죽여 나갔다. 백화점은 불안정한 열정의 유용한 배출구
　　　이자, 신과 남편이 지속적으로 싸워야 하는 곳이며, 아름다움
　　　의 신이 존재하는 내세에 대한 믿음과 육체에 대한 숭배가 끊

임없이 다시 생겨나는 곳이었다. 그가 백화점 문을 닫는다면 거리에서 폭동이 일어날지도 모를 일이었다. 고해실과 제단을 박탈당한 독실한 신자들이 절망적으로 외치게 될 것이기 때문이었다.[05]

르봉 마르셰 백화점이 대대적인 성공을 거두자 파사주는 급속도로 역사에서 사라지는 것처럼 보였다. 그러나 르봉 마르셰 백화점도 자세히 보면 ―한국의 백화점 내 상점의 격자형 배치와 달리― 파사주와 같은 상점의 일직선 배치를 그대로 따랐다. 그리고 파사주의 유리 천장은 갤러리 라파예트(Galeries Lafayette) 백화점의 높은 유리 천장 돔으로 다시 살아났다. 파리의 플라뇌르(산책자)는 이제 백화점에서 대중적 소비사회를 체험한다. 이런 점에서 벤야민의 선견지명이 빛을 발한다. 그가 1930년대 나치를 피해 파리에 망명하던 시절 파사주는 이미 쇠퇴했지만, 그는 파사주야말로 현대성의 중요한 특징이라고 본 것이다. 이는 사라지는 것에서 새로운 것을 발견한 것이다. 왜냐하면 사라지는 것은 언제나 새로운 것 속에 들어 있기 때문이다.

벤야민은 파사주를 분석하면서 회랑식 상점가인 파사주가 상품의 교환가치를 미화시키고 현실을 가리는 베일의 역할을 하는 판타스마고리(Phantasmagorie, 주마등)를 보았다. 벤야민은 사람들이 상점 진열장의 번쩍거림에 도취되어 꿈을 꾸듯 자신들의 시대를 살아가면서 자본주의가 일종의 종교가 되었다고 지적했다. 그는 자본주의가 "이전에 종교가 해답을 주었던 것과 똑같이 걱정, 고통, 불안을 잠재우는 데 핵심적으로 기여한다"라고 적었다. 자본주의가 종교를 이용

05   에밀 졸라, 2012, 『여인들의 행복 백화점』, 박명숙 옮김, 시공사, p. 323.

하는 것이 아니라 자본주의 자체가 종교가 되었다. 그러면 과연 자본주의 소비사회에서 벗어나는 것은 가능한가?

벤야민은 1920년대에 모스크바에 방문했는데, 『모스크바 일기』에서 소련에 대해 실망에 가득 찬 글을 남긴다. 1930년대 앙드레 지드가 쓴 『소련 방문기』보다 더 일찍 벤야민은 소련 사회에 대한 깊은 회의를 드러냈다. 그는 공산주의 지식인들이 스탈린의 일화를 말하면서 정치적 입장을 중시하는 태도를 발견한다. 소련에서 혁명적 작업이 진행되는 동안 사적인 삶을 위한 시간은 없고, 공산주의 사회에도 여전히 위계질서가 존재하는 현실을 목격한다. 벤야민은 단지 공산주의의 음울한 미래를 미리 내다본 것이 아니라, 한계에 부딪힌 자본주의를 포함하여 인류의 모든 미래가 현대성이라는 폭주기관차에 이끌려 가는 현실을 날카롭게 지적했다. 오늘날의 독자들은 체르니셰프스키의 예언이 틀리고 보들레르의 산문시가 맞다고 느낄지도 모른다. 그러나 여전히 세계에는 다양한 사고, 예언, 알레고리가 뒤섞여 있으며 누구도 어떤 것이 맞고 틀린지 분명하게 말할 수 없는 사회가 우리 앞에 펼쳐지고 있다.

유럽의 계몽주의가 세계를 지배한 지 300년이 된 지금도 여전히 전 세계의 80%가 넘는 사람들은 신을 믿고 있다. 마르크스의 예언처럼 자본주의의 부르주아지가 파라오의 피라미드와 진시황의 만리장성보다 더 위대한 문명을 만들었지만, 2008년 세계 금융위기의 끝이 어디로 갈지는 아무도 모른다. 현실 사회주의와 소련 공산주의는 모두 실패했지만 자본주의 역시 경제위기와 불평등의 증가로 심각한 장애에 부딪히고 있다. 민주주의를 혐오한 플라톤과 아리스토텔레스가 놀랄 만큼 민주주의가 전 세계에서 찬양받는 정치 제도로 수용되면서 여전히 정부와 의회는 대중의 신뢰를 받지 못하고, 회의와 조롱의 대상이 되고 있다. 새뮤얼 헌팅턴의『제3의 물결』이 평가한 대로 오늘날 대부분의 정부가 스스로 민주적 정부라고 자임하고 있지만, 많은 사람들은 정부가 자신들의 요구에 제대로 반응하지 않는다고 불만을 터뜨린다. 2008년 세계 금융위기 이후 포퓰리즘 정당들이 권력을 장악하고 치파라스, 오성운동, 트럼프의 등장은 전통적인 정당정치의 한계를 보여 주지만, 20세기 후반 각광을 받았던 신사회운동의 운명은 초라한 것처럼 보인다. 또한 급속한 산업화와 탄소 배출로 지구 온난화가 가속화되면서 인류 문명의 앞날에 어두운 그림자가 드리우고 있다. 기후 변화에 대응하는 정부와 기업의 노력은 실망스럽기 짝이 없고 소비문화에 빠진 개인들은 미래의 위험에 대해 눈을 감고 있다. 이렇게 고도 성장과 물질적 풍요를 이룩한 현대성은 세계를 지배하는 것처럼 보이지만, 그 결과는 너무나 취약하고 사람들은 불확실한 미래로 인한 불안에서 벗어나지 못하고 있다.

　　오늘날 현대성이 동요하고 불확실해지고 유동적으로 변화하고 있는 동안 문화의 운명도 거센 파도를 피해 나가지 못했다. 고대 그리스 시대 헤로도토스가『역사』를 쓴 이래 문화는 언제나 지역, 국경, 민족, 언어를 넘어 새로운 세계를 만들었다. 흑해의 스키타이에서 메소포타미아를 지나 이집트의 나일강에 이르기까지 수많은 남녀의 삶을 지켜본 헤로도토스는 문화의 차이에 대해 수많은 이야기를 전한다. 그때와 마찬가지로 현대 사회가 창조한 문화도 다른 사회의 문화와 만나면서 다양한 변화의 과정을 거친다. 헤로도토스의 책 대신 페이스북과 트립어드바이저는 세계 각국의 다양한 문화를 전하면서 지구적 차원의 문화적 소통의 현장을 우리 눈앞에 펼쳐 놓는다. 이러한 문명의 전환은 경제 성장과 인권의 진보라는 낙관적 기대를 배신하고 테러리즘, 대량 학살, 난민과 같은 지속적 위기를 만들기도 한다. 이러한 격변의 와중에 문화는 다양한 변화를 겪는다.

　　현대 사회의 문화의 변화에서 가장 중요한 특징은 세 가지로 정리할 수 있다. 첫째, 정보기술의 발전으로 인해 문화의 변화가 이루어지는 속도가 그 어느 시대보다도 빠르다는 점이다. 시간과 거리를 압축함으로써 인간의 사회적 세계는 언제나 '지금'과 '여기'의 문제로 변화한다. 이런 변화는 사실 19세기에 전보가 등장한 이래 펼쳐진 현대화라는 거대한 드라마의 연장이기도 하다. 하지만 전 세계에서 수십억 인구가 사용하는 인터넷은 훨씬 근본적인 변화를 만들고 있다. 둘째, 문화의 변화가 지구적 차원에서 이루어지고 있다. 지구적 사회의 등장으로 인해 인류는 전무후무한 문화적 대전환의 기로에 서 있다. 이런 점에서 문화는 지속적으로 지구화 과정을 수반한다. 전통적 문화가 사라지는 대신 새로운 문화가 등장하고, 국가 차원의 문화의 경계가 모호해지면서 다양한 문화가 접합되거나 충돌하면서 새로운 문화를 지속적으로 창조한다. 셋째, 어떤 문화도 불변의 상태로 머무를 수는 없다는 점이다. 지속적으로 변화하는 문화의 특성이야말로 현대성의 중요한 특징이다. 한 사회의 문화는 계급, 인종, 민족, 젠더, 세대의 구분에 따라 균열되는 경우가 많으며 서로 충돌하기도 하지만, 상호 영향을 주고받으며 전혀 새로운 문화를 만들기도 한다. 마르크스의 주장과 달리 한 사회 내부에서도 지배문화와 피지배 계급의 문화는 서로 갈등을 일으키는 동시에 지속적으로 서로 영향을 주었다.

　　19세기 이래 현대 사회의 문화적 역동성은 많은 사회학자들의 관심을 끌었다. 문화는 다양한 이론적 논쟁의 주제가 되었다. 마르크스는 자본주의 사회에서 인간의 소외와 상품 물신화가 발생하는 이유와 과정을 탐구했다. 베버는 어떻게 합리화 과정이 영혼이 없는 전문가의 지배로 바뀌는지, 왜 인간이 합리성의 철감옥에 갇히는지 탐구하려고 노력했다. 뒤르켐은 산업사회에서 노동의 분업이 어떻게 인간을 아노미에 빠뜨리는지 분석하고, 새로운 사회적 유대의 도덕을 수립하기 위해 골머리를 앓았다. 짐멜은 자본의 힘이 어떻게 인간 사회를 움직이고 인간의 영혼을 송두리째 바꾸는지 설명하려고 시도했다. 비록 마르크스와 짐멜 모두 20세기 전반기 동안 대학과 학문의 세계에서 철저히 외면을 당했지만, 이제 그들은 제도권 대학에서 성공한 베버와 뒤르켐과 함께 고전 사회학자의 반열에 오르게 되었다. 문화와 사회의 만남에 대해 이들 네 명의 위대한 지성만큼 독창적이고 날카롭게 미래를 내다보는 혜안을 제시한 사람은 없을 것이다. 이 장에서는 대표적인 고전 사회학자인 마르크스, 베버, 뒤르켐, 짐멜의 주장을 통해 어떻게 현대성의 등장이 문화를 바꾸는지, 그리고 어떻게 문화가 사회에 영향을 주는지, 또한 반대로 어떻게 사회가 문화를 바꾸는지 살펴보겠다.

카를 마르크스: 토대와 이데올로기

고전 사회학자 가운데 카를 마르크스는 문화에 대해 독특한 주장을 제시했으며, 많은 사회학자들에게 영향을 주었다. 마르크스는 예술을 인간 삶의 중요한 일부라고 생각했다. 그는 아이스킬로스 등 고대 그리스 희곡에서 디킨스, 발자크, 체르니셰프스키 등 당대의 소설에 이르기까지 다양한 문학작품에 대해 광범한 지식을 갖고 있었다. 마르크스가 브뤼셀에서 결성한 독일 노동자 모임은 매주 예술에 관한 토론을 벌이기도 했다. 마르크스는 딸들과 함께 셰익스피어의 구절을 암송할 정도로 열렬한 연극 팬이기도 했다. 하지만 마르크스는 문화에 관한 체계적인 연구를 남기지 않았으며, 오늘날 마르크스주의 문화 비평은 문화를 경제의 단순한 반영으로 보았다는 점에서 반문화적이라는 지적을 받기도 한다.

철학자로서 청년 마르크스는 헤겔 철학의 관념론적 역사관과 인간관을 비판하며 그것을 유물론적으로 재구성하려고 노력했다. 마르크스는 『포이어바흐에 관한 테제』(1845)에서 '거꾸로 선 헤겔'을 주장하면서, 헤겔의 주장과는 반대로 물질적 관계가 정신을 구성한다고 보았다. 하지만 헤겔 철학과 같이 물질적 관계와 인간의 역사도 변증법적 과정을 거친다고 보았다. 이런 점에서 마르크스가 본격적인 예술 이론을 탐구했다면 역사와 이데올로기의 관계에 대한 연구를 제시했을 것으로 볼 수 있다.

마르크스의 사회 이론은 사회 또는 사회구성체의 성격을 유형으로 분류했다. 그는 사회를 생산 양식에 따라 봉건주의, 자본주의, 공산주의로 구분했다. 생산 양식은 생산 수단의 소유 체계를 가리키며 생산력과 생산관계의 상호작용에 의해서 규정된다. 마르크스는 생산 양식이 모든 사회 체계의 토대를 형성하고, 이것으로부터 정치, 법률, 이데올로기 등 상부구조가 추출된다고 보았다. 마르크스는 이데올로기를 경제적 하부구조에 조응하는 상부구조를 가리키

그림 1-1 **카를 마르크스**

는 용어로 사용했다. 마르크스는 그의 저서인『독일 이데올로기』에서 왜곡된 사고로서의 이데올로기는 계급 이익의 방어를 위해 실제적인 관계를 신비화하는 '허위의식'에 불과하다고 주장했다(마르크스·엥겔스, 2007). 마르크스에 따르면 이데올로기적 사고는 실재를 뒤집어 놓은 것이고, 인간 세계를 규정하는 종교는 사회적 산물이다.

마르크스는『정치경제학 비판 요강』(1859)에서 생산력이 "사회의 경제구조를 구성하고, 법률적, 정치적 상부구조가 서는 진정한 토대이며, 사회의식의 무한한 형태에 상응한다"라고 주장했다(마르크스, 2011). 결국 마르크스는 물질생활의 생산 양식이 사회적, 정치적, 지적 생활의 일반적 과정을 결정하는 조건이 된다고 보았다. 자본주의 사회에서도 사회적 관계는 생산력과 생산 수단의 소유관계로 결정된다. 이는 재산과 부를 창출할 수 있는 수단을 소유한 개인이나 집단과 그것을 소유하지 못한 개인이나 집단 사이의 사회적 계급관계를 결정한다. 현대 마르크스주의 이론은 사회에서 토대가 결정적이고, 상부구조는 토대에 의해 결정된다고 전제한다. 마르크스는『정치경제학 비판 요강』의 서문에서 "인간은 역사의 형성에 참여하나 역사를 설계할 수는 없다"라는 유명한 문구를 남겼다(마르크스, 2011). 하지만 마르크스의 후기 저작은 상부구조의 역할을 강조했다.『자본론』(1867)에서 마르크스는 "프로테스탄티즘은 모든 전통적 휴일을 노동일로 만들었고, 자본의 창세기에 중요한 역할을 했다"라고 했다(마르크스, 2001). 이러한 모호한 주장은 많은 논쟁을 불러일으켰지만, 마르크스 사후 마르크스주의를 지도했던 프리드리히 엥겔스(Friedrich Engels)는 역사적 과정의 최종 심급에서 중요한 경제적 역할을 강조했다.

마르크스는『자본론』에서 '상품 물신화' 현상에 깊은 관심을 가졌다. 마르크스는 영국도서관에서 방대한 의회 자료와 신문 보도를 통해 자본주의 경제의 살아 움직이는 현실을 포착했다. 심지어 그는 찰스 디킨스의 『올리버 트위스트』도 주목했다. 영국 자본주의의 눈부신 성공의 이면에는 장시간 노동에 시달리고 빈곤에서 벗어나지 못하는 프롤레타리아의 고통이 존재한다고 지적했다. 자본주의 경제에서 모든 인간은 숙명적으로 자본의 지배를 받는다. 마르크스에 따르면, 상품이 인간의 권력을 소유하고, 시장의 상태와 운동에 종속된 것처럼 보인다. 모든 인간관계와 경험은 상품으로서 인지되고, 인간은 사물로서 취급된다. 이러한 현상을 훗날 헝가리 마르크스주의자 죄르지 루카치는 헤겔 철학을 활용하여 '물화'의 개념을 통해 이론화했다. 마르크스의 이론에서 상품 물신화는 자본주의 사회의 이데올로기를 분석하는 중요한 개념이다. 마르크스는 상품에 있는 진정한 내부적 관계는 우리의 관념 안에 숨겨져 있고, 우리는 외양으로만 세계를 이해한다고 폭로했다.

마르크스가 자본주의의 역동성을 날카롭게 분석하고, 자본주의 사회의 계층화, 양극화, 지구화의 미래에 관한 주장을 카산드라의 예언처럼 정확하게 당대의 사람들에게 전해 주었지만, 당시에 그의 예언을 믿는 사람은 거의 없었다. 마르크스의 이론이 전통적 철학이 지나치게 관념적 요소를 강조했다고 비판하며, 전통적 철학이 물질적 관계를 무시한 오류를 정확하게 지적했다는 점은 분명하다. 특히 한 사회의 문화와 이데올로기 이면에 계급관계의 특성이 은폐되어 있다고 폭로한 점은 매우 독창적인 기여로 볼 수 있다. 그러나 마르크스는 사회 변동에서 경제적 요소를 지나치게 강조했다. 사유재산제의 철폐가 인간 해방을 이끌 것이라는 그의 주장은 자유주의 혁명가들이 주장하는 정치적 해방의 한계를 정확하게 지적했다. 그러나 생산 수단의 사회화가 어떻게 인간 해방을 이룩할 것인지 구체적으로 설명하지 않았다. 마르크스는 하인리히 하이네의 시를 찬미하던 낭만적 시인의 기질로 『공산당 선언』을 휘갈겨 쓰며 세상을 뒤집으려고 했지만, 「고타 강령 비판」에서 "필요에 따라 소비한다"라는 표현 외에 구체적으로 어떤 세상이 자본주의 이후에 등장할지 아무런 단서도 제공하지 않았다. 많은 학자들에 의해서 마르크스주의 이론은 종종 경제 결정론 또는 경제 환원주의라는 비판에 직면한다. 생산력의 발전을 이끄는 생산 수단과 기술의 발전을 환원적으로 설명하는 기술 결정론이라는 비판도 있다. 실제로 마르크스가 후기에 경제학 연구에 몰두하면서 문화에 대한 경험적 분석은 거의 시도하지 않았다.

1960년대에 청년 시기 마르크스의 『경제철학 초고』가 뒤늦게 출간되면서 마르크스주의의 철학적 토대에 대한 새로운 관심이 제기되었다. 청년 마르크스는 자본주의 생산관계가 어떻게 인간성을 소외시키는지에 대한 철학적 질문을 진지하게 고민했다. 이러한 마르크스의 철학적 이론을 새롭게 해석한 프랑크푸르트학파는 마르크스와 같이 경제의 중요성을 인정하지만, 모든 것이 경제에 의해서 일방적으로 결정되는 것은 아니라고 주장했다. 변화된 사회적 조건에서 인간이 사회적 관계를 지배하고 조절할 수 있는 힘이 커지기 때문이다. 이러한 관점은 20세기에 루카치와 그람시 등 다양한 네오마르크스주의 이론가에 큰 영향을 주었다. 지금까지도 마르크스의 초기 사상은 현대 사회의 문화의 본질을 이해하는 데 중요한 통찰력을 제공한다는 평가를 받는다.

막스 베버: 합리성과 자본주의 정신

현대 사회학의 창시자 중 한 명인 독일 사회학자 막스 베버는 경제의 중요성을 강조한 마르크스와 달리, 문화의 자율성을 강조한 것으로 유명하다. 마르크스가 생산 양식의 개념을 활용하여 역사의 법칙을 발견하려고 시도한 반면, 베버는 역사의 법칙이라는 관념 자체를 거부했다. 베버는 사회학은 사회에 대한 해석적 이해(Verstehen)를 추구해야 한다고 보았으며, 사회적 행동의 원인과 결과에 대한 설명에 관심을 가졌다. 그는 사회학의 목표를 사회적 행동의 의미에 대한 이해로 보았다. 사람들이 어떤 행동을 하도록 동기를 부여하는 의도, 가치, 신념 등에 대한 이해를 위해 문화와 개인의 상호작용에 대한 설명이 필요하다고 주장했다. 베버는 철학적 차원에서 가치중립성(Wertfreiheit)의 이론을 제기했지만, 사회학자 스스로 가치를 가지고 있다고 보았다. 그는 이 문제를 해결하기 위해 이념형의 방법론을 사용하여 사회적 행동에 대한 해석적 설명을 시도했다.

베버는 사회적 행동을 전통적 행동, 감정적 행동, 가치-합리적 행동, 목적-합리적(도구적) 행동 등 네 가지로 분류했다. 이 가운데 가치-합리적 행동과 목적-합리적 행동은 합리적 행동의 범위 안에 포함된다. 가치-합리적 행동은 인간이 만든 가치의 합리성을 추구한다. 반면에 목적-합리적 행동은 인간을 수단으로 간주하는 도구적 합리성을 추구한다. 산업자본주의가 등장하면서 인간의 목적-합리적 행동은 급증한다. 합리성이야말로 자본주의를 분석하기 위한 베버의 핵심 개념이다. 인간 행동의 모든 측면은 계산, 측정, 통제에 따라 좌우된다. 합리화 과정은 관료적 수단에 의한 공장의 조직화와 기업의 회계를 통한 이윤 계산에서 잘 나타난다. 법률에서도 보편적 법률이 형성되고 연역적 법률의 합리화가 이루어지면서 자의적 법률은 약화된다. 정치에서는 정당성의 전통적 규범이 약화되고 정당 조직이 카리스마를 가진 지도자를 대체한다. 도덕적 행동에서는 원칙과 훈련에 대한 강조가 이루어진다. 과학에서도 개인적 창조가 쇠퇴하고 조작화(operationalization)를 이용하는 실험과 국가가 주도하는 과학 정책 및 연구 조직이 발전한다. 베버에 따르면, 사회의 모든 영역은 합리화된다.

베버는 합리화 과정이 사회의 문화적 특성에도 영향을 미친다고 보았다. 베버는『음악의 합리적, 사회적 기초』에서 화성과 음의 조율에서도 합리화가 발생한다고 주장했다. 그에 따르면, 서양의 음 체계인 평균율은 화성을 위해 합리적으로 조절되었고, 다른 문화권에서는 화성이 없거나 중요하지 않기 때문에 12음의 모든 반음관계에 조절이 필요하지 않다. 그는 평균율과 같은 조율에서 합리화 과정이 이루어졌다고 본다. 서양의 합리화 과정이 탈주술화를 이룬 것처럼 음악에서도 비합리적이고 신비한 특성이 사라지고 있다고 보았다. 결국 음악은 사회의 영향을 받는다. 하지만 음 체계의 특성이 음악을 충분하게 설명하는지, 화성음악을 왜 합리화의 결과로 보아야 하는지 명확하게 설명하지 못한다는 지적도 있다. 또한 서양 음악이 우월하다는 유럽중심주의를 전제한다는 비판을 받기도 한다. 그럼에도 불구하고 베버의 음악사회학 연구는 현대 문화의 합리화 과정을 설명하는 중요한 사례를 제공한다.

합리화를 강조하는 베버의 연구는 자본주의에 대한 분석에서 잘 나타난다. 그는『자본주의와 프로테스탄트 윤리』(1904~1905)에서 마르크스가 주장한 유물론적 자본주의 연구와 대비되는 이론을 주장했다(베버, 2010). 베버는 가치가 단순하게 역사의 동력을 제공하는 경

그림 1-2 막스 베버

제의 반영이라는 마르크스주의 이론가들의 주장에 반대했다. 종교는 사회를 유지하는 보수적 기능만 담당하는 것이 아니라, 사회 변동을 일으키는 요인이 된다고 보았다. 이러한 주장을 토대로 서구 사회에서 자본주의가 발전하는 과정에 개신교가 중요한 역할을 수행했다고 주장했다. 특히 칼뱅이 주도한 개신교는 개인의 소명을 강조하고 자본의 축적을 긍정적으로 강조했다. 개신교 신자들은 물질적 성공을 신의 은총의 표시로 보았다. 이런 점에서 베버는 개신교 윤리와 자본주의 정신 사이에 선택적 친화성이 있다고 주장했다. 하지만 개신교가 곧 자본주의를 만들었다고 주장한 것은 아니다. 이 책은 인간의 제도가 (종교를 포함하여) 경제적 토대를 가지고 있다는 마르크스의 이론에 대한 베버의 반박으로 볼 수 있다.

자본주의 정신에 관한 베버의 책을 둘러싸고 많은 논쟁이 벌어졌다. 베버의 주장과 달리 자본주의 경제는 개신교가 발전한 북부 독일과 영국이 아니라 가톨릭이 강한 14세기 베네치아, 피렌체 등 이탈리아 도시국가에서 먼저 발전했다. 다른 역사학자들은 국가의 강제력 또는 문자 해독력이 자본주의 발전에 더 큰 영향을 주었다고 주장했다. 영국의 경제사학자 리처드 H. 토니(Richard H. Tawney)는 『종교와 자본주의의 발흥』에서 개신교와 자본주의 문화의 상호관계에 대해 분석한 것으로 유명하다(토니, 1990). 토니는 막스 베버의 주장 가운데 17세기 영국의 상업계급에게 청교도주의의 종교적 개념이 특수한 의미를 지녔다는 주장에는 동의했지만, 베버의 주장과 달리 자본주의 발전에 중대한 영향을 끼친 것은 정치사회적 압력, 자립과 절약의 윤리를 지닌 개인주의 정신이라고 주장했다. 토니는 "자본주의 정신은 역사 자체만큼이나 오래된 것이며 청교도주의의 소산은 아니었다"라고 반박했다.

베버의 관념론적 역사 해석은 다른 곳에서도 발견된다. 베버는 "관념적 관심은 역사적 발전의 경로를 바꾸는 역사의 전환자"라는 은유를 사용하기도 했다. 베버는 종교에 관한 연구에서 어떤 문명은 물질적 토대에도 불구하고, 서구의 문화와 제도에 침투한 도구적 합리성을 만드는 데 실패한 사실을 강조한다. 베버는 합리성이야말로 서구 사회의 엄청난 역동성의 핵심이라고 보았다. 하지만 합리성에 대한 베버의 관점은 이중적이다. 베버는 합리성의 증가가 불가피하다고 보았지만, 합리적 자본주의의 미래에 대해 매우 비관적으로 생각했다. 이러한 견해는 그의 관료제에 대한 비판에서 잘 나타난다.

베버는 현대 사회에서 합리화로 인한 관료제의 증가는 피할 수 없는 것이라고 보았다. 베버는 1917년 러시아의 볼셰비키 혁명 이후 관료적 국가가 등장하는 현실을 주목했다. 베버는 사회주의의 등장도 합리화의 과정에서 비롯된 것이라고 보았는데, 사회주의가 "생활에 대한 환멸"을 촉진한다고 평가했다. 또한 문화가 발전하는 최종 단계에서는 "영혼이 없는 전문가"와 "감성이 없고 향락만 추구하는 사람들"이 나타날 것이며, 이 같은 인간들은 인류가 지금껏 도달하지 못한 문명 단계에 올랐다고 자부할 것이라고 보았다. 베버는 합리화 과정으로 인해 인간 사회가 궁극적으로 관료의 지배를 받는, 인생의 활력이 없는 무미건조한 사회가 될 것이라고 예측했다. 합리성의 결과에 대한 비관적 전망은 마르크스의 자본주의에 대한 낙관적 전망과 매우 대조적이다. 베버도 현대 사회가 거대한 정부와 기업이 개인의 모든 정보를 독점하고 통제하는 감시사회로 변화하고 있다고 주장하는 분석가에 의해 선견지명을 가진 학자로 인정을 받는다. 베버는 정치에 열정적으로 관심을 가졌으며, 직접 정당에 참여하고, 독일 사회정책학회에서 주도적 역할을 수행했다. 그가 1차 세계대전에 참전하고자 했다고 해서 그를 보수적 사상가나 파시즘의 선구자로 볼 증거는 없다. 베버는 개인의 자유를 지지하고, 노동자의 권리를 옹호했으며, 계급 갈등을 조정하는 국가의 역할을 강조했을 뿐이다. 하지만 베버의 주장이 반드시 맞는 것은 아니다. 베버의 관료화에 대한 예측과 달리 현대 사회에서도 개인들은 다양한 비공식 조직을 유지하고 있으며, 관료제에 반대하고 민주주의를 확대하려는 노력을 멈추지 않았다.

베버는 여러 가지 차원에서 마르크스와 대조적인 관점을 제시했다. 실제로 베버는 자신이 "마르크스의 유령과 싸우고 있다"라는 표현을 쓰기도 했다. 마르크스는 현대 사회의 등장이 주로 자본주의 경제의 등장으로 이루어졌다고 본다. 이에 비해 베버는 현대 사회의 중요한 특성은 인간 생활의 합리화라고 보았다. 두 사람 모두 현대 사회를 움직이는 강력한 힘으로서 단일한 요소를 강조했지만, 전혀 다른 성질의 요소를 강조했다. 마르크스는 경제적 소유관계에 따른 계급의 분화를 강조했지만, 베버는 계급이 다양한 불평등의 원인 가운데 하나에 불과하다고 보았다. 베버는 경제적 계급 이외에도 교육과 위신에 따른 사회적 지위와 정당의 차이가 여러 가지 불평등을 만든다고 보았다. 특히 사회적 지위는 사회의 평판, 명예, 취향, 라이프스타일과 밀접한 관련을 맺는다. 그리고 마르크스와 베버는 미래 사회의 성격에 대해서도 서로 다른 견해를 제시했다. 마르크스는 현대 사회가 급속하게 자본주의 사회로 변화되지만, 과도적인 단계를 거쳐 궁극적으로 사유재산이 없는 공산주의 사회가 도래할 것이라고 예상했다. 그러나 베버는 현대 사회의 합리화가 지속적으로 확대되면서 사회 조직과 경제 조직 등 인간 생활의 모든 측면을 동일한 형태로 변화시킬 것이라고 보았다.

에밀 뒤르켐: 아노미와 사회 연대성

현대 사회학을 대학에서 제도화하는 데 주도적 역할을 수행한 프랑스 사회학자 에밀 뒤르켐은 문화의 역할에 관심이 컸으며, 특히 종교와 사회의 관계를 연구한 것으로 유명하다. 뒤르켐은 27세에 『사회학적 방법의 규칙』(1895)을 출간했으며 사회학의 방법을 체계화한 학자로도 주목을 끌었다. 그는 '사회적 사실(fait social)'을 개인으로부터 독립된 것으로 보았으며, 다른 사회적 사실과 인과적으로 설명할 수 있다고 주장했다. 그에 따르면, 사회적 사실을 분석하는 것은 심리학 또는 생물학 등 다른 차원으로 환원할 수 없으며 사회학자는 사회의 논리 자체를 찾아야 한다. 사회가 개인의 행동을 통제하기 때문에 자연과학처럼 사회에 대한 객관적인 연구가 가능하다. 사회학자는 사회의 행위자들이 말하는 답변에 집착하지 말고 그들의 의식 속에 감추어진 설명을 찾아야 한다.

뒤르켐은 기능주의적 관점에서 사회적 합의와 사회 체계를 주의 깊게 관찰했다. 개인적 행위로 보이는 자살을 사회적 사실로 간주하고, 당시 유럽 사회의 급증하는 자살 경향을 병리적인 것으로 해석

그림 1-3 에밀 뒤르켐

했다. 그는 1897년에 출간한 저서인 『자살론』에서 자살은 개인적 행위로 보이지만, 자살을 강제하는 사회적 유형이 존재한다고 주장했다(뒤르켐, 2008). 그는 자살의 네 가지 유형으로서 이기적 자살, 이타적 자살, 숙명적 자살, 아노미로 인한 자살을 제시했다. 뒤르켐에 따르면, 자살 가운데 사회학적으로 가장 중요한 것은 아노미로 인한 자살이다. 이는 개인의 부적응과 이탈, 소속감의 상실, 규범의 부재로 인해 일상생활에서 규범과 규칙이 실종되는 상태를 가리킨다. 뒤르켐은 사회 통합이 약화될수록 자살률이 증가하며, 둘 사이에 경험적인 상호관계가 존재한다고 보았다. 뒤르켐이 사회와 구조를 지나치게 강조하는 이유는 그가 현대 사회가 등장하면서 점차 종교가 약화되고 아노미로 인한 혼란이 커질 것을 두려워했기 때문이다.

뒤르켐은 현대 사회의 증가하는 개인주의의 분위기도 비판하면서 새로운 대안을 제시하기 위해 노력했다. 뒤르켐이 관심을 가진 개인주의는 영국의 공리주의와 이기주의보다 칸트와 루소의 개인주의에 가깝다. 뒤르켐은 개인주의가 유일한 도덕적 행위 양식으로 모든 사람에게 보편적으로 적용된다고 보았다. 이런 점에서 개인주의는 종교를 대체할 수 있다. 개인주의가 종교적 성격을 갖는다는 지적은 비합리적이라는 의미가 아니라 사람들의 관습과 문화에 스며들어 높은 이상을 제시한다는 점을 가리킨다. 뒤르켐은 인간성이라는 종교의 합리적 표현이 개인주의 윤리라고 보았다. 뒤르켐은 개인주의 원칙을 위협하는 모든 것에 강력하게 반대하고, 사회의 해체에 맞서 사회의 결속을 옹호해야 한다고 주장했다. 특히 지식인의 역할이 중요하고 개인의 인권을 보호하는 목소리를 내야 한다고 믿었다. 뒤르켐이 보수적 학자라는 오해와 달리, 그는 드레퓌스 사건에 대해 강력하게 비판했으며, 독일의 제국주의적 전쟁을 경고하는 글을 쓰기도 했다. 또한 사회의 약자에 대한 배려와 직업윤리, 사회적 결속, 사회보험을 통한 분배적 정의를 지지했다는 점에서 오늘날 신자유주의 또는 보수주의와는 매우 다른 주장을 제시했다.

　　뒤르켐은 전통 사회의 종교 대신 교육이 현대 사회의 아노미를 막기 위해 누구나 공유할 수 있는 문화적 기반을 제공해야 한다고 주장했다. 또한 다양한 직능 조직의 형성을 통해 사회적 연대의 토대를 만들어야 한다고 강조했다. 뒤르켐은 자신의 박사학위논문『사회분업론』(1893)을 출간함으로써 사회의 도덕적 통합이 갖고 있는 집단적 기능에 대해 많은 관심을 보였다(뒤르켐, 1999). 뒤르켐은 사회적 연대를 기계적 연대와 유기적 연대로 구분했다. 기계적 연대는 사회 전체의 공통적 의식이 개인의 의식을 지배하는 사회적 결합 상태를 가리킨다. 유기적 연대는 산업사회가 발전하면서 개인의 기능적 차이와 분업이 발전하여 전통적 유사성과 동질성에 기초한 인간관계가 무너지고 다양한 개인들 사이의 상호 의존에 기초하여 발생한 긴밀한 인간관계를 가리킨다. 뒤르켐은 프랑스 제정이 붕괴될 즈음 정치에 많은 관심을 가졌으며 정치적으로 사회주의를 지지했으나, 사유재산제를 폐지하려는 마르크스의 생각과 달리 직능 조직에 기반을 둔 길드 사회주의를 제창했다. 그는 사회를 단순히 개인의 총합으로 보지 않고 유기적 연대성을 토대로 이루어진 공동체로 간주했다.

현대 사회의 문화를 구조적으로 해석하는 사고는 뒤르켐의 종교에 관한 연구에서 잘 나타난다. 뒤르켐은『종교생활의 원초적 형태』(1912)에서 오스트레일리아의 토테미즘(totemism)을 연구하였으며, 종교를 사회 통합의 표현으로서 주목했다(뒤르켐, 1992). 원시 사회의 토테미즘은 성스러운 것과 세속적인 것을 분리한다. 성스러운 것은 근심, 공포, 외경과 같은 감정을 수반하며 일상생활이나 세속적인 것과 구분된다. 성스러운 것은 잠재적으로 이로울 수도, 위험할 수도 있으며, 특별한 터부(taboo)에 의해 세속된 것과 분리된다. 성스러운 것은 의례, 기도, 제물과 같은 특별한 의식에 의해 규제된다. 토템에서 숭배하는 동물은 실제로는 사회 집단의 상징이기 때문에 신성한 경외의 대상이 되고, 종교적으로 신격화되기도 한다. 인간과 초자연적 사물 사이의 관계는 개인과 공동체의 관계를 표현한다. 이런 관점에서 뒤르켐은 "신은 사회가 확대된 것이다"라고 보았다.

뒤르켐에 따르면, 관념적 상징 체계의 효력은 의식이라는 구체적 행위를 통해 보완된다. 사회가 성스러운 것을 숭배하기 위해서 의례를 통해 정기적으로 함께 모인다. 의례는 육체와 상징을 사용하여 구성원의 거리감을 좁히며 사회 통합에 이바지한다. 의례에서는 음악, 찬가, 주문의 힘을 빌려 집합적 정서 고양, 즉 집합흥분을 고양시킨다. 사회는 주기적 의식에 의해 생성되는 집합적 열정에서 나타나듯이 새로운 신념과 표상의 원천이다. 종교적 의식은 단순히 기존 신념을 강화할 뿐 아니라 창조와 재창조의 상황을 만든다. 뒤르켐은 종교를 개인적인 경험이 아니라 집합적 경험으로 보았다. 뒤르켐은 오스트레일리아의 토테미즘과 유럽 사회의 종교의 역할이 본질적으로 동일하다고 보았다. 일상생활의 영역에 있는 세속적인 것과 특별하고 초월적인 영역에 있는 신성한 것을 분리할 때 종교적 현상이 발생한다.

　내세와 초자연적 실체를 믿지 않는 사람들에게 종교란 확실히 하나의 오해에 불과하다. 하지만 뒤르켐은 종교를 하나의 사회적 실재로 보았다. 그는 종교가 사회의 연대성을 강화하는 기능을 수행한다고 평가했다. 개인들은 종교를 믿음으로써 사회의 한 성원으로서 인정을 받을 수 있다. 이런 점에서 종교는 문화와 깊은 관련을 가진다. 유교, 기독교, 이슬람에서 볼 수 있듯이, 종교가 다르면 생활 방식과 행동 유형에서 분명한 차이를 보인다. 전통 사회의 사람들은 초자연적 대상을 공동으로 숭배하면서 서로 동질감을 가질 수 있었다. 이런 점에서 종교는 사회를 연결하는 접착제가 되었다. 뒤르켐은 종교를 "인간과 분리되고 금지된 신성한 대상에 대한 통일적 신념과 실천의 체계인 동시에, 모든 사람을 연결하는 교회와 같이 단일한 도덕적 공동체를 형성하는 통일적 신념과 실천의 체계"라고 주장했다. 종교는 사회를 하나로 연결하는 시멘트와 같은 역할을 수행한다. 뒤르켐에 따르면, 현대 사회에서는 종교 대신 시민도덕이 사회적 결속을 추구해야 한다.

　뒤르켐은 많은 제자를 가르쳐 '뒤르켐 학파'라고 불릴 정도로 학계에 큰 영향을 미쳤지만, 그의 사회학 이론은 많은 비판을 받았다. 뒤르켐이 지적한 대로 현대 사회에서는 사회의 분업으로 인해 아노미가 증가하고 있지만, 사회의 유기적 연대성이 어떻게 인간의 아노미를 막을 수 있는지 명확하지 않다. 뒤르켐은 문화가 사회적 합의 또는 사회 통합을 이루는 것으로 보았기 때문에 문화가 갈등을 일으키거나 사회적 배제를 발생시키는 역할도 한다는 점을 충분히 설명하지 못했다. 사회적 합의에 대한 관심은 집합신념에 대한 참여의 강도가 권력과 지위의 불평등과 관련되는지에 대한 문제까지 확장되지 않는다. 뒤르켐은 문화의 역할 가운데 사회적 안정과 사회적 상호작용의 유형의 발생에만 주목했다. 그는 무력, 권력, 이해관계, 불가피성 등이 사회생활에 미치는 변수를 설명하지 않았다. 또한 뒤르켐의 이론은 기능주의의 영향 때문에 기계적 경향을 보이며, 개인의 행동, 신념, 감정, 문화의 유형이 행위자의 선택이 아니라 사회구조의 필요성에 의해 결정된다고 보는 경향이 지나치게 강했다.

게오르크 짐멜: 사회의 파편화와 일상생활

독일 사회학자 게오르크 짐멜은 프랑스 사회학자 콩트와 뒤르켐과 달리 사회를 총체적 실체로 보는 사고를 거부했다. 짐멜은 사회학의 주요 연구 대상을 개인과 사회의 관계라고 보았다. 개인들을 사회의 유기적이고 기능적인 부분의 한 구성 요소로 볼 수는 없다. 사회는 유동적이고 끊임없이 발생하는 사건이다. 실재하는 것은 사회 자체가 아니라 사회 안에서 서로 관계를 맺고 상호작용을 하는 개인들이다. 따라서 개인들이 구체적이고 역동적으로 수행하는 다양한 사회적 상호작용이 사회학의 인식 대상이 되어야 한다. 국가, 노동조합, 경제구조, 가족 등 거시적 연구와 개인들 사이의 상호작용을 다루는 미시적 연구를 어떻게 결합할 것인지 탐구해야 한다.

짐멜은 문화의 해석에 미학적 방법이 적용되어야 한다고 주장했다. 그는 막스 베버 등 다른 독일 학자들과 마찬가지로 실증주의 방법론을 거부했다. 콩트와 뒤르켐이 실증주의 방법이 사회를 연구하는 데 적용될 수 있다고 믿었던 데 비해, 베버와 짐멜은 인간과학과 사회과학에 자연과학적 방법을 적용할 수 없다고 비판했다. 실제로

의식, 문화 규범, 상징적 의미에 관한 연구는 실증주의적 방법으로 수행하기는 매우 어렵다. 이러한 실증주의에 대한 비판은 1930년대 이후 프랑크푸르트학파와 비판 이론의 등장과 1960년대 실증주의 논쟁에도 영향을 미쳤다.[06]

그림 1-4 게오르크 짐멜

짐멜은 칸트적 방법으로 문화의 범주 또는 형식을 문화적 내용과 관련된 것으로 보았다. 하지만 그의 분석이 주관적 문화와 객관적 문화의 관계에 초점을 맞춘 만큼 헤겔과 마르크스의 영향도 보인다. 짐멜에 따르면, 사회학은 상호작용의 내용이 아니라 형식을 연구하는 학문이다. 내용은 개인들이 상호작용을 하는 이유와 근거를 가리킨다. 형식은 개인들 사이에 진행되는 사회적 상호작용의 반복성, 규칙성, 고정성, 지속성 등 구조적 성격을 가리킨다. 예를 들어, 18세기 영국의 귀족과 예술가의 관계는 20세기 남미의 소농과 지주 사이의 관계와 유사하다. 이러한 관계는 후견인 관계라는 유사성을 갖고 있다. 이러한 형태의 유사성은 다른 상황에서도 나타난다. 개인들의 사회적 작용에는 갈등과 협동, 지배와 복종, 투쟁, 분업, 상호관계, 적대관계, 병존관계, 동시관

06 아도르노는 실증주의 사회학이 방법론적으로 현대 경제학과 동일하다고 지적했다. 첫째, 실증주의는 현상을 불변의 구조적 특성으로 간주하는 경향이 보인다. 둘째, 실증주의는 사회 대신 개별적 개인, 사회의식, 사회적 행동에서 출발하여 통계적으로 조사할 수 있는 평균적 의식과 행동을 분석하는 반면, 구조의 객관성은 신화적 존재로 간주한다. 결과적으로 실증주의 사회학은 사회 현상을 규정하는 사회의 구조적 특징을 제대로 이해할 수 없다.

계, 연속관계 등의 형식이 존재한다. 짐멜은 서로 다른 인간들의 상호작용에서 나타나는 유사한 특징으로 이루어진 형식에 관심을 가졌다. 짐멜의 형식사회학은 특정한 사회 유형이 다른 시점의 다른 사회에서 발생할 가능성이 있다고 보았다.

짐멜의 대표적 저서『돈의 철학』(1900)에서 나타나는 화폐의 현상학에 대한 통찰력은 마르크스의 가치 이론에 필적한다(짐멜, 2013). 그러나 그는 마르크스의 노동가치설을 정면으로 부정했다. 짐멜은 역사적 유물론에 이의를 제기하고, 경제에 영향을 미치는 정신의 역할을 탐구했다. 베버는 짐멜의『돈의 철학』을 자본주의에 대한 탁월한 연구로 극찬했다. 짐멜은 사회적 상호작용의 경제적 수량화로 인해 사회생활에서 내용과 형식의 분리가 발생했다고 주장했다. 특히 화폐경제는 일상생활의 합리화를 증가시켰다. 이러한 주장은 베버의 합리화 명제와 유사하다. 짐멜은 자본주의와 합리성이 발전할수록 모든 사회생활에서 인간의 소외가 나타난다고 보았다. 이러한 화폐경제에 대한 비판은 마르크스의 자본주의에 대한 비판과 유사하다. 그러나 짐멜의 화폐경제에 대한 사고는 훨씬 복잡하다. 그는 화폐의 출현으로 인간의 자유가 증대되는(인간화) 동시에 인간이 수단으로 전락하는(탈인간화) 현상이 발생하고 있다고 주장했다. 그는 화폐경제가 가지는 모순적, 대립적, 변증법적 성격에 주목했다. 그리고 짐멜은 자본주의가 반드시 인간을 억압하고 비인간화의 길로 이끄는 대신 해방과 인간화의 길로 이끌 수 있는 변증법적 성격을 가지고 있다는 현상학적 고찰로 20세기의 서막이 올라가는 시대에 최고의 지성으로 부상했다.

짐멜의 글은 뒤르켐과 베버의 학술논문에 비하면 과학적 엄격성이 부족한 에세이처럼 보인다. 짐멜은 짧은 분량의 에세이를 통해 사회적 생활과 사회적 관계에 관한 독특한 분석을 시도했다. 짐멜은『대도시와 정신생활』(1903)에서 도시에 사는 사람의 심리는 도시사회의 특별한 구조의 영향을 받는다고 주장했다(짐멜, 2005). 다른 사람들에게 관심을 보이지 않는 대도시의 생활 태도는 다른 한편으로 개인들에게 "일정한 방식의 자유를 보장"한다. 세계사에서 집단의 크기와 인격의 내적, 외적 자유 사이에 상관관계가 있다는 점에서 "대도시는 자유의 본거지"라 할 수 있다. 도시는 크기에 비례해서 정신적, 심리적 특성의 "개인화"를 촉진한다. 이는 유별난 사람, 변덕, 멋 부리기 등 대도시 특유의 과장된 행동으로 나타난다. 결과적으로 대도시에는 괴짜에 대한 관용의 분위기가 강하고, 개성을 강조하는 예술가와 새로운 유행에 관심을 가지는 젊은이들이 모여든다. 대도시는 현대인에게 고독함과 자유로움을 동시에 제공한다.

짐멜은『유행』(1904)에서 현대인의 소비심리도 날카롭게 묘사했다(짐멜, 2005). 유행이란 두 가지 서로 상반된 사회심리적 욕구 때문에 나타나게 된다. 첫째, 다른 사람들의 행동을 모방하려는 욕구, 즉 다른 사람들과 가능하면 같이 행동하려는 욕구이다. 이는 중산층이 부유층이 소유하는 사치품을 구매하려고 애쓰는 행동에서 잘 나타난다. 둘째, 다른 사람들의 행동을 모방하지 않으려는 욕구, 즉 눈에 뜨일 정도로 다른 사람들과 동일하게 행동하지 않으려는 욕구이다. 이경우 새로운 유행이 창조될 수 있다. 짐멜에 따르면, "유행이란 사회적 균등화 경향과 개인적 차별화 경향 사이에 타협을 이루려고 시도하는 삶의 형식들 중에서 특별한 것"이다. 결국 유행은 단순한 기능적 욕구가 아니라 문화적 욕구에서 비롯되는 것이다.

짐멜은 칸트, 괴테, 니체 등 현대적 세계관의 형성에 커다란 영향을 미친 철학자들에 깊은 관심을 가졌다. 짐멜에 따르면, 칸트는 인식론의 토대를 제공했고, 괴테는 통일성의 원칙을 보여 준 사례이다. 반면 니체는 철학적 전환의 대상이다. 짐멜은 처음에는 니체의 철학에 대해 "모순투성이" 내지 "사소한 것을 다룬 철학"으로 간주했다. 그러나 1890년대 이후 짐멜은 니체 철학의 위대성을 인정했다. 짐멜은 니체 철학에서 개인 다수의 상호 의존과 작용에 기초하는 사회적인 것 외에도, 사회로 해체되지 않으며 내적으로 완전히 자족적인 세계인 개인적이고 인격적인 것이 존재한다는 주장에 주목했다. 니체의 지적 세계에는 현대인의 삶의 근본적인 원칙과 경향 가운데 하나인 개인주의가 뛰어나게 형상화되어 있다고 보았다.[07]

짐멜은 『대도시와 정신생활』에서 개인주의를 양적 개인주의와 질적 개인주의로 구분했다(짐멜, 2005). 양적 개인주의는 개인의 자유와 평등을 추구한다. 질적 개인주의는 개인의 고유한 특성, 개성, 가치, 이상을 추구한다. 양적 개인주의는 칸트 철학의 전통과 연결되어 있으며, 질적 개인주의는 니체 철학의 전통을 계승한다. 현대 사회가 점차 수량화되고, 탈인격화되고, 평준화되고, 평균화되면서 질적 개인주의를 달성하기 어렵게 된다. 현대인은 자신이 남과 비교될 수 없고 혼동될 수 없는 유일한 존재로서 개인적 가치, 이상, 규범에 따라서 자신의 삶을 살아야 한다. 이를 짐멜은 '개인의 법칙'이라고 부른다. 개인의 법칙은 질적 개인주의의 실천적, 윤리적 영역에 해당된다.

짐멜은 문화에 관한 엄청난 분량의 글을 남겼지만, 사회적 상호작용의 내용보다 형식에 관심을 가졌으며, 특히 수량의 의미를 강조했다. 사회의 총체적 구조와 본질, 의미를 연역적 방법으로 탐구하

07 짐멜의 주장대로 니체 철학은 많은 철학자와 예술가에 영향을 미쳤다. 니체의 사상은 카를 야스퍼스와 마르틴 하이데거의 철학으로 계승되었으며, 구스타프 말러와 리하르트 슈트라우스의 음악, 밀란 쿤데라의 소설, 스탠리 큐브릭의 영화에도 큰 영향을 미쳤다. 니체의 반철학적, 반사회학적 관점은 포스트모던 문화를 예감하는 지적 시도로 볼 수 있다.

기보다 돈, 유행, 모험, 성, 종교 등과 같은 일상적, 피상적, 단편적 현상을 주요 연구 대상으로 삼았다. 짐멜의 사회학은 사회적 사실에 대한 체계적 설명보다 유추성, 단편성, 파편성을 추구하는 경향이 강하다. 이런 점에서 마르크스와 뒤르켐의 구조적 관점과는 분명한 차이점을 가지고 있다. 짐멜의 사회학은 사회의 거시적 분석보다 미시적 사회학을 추구했으며, 때로는 원자론적, 심리학주의적, 형식주의적 미학주의라는 비판을 받았다. 그럼에도 불구하고 짐멜의 문화에 대한 연구는 오늘날 문화사회학의 발전에 지대한 영향을 미쳤다.

고전 사회학의 통찰력

19세기 말부터 유럽의 학자들 사이에서는 문화의 변화에 대한 관심이 커지면서 다양한 사회를 비교하는 연구가 등장했다. 초기에는 인류학자들이 주목할 만한 연구를 발표했지만, 본격적인 이론적 논의를 제시한 학자들은 마르크스, 베버, 뒤르켐, 짐멜 등 고전 사회학자들이다. 이들은 현대 사회의 본질적 특성을 이해하려고 노력했고, 경제와 사회의 역동적 변화를 날카롭게 분석하려고 시도했다. 마르크스는 자본주의가 현대성의 가장 중요한 특징이라고 보았는데, 베버는 합리성을 현대 사회의 가장 중요한 동력이라고 보았다. 뒤르켐은 사회분업에 주목했으며 지나친 개인화로 인한 아노미 상태를 우려한 반면, 짐멜은 개인주의의 등장을 부정적으로 보지 않고 사회와 개인의 관계가 질적으로 변화하는 역동성에 관심을 가졌다.

고전 사회학자들의 문화에 대한 관점은 현대성을 이해하는 사고와 밀접한 관련을 지닌다. 마르크스는 헤겔의 관념론을 비판하며 문화에 대한 경제의 우위성을 강조했고, 문화가 사회의 반영이라고 보았다. 반면에 베버와 뒤르켐은 문화적 특성에 관심이 많았고 문화가 사회를 바꾸는 역사적 과정을 분석했다. 베버는 마르크스주의의 확산과 칸트주의의 부활로 인한 관념론과 유물론의 대립 속에서 경제의 중요성을 완전히 부정하지는 않았지만 합리화 과정, 에토스, 정신을 강조했다. 뒤르켐도 독일의 선험적 철학과 영국의 경험주의 경향을 극복하기 위해 도덕과 종교의 사회구조적 토대를 설명하는 이론을 만들어 내려고 노력했다. 비록 위 세 학자에 비해 덜 논의되지만, 짐멜은 문화를 매우 특별한 의미로 사용하면서 상대적으로 자율적인 존재로 여겼다. 짐멜은 사회에 영향을 미치는 문화의 미학적 성질이 현대성의 중요한 특징이라고 강조했다.

　　오늘날 사회학자들은 고전 사회학자 가운데 어느 한 학자의 주장이 온전히 맞고, 다른 학자의 주장은 모두 틀렸다는 주장을 제기하지는 않는다. 분명 문화와 사회의 관계가 결정하는가 아니면 결정되는가의 해답을 찾기는 쉽지 않다. 문화와 사회구조의 관련성을 설명하는 네 학자들의 주장도 때로는 모순적이고 불분명하다. 어쩌면 네 명의 위대한 사회학 거장들은 각자 현대성의 다양한 측면을 이해하는 데 중요한 사고를 제공하고 있다고 볼 수 있다. 이들이 각기 다른 접근법으로 현대성이라는 광범한 경제적, 사회적, 문화적 특징을 설명하려고 시도했다는 점은 분명하다(로버트슨, 2013). 이런 점에서 오늘날에도 고전 사회학자들의 저작은 많은 사회학자들에게 중요한 영감을 제공하고 있으며, 이들이 제안한 소외, 상품 물신화, 합리화, 아노미, 사회적 연대, 개인화 등 주요 개념은 지금도 많은 사회학자들에 의해 널리 사용되고 있다. 이에 대한 자세한 논의는 2장에서 다룰 것이다.

토론 주제

문화와 문명의 차이는 무엇인가?

정적인 사회와 동적인 사회의 문화는 어떻게 다른가?

현대 문화의 중요한 특징은 무엇인가?

마르크스와 베버의 문화에 대한 관점을 비교하라.

뒤르켐과 짐멜의 개인과 사회의 관계에 대한 주장을 평가하라.

더 읽을거리

앨런 스윈지우드, 1987, 『사회사상사』, 박성수 옮김, 문예출판사.

루이스 코저, 2003, 『사회사상사』, 신용하·박명규 옮김, 시그마프레스.

조지 리처, 2010, 『현대 사회학 이론과 그 고전적 뿌리』, 한국이론사회학
    회 옮김, 박영사.

크리스 쉴링·필립 멜러, 2013, 『사회학적 야망』, 박형신 옮김, 한울.

존 A. 휴즈·웨스 W. 샤록·피터 J. 마틴, 2018, 『고전 사회학 이론』, 박형신
    옮김, 한울.

조나단 H. 터너, 2019, 『현대사회학이론』(8판), 김윤태 외 옮김, 나남.

2장

사회학 이론과 문화

객관성이란 이해관계를 떠난 사유가 아니다. … 모든 것은 단지 하나의 관점에 입각한 '앎'일 따름이다. … 하나의 대상을 보기 위해서 보다 많은 다양한 눈을 사용할수록 그 대상에 대한 우리의 '개념'과 '객관성'은 보다 완벽해질 것이다.

— 프리드리히 니체, 『도덕의 계보』

오늘의 철학은 더 이상 세계와 자연, 역사와 사회 전체를 모두 아우르는 총체적 지식의 지위를 주장할 수 없다.

— 위르겐 하버마스, 『의사소통행위이론』

아쿠타가와 류노스케의 소설『덤불 속』은 헤이안 시대의 살인 사건을 다룬다. 소설은 한 남자의 시체를 둘러싼 재판에 참석했던 여러 사람의 증언을 전한다. 첫째로 나무꾼은 덤불 속에서 한 남자의 시체를 발견했다고 말했다. 둘째로 행려승은 칼을 차고 활을 가지고 있는 남자와 말을 탄 부인을 길에서 보았다고 말했다. 셋째로 나졸은 다조마루라는 도적을 붙잡았는데, 그가 죽은 남자의 활을 가지고 있었다고 말했다. 넷째 노파는 죽은 사내가 사무라이이며, 자신의 딸의 남편이었다고 말했다. 이들은 모두 살인 사건의 한 단편을 말할 뿐이다.

그다음 살인 사건의 당사자 세 명이 등장한다. 첫째로 도적 다조마루는 자신이 남자를 죽였지만, 부인은 사라졌다고 말했다. 둘째로 죽은 남자의 부인은 도적에게 겁탈당한 후 자결을 하려고 했는데, 깨어나 보니 남편이 줄에 묶인 채 숨져 있었다고 말했다. 셋째로 무당의 입을 빌린 죽은 남자의 혼령은 자신의 아내가 겁탈당한 후, 아내가 도적을 따라가겠다고 말하고 남편을 죽이라고 부탁했다고 말했다. 그러나 도적은 자신을 죽이지 않고 떠났고, 자신이 스스로 단도로 목숨을 끊었다고 말했다.

재판에 등장한 증인들은 진실을 말하는 것일까? 사실 증인들은 살인 사건이 벌어지기 전이나 한참 지난 후의 그들의 모습을 기억할 뿐이다. 누가 남자를 죽였느냐에 대해서는 당사자들인 도적, 여자, 남자 셋의 말이 저마다 다르다. 그들은 상이한 해석을 말하지만,

어디에도 진실은 드러나지 않고 서로 다른 증인의 주장만 강렬한 인상을 남긴다. 아쿠타가와는 진실이 무엇인지 말하지 않는다. 인생의 진실이란 그 단편만 잡힐 뿐 전체는 보이지 않는다는 것을 말하는 것인지도 모른다. 증인들은 우연한 시간과 장소에 있기 때문에 제한된 진실만 볼 수 있고, 심지어 전체를 보는 경우도 자신의 감정이나 이익에 따라 다른 진실을 말할 수 있기 때문이다. 각자의 입으로 사실을 말하지만, 각자의 눈으로 다른 진실을 전달하고 있는 것이다.

칠레 인지생물학자 움베르토 마투라나(Humberto Maturana)는 『앎의 나무』(1987)에서 인간의 정신이 스스로의 삶에 적합한 하나의 세계를 만들어 내는 작업을 수행한다고 보았다(마투라나·바렐라, 2007). 객관적 실재로 존재하지 않는 인간은 외부 환경에 그저 반응하는 것이 아니라 스스로 자기 세계를 만든다. 이러한 인식 과정은 사회적 세계의 인식 과정에서도 발생한다. 독일 철학자 마르틴 하이데거(Martin Heidegger)는 세계란 객관적, 물리적 시공간이 아니라, 각자 삶을 통해 보여 주는 하나의 해석이며 풍경화이자 시(詩)라고 주장했다. 하이데거는 스스로 독일 민족의 눈으로 세계를 보았고, 어리석게도 인종 말살 정책을 지지했다. 그럼 우리 역시 각자의 눈으로 세계를 이해하고 행동하는 것일까? 우리의 문화도 일종의 스스로 세계를 만들어 내는 작업이고, 하나의 풍경화이자 시와 같은 것일까? 과연 우리는 어떻게 우리가 이해하는 문화와 삶이 진리라고 말할 수 있을까?

하이데거와 마찬가지로 루트비히 비트겐슈타인(Ludwig Wittgenstein)도 날카롭게 형이상학을 비판했다. 그는 『논리철학논고』(1921)에서 철학의 중요한 방법으로 언어 분석을 제시했다(비트겐슈타인, 2006). "명확히 말할 수 없는 것에 침묵하라"라는 그의 계율은 모든 형이상학을 비판하려는 의도의 표현이지만, 그것 또한 잘못 부활한 독단적 형이상학이나 신비한 황홀감을 찾는 종교적 신앙과 크게 구분하기 어렵다. 혼란스럽고 이해하기 어려운 외부 세계는 카프카가 말하는 순수한 무의미성과 맹목성의 의미와도 뚜렷하게 분리하기는 불가능하다. 나중에 비트겐슈타인은 우리가 침묵해야 한다는 생각을 포기하는 대신 '언어 게임(language game)'을 제시했지만, 문제는 과연 언어 분석 또는 논리적 분석이 철학의 유일한 방법인지에 대해 논란이 일어날 수 있다는 점이다.

비트겐슈타인은 『논리철학논고』에서 언어의 본질은 실재의 세계를 묘사하는 논리적 그림이라고 주장했는데, 후기에 쓴 『철학적 탐구』에서는 모든 개별적인 언어 현상에 본질이라고 할 만한 공통적인 성질은 없다고 주장했다(비트겐슈타인, 2019). 다시 말해 언어의 성격은 독자적으로 규정되는 것이 아니라, 인간의 조건에 의해 규정된다는 것이다. 비트겐슈타인은 언어를 규정하는 삶의 조건을 '삶의 형식'이라고 불렀다. 결국 언어의 의미는 고정적인 것이 아니라 맥락에 따라 변화하며 유동적이다. 비트겐슈타인은 철학의 문제가 일상 언어가 삶에서 다양하게 사용되는 방법을 이해해야 한다고 주장했다. 언어의 의미를 분명하게 이해하기 위해서는 언어 게임에 참여해야 하고 단어와 문장의 의미가 어떻게 생성되고 활용되는지 경험해야 한다. 이런 활동이 바로 철학의 과제이다.

칼 포퍼(Karl Popper)는 비트겐슈타인의 철학을 비판하면서 언어 분석이 철학의 유일한 방법이 아니며 철학에서 본질적이지 않다는 반론을 제기했다. 포퍼는 철학의 방법으로 연역의 방법을 강조하고 '반증'이 가능한 명제를 탐구하도록 요구했다(포퍼, 2001). 예를 들어, 까마귀는 검다는 명제는 반증이 가능하다. 만약 검지 않은 까마귀가 발견된다면 그 명제는 거짓으로 판명될 것이다. 그러나 신의 존재는 철학적 문제가 될 수 없다. 그 명제는 반증이 불가능하기 때문이다. 그는 합리적 담론의 방법은 철학적 방법일 뿐 아니라 자연과학의 방법이라고 주장했다. 포퍼에 따르면, 위대한 과학적 발견을 이르게 한 길은 연역에 따른 가설의 검증이다. 만약 이론이나 거대한 가정이 없다면 우리는 진리에 접근할 수 없다. 사실로 증명할 수 없는 이론은 공허하지만, 이론이 없는 연구는 맹목적이다.

2차 세계대전 이후 사회학은 자연과학의 영향을 많이 받았으며 객관적이고 가치중립적인 (또는 몰가치적인) 개념을 통해 사회를 이해하려고 애썼다. 비트겐슈타인과 포퍼의 '부지깽이 논쟁'에서 볼 수 있듯이 두 철학자의 생각은 달랐지만, 사회과학에 미친 영향은 지대하다. 비트겐슈타인과 포퍼의 철학은 논리실증주의 또는 탈실증주의라는 이름으로 사회과학의 방법을 사실상 지배했다. 그 후 사회에 대한 탐구는 자연과학의 한 분과처럼 변하면서 하이데거의 주장은 사실상 사회과학에서 사라졌다. 특히 미국 사회학은 과학주의를 적극적으로 수용하여 통계 분석을 통해 인간의 행동을 양적으로 계량화하여 설명하려고 노력했다. 미국 사회가 역사적으로 궁극적 단계에 도달했다고 보았기 때문에 단기 과정의 관리와 통제에 더 많은 관심을 가지고 실증주의 패러다임에 집중했다(로스, 2005). 수량으로 표현하기 어려운 문화연구는 사회학에서 퇴조했으며, 인류학자 ―마빈 해리스, 클리퍼드 기어츠 등― 에 의한 문화연구가 명맥을 유지했다.

그러나 1960년대 이후 과학주의와 실증주의 경향에 반대하는 다양한 이론적 도전이 이루어졌다. 통계 분석을 통해 파악한 현상은 단순한 사실의 나열일 뿐 진정한 사회학이 아니며, 실증적 방법으로 인간과 사회를 완벽하게 설명할 수 없다는 비판이 거세졌다. 특히 문화와 사회의 구조적 관계 또는 인간의 의식 작용과 의미에 대한 연구가 새로운 관심을 끌었다. 구조기능주의 또는 신기능주의 이론은 사회의 일반적 가치에 관심을 가졌고, 네오마르크스주의는 문화의 상대적 자율성에 대한 논쟁을 벌였다. 상호작용주의 이론과 현상학은 상징의 효과와 의식의 과정에 대한 분석을 시도했다. 구조주의와 포스트구조주의는 언어의 구조에 대해 연구를 시도하며 문화의 의미와 효과를 설명하려고 시도했다.

20세기 후반 이후 사회학 이론은 다양한 방법으로 문화를 이해하는 새로운 관점을 제시했다. 2차 세계대전 직후 구조기능주의 이론이 지배적 위치를 차지했지만, 1960년대 후반 이후 네오마르크스주의와 상호작용주의는 구조기능주의의 패러다임에 강력하게 도전했다. 68혁명 이후 구조기능주의가 사회 변동을 충분히 설명하지 못한다는 비판을 받으면서 사회학 이론에서 방법론적 다원주의가 널리 수용되었다. 1980년대 이후 사회학의 가장 중요한 특징은 네오마르크스주의의 급격한 쇠퇴와 포스트모더니즘의 등장이다. 네오마르크스주의는 정통 마르크스주의의 경제적 결정론과 달리 문화의 자율성을 강조하여 관심을 받았지만, 1991년 소련과 공산주의 체제의 붕괴 이후 급속하게 약화되었다. 반면에 포스트구조주의의 영향을 받은 포스트모더니즘은 현대 사회가 탈현대성의 시대로 진입했다고 보고, 현대성 프로젝트로서 사회학의 가능성을 부정했다. 구조기능주의에 도전하는 다양한 사회학 이론은 문화의 추세를 규정하거나 설명하기 위해 수많은 범주를 고안했지만, 결코 피상적으로나마 일반화되지 못했고, 그것을 설득력 있게 변증법적으로 통합하여 예전에 이해되던 것처럼 사회적 과정으로 설명하지 못했다. 다만 하버마스, 루만, 부르디외, 기든스의 통합적인 이론화 작업은 지속적으로 학자들의 관심을 끌고 있다.

　　1980년대 현대성(modernity)과 탈현대성(postmodernity)에 관한 논쟁이 벌어지면서 점점 개인화되고 파편화되는 현대 문화의 특징에 관한 관심이 커졌다. 그 후 1990년대를 거치면서 사회학의 '문화적 전환'이라고 불릴 만큼 문화에 대한 관심이 폭발했다. 대중문화, 예술, 미디어, 젠더, 몸, 섹슈얼리티, 정체성 등 다양한 주제가 문화사회학 연구에 커다란 영향을 미쳤다. 하지만 이런 문화에 대한 관심은 전혀 새로운 것이 아니다. 이미 1960년대 이후 영국 버밍엄 대학의 현대문화연구소가 문화연구를 새로운 학문 분과로 정립하면서 다양한 사회학 연구가 이루어졌다. 레이먼드 윌리엄스, 리처드 호가트, 폴 윌리스, 스튜어트 홀은 대중문화, 대중매체, 교육, 스포츠, 춤에 이르기까지 수많은 주제의 연구를 발표했다. 특히 텍스트와 맥락, 수용자, 민속지학, 이데올로기에 대한 설명은 문화연구에 커다란 영향을 미쳤다. 비슷한 시기에 레비스트로스, 알튀세르, 라캉, 푸코, 바르트, 부르디외 등 유럽의 구조주의 학자들도 문화연구에 커다란 영향을 미쳤다. 영국의 문화연구, 프랑스의 구조주의, 미국의 문화사회학은 매우 다른 지적 전통에서 출발했지만 문화에 대한 사회학적 분석에 커다란 영향을 주었다. 이 책에서는 문화연구의 모든 지적 계보를 다루지는 않지만, 현대 문화의 특성을 이해하고 설명하려는 현대 사회학의 주요 이론적 관점을 살펴볼 것이다.

구조기능주의: 문화와 사회 통합

　　1장에서 소개한 뒤르켐의 주장처럼 기능주의 이론은 문화를 사회 통합의 중요한 요소로 간주한다. 사회의 모든 행위자의 행동은 궁극적으로 사회 전체가 가지고 있는 목적을 위하여 기능한다고 가정한다. 기능주의 이론에 따르면, 사회는 하나의 체계(system)이며, 다양한 성격을 가진 사회 제도가 사회 전체의 원만한 유지가 가능하도록 임무를 수행한다. 예를 들어 가족은 사회 성원의 재생산을 담당하고, 학교는 사회화와 교육을 수행하고, 기업은 재화와 서비스를 생산하는 기능을 수행한다.

20세기 초에 커다란 인기를 얻은 기능주의 이론은 인류학자 브로니슬라브 말리노프스키(Bronislaw Kasper Malinowski)에 의해 본격적으로 발전했지만, 이를 사회학에서 체계적으로 발전시킨 학자는 탈콧 파슨스(Talcott Parsons)이다. 애머스트 대학에서 생물학을 공부했던 파슨스는 영국의 런던정경대학에서 말리노프스키의 인류학에 대해 관심을 가졌으며, 독일의 하이델베르크 대학에서 베버의 사회학을 연구했다. 파슨스는 영미권에 널리 수용된 개인주의적, 공리주의적 견해에 반대하고 주의주의적 행위 이론(voluntaristic theory of action)을 제시하면서 사회 성원이 수용한 공통적 규범과 가치를 중심으로 사회 통합이 이루어진다고 보았다. 파슨스는 행위 동기와 가치를 인지적, 심미적, 평가적 유형으로 구분했다. 그는 행위자가 동기와 가치에 의해 상황 지향적 성격을 갖는다고 주장했다. 그는 베버의 이념형을 활용해 행위 유형(action pattern)을 도구적, 표출적, 도덕적 행위로 구분했다. 지향적 행위자들 사이의 상호작용이 제도화되고 지위, 역할, 규범의 사회 체계(social system)가 형성된다. 행위 체계(action system) 사이의 통합은 문화 체계, 사회 체계, 인성 체계, 행동 유기체 등 4개의 하위 행위 체계의 상호작용을 통해 이루어진다.

파슨스에 따르면, 행위 체계는 네 가지 요소(AGIL)를 통해 작동한다. 첫째, 적응(Adaptation)은 환경으로부터 충분한 자원을 확보하고

그림 2-1 탈콧 파슨스

자원을 체계 전역에 분배하는 특징이 있다. 둘째, 목표 달성 (Goal Attainment)은 체계 목표 사이의 우선순위를 정하고 목적 달성이 가능하도록 체계의 자원을 동원하는 것을 가리킨다. 셋째, 통합(Integration)은 체계 단위 사이의 존립 가능한 상호관계를 조정하고 유지하는 성향을 통해 이루어진다. 넷째, 잠재성(Latency)은 유형 유지와 긴장 관리를 포괄한다. 기능주의에서 구조는 위의 네 가지 요소(AGIL)를 충족하는 기능적 결과에 의해 생겨난다. 모든 하위 체계는 네 가지 기능적 부문으로 분화될 수 있으며, 상위 체계와 하위 체계의 교환이 발생한다. 문화 체계는 유형 유지 기능, 사회 체계는 통합 기능, 인성 체계는 목적 달성 기능, 행동 유기체는 적응 기능을 우선적으로 수행한다.

파슨스는 사회학의 중심 연구 대상이 통합 기능을 수행하는 '사회 체계(social system)'라고 단언한다. 사회 체계의 네 가지 하위 부문은 적응 기능을 담당하는 경제, 목적 달성을 담당하는 정치, 통합 기능을 담당하는 사회 공동체, 유형 유지를 담당하는 문화로 구성된다. 경제의 적응 기능은 화폐 수단을 사용해 이해관계를 추구하는 활동으로 이루어진다. 정치의 목적 달성 기능은 정부 또는 정치 조직이 권력 수단을 사용해 성원의 행위를 구성하는 결정을 내리고, 징벌을 수행하며, 자원을 동원하는 활동을 가리킨다. 사회 공동체의 통합 기능은 바람직한 의사결정을 내리도록 설득하는 영향력을 수단으로 삼아 행위자들이 사회 규범에 충성하고, 서로 조정하여 조화를 유지하는 활동을 포함한다. 문화의 유형 유지 기능은 성원이 사회의 핵심 가치에 헌신하고 양심을 가지도록 하며, 이를 위반할 때 죄의식을 갖도록 만드는 활동을 수행한다.

파슨스는 진화주의적 가정을 활용하여 인간 사회가 원시, 중간, 현대 사회의 진화적 단계를 거친다고 본다. 이 과정에서 문화가 중요한 역할을 수행한다. 현대 사회를 향한 진화 과정은 사회 체계의 네 가지 하위 부문이 미분화되어 서로 융합된 상태에서 분화되는 과정이다. 분화는 사회 체계에서 한 단위 또는 구조가 체계를 위한 기능적 중요성에서 다른 둘 이상의 단위나 구조로 분리되는 것이다. 분화의 증대는 환경에 대한 사회의 적응 능력을 향상시킨다. 분화와 적응 능력의 향상은 '가치 일반화'를 전제로 해서 가능하다. 파슨스에 따르면, 가치 일반화의 가장 중요한 측면은 특수주의에서 보편주의를 향한 변화이다. 그것은 감정에서 감정 중립성을 향한 변화를 수반한다. 또한 행위자의 특성을 강조하는 귀속성에서 수행을 강조하는 업적의 가치를 향한 변화를 추구한다. 파슨스는 가치 일반화에 기여한 유대교와 기독교의 전통이 미친 영향을 강조했다. 특히 칼뱅주의(Calvinism)는 현대 사회의 보편주의, 감정 중립성, 업적, 특정성의 형성에 중요한 영향을 미쳤다(파슨스, 1999).

파슨스의 구조기능주의 이론에서 핵심 개념은 사회 체계이다. 사회 체계를 구성하는 모든 요소는 체계가 갖는 욕구에 관련된 특수한 기능을 수행하는 한 필수 조건이다. 그럼에도 불구하고 체계의 모든 부분, 즉 하위 체계의 통합은 결코 완전하지 않다. 일탈, 긴장 등 역기능이 존재하지만, 점차 사회의 통합과 균형의 방향으로 제도화되거나 해소된다. 사회 변동은 적응적이고 점진적이다. 사회 통합은 보편적으로 가치 합의, 공유된 인지 지향을 통해서 기존의 사회, 경제, 정치 구조를 정당화시키는 지배적 원리 체계를 통해 성취된다. 파슨스의 구조기능주의 이론은 정치학의 다원주의, 경제학의 신고전과 일반 균형의 개념과 함께 20세기 후반 사회과학의 주류 이론으로 인정을 받았다. 미국 대학에서 주류 패러다임이 된 구조기능주의는 전 세계적 차원으로 확산되었으며, 1960년대 이후 한국의 사회학 태동에도 커다란 영향을 미쳤다.

파슨스의 구조기능주의 사회학이 전제하는 기본적 가정은 과학을 통한 인류의 진보이며, 기능주의 사회학자들은 미래 사회를 낙관적으로 예상했다. 당연히 미국 사회가 가장 성공적인 사례로 간주되었다. 그러나 1960년대 학생운동, 반전운동, 흑인 민권운동 등이 폭발한 이후 사회의 안정과 지속적 발전에 관한 구조기능주의 이론의 영향력은 급속하게 약화되었다. 많은 학자들은 사회의 균형과 진화적 발전을 강조하는 구조기능주의에는 갈등과 변화에 대한 설명이 부족하다고 지적했다. 찰스 라이트 밀스는 파슨스의『현대 사회들의 체계』에서 제시된 거대 이론 중 약 50%는 쓸데없는 말잔치이고, 40%는 유명한 사회학 교과서이며, 나머지 10%는 애매모호하게나마 이데올로기적 효용성을 지니고 있다고 비판했다(밀즈, 2004: 72). 앨빈 굴드너는『서구 사회학의 위기』에서 구조기능주의가 보수적이며, 몰역사적이고, 행위자에 대한 사회적 강제에 몰두하며, 엘리트를 옹호한다고 공격했다(Gouldner, 1980). 또한 굴드너는 구조기능주의가 목적론적이고, 동어 반복적이라고도 지적했다. 위르겐 하버마스(Jürgen Habermas)는 파슨스의 시스템 이론은 기계적이고, 실증적이고, 반개인주의적이며, 비인간적인 성격을 가진다고 비판했다(하버마스, 1994). 실제로 지난 수십 년 동안 새로운 사회학 조류가 파슨스의 구조기능주의 이론에 도전했으며, 갈등 이론, 네오마르크스주의, 현상학, 민속방법론, 교환 이론은 사회학 이론을 다양하게 발전시켰다.

1980년대에 등장한 신기능주의(Neofunctionalism)는 파슨스의 구조기능주의를 새롭게 정식화하기 위해 노력했다. 구조기능주의가 체계와 기능적 부문의 교환 또는 기능적 요건을 강조한 데 비해, 제프리 알렉산더는 체계와 하위 체계의 다차원성을 강조했다. 그는 분화된 하위 체계 내부와 하위 체계들 사이의 긴장과 새로운 형식의 갈등이 출현한다고 본다(알렉산더, 2007). 알렉산더는 현대 사회에서 갈등의 양이 증가할 수 있으나, 갈등의 범위는 전체 사회로 일반화하지는 않는다고 암시했다. 갈등은 적대적·물질적 이해관계만으로는 충분히 설명될 수 없다. 알렉산더는 사회의 갈등이 자율적인 문화적 구조에 의해서 유형화된다고 주장했다. 그에 따르면, 문화구조는 개념과 대상을 상징적 유형으로 조직화하고, 이들을 기호(sign)로 전환한다. 예를 들어, 1960년대 시민사회에서 여론의 지지를 얻기 위한 상징투쟁 과정과 1970년대 워터게이트 청문회와 같은 세속 의례에 의한 도덕적 집합의식의 강화는 분화되고 세속화된 현대 사회에서 어떻게 사회적 결속과 통합이 이루어지는지 보여 준다. 이런 점에서 알렉산더는 보편적 시민도덕이 어떻게 집합의식을 창출하는지 질문을 던진 뒤르켐의 문제의식을 계승한다.

파슨스의 구조기능주의 이론의 재정립을 시도한 독일 사회학자 니클라스 루만(Niklas Luhmann)은 인간 행위가 체계로 조직되고 구조화되었다고 보며, '일반 체계 이론'을 제시했다(루만, 2007). 루만은 파슨스의 문제의식을 이어받아 사회를 하나의 체계로 이해하면서, 사회 체계의 세 가지 기본 유형으로 상호작용 체계, 조직 체계, 사회적 체계를 제시한다. 단순한 사회에서 세 가지 체계는 서로 융합되어 있지만, 사회가 커지고 복잡해지면 서로 분화되어 환원될 수 없는 지경에 이른다. 모든 사회 체계는 각 행동 양식을 배치할 때 행위자들 사이의 의사소통에 기반하고 있다. 루만에 따르면, 체계 과정은 사랑, 권력, 화폐와 같은 특징적 매체에 의해 발전될 수 있으며, 성찰성과 자기 주제화를 허용할 수 있는 공동체를 통해 이루어진다. 루만은 기능적으로 분화된 사회에서 정치적, 법률적, 경제적 과정의 분석을 시도했다. 그는 사회가 더욱 복잡해지면서 복잡성을 감소시키기 위해 새로운 구조가 출현한다고 보았다. 신기능주의 이론이 사회 체계에 대한 새로운 설명을 시도했지만, 과거 파슨스의 구조기능주의 이론과 같은 지배적 위치를 다시 가질 수는 없었다.

네오마르크스주의: 이데올로기와 문화

"별이 총총한 하늘이, 갈 수 있고 또 가야만 하는 길들의 지도인 시대, 별빛이 그 길들을 훤히 밝혀 주는 시대는 복되도다." 1920년 헝가리 출신 마르크스주의 철학자 죄르지 루카치(György Lukács)는 『소설의 이론』에서 혁명이 좌절된 시대의 혼돈을 그리스 시대와 비교했다(루카치, 2007). 20세기 초반 정통 마르크스주의가 자본주의의 필연적 붕괴가 임박했다고 믿었던 데 비해, 루카치 이후 네오마르크스주의는 자본주의가 장기적으로 지속하는 이유에 대해 탐구했다. 루카치, 그람시, 아도르노, 프랑크푸르트학파 이론가들은 고전적 마르크스주의의 가정보다 훨씬 장기간 동안 자본주의는 안정화되고 내구성을 지니게 될 것으로 보았는데, 무엇보다도 문화가 자본주의 사회의 유지에 큰 영향을 주었다고 주장했다.

　루카치는 러시아 혁명 5년 뒤에 출간한『역사와 계급의식』에서 현대 자본주의의 합리화 경향에 관한 베버의 분석을 높게 평가했다 (루카치, 1999). 그에 따르면, 베버의 합리화는 자본주의 사회에서 전개되는 형식적 보편화 현상에 관한 이론적 표현이다. 그러나 루카치는 베버의 이론이 자본주의의 원동력과 모순에 대해 제대로 인식하지 못했다고 비판했다. 베버는 합리화와 관료제화에서 탈출하는 길은 각자 고유한 신(또는 가치)을 섬기고, 그 결과에 책임을 지는 것이라고 보았다. 이에 반해 루카치는 객관적 체계와 주관적 개인, 필연과 자유 사이의 이러한 이원론은 모순적이고, 이율배반적이라고 비판했다.

　루카치가 제시한 '물화'의 개념은 헤겔의 '외화'와 마르크스의 '상품 물신 숭배'라는 개념을 존재론적으로 일반화하려는 것이다. 물신 숭배는 인간들 사이의 사회적 관계가 마치 상품들 사이의 관계처럼 나타나는 현상을 가리킨다. 따라서 물신 숭배는 자본주의 사회에 이르러 모든 것이 상품으로서 생산되고 교환되고 소비되면서 나타나는 현상이다. 물화 개념은 모든 사물이 상품화될 뿐만 아니라 인간의 실존과 의식까지도 사물로 전환되는 것을 표현한다.

　마르크스는 자본주의 사회의 허위의식과 프롤레타리아 계급의식을 구분했다. 베버는 '정신적 프롤레타리아화'라는 표현으로 프롤레타리아의 정신적 능력의 결핍을 강조했다. 그러나 루카치는 프롤레타리아 계급의식을 혁명적 주체성의 핵심이라고 주장했다. 프롤레타리아가 훨씬 더 철저하게 물화 현상을 겪기 때문에 물화의 근본 구조를 깨닫게 되고 자신들을 집단적인 계급으로 자각하게 된다고 예측했다. 그에 따르면, "혁명의 운명은 프롤레타리아의 이데올로기적 성숙도, 곧 그들의 계급의식에 달려 있다." 루카치가 프롤레타

리아를 '역사의 주체,' 그것도 역사의 유일하고 보편적인 주체로 제시
했다는 점은 마르크스주의의 인식을 그대로 드러내지만, 자본주의의
위기가 저절로 혁명을 만드는 것이 아니라 프롤레타리아의 의식의
역할을 강조했다는 점에서 그는 정통 마르크스주의와의 결정적인 분
기점을 만들었다.

이탈리아 마르크스주의 이론가이자 사회당 국회의원이었던
안토니오 그람시(Antonio Gramsci)는 감옥에서 『옥중수고』라는 기념비
적 저서를 남겼는데, 이는 네오마르크스주의에 결정적 영향을 미쳤
다(그람시, 1999). 그람시는 "왜 이탈리아에서 가난한 노동자와 농민이
무솔리니의 파시스트 독재를 더 지지하는가?"라는 문제에 대한 대답
을 찾기 위해 노력했다. 당시에 마르크스주의자들이 자본주의의 위
기가 심화되어 곧 혁명이 발생할 거라고 예상했던 것과 달리, 그람시
는 "왜 선진 자본주의 국가에서 혁명이 일어나지 않는가?"라는 문제
를 제기했다. 그람시는 모든 것을 경제적 요인에 환원시켜 설명하려
는 '환원주의'와 국가, 문화 등
상부구조가 경제의 반영이라고
보는 '반영주의'를 비판했다.

그림 2-2 안토니오 그람시

그람시는 혁명이 발생하
지 않는 이유를 자본주의가 구
축한 독특한 정치와 지배의 방
식에서 찾았다. 그는 정치와 지
배에는 강제와 동의가 동시에
존재한다고 보았다. 즉 그는 사
회를 강제를 담당하는 정치사
회와 동의를 담당하는 시민사

회로 구분하는데, 지배계급이 직접적으로 지배하는 정치사회(경찰, 군대, 법률 제도 등)와 피지배계급이 자발적으로 또는 비강제적으로 형성하는 시민사회(기업, 노조, 직능단체, 언론, 교회, 가족)로 구분한다. 국가는 시민사회 영역에 침투하여 동의를 구하고 '헤게모니(hegemony)'의 지배를 실현한다. 헤게모니는 물리력에 의한 지배력과 달리 피지배계급의 동의를 전제로 한다. 국가 기구 외에도 교회, 학교, 미디어 등을 통해 창조되는 헤게모니는 자본주의 사회의 사회 질서를 유지하는 기본적인 수단이다. 헤게모니는 동의를 제조하고, 문화적 헤게모니는 사고, 감상 방법의 생산을 포함하고, 대안적 전망과 담론을 배제하는 조작을 포함한다. 이는 마르크스가 지적한 허위의식과 달리 피지배계급의 문화가 일정한 자율성을 가지고 있다고 본다.

그람시에 따르면 이데올로기, 정치, 도덕 등 상부구조는 토대를 그대로 반영하는 것이 아니라 자율성을 가진다. 역사는 인간 외부의 객관적 힘, 관계, 구조에 의해 결정되기 때문에 인간의 투쟁과 노력에 의해 만들어진다. 정치권력의 장악을 강조하는 레닌의 '기동전'에 비해 그람시의 '진지전'은 광범위한 대중의 지지를 강조한다. 시민사회의 헤게모니를 장악하기 위한 진지전은 장기적 혁명이며, 대중의 의식, 문화, 사고방식, 상식을 바꾸는 지속적 활동을 요구한다. 프롤레타리아 계급의 헤게모니를 갖기 위해서는 노동계급 대중의 '지적, 도덕적 지도력'이 필요하다. 그람시는 가톨릭 성직자가 봉건 지주와 특정한 계급관계를 상실하여 사회계급과 상관없이 존재하는 '전통적 지식인'이 된 것과 달리, 프롤레타리아는 자기 계급과 연결된 '유기적 지식인'을 창출해야 한다고 주장했다.

그람시는 감옥에서 대중문학을 읽으며 "왜 이런 문학이 가장 많이 읽히고 출간되는지"에 대한 질문을 던졌다. 그는 신문 연재소설을 "대중의 공상을 대체하는 (동시에 조장하는) 하나의 백일몽"으로 보았다(그람시, 2003). 이 경우 공상은 열등감 콤플렉스에 의해서 좌우된다. 뒤마의 『몬테크리스토 백작』은 이런 공상을 부추기고, 그래서 악의 감각을 달래고 누그러뜨리는 마취제를 마시는 요소로 가득 차 있다고 보았다. 그람시는 대중소설의 유형을 빅토르 위고 유형, 감성적 유형, 음모 유형, 역사소설, 추리소설(범죄소설), 신비소설(고딕소설), 공상과학소설로 분류했다. 대중소설의 두드러진 현대적 유형은 범죄소설과 추리소설이다. 스티븐슨의 『지킬 박사와 하이드 씨』, 코난 도일의 『셜록 홈스』, 모리스 르블랑의 『아르센 뤼팽』이 대표적이다. 그람시는 이탈리아에서 범죄소설이 인기를 누리는 이유는 현실적인 내용과 문화적인(정치적이고 도덕적인) 메시지를 담고 있기 때문이라고 보았다. 그람시는 왜 이탈리아 문화계에 대중문학 작가가 없는지 개탄하며 이탈리아의 '교양계급'의 지적 활동이 대중-국민과 분리되어 있다고 지적했다. 지식인이 대중 취향의 문학을 창조하지 못하는 한 대중은 다른 계급의 지적, 도덕적 헤게모니에 종속될 수 있다고 보았다. 그람시는 작가들의 노력이 없을 경우 대중의 '빈 두뇌'가 국민주의적 찬미 또는 파시즘의 열광에 빠져 스스로 어디서 억압받는지 느끼지 못하게 된다고 분노했다. 그는 지식인이 대중과 소통하는 새로운 문화를 만들어야 한다고 역설했다. 그러나 그의 주장과 달리 유럽의 대중은 파시즘의 선전에 휩쓸려 국민주의의 열광과 세계대전의 포연으로 빨려 들어갔다.

2차 세계대전 이후 서구에서 레닌주의의 영향력이 현격하게 약화되면서 프랑크푸르트학파의 아도르노(Theodor W. Adorno)와 호르크하이머(Max Horkheimer)가 주도한 비판 이론이 새로운 관심을 끌었다. 아도르노와 호르크하이머는 "왜 인류는 진정한 인간적 상태에 들어

서기보다 새로운 종류의 야만 상태에 빠졌는가"라는 질문을 던졌다 (아도르노·호르크하이머, 2001). 그들은 계몽주의로 프랑스 혁명이 가능했는데, 그 이후 인류가 진정한 인간적 상태에 들어서기보다 파시즘과 아우슈비츠 수용소라는 야만 상태에 빠지는 이유에 질문을 던졌다. 그들은 이성과 계몽에 근본적 한계가 있다고 비판했다. 자연의 신화적인 힘으로부터 인간을 해방시킨 계몽의 수단으로 생겨난 합리적 이성이 자연에 대한 승리를 구가해 온 문명화 과정에서 '도구적 이성'으로 전락했다는 것이다. 또한 이성과 계몽이 자연뿐 아니라 '제2의 자연'으로서 인간과 사회를 지배·관리하면서 파시즘이라는 괴물이 탄생했다고 비판했다.

나치의 광기를 피해 미국에 망명한 후 미국 사회를 주의 깊게 관찰했던 아도르노와 호르크하이머는 『계몽의 변증법』(1947)에서 '문화산업'이 대중이 요구하지도 않는 대중문화를 만들어 자본주의의 지배를 강화한다고 보았다(아도르노·호르크하이머, 2001). 대표적인 문화산업은 텔레비전, 라디오, 책, 잡지, 신문, 대중음악을 생산하는 조직을 가리킨다. 문화산업은 박물관, 광고 회사, 스포츠 단체와 같은 문화 조직도 포함한다. 아도르노와 호르크하이머는 문화산업이 대중으로 하여금 자본주의 체제에 대한 비판을 거부하거나 그러한 것에 무관심하게 만들어 현상 유지를 위한 수단이 된다고 간주했다. "문화산업은 타락이다. 그 이유는 문화산업이 죄 많은 바벨탑이어서가 아니라 들뜬 재미에 헌정된 성전이기 때문이다. 즐긴다는 것이 의미하는 것은 항상 무엇인가에 대해 더 이상 생각하지 않는 것, 고통을 목격할 때조차 고통을 잊어버리는 것이다. 즐김의 근처에 있는 것은 무력감이다. 즐김은 사실 도피다." 결국 자본주의 문화는 대중에게 쾌락을 제공함으로써 현실에 대한 비판적 의식을 마비시키는 역할을 수행한다.

어린 시절부터 음악을 공부했던 아도르노는 음악의 상업화에 대한 사회학적 연구를 통해 사회생활의 문화심리적 토대를 분석하고자 했다. 그는 현대 사회의 음악이 상품화를 통해 즐거움의 원천, 라이프스타일의 상징, 오락으로 소비되는 효과를 분석했다. 음악의 상품가치는 쾌락, 감각, 가짜 안락함을 일시적으로 제공하고 사람들에게 만족감을 느끼게 한다. 그러나 이는 사람의 이성적 비판 능력을 파괴하는 상품으로, 표준화된 대중음악은 욕망을 불러일으키고 그 욕망이 의식의 지평을 좁혀 주체를 순응하는 존재로 바꾼다. 대표적인 사례가 미국의 재즈 음악이다. 아도르노는 당대에 가장 유행했던 재즈를 상품화된 대중음악의 전형으로 보았고, 그것이 인간의 소외감을 해소하는 게 아니라 오히려 강화한다고 보았다. 아도르노는 대중음악의 두드러진 특징을 평준화와 사이비 개성으로 봤다. 음악산업의 상품은 듣는 사람과 음악의 기능을 새롭게 배치한다. 아도르노는 진부하고 반복적인 음악을 매일 듣는다면 마치 패스트푸드와 탄산음료를 먹어 미각이 약해지는 것처럼 사람들의 청각도 약해진다고 보았다. 음악의 물신화와 듣기 능력의 퇴행은 곧 인간의 소외를 심화시킨다.

헤르베르트 마르쿠제(Herbert Marcuse)도 자본주의 문화에 대한 비판적 분석으로 유명하다. 마르쿠제는 독일 출신의 철학자로 하이데거의 제자이었다가, 나중에 프랑크푸르트학파에 깊이 관여한다. 그는 1940년 나치를 피해 미국으로 망명한 후 미국 대학에서 활동하였다. 오랫동안 미국을 관찰한 마르쿠제는 『일차원적 인간』에서 서구 자유주의 사회의 사람들이 "생활의 안락을 늘리고 노동 생산성을 높이는 기술적 기구에 복종"한다고 주장했다(마르쿠제, 2009). 마르쿠제에 따르면, 개인들이 가진 욕망은 '허위 욕망'이다. 자본주의 사회에서 개인들은 지배계급이 만든 욕망을 자신들의 자율적인 욕망이라고 착각하고 있다. 상품의 보편화를 가능하게 만든 평준화된 삶의 양식이 지배하면서 자신의 개인적인 이익과 욕망을 추구하는 데에만 관심을 기울인다.

호르크하이머와 아도르노를 중심으로 하는 프랑크푸르트학파는 자본주의 사회의 심층적 구조와 그 모순의 본질, 즉 도구적 이성, 일차원적 사회, 물화, 상품화, 권위주의 성격, 총체적 관리사회, 억압사회, 문화적·미학적 야만성 등을 독창적으로 분석했다. 그러나 인간과 개인의 해방을 이루는 이성적이고 합리적인 사회에 대한 논의는 추상적 한계를 가지며, 궁극적으로 엘리트주의와 비관주의에 경도되었다는 비판에 직면했다. 실제로 프랑크푸르트학파를 이끌었던 사회학자들은 대개 부유한 집안에서 출생했으며, 마르크스에 심취했지만 나치즘과 스탈린주의에 의해 지배된 세계 속에서 프롤레타리아 혁명의 가능성이 사라졌다고 보았다. 이런 점에서 프랑크푸르트학파는 '강단 마르크스주의'라는 비판을 받기도 했으며, 1968년 학생혁명 당시 학생들의 공격을 받기도 한다. 하지만 문화와 이데올로기의 관계를 설명하려는 프랑크푸르트학파의 이론은 지속적으로 중요한 이론적 영감을 불러일으키고 있다.

프로이트의 정신분석: 욕망과 억압

20세기 중반 이후 오스트리아 정신의학자 지그문트 프로이트(Sigmund Freud)의 정신분석학은 문화와 사회 연구에 커다란 영향을 미쳤다. 1900년 『꿈의 해석』을 출간한 프로이트는 인간의 심리가 진화적 단계로 발전한다고 주장했다. 프로이트의 독창성은 인간이 이성적 판단 대신 무의식, 특히 성적 본능을 가리키는 '리비도(libido)'의 지배를 받는다고 보는 주장에서 표현된다. 프로이트에 따르면, 인간의 심리는 단일한 실체가 아니라 성적 충동을 가진 이드(Id), 합리적 자아(Ego), 규범적 초자아(Superego)로 구분된다. 아동의 심리는 이드 단계에 있는데, 성장 과정을 거쳐 자아가 발전한다. 자아는 외부 세계와 접촉하면서 의식적인 인지 능력을 갖게 되는데, 이때 무의식적으로 이드를 억압한다. 초자아는 도덕 또는 종교의 율법처럼 자아를 규정하는 권위를 가진다. 프로이트는 자아와 초자아가 문화 과정을 통해 개인의 성적 본능을 통제함으로써 문명사회가 발전한다고 보았다. 그는 이런 과정을 '승화'라고 불렀다.

프로이트의 초자아 개념은 종교가 사회 통합의 기능을 수행한다는 뒤르켐의 주장과 비슷하게 보일 수 있으나, 프로이트는 사회가 근본적으로 인간을 억압하는 속성을 가진다고 보았다. 프로이트는 문명 속에서 인간의 본능은 통제당하고 있으며, 사회적으로 승화되는 문명의 과정과 불가피하게 충돌한다고 주장했다. 인간의 성적 욕망과 억압에 관한 가설의 대표적 사례는 고대 그리스의 오이디푸스 신화이다. 프로이트는 어린아이가 어머니를 성적 욕망의 대상으로 보고 독점하려는 욕망 때문에 아버지를 살해하려는 본능을 가지고 있다는 '오이디푸스 콤플렉스' 이론을 제시했다. 프로이트의 주장은 인간의 성적 욕망이 무차별적 속성을 가지고 인간의 모든 행위를 규정할 정도로 강력하다고 보았는데, 이런 주장은 마르크스가 경제를 강조한 것처럼 환원주의적 경향을 가진다고 볼 수 있다. 프로이트의 가설은 많은 논란을 일으켰지만, 구스타프 클림트의 〈키스〉와 살바도르 달리의 〈기억의 지속〉에서 로베르트 무질의 〈특성 없는 남자〉

와 피터 셰퍼의 〈에쿠우스〉에 이르기까지 다양한 예술작품에도 영감을 불러일으켰다. 반면에 『율리시스』의 저자 제임스 조이스는 프로이트의 정신분석을 "단순한 협박"에 불과하다고 보았으며, 『롤리타』의 저자 블라디미르 나보코프는 프로이트가 모든 것을 성적 욕망으로 환원하려 한다며 매우 싫어했다.

프로이트는 정신분석학의 창시자로 세계적 명성을 얻었지만, 심리학계에서는 격렬한 반대에 부딪혔으며 말년에는 사회학적 주제로 관심을 확대했다. 그는 『문명 속의 불만』(1930)에서 인간의 성적, 공격적 본능이 문명사회에서 사회적으로 유용한 행위로 승화된다고 주장했다(프로이트, 2004). 이성을 차지하려는 성적 욕망은 남자들 사이의 우정으로 승화된다. 인간에 대한 공격적 폭력은 외부의 적에 대한 투쟁으로 승화된다. 승화는 문명사회에서 필수적이지만, 인간의 욕망을 억압하기 때문에 인간은 불만을 가지게 된다. 결국 인간은 문명사회에서 스스로 불행하다고 느낀다. 프로이트의 이론은 지나치게 성의 역할을 강조한다는 비판도 받았지만, 많은 학자들에게 영향을 미쳤다. 마르쿠제는 『에로스와 문명』(1955)에서 프로이트의 정신분석을 독일 철학의 전통과 연결하여 인간의 소외, 욕망의 변증법과 나아가 성과 권력까지도 도구화하는 사회 현상을 분석했다(마르쿠제, 2004). 그는 상징 세계를 물화하려는 계량적 분석을 비판하고, 프로이트의 개념을 활용하여 현대 산업사회가 어떻게 개인의 자유를 통제하는지 분석했다.

프로이트는 인간이 어떻게 집단 정체성을 가지는지 설명하려 했다. 개인이 가지는 특정 대상에 대한 성적 욕망은 사회적 차원에서 거대한 규모로 표현되기도 한다. 대중은 동일한 대상을 개인들의 초자아로 간주하는데, 사람들은 개인의 자아가 모두 동일한 특성을 가진다고 간주한다. 사회에서 다양한 개성은 통제되고, 규범을 따르지 않는 행위는 모두 억압된다. 실제로 전체주의 사회에서 성적 통제가 강화되고 동성애자는 사회에서 격리되거나 처벌받았다. 대중이 초자아에 집착하면서 자유로운 개인의 비판적 사고는 정지되고, 특정 정당 또는 특정 정치 지도자에 대한 맹목적 지지를 보이기도 한다. 베버의 '카리스마'에 대한 분석에서도 이와 비슷하게 현대 정치의 비합리적 문화의 특성을 설명한다. 빌헬름 라이히는 『파시즘의 대중심리』(1933)에서 독일 국민이 히틀러를 지지한 이유로 서로 공유하는 성격 구조의 발생에 주목했다(라이히, 2006). 그는 권위주의적 가족 이데올로기, 인종으로 대변되는 민족주의적 국가, 그리고 가족과 국가에서 공통적으로 나타나는 성적 본능을 억압하는 경향을 강조했다.

　　프로이트가 분석한 초자아에 대한 집착은 개인 숭배의 문화를 만들기도 하고, 반대파에 대한 혐오 표현과 증오의 정치를 부추기기도 한다. 1930년대 독일의 히틀러와 소련의 스탈린이 대표적 사례이다. 독일 사회학자 에리히 프롬의 『자유로부터의 도피』(1941)는 현대 사회의 불안한 인간은 독재자에게 개인의 자유를 넘겨주거나 자동인형과 같은 인간이 되고 싶은 유혹에 사로잡힌다고 주장했다(프롬, 2012). 결국 양심이나 의무라는 개념은 인간이 자신의 것이라 믿는 소망이나 목표에 따라 행동하도록 조종하지만, 실제로 그것은 사회적 요구가 내면화된 것에 불과하다. 현대 사회의 수많은 상품 광고와 정치 선전은 개인이 스스로를 중요한 존재처럼 느끼게 만들고 개인의 비판적 판단과 안목에 호소하는 것처럼 위장한다. 그러나 이런 과정은 개인의 비판적 사고를 마비시키고 자기 자신을 기만하도록 조종한다. 프롬의 관점은 마르크스주의와 프로이트 정신분석학의 결합을 통해 현대 문화의 변화를 설명하려는 시도를 보여 준다. 프로이트의 가정은 주로 정신의학과 심리학의 개념에서 비롯되었지만, 20세기 중반 이후 위르겐 하버마스, 피에르 부르디외, 앤서니 기든스(Anthony Giddens) 등 다양한 사회학자들에게 영향을 미쳤다. 페미니스트들은 프로이트의 분석이 지나치게 남성 중심적이라고 비판했지만, 줄리엣 미첼, 줄리아 크리스테바, 낸시 초도로 등은 프로이트의 개념을 활용하여 새로운 젠더 연구를 발표했다. 또한 카를 융, 알프레트 아들러, 에릭 에릭슨, 자크 라캉 등 정신분석학자들에 의한 새로운 연구도 등장했다(자크 라캉은 정신분석과 구조주의 언어학을 결합한 연구를 제시했는데, 이에 관한 설명은 이 장의 후반부에서 다룰 것이다).

상호작용주의와 연극적 방법: 상징과 언어

상징적 상호작용주의(symbolic interactionism)는 인간의 상호작용을 상징과 언어의 역할을 중심으로 분석하는 이론이다. 상징은 질과 같은 개념과 양을 표현하는 징표, 물질 또는 이미지를 통해 재현된다. 예를 들어, 십자가는 기독교의 상징이고, 붉은색은 공산주의의 상징이다. 상징 체계는 실재의 측면을 상징하거나 표현하는 언어와 같은 요소로 연결된 체계를 가리킨다. 미국 사회심리학자 조지 허버트 미드(George Herbert Mead)는 『정신·자아·사회』(1934)에서 인간이 복잡한 상징을 사용할 줄 아는 독특한 동물이라고 보았다(미드, 2010). 언어라는 상징을 사용하는 사회적 상호작용 속에서 의미가 발생한다. 상징의 해석은 생각하는 과정을 통해 수정되며, 생각은 언어에 기반을 둔 정신적 대화 즉 내적 대화로서, 동물에게는 이러한 내적 성찰이 없다. 인간은 다른 사람의 관점을 내 안에서 상상하는 내적 대화가 가능하며, 성찰성이라는 능력을 가지고 있다. 미드는 다른 사람의 역할을 생각하면서 생기는 자기 자신의 이미지를 '일반화된 타자'라고 불렀다(미드, 2010).

미드는 사회적 역할 속에서 우리 자신을 상상하는 능력이 있어야 사회생활이 이루어진다고 보았다. 우리 자신과 내면적인 대화를 할 수 있는 능력이 있어야만 사회적 역할을 수행할 수 있다. 만약 인간이 이런 능력을 가지고 있지 않다면 인간의 의사소통은 불가능해지고 사회 질서도 파괴될 것이다. 인간의 사회적 만남에서 만들어지는 독특한 의미는 보편적인 것이 아니고, 고정된 것이나 절대적인 것도 아니다. 의미는 시간과 공간에 따라 다양하게 바뀔 수 있다. 사회는 정적인 구조라기보다 사람들의 소통과 협상을 통해 지속적으로 변화하는 과정으로 보아야 한다. 이런 점에서 미드는 사회적 현상인 호혜성이 중요하다고 주장했다. 상징적 상호작용주의 이론은 사회적 행위자들 사이의 상징적 의사소통의 과정으로서 자아와 사회의 관계에 깊은 관심을 가진다.

사회적 상호작용에 관한 지적 관심은 일상생활에 대한 미시 사회학적 연구에 큰 영향을 미쳤다. 캐나다 출신 미국 사회학자 어빙 고프먼(Erving Goffman)은 개인들의 일상생활에서 나타나는 여러 가지 사회적 상호작용에 관한 많은 연구를 발표했다(고프먼, 2016). 고프먼은 일상생활의 사회학과 관련을 가지고 있는 개인들의 우연한 만남, 순간적인 만남, 일상적인 만남에 대해 관심을 가졌다. 사회적 상호작용은 개인들 사이에서 발생하는 사회적 만남의 다양한 형태를 가리킨다. 사회적 상호작용은 사람들이 서로 만나는 공식적, 비공식적 상황에서 발생한다. 예를 들어, 공식적 상황은 학교 수업, 기업의 회의 등에서 나타나고, 비공식적 상황은 거리에서의 우연한 만남에서 이루어진다.

한 사회의 개인들은 길에서 서로 다른 사람을 스치듯이 만나고 지나가면서 아무런 말도 하지 않으며 '예의 바른 무관심'을 보인다. 하지만 개인들은 서로 얼굴 표정이나 몸짓과 같이 언어를 사용하지 않는 표현 방법으로 서로 소통을 하는 경우가 많다. 고프먼은 이를 '초점이 없는 상호작용'이라고 했다. 개인들이 다른 사람과 직접 말하거나 행동을 하는 경우에는 '초점이 있는 상호작용'이 발생한다. 고프먼은 초점이 있는 상호작용의 경우를 '만남'이라고 불렀다. 우리의 일상생활은 다른 사람과의 만남으로 이루어진다. 친구와의 대화, 회사 동료와의 토론, 스포츠 경기, 일상적인 대면 접촉은 모두 만남이라고 할 수 있다.

고프먼은 개인들의 만남 속에 있는 규칙을 이해하기 위해서 사회적 만남의 무대에 관한 비유로서 연극을 이용했다. 예를 들면, 사회적 역할은 연극적 장치에서 만들어진 것이다. 역할이란 특정한 사회적 위치에 있는 사람이 따르는 사회적으로 규정된 기대이다. 연극적 방법(dramaturgy)은 고프먼이 만든 개념이며, 고프먼은 사회생활이 무대 위에서 연기를 하는 일종의 연극과 같은 것이라고 보았다. 모든 사람은 청중인 다른 사람에 대해 배우가 되며, 배우인 다른 사람에 대해 청중이 된다. 각각의 상황에 적용되는 기대는 배우들이 그들의 행위를 이끌고 지시하기 위해서 사용하는 사회적 각본을 구성한다. 의사는 환자 앞에서 특정한 방법으로 연극을 하듯이 역할을 수행한다.

연극적 방법은 그리스 연극이나 마키아벨리가 말했듯이 '세상은 일종의 무대이고, 모든 사람은 연기자이다'라는 사고와 비슷하다. 셰익스피어는 『맥베스』의 5막 5절에 "인생은 걸어다니는 그림자일 뿐/무대 위에서 뽐내며 시끄럽게 안달하지만/시간이 지나면 말없이 사라지는 가련한 배우에 불과할 뿐/꺼져 간다, 꺼져 간다, 짧은 촛불이여/인생은 단지 걸어다니는 그림자/인생은 아무런 의미도 없는/소음과 분노로 가득 찬 백치들의 이야기"라고 적었다. 이러한 시각에서 인간의 삶을 보면 사회생활은 일종의 연극 드라마와 같다. 사람들은 다른 사람들이 자신을 어떻게 보느냐에 따라 행동하고, 계산된 방법으로 다른 사람들이 자신이 기대하는 대로 반응하도록 '인상 관리(impression management)'를 수행한다. 이러한 행동은 의식적으로 하는 경우도 있지만, 대개는 자기 자신도 모르는 사이에 하는 경우가 많다. 의사들은 하얀 가운을 입고 권위 있는 말투로 환자들과 대화한다. 회사의 면접에 응시하는 지원자는 정장에 넥타이를 매고 가서 최대한 겸손하고 정중하게 말하려고 노력한다. 이러한 행동도 일종의 인상 관리이다.

고프먼의 연구는 개인의 자아(self)가 상호작용에서 형성되고 실현된다고 본다. 상황을 초월한 본질적 자아가 있기보다 구체적 상황에서 모든 순간 형성되고 실현되는 상황적 자아가 있다. 복수의 상황에 따라 그만큼 복수의 자아가 존재한다. 한 상황에서도 자아는 주어진 배역을 연기하는 자아, 상호작용이라는 게임에서 승부를 겨루는 타산적이고 전략적인 자아의 면모를 동시에 지닌다. 개인에게는 함께 상호작용을 하는 다른 이들의 자아도 지켜 주고 질서와 규칙을 수호하는 자아도 있다. 이런 복합적 자아를 지닌 개인은 의례 규칙의 제약을 받지만, 또 적극적으로 자아를 획득할 수 있는 자율성을 가진다.

미국 사회학자 하워드 베커(Howard S. Becker)는 『국외자』(1963)에서 사회 집단이 일탈을 구성하는 규칙을 만들고 특정한 사람들에게 적용하여 국외자로 낙인(labeling)을 찍음으로써 일탈을 만들고 있다고 주장했다(Becker, 1997). 사회의 한 집단이 사회적으로 특정한 행동이나 현상을 일탈 행위로 낙인찍는 과정을 주목하는 베커의 이론은 '낙인 이론'으로 널리 알려져 있다. 낙인 이론은 처음 범죄를 저지른 사람을 범죄자라고 낙인찍어 범죄자 스스로 범죄자의 가치, 행동, 태도를 가지게 되고 재범자가 되는 경우를 설명한다. 이러한 낙인은 개인을 범죄인이라는 정체성에 갇히게 만드는 결과를 낳기도 한다. 결국 일탈과 비행은 행위의 특성이 아니라 다른 사람들의 반응에 의해 규정된다고 볼 수 있다. 이러한 관점은 1960년대 미국의 반문화(counterculture)와 죄수, 동성애, 정신병자가 주도하는 다양한 해방운동에 동정하는 경향과 밀접한 관련이 있다. 그러면 일탈은 개인의 의지가 아니라 사회적 반응에 의한 결과라고 보아야 하고, '개인의 의지와 책임은 사라지는가'라는 질문에 부딪힌다. 낙인 이론은 인간의 행동을 이해하는 데 중요한 관점을 제기했지만, 실제로 사회적 관계가 개인에 미치는 효과는 훨씬 더 복잡하다.

상호작용주의 이론은 구조기능주의와 네오마르크스주의가 제시한 구조적 사회학의 거시적 접근법에 반대하며, 사회가 개인들의 상호작용에 의해서 형성된다고 믿는다. 고프먼은 개인들의 행동, 반응, 상호 적응의 대면 접촉 과정에 관심을 가지며 미시사회학을 제시했다. 상호작용주의는 개인의 행동을 이해하려고 노력하지만, 같은 계급의 인간이 같은 행동을 할 것이라고 기대하면서 인간의 행동을 일반화시키려는 관점은 거부한다. 대신 모든 사람이 다른 태도, 가치, 문화, 신념을 가지고 있다고 믿는다. 사회과학자들은 죽어 있는 통계 대신 사회 속에서 사람들을 관찰해야 한다고 믿었다. 그러나 상징적 상호작용주의 이론은 여러 측면에서 비판을 받았다. 대부분의 경우 권력, 구조, 역사를 소홀히 하는 대신 지나치게 사회심리학적인 요소를 강조한다는 지적을 받았다. 그러나 상징적 상호작용주의 이론가들은 자신들의 연구가 상징주의와 관련된 권력의 한 측면을 연구하는 것이라고 반박했다. 상호작용주의 이론은 독자적인 학파를 구성하지는 않았지만, 사회학의 질적 연구, 인터뷰, 참여적 관찰에서 주로 사용된다. 특히 일탈 행위, 범죄사회학, 사회화, 정체성, 감정노동의 연구에 널리 활용된다.

현상학과 민속방법론: 의식, 의미, 생활세계

현상학은 구조적 사회 현상이 아니라 인간의 의식과 의미에 초점을 맞추는 관념철학의 한 조류이다. 20세기 초반 독일 철학자 에드문트 후설(Edmund Husserl)은 본질 자체가 아니라 본질을 직관하는 의식에 관한 새로운 학문을 제시했다. "나는 존재한다. 그리고 나를 제외한 모든 것은 단지 현상적 관계로 되는 현상일 뿐이다"라고 후설은 말했다. 객체를 향한 주체 지향성은 현상학의 핵심 개념이다. 지향성은 단순히 인식론적 차원에 머물지 않고 인간의 의식 전체를 포함한다. 인식 이외에도 시간의식, 감각, 인지, 기억, 환상, 예감, 감정 이입, 상징의식, 가치평가, 고통과 쾌락, 다양한 감정의식, 충동의식, 욕망, 의지, 동기, 관습, 성격 등 아주 다양한 정신작용을 다룬다. 이성의 영역에 머물러 있던 철학적 사유는 인간 의식의 영역 전반으로 확장된다. 다양한 정신작용을 통해서 상호주관성과 생활세계(Lebenswelt)가 형성된다. 이러한 이유로 생활세계라는 용어는 세계와 바꿔 쓸 수 있는 표현이 된다. 후설의 현상학은 우리의 생활세계에 대한 철저한 탐구를 촉구한다.

현상학은 계량화되고 객관화된 서구 철학 및 과학의 위기를 극복할 수 있는 대안을 모색한다. 후설의 영향을 받은 대표적인 철학자로 마르틴 하이데거, 메를로퐁티, 장 폴 사르트르, 폴 리쾨르 등이 있다. 현상학자들은 일상을 살아가는 인간의 지각과 반성 활동을 지배하고 왜곡하던 과학-기술적 패러다임에 대한 급진적 비판을 시도했다. 특히 하이데거는 대중이 기술의 지배를 통해 완전히, 니체가 말한 '최후의 인간'이 되었으며 눈을 껌뻑거리며 집에 작은 행복을 쌓아 가고 있다고 비판했다. 20세기의 사회학에서 현상학은 사회적 행위자가 공유하고 있으며, 일상생활에 영향을 주면서 많은 사람들이 당연하게 간주하는 지식에 주로 관심을 갖는다. 대표적으로 알프레드 슈츠(Alfred Schutz)는 『사회적 세계의 현상학』(1932)에서 사회적 세계에 있는 여러 가지 대상들의 일상적인 유형화를 통해 일상적 상호작용에서 생기는 상식적인 사고를 분석했다(Schutz, 1967). 인간은 다양한 경험을 통해 일상생활에서 당연하게 생각하는 대상에 대한 지식을 구성한다. 인간의 의식적 행위는 경험의 흐름 속에 있는 특정한 요소를 구별하고, 사물의 전형적인 모델을 만들고, 공동의 사회적 세계를 만드는 유형화를 수행한다. 슈츠에 따르면, 사회학자들이 해야 하는 일은 인간이 자신의 행동을 설명하는 이론을 토대로 사회적 세계의 합리적 모형을 만드는 합리적 유형화이다.

피터 버거(Peter L. Berger)와 토마스 루크만(Thomas Luckmann)은 『실재의 사회적 구성』(1967)을 출간하고 일상생활의 지식에 대한 사회학을 제시했다(버거·루크만, 2014). 실재는 사회적으로 구성된다는 명제를 통해 지식사회학의 경험적 연구를 위한 이론을 제안하였다. "지식사회학은 사회에서 '지식'으로 여겨지는 모든 것에 관심을 두어야 한다." 외재화는 인간의 신체적 활동과 정신적 활동 속에서 지속적으로 자신을 '흘려 내보내는 것'을 가리킨다. 인간의 활동은 습관화되기 쉬우며, 반복되는 행위는 하나의 유형이 된다. 제도화는 인간 교섭의 결과로서 인간의 산물이다. 그러나 제도화가 이루어지면 본래 인간의 구성물이었던 것이 이를 떠나서 뒤르켐의 개념처럼 사회적 사실이 된다. 제도적 실재는 객관적 실재로 경험하게 된다.

제도가 존재한다는 것은 곧 인간 생활에 대한 제재가 존재한다는 의미이다. 문제의 상황에 직면할 때 내 마음대로 행동할 수 없다. 만들어진 전형을 따라야 한다는 것이다. "인간 활동의 외재화된 산물이 객관성이라는 특징을 얻게 되는 과정이 객관화이다." "제도적 세계의 객관성은 개인에게 아무리 거대하게 보일지라도 인간에 의해 생산되고 구성되는 객관성이다." 내면화는 객관화된 사회세계가 사회화의 과정을 통해서 인간의 의식 내부로 되돌아오는 과정이다. 이 세계는 본래 인간의 창조물이지만, 나에게 주어진 것처럼 객관성을 가지고 다가온다. 객관적 실재와 주관적 실재 사이에 대칭관계가 수립된다. 내면화의 과정이 없다면 사회 구성원으로 살아갈 수 없다. 타인을 이해할 수 있는 것은 내면화를 통해 타인과 공동의 세계, 곧 상호주관적 세계에 살게 되기 때문이다.

미국 사회학자 해롤드 가핑클(Harold Garfinkel)은 '사회 질서가 어떻게 하여 유지되는가'라는 사회학의 기본 문제를 설명하기 위해 사회 구성원의 일상적인 의미 부여의 활동에 대한 관찰을 시도했다(Garfinkel, 1991). 가핑클은 주류 사회학이 보통 사람들을 사회학적 범주로 짜 맞춰 설명하고 있다고 비판했다. 그에 따르면, "사회구조라는 개념은 어느 정도는 사람들이 구조에 대해 가지는 자신들의 감각과는 동떨어져 고안된 것"이다. 사회학자들은 "자료를 만드는 상식적 범주"를 사용한다. 그리하여 "일상적으로 사용하는 주체는 뭔가 다른 것이 되어 버리고, 사람들은 사진을 찍는 데 사용하는 현상액과 같은 것으로 취급된다."

가핑클은 파슨스와 슈츠의 영향을 받아 일상생활의 민속지(ethnography)를 활용한 민속방법론(ethnomethodology)을 제시했다. 민속방법론은 사회학의 한 방법론인데, 문자 그대로 해석하면 사람의 방법이다. 이는 사람들이 일상생활에서 사회생활을 이해하며 다른 사람들과 의미를 교환하는 방법을 연구하는 접근법을 가리킨다. 민속방법론은 사람들이 어떻게 그들의 세계를 구성하는지 연구하고자 시도한다. 민속방법론은 일상생활이 상당히 질서를 갖추고 있고, 조사할 만한 성질을 가지고 있다고 가정한다. 사람들은 그들 자신의 행동이 다른 사람에게 의미가 있는 것이 되도록 지속적으로 노력해야 한다. 그럼에도 불구하고 사회적 세계가 구성되는 방법은 전적으로 당연하게 취급된다.

민속방법론은 사람들이 사회적 세계를 구성하는 방법을 연구하고자 한다. 여기에는 두 가지 종류의 조사가 있다. 첫째, 가핑클은 일상생활의 방해에 대해 연구했다. 가핑클은 학생들에게 각자의 집에 가서 마치 하숙생인 것처럼 행동하라고 부탁했다. 부모와 친척들의 반응은 매우 극적으로 나타났다. 그들은 처음에는 어리둥절해하다가 나중에는 매우 화를 내며 거친 반응을 보였다. 가핑클은 이러한 사례를 통해 일상생활의 사회적 질서가 얼마나 세밀하게 구성되었는지 보여 주고자 했다. 민속방법론의 두 번째 연구는 일상적으로 쓰이는 말들의 사회적 형성에 대한 연구인 대화 분석이다. 그는 사람들이 대화에서 사용하는 자연적 언어는 일정한 질서를 가지고 있으며, 대화가 이루어지는 사회적 틀에 대한 관리도 이루어진다고 본다. 대화 분석은 대화가 어떻게 이러한 질서를 갖게 되는지 묘사하고자 한다.

전화 통화의 경우에 사람들은 처음 몇 초 동안 틀에 박힌 대화를 한다. 전화 대화의 방식에는 일정한 규율이 존재한다. 콜센터의 상담원 역시 마지막 인사말까지 엄격한 지침에 따라 틀에 박힌 말을 한다. 심지어 전혀 개인적 감정이 들어가지 않은 채 친절함을 표현하는 특별한 억양으로 "사랑합니다, 행복하세요"라는 인사말도 한다. 법정에서도 판사, 검사, 변호사가 주고받는 대화의 상호작용은 확실한 질서를 가지고 있다. 이처럼 사회적 대화도 눈에 보이지 않는 규칙의 영향을 받는 경우가 많다.

민속방법론은 1970년대 초반 사회학에서 매우 큰 관심을 받았지만, 현재는 이전처럼 영향력을 갖고 있지는 않다. 민속방법론은 여러 면에서 많은 공격을 받았다. 무엇보다도 너무나 작은 문제와 제한된 측면만 다룬다는 지적을 받았다. 마치 카메라로 사진을 찍듯이 자연 풍경을 묘사하고 표현하는 행위와 비슷하다. 일상생활에서는 갈등과 오해의 상황도 많이 발생하는데, 민속방법론은 일상생활에 있는 질서의 측면만 지나치게 강조했다. 사회구조에 대한 생각이 거의 없고, 사람의 행동이 사회적 요소에 의해 영향을 받는 점을 소홀하게 다룬다고 비판을 받았다. 그럼에도 불구하고 인간의 상호작용을 연구하는 가핑클의 민속방법론은 고프먼의 연극적 방법과 함께 미시사회학의 틀로 유용하게 사용된다. 민속방법론은 다양한 질적 연구에서 많이 사용되며, 대화 분석은 미디어의 내용 분석에서 활용되기도 한다. 이러한 미시사회학은 구조기능주의와 네오마르크스주의 같은 거시사회학의 분석에서 다루지 못하는 인간의 상호작용에 대한 세밀한 분석을 제공한다.

현대 사회의 조직의 문화를 분석할 때 관료제 또는 네트워크 조직의 특징을 이해하는 것도 중요하지만, 사람들의 대화를 통해 어떻게 권위가 형성되고 인정을 받는지 파악할 수 있을 것이다. 그러나 미시사회학의 분석을 통해서 조직의 사회정치적 조건에 대해 전체적으로 이해하는 것은 거의 불가능하다. 미시사회학은 일정한 측면에서 인간의 상호관계에 대한 구체적인 이해에 도움을 줄 수 있지만, 다양한 사회 제도와 규칙을 통해 구성되는 사회구조에 대해 이해하기는 어렵다. 이런 점에서 미시사회학과 거시사회학은 각각의 연구를 활용하여 서로 보완이 가능하다고도 볼 수 있다. 미시사회학과 거시사회학을 통합하려는 이론적 시도는 1980년대 이후 사회학 이론의 중요한 과제가 되었다. 하버마스의 의사소통행위 이론, 루만의 일반체계 이론, 부르디외의 아비투스 이론, 기든스의 구조화 이론이 대표적이다. 이 가운데 부르디외가 자신의 이론적 분석틀을 경험적 분석에 적용했고, 심지어 양적 분석과 질적 분석의 통합을 시도하면서 문화 분석에 중요한 업적을 남겼다.

구조주의: 기호와 구조의 분석

구조주의는 1960년대 프랑스의 사회사상을 휩쓸었는데, 이는 프랑스의 휴머니즘과 실존주의에 대한 반작용으로 볼 수 있다. 그 후 구조주의는 문화사회학에도 커다란 영향을 미쳤다. 일반적으로 구조는 조직이 구성된 틀과 유형을 가리키지만, 구조주의는 구조가 인간의 행동을 제한하기도 하고, 일정한 방향을 제시한다고 가정한다. 구조주의는 구조를 강조하지만, 기능주의의 구조와 다르다. 사회학자는 사회구조에 관심을 갖지만, 구조주의자의 주요 관심은 언어구조이다. 프랑스 인류학자 클로드 레비스트로스는 구조주의의 발전과 확산에 지대한 영향을 끼친 사상가로서 20세기 프랑스 지성계에서 가장 영향력이 강한 인물로 평가받았다. 철학을 공부했던 레비스트로스는 소쉬르(Ferdinand de Saussure)와 야콥슨(Roman Jakobson)의 언어학에서 커다란 영향을 받았다. 언어학의 구조주의는 20세기 중반 이후 사상계의 '언어적 전환'을 일으켰으며 새로운 방법을 창안했다.

구조주의 언어학의 출발은 스위스 언어학자 소쉬르로 거슬러 갈 수 있는데, 사실 그는 책을 저술하지 않았다. 소쉬르의 사상은 그의 사후 1916년에 제자들이 출간한 『일반언어학 강의』에 의해서 세상에 알려졌다(소쉬르, 2006). 소쉬르는 언어 일반의 성질에 관해 분석했다. 모든 언어는 형식과 의미를 가진다. 언어는 자음과 모음의 연결이라는 형식을 가지는 동시에 의미를 가진다. 소쉬르는 언어 기호의 음성 형식을 시니피앙(signifiant, 기표), 이에 결합된 의미를 시니피에(signifié, 기의)라고 불렀다. 소쉬르는 언어학을 통시(diachronic)언어학과 공시(synchronic)언어학으로 구별하고, 랑그(langue, 언어)를 파롤(parole, 말)에서 분리시켰다. 소쉬르는 사회 습관으로 체계화된 언어(랑그)를 언어학의 대상으로 보았으며, 언어를 훌륭한 기호 체계로 파악하였다. 그는 인간의 발성 기관으로 표현하는 자연 언어만 연구하는 데서 벗어나 문자, 몸짓, 수화, 의례 같은 다양한 상징 체계를 아우르는 기호학을 주창했다.

소쉬르의 언어학이 인류학과 만나는 과정의 중요한 계기는 레비스트로스의 긴 여행이다. 1930년대 레비스트로스는 브라질 상파울루 대학 사회학과 교수로 부임한 후 아마존의 카두베오 부족과 보로로 부족 등을 조사해 논문을 발표했다. 1941년 그는 유대인 박해를 피해 미국에 망명한 후 뉴욕 신사회조사연구소에서 인류학을 연구했는데, 이때 야콥슨의 언어학과 교류하며 구조주의 언어학에 관심을 가졌다. 전후 레비스트로스는 프랑스로 돌아가 1949년 박사학위논문『친족관계의 기본 구조』를 출간하여 구조주의 학자로 세계적 명성을 얻었다. 그에 따르면, 구조주의란 어떤 대상 속에 있는 관계의 체계를 이해하는 것이다. 인간의 사회관계와 행동 양식을 규정하는 틀로서 구조라는 새로운 차원을 정의한 레비스트로스는 인간의 행동을 이해하려면 행동 자체의 내용보다 구조를 살펴보아야 한다고 강조했다. 그는 사람들에게는 관심이 없고 사람들의 관계에 관심이 있다고 말했다. 레비스트로스는 구조주의의 시각을 통해 바라본 친족에 관한 인류학 연구로 유명하다. 그의 주장에 따르면, 친족관계는 구조이다. 남편이 없으면 아내도 없고, 자식이 없으면 부모도 없으며, 조카가 없으면 삼촌도 없다. 결국 친족은 구조적 관계로 이루어진다.

레비스트로스는 '왜 현대 사회뿐 아니라 부족 사회에서도 근친결혼을 금지하는가'라는 질문을 던졌다. 많은 학자는 근친결혼을 금지하는 이유에 대해 유전적 결함을 피하거나 친족 체계의 위계질서를 유지하기 위한 것이라고 주장했다. 하지만 레비스트로스는 근친결혼의 금지를 결혼 제도에 있는 호혜성의 원칙이라는 교환구조로 설명한다. 다른 사람에게 뭔가를 받으면 반드시 되돌려주어야 하는 호혜성의 원칙에 따라 결혼을 통해 서로 다른 집단 사이에 규칙적인 여자의 교환이 이루어진다. 이를 통해 사회 집단의 차이를 인

그림 2-3 클로드 레비스트로스

정하는 동시에 서로 다른 사회 집단을 하나로 결합시킨다. 호혜성은 자연적 질서의 모순을 인정하는 동시에 이를 초월하여 공통적인 인간성을 확인하는 수단이 된다. 레비스트로스는 부족 사회 사람들이 비합리적이라는 편견과는 달리, 자연 환경에 합리적으로 대응하고 있다고 주장한다. 결국 인간의 의식이 사회구조의 결과물이 아니라 사회구조가 인간 의식의 산물이 되는 것이다. 모든 사회에서 인간의 행동은 모두 똑같은 구조적 특징을 가지고 있는 셈이다.

레비스트로스는 신화의 연구에서 본격적으로 구조주의적 방법을 적용했다. 그는 『신화학』에서 남미 테레노 부족의 담배 탄생 신화를 분석하며 '두드림과 뱀의 등장' 신화의 사례를 제시했다(레비-스트로스, 2005). 신화의 줄거리(의미)는 제각기 다르지만, 그 이면에는 하나의 이항 대립관계가 동일한 구조로 존재한다. 신화의 심층적 구조는 —그 자체는 어떤 의미도 이야기도 아닌 이 구조는— 한 이야기가 담고 있는 의미의 논리적 연쇄 과정을 추적해서는 결코 드러나지 않는다. 그는 "신화는 사라져 버린 관습에 대한 기억을 간직하고 있거나 다른 지역 부족들의 관습 가운데 일부를 활용할 수도 있다"라고 보았다. 한 이야기 안에 남아 있는 사라진 관습의 흔적, 다른 부족의 관습의 흔적은 줄거리의 내적 구조만을 바라볼 때는 그저 불가사의한 수수께끼로 남을 뿐이다. 신화는 인간의 의식이 파악하는 줄거리와 의미 바깥에서, 무의식적인 심층에서 작동한다. 바이칼 호수 인근 몽골 브리야트족의 '선녀와 나무꾼' 신화는 서양의 신데렐라 동화와 이야기의 구조가 비슷하다. 레비스트로스는 신화를 '그 사회가 지니고 있는 해결되지 않는 모순을 상상적으로 해결하려는 이야기'로 보았다. 신화는 인간이 절대 해결할 수 없는 문제를 이야기 속에서 해결된 것처럼 만들어 인간의 불안을 줄이려고 시도한다. 레비스트로스가 본

신화는 불안 해소를 위한 결과물이라고 할 수 있다.

　　레비스트로스는 구조주의의 관점을 통한 신화와 친족의 연구를 넘어 서구 이성주의를 근본적으로 비판했다. "프랑스 대혁명은 유럽과 전 세계를 열광시켰으며, 한 세기 이상 동안 프랑스에 아주 특별한 위신과 명성을 제공했던 이념과 가치를 유통시켰다. … 대혁명을 통해 사람들은 사회가 추상적인 사상에 의해 지배된다는 생각을 가지게 되었다. 사실 사회는 습관과 관습에 의해 형성되는 것이다"(레비-스트로스, 1998). 그는 "세계는 인간 없이 시작되었고, 또 인간 없이 끝날 것이다"라고 보았다. 이런 점에서 구조주의는 휴머니즘(인간주의)과 실존주의에 정면으로 반대한다. 나아가 레비스트로스는 문화가 사회마다 달라도 더 우월하거나 열등한 문화는 없다고 주장하며 서구중심주의와 인종주의를 비판한다. 그는 『슬픈 열대』에서 "이성이 역사를 통해 스스로 발전해 나가는 법칙은 허구적일 수 있으며, 따라서 그 법칙을 발견하고 따르는 사회가 다른 사회에 비해 우월한 것이 아니다"라고 주장했다(레비-스트로스, 1998).

　　레비스트로스는 구조주의의 거장으로 불렸지만, 구조에 대한 분석이 사회에 대한 전체 그림을 제공할 수 있다는 주장에 반대했다. 그는 역사란 법칙이 아니라 우연의 소산이라고 생각했다. 레비스트로스는 구조적 분석이 모든 사회 활동을 설명해 줄 수 있다는 생각을 비판하고, 사회생활과 그것을 둘러싼 경험적 현실은 인간 세계에서 무작위로 펼쳐지는 영역이라고 생각했다. 그는 역사란 우연적이며, 무질서가 지배하는 이 거대한 경험들 속에는 여기저기에 조직체의 섬들이 형성된다고 생각했다. 레비스트로스는 무질서한 인간 삶의 파편에서 동질적 구조를 파악하는 일이 학문의 과제라고 보았다. 이러한 주장은 인류학뿐 아니라 마르크스주의에서 프로이트의 정신분석에 이르기까지 인간과 사회를 보는 모든 이론적 관점에 지대한 영향을 미쳤다.

　　루이 알튀세르(Louis Althusser)는 구조주의의 개념을 활용하여 마르크스주의를 재해석하였다. 프랑스 공산당에 커다란 영향을 미쳤던 알튀세르는 『마르크스를 위하여』(1965)에서 마르크스 사상이 초기의 인간론, 소외론으로 환원되는 것을 거부하고, 마르크스의 사상에서 '인식론적 단절'이 일어났다고 주장했다(알튀세르, 2017). 알튀세르는 마르크스의 정치경제학이 자본주의의 구조적 관계를 분석하는 지적 시도라고 보았다. 그는 모든 변수의 인과관계를 인정하는 관점을 거부하고, 사회구성체 내부의 구조적 관계가 인과성을 가진다고 주장했다. 그는 경제, 정치, 이데올로기 등 다양한 심급의 '중층적 결정'과 최종 심급에서 경제의 결정적 역할을 주장했다. 사회구성체에서 이데올로기 등 상부구조가 상대적 자율성을 가질 수 있지만, 경제적 토대가 가장 중요한 요인이라고 주장했다. 그는 이데올로기를 대중의 무의식적 표상 체계로 보았고, 국가, 대학, 언론, 심지어 노동조합도 '이데올로기 국가 기구'라고 보았다. 그리스 출신 정치학자 니코스 풀랑저스(Nicos Poulantzas)도 지배계급의 다원성을 강조하는 다원주의를 비판하며, 국가권력에 대한 자본가계급의 상대적 자율성을 강조했다(풀란차스, 1996). 프랑스 인류학자 모리스 고들리에(Maurice Godelier)는 뉴기니의 수렵채집 사회인 바루야 사회가 서구에 의해 시장경제로 재편되고 국가로 통합되는 과정을 관찰하고 분석했다. 이 과정에서 전(前) 자본주의 생산 양식과 자본주의 생산 양식의 '접합'이 발생한다(Godelier, 2013). 많은 구조주의자들이 언어구조에 관심을 가진 데 비해, 루이 알튀세르, 니코스 풀랑저스, 모리스 고들리에 등 마르크스주의 학자들은 사회 저변에 있는 구조, 특히 사회경제적 구조에 깊은 관심을 가졌다.

정신분석학에서도 구조주의는 커다란 영향을 미쳤다. 프랑스 정신분석학자 자크 라캉(Jacques Lacan)은 프로이트의 정신분석과 구조주의를 결합하여 말이라는 틀 속에 억눌린 인간의 내면 세계를 분석하면서 마음의 구조를 연구하였다. 라캉은 무의식이 언어와 같은 구조를 가지고 있다고 보았다. 그는 프로이트의 무의식은 하나의 언어 활동으로서 구조화되어 있다고 보았다. 라캉은 또한 인간의 세계는 자연적 환경이 아니라 언어와 상상적 작용을 통해 재구성된 '상상계'라고 본다. 상상계는 완전하게 통합된 세계가 아니라 항상 균열되어 있으며, 충족되지 못한 욕망이 순환되는 불완전한 세계이다. 언어가 존재의 모든 것을 설명하지 못하기 때문이다. 언어 활동은 주체가 언어를 이용하여 '말하는' 것이 아니라 오히려 주체가 '말해지는' 것이다 (라캉, 2008). 무의식은 타자의 담론이다. 즉 의지할 데 없는 무력한 존재인 주체를 타자가 서로 이야기하고 있다는 근원적인 구조를 가리킨다. 주체는 자신에 대해 말하면서 어느새 타자가 되어 '타자의 욕망'을 가지고 자기를 재발견하고자 한다. 결국 인간의 욕망은 타자의 욕망이다. 현대 사회에서 욕망은 자신의 욕망이 아닌 타자의 욕망에 예속된다.

타자로의 자기 소외는 주체를 형성하는 요건이며, 주체는 처음부터 분열된 구조를 가지고 있다. 라캉은 프로이트의 나르시시즘 이론을 활용하여 '거울 단계' 이론을 제시했으며, 주체의 상태를 분석했다. 그에 따르면, 자아는 이상적 단일성, 완결성을 표현하면서 이상적 단일성과 완결성을 가진 실체가 아니라 타자와 동일화하려는 행위의 결과이다. 특히 라캉은 "여자는 남자의 증후"라고 보았다. 여성은 주체로서 존재하지 않고, 다만 남성의 욕망 또는 불안을 반영하는 환상의 대상에 불과하다. 그는 스스로 존재할 수 없는 여성, 다만 남성 심리의 육화로서 여성을 묘사한다. 이러한 라캉의 주장은 프로이트의 정신분석이 남근중심주의라고 공격받은 것처럼 페미니스트 학자들의 거센 비판을 받았다. 라캉은 자신의 성차 이론을 통해 여성적 위치에서 새로운 사랑의 가능성을 제안했다. 라캉이 성차를 통해 강조하는 것은 남자와 여자의 완전한 조화와 합일이 불가능하기 때문에("성관계는 없다"), 오히려 차이를 인정할 때만 진정한 사랑과 협력이 가능하다고 보는 것이다. 남성과 여성이 둘로 존재할 때 사랑의 가능성이 시작된다. 한편 라캉의 주장을 활용한 슬라보예 지젝(Slavoj Žižek)은 에드거 앨런 포의 추리소설에서 앨프리드 히치콕의 영화에 이르기까지 다양한 대중문화 속에서 주체의 특성에 대한 분석을 시도했다(지젝, 1995).

프랑스 문학비평가 롤랑 바르트(Roland Barthes)는 구조주의의 관점을 뛰어넘어 해석의 무한성을 문화연구에 적용하려고 시도했다. 그는 『텍스트의 즐거움』에서 "글쓰기는 우리의 주체가 도주해 버린 중성, 그 복합체, 그 간접적인 것, 즉 글을 쓰는 육체의 정체성에서 출발하여 모든 정체성을 상실하는 음화(negative)다"라고 주장했다(바르트, 1997b). 그는 "… 말하는 것은 언어이지 저자가 아니다"라고 주장했다. 바르트는 '저자의 죽음'을 선언한다. "이렇게 '저자'가 멀어지면 텍스트를 '해독'한다는 주장은 전적으로 쓸모없는 것이 된다. 텍스트에 '저자'를 부여하는 것은 그것에 안전 장치를 부과하고, 최종적인 시니피에를 제공하고, 글쓰기를 봉쇄하는 것이다. … 독자의 탄생은 '저자'의 죽음이라는 대가를 치러야 한다"(바르트, 1997b).

바르트는 문학이나 대중문화의 연구에 기호학을 적용했다. 특히 일상생활에서 신화와 이데올로기의 사회적 역할을 분석했다. 그는 언어뿐 아니라 영화, 광고, 신문 기사, 사진, 패션, 요리, 레슬링 시합 등 사회문화에 존재하는 일반적 '기호' 현상을 의미 표출활동으로 분석했다(바르트, 1997a). 그에 따르면, 신화의 형태와 개념은 역사적 발생 동기를 갖지만, 신화는 역사적 동기를 은폐하고 그것이 전달하는 의미를 극히 자연스럽고 당연한 사실로 제시하여 일반적인 상식으로 통용된다. 바르트는 신화의 해체에 관심을 가진 것처럼 자본주의 사회의 이데올로기를 분석했다. 신문, 잡지, 텔레비전은 남자는 직장에 가서 돈을 벌고 여자는 가정에서 살림을 하는 틀에 박힌 역할과 이미지를 지속적으로 보여 준다. 대중매체의 상품 광고와 경제 뉴스는 소비 욕구를 촉진하는 동시에, 기업에 의해 작동하는 자본주의 사회의 작동 원리, 특히 경쟁과 성공한 기업인에 대한 긍정적 인식을 갖도록 만든다. 이런 점에서 현대의 신화는 부르주아의 신화이다.

바르트는 소쉬르의 언어학이 제시한 랑그와 파롤의 개념을 패션, 음식, 자동차 등 문화 체계에 적용하여 기호의 의미 작용을 설명했다. 패션 체계를 보면, 랑그는 치마, 바지, 윗도리와 같은 상의와 하의 간 대립을 표현하고, 파롤은 옷 입는 방법, 색상, 치마 길이, 바지 폭 등과 같이 의상에 대한 개인적 취향을 가리킨다. 바르트는 사회 질서도, 신화에 의존하는 사회 질서의 상태도 전혀 변한 것이 없다고 단언한다. 자본주의 사회의 이데올로기는 마치 고대 그리스나 로마 신화와 같이 익숙해져서 너무나 당연하고 의심할 수 없는 것으로 착각하게끔 만드는 변형된 개념이다. 신화는 오래된 것이든 새로운 것이든 특정 시기에 지배 집단으로 자리 잡은 특정 사회계급의 산물이다. 신화의 형태와 개념은 역사적 발생 동기를 가지지만, 이를 은폐하고 신화가 전달하는 의미를 극히 자연스럽고 당연한 사실로 제시하여 일반적인 상식이 된다.

롤랑 바르트의『사랑의 단상』(1977)은 기호학과 구조의 개념을 활용하여 사랑에 관한 철학적, 심리적, 정신분석적 사유를 보여 준다. 괴테의『젊은 베르테르의 슬픔』이 주요 텍스트이며, 사랑하는 사람들의 주요 대화와 생각을 다양한 차원에서 분석했다(바르트, 2004). 이는 단순히 사랑에 대한 철학적 담론이 아니라 연인들의 말과 생각에 표현되는 기호에 대한 분석을 시도한다(실제로 이 책의 영어 제목은『연인의 담론』이다). 이 책에서 바르트는 사랑하는 사람들이 어떤 특징을 가진 존재로 환원되기를 거부하며, 사랑이라는 비이성적이고 부조리하며 고통스러운 욕망을 발견하고 인정하는 과정을 보여 준다. 이를 통해 사랑의 개념이 가지는 무한한 해석의 가능성을 설명한다.

프랑스 철학자 미셸 푸코(Michel Foucault)는 구조주의의 영향을 받은 동시에 구조주의의 한계를 뛰어넘는 새로운 연구를 제시했다. 푸코는 현대 사회학에 영향을 미치는 가장 대표적인 구조주의 사상가로 분류되지만, 그의 방법론은 구조주의의 경계에 가두기 어렵다. 푸코는 다양한 역사적 자료 조사와 문학작품에 대한 담론 분석을 활용하여 정신병동, 감옥, 병원에 관한 연구를 통해 지식과 권력의 관계에 대한 새로운 관심을 촉발했다. 1961년 푸코는 박사학위논문인 『광기의 역사』를 출간함으로써 19세기 이후에 유럽에서 '도덕적 치료'를 목적으로 하는 정신병원이 등장하는 역사적 과정을 설명했다(푸코, 2003). 그 후 푸코는 철학적 저서인『말과 사물』(1966)에서는 담론적 구성과 담론 분석에 대한 철학적 토대를 설명했다(푸코, 2012). 푸코의 연구에서 담론은 지식으로 성립되거나 세계관으로 수용된 사고, 신념, 개념을 가리키며, '담론 분석'이 사회생활을 이해하는 중요한 분석틀이 된다. 푸코는 이 책의 마지막 장에서 "인간은 바닷가 모래 위에 그려진 얼굴처럼" 사라질 거라는 니체의『서광』에 등장한 문구를 인용하며 휴머니즘과 실존주의를 뛰어넘는 새로운 방법론을 예고했다.

푸코의 연구 가운데 가장 중요한 주제는 지식과 권력의 관계에 대한 사회학적 분석이다. 푸코는 니체가 진리에의 의지를 권력에의 의지의 인식론적 형태로 해석한 관점을 계승했다. 푸코의 최후의 저작인 『성의 역사』는 합리적, 체계적 지식의 수단을 통한 몸에 대한 통제에 관해 분석했다(푸코, 2010). 푸코는 이를 '권력의 미시물리학'이라고 불렀다. 푸코는 자아의 계보학에 관심을 가지고, 자아가 어떻게 창조되는지, 그리고 '자아의 기술'이라는 견지에서 자아가 어떻게 권력관계에 종속되는지에 대해 관심을 가졌다. 푸코에 따르면, 한 문화의 기본 코드, 하나의 문화에서 언어, 인식의 도식, 교환, 기술, 가치 체계, 실천의 위계 등을 지배하는 코드는 각자가 상대하게 되고 다시 처하게 되는 경험적 질서를 처음부터 결정한다(푸코, 2012). 푸코가 제시한 지식의 계보학의 목표는 사회의 서로 다른 층위에서 그토록 다양하게 확장되면서 행사되고 있는 수많은 권력 장치를, 그 메커니즘과 효과, 그리고 상호관계 속에서 분석하는 것이다(푸코, 2010).

푸코는 광기, 감옥, 성에 관한 담론이 수 세기 동안 종교적, 과학적, 의학적 담론과 연결되어 어떻게 변화하는지 탐구했으며, 이러한 변화 속에서 담론이 어떻게 사람들에게 영향을 미쳤는지 분석했다. 푸코는 역사적 현실을 사회구조의 반영이나 재현으로 보는 본질주의적 사고를 거부했으며, 모든 담론이 역사적 조건에 구속된다고 전제하면서 객관적 진리의 가능성까지 부정했다. 이런 관점은 니체의 철학과 비슷하지만, 니체의 '초인'에 대한 강조와 달리 주체가 어떻게 외부 환경을 인식하고 변화시키려 하는지에 대한 체계적인 분석을 제시하지 않았으며, 특히 어떻게 개인들이 집합적, 또는 계급적 차원에서 집단행동에 참여하는지에 대한 설명을 회피했다. 이런 점에서 푸코의 분석은 인간의 행동에 대한 해석학적, 사회학적 분석을 거부하며, 니체의 사유와 마찬가지로 지적 상대주의와 극단적 개인 주의의 틀에 갇혀 있다는 지적을 받는다.

포스트구조주의와 포스트모더니즘: 탈중심성과 비결정성

구조주의와 달리 포스트구조주의(poststructuralism)는 구조의 존재 자체를 부인한다. 텍스트는 항상 변화하는, 그래서 잠정적 의미만 갖는다고 본다. 모든 텍스트는 완결된 구성체가 아니라 다양한 해석을 가능하게 하고, 기호나 의미화는 오직 우연적 관계를 가질 뿐이라고 본다. 탈구조주의자들은 중심보다 탈중심화에 관심을 가진다. 중심은 정답에 속박되어 있기 때문에 결국 생동감의 소멸로 귀결된다고 본다. 이를 프랑스 철학자 자크 데리다(Jacques Derrida)는 '차연(différance)'이라고 불렀다.

데리다는 언어와 주체의 관계를 통해 구조주의와 포스트구조 주의 사고를 구분했다. 구조주의자들은 언어가 주체를 제약한다고 본 반면, 데리다는 언어가 주체를 제약하지 않는 '글쓰기(ecriture)'에 불과하다고 보았다. 데리다에 따르면, 사회 제도도 글쓰기에 불과하다. 데리다는 언어와 사회 제도를 '해체(déconstruction)'해야 한다고 주장했다. 데리다는 언어를 무질서하고 불안정한 것으로 보았다. 상이한 맥락은 단어에 서로 다른 의미를 부여한다. 궁극적으로 분산적이고 비결정적인 전망을 제시한다. 데리다에게 미래는 "예상되지도 않을뿐더러 재발견되지도 않는다"(데리다, 2001). 데리다는 '파괴'나 '몰락' 같은 부정적인 의미가 없는 '해체'라는 단어를 고심해서 선택했지만, 그의 해체철학은 반계몽주의, 반인간주의라는 파괴적 평가를 받았다.

데리다는 소쉬르의 구조주의의 '말과 글' 그리고 '시니피에와 시니피앙'의 이항 대립관계에서 왜 첫째 요소를 더 본질적이고 순수한 것으로 여기는지 그 이유와 구분의 논리에 의문을 제기한다. 말하는 이가 현전(présence, 눈앞에 있음)하기에 말이 글보다 우위를 차지한다면, 말이 글보다 실수와 혼란의 소지가 많은 것은 충분히 설명할 수 없다. 말은 의미가 분명치 않은 개념이나 사건, 사물을 지칭하기 위한 것이다. 데리다는 말이란 '부재'에 대한 것이라고 보았다. 데리다는 "텍스트-외부 따위란 없다"라고 단언했다(데리다, 2010). 그러나 다른 학자들은 구조주의 언어학이 "기호는 내재적이며 독립적인 의미가 없이 '비어' 있다"라고 본다는 반론을 제기한다. 데리다가 구상하는 해체의 대상은 서구 사상을 지배한 로고스(logos)와 중심주의, 즉 진리, 미, 정의 등 보편적 사고 체계이다. 해체란 은폐된 이질성을 부각시키기 위해 동질적인 체계를 분해하는 것이다.

포스트구조주의 사고는 포스트모던 사회 이론의 탄생을 촉발하였으며, 사회학 이론에 대한 강력한 도전이 되었다. 포스트모더니즘은 이성과 합리성을 강조하는 계몽주의 프로젝트로서의 사회학의 존재를 정면에서 부정했다. 포스트모던 사회 이론은 현대성이 강조하는 합리성을 거부하며, 총체성 또는 거대 서사에 대해서도 반대한다. 가장 대표적인 주창자가 프랑스 사회학자 장프랑수아 리오타르(Jean-François Lyotard)이다. 그는 최소한 1960년대 이후 현대 사회가 포스트모던 사회로 변화되었다고 주장한다(리오타르, 1992). 또한 그는 200년 동안 신봉해 온 과학적 활동을 정당화한 '거대 서사의 종말'을 선언했다. 이러한 견해는 과학계 패러다임의 변동을 주장한 토머스 쿤(Thomas Kuhn)의 주장과 유사하다. 리오타르는 현대 사회에서 지식이 상품화되면서 실용적 지식이 중시되는 반면 거대 담론이 실종되고 있다고 주장했다. 결국 포스트모던 사회에서 지식의 절대적 권위가 사라지고, 사회는 객관적 진리에 대한 회의주의가 지배한다. 이들은 지식을 상대적 기준으로 평가하고 진리 자체 대신에 진리에 대한 다양한 견해들만 존재할 뿐이라고 주장한다.

프랑스 사회학자 장 보드리야르(Jean Baudrillard)는 포스트모던 사회의 도래를 강조하는 대표적 사회학자이다. 젊은 시절 트로츠키주의자였던 보드리야르는 1968년 학생혁명의 좌절 이후 지적 관심을 마르크스주의의 생산 양식에서 기호 체제로 옮겼다. 그는 상품 대신 기호가 소비되고 소비가 주체의 욕망을 만들어 내는 현대 자본주의 사회의 전도된 단면을 날카롭게 지적했다. 또한 대중매체를 통해 현대 문화가 가상현실(virtual reality)의 특징을 가진다고 주장했다. 그는 CNN의 걸프 전쟁 보도를 보고 "걸프 전쟁이 발생하지 않았다"라고 말하며, 현대 사회에서 어떻게 대중매체의 이미지 또는 하이퍼리얼리티(hyperréalité)가 사람들의 사고를 지배하고 통제하는지 분석하려 했다. 보드리야르는 대중매체와 텔레비전이 만든 시뮬라시옹(simulation)을 통해 현대 사회에서 실재가 사라지고 있다고 분석했다. 사람들은 영화 〈매트릭스〉와 〈트루먼 쇼〉의 등장인물처럼 가상현실을 실제 현실처럼 믿으며 살아간다. 보드리야르는 이렇듯 대중매체의 지배를 받는 사람들은 시뮬레이션이 된 경험과 느낌을 통해 실재를 이해하지 못한다고 본다.

포스트모던 사회 이론의 특징은 진정성(authenticity)에 대한 탐구를 거부하는 것이다. 포스트모더니즘을 지지하는 사회학자들은 상대주의를 일종의 우월한 관점으로 내세우며, 인간이 진리를 찾을 수 없음을 겸손하게 받아들여야 한다고 주장한다. 그러나 포스트모더니즘 방식의 진리 부정이야말로 가장 심한 지적 자만이다. 그들은 인간의 신념이야말로 모든 실제적인 것을 결정하는 것이라고 보며, 인간의 의식으로 알 수 없는 것은 아예 존재하지 않는 것으로 간주하는 주장을 펼치기 때문이다. 마치 괴물과 싸우면서 스스로 괴물이 되는 것처럼 진리의 전체주의와 싸우면서 자신의 주장만 진리라고 주장하는 자기모순에 빠지게 된다. 결과적으로 포스트모던 사회 이론가들은 사회의 권력, 부의 집중, 불평등, 전쟁이 야기한 사회문제의 원인에 대한 탐구를 외면하거나 간과하는 한편, 개인적, 문화적 차원의 상징과 재현에 대한 연구를 중시한다.

　　포스트모더니즘은 현대의 사회생활이 불가해성과 비결정성에 의해 특징화될 수 있는 새로운 세계로 진입했다고 본다. 포스트모더니즘은 현재의 변화를 인식론의 해체로 보고, 현재의 사회적 변화에서 탈중심적 경향과 혼란을 강조한다. 포스트모더니즘은 사회의 토대로 구조적 특성이 존재한다는 가정을 부정한다. 포스트모더니즘은 경제구조, 계급, 집합행동 등 사회적인 것의 존재를 부정하고, 실재에 대한 분석보다 이미지 또는 하이퍼리얼리티에 대해 관심을 가진다. 이러한 1980년대 포스트모더니즘 논쟁은 서구의 인문학과 사회과학에 커다란 반향을 일으켰다. 그러나 포스트모더니즘이 1968년 학생운동의 실패, 보수와 진보를 망라한 기성 가치 체계의 붕괴, 생태학적 위기, 장기적인 경제 쇠퇴 등으로 표현되는 서구의 좌절과 허무주의가 만연한 사회적 분위기 속에서 확산되었다는 지적도 있다. 영국 사회학자 어니스트 겔너(Ernest Gellner)는 포스트모더니즘이 내세운 전략적 의미는 어떤 객관적 사실이나 독립적 사회구조를 인정하기를 거부하고, 그것을 연구 대상과 연구자의 의미를 추구하는 작업으로 대체했다고 지적했다(Gellner, 1992). 하버마스, 기든스, 벡(Ulrich Beck), 래시(Scott Lash)도 포스트모더니즘을 비판하면서 현대성 프로젝트로서의 사회학, 특히 비판 이론의 중요성을 옹호했다(하버마스, 1994; 기든스·벡·래쉬, 2010). 이들은 프랑크푸르트학파가 지적한 도구적 합리성의 한계를 뛰어넘어 성찰성 또는 의사소통적 합리성을 통해 2단계 현대성 프로젝트를 추진해야 한다고 주장한다. 현대성과 탈현대성을 둘러싼 사회학적 논쟁은 사회학 이론뿐만 아니라 문화연구에서도 매우 중요한 주제로 간주된다.

부르디외의 문화 분석

피에르 부르디외는 20세기 후반 문화 분석에 중요한 기여를 했으며, 매우 독창적인 개념을 사용한 것으로 유명하다. 프랑스 지방 도시 출신으로 파리에서 대학을 다닐 때 적응에 어려움을 겪었던 부르디외는 '문화자본'이라는 개념을 통해 문화에 영향을 미치는 계급의 효과를 분석했다. 그는 문화자본의 소유, 분배, 교환 관계가 계급을 구분하는 기준이 된다고 보았다. 계급에 따라 상이한 문화자본을 가지며, 이는 문화적 불평등을 통한 계급 간 구조적 불평등을 재생산하는 데 핵심적인 요인이 된다. 부르디외는 유명한 저서 『구별 짓기』에서 교육 수준과 사회계급에 상응하는 정통적, 중간층, 대중적 취향이라는 상이한 문화적 위계를 구분했다(부르디외, 2005). 특히 학력 수준이 높은 정통적 취향은 높은 평가를 받는 데 반해, 학력 수준이 낮은 사람들의 대중적 취향이 통속적이라는 이유로 낮게 평가를 받는다고 지적했다.

부르디외의 문화 분석에서 중요한 개념은 '아비투스(habitus)'이다. 부르디외는 대상, 가치, 사람에 대한 사람들의 선호 또는 취향을 표현하는 행위의 체계로 아비투스라는 개념을 제시했다. 아리스토텔레스는 습관(habitude)을 에토스(ethos)와 헥시스(hexis) 두 가지 차원으로 구분했다. 에토스는 반복되는 행동에서 비롯되는 기계적인 행위를 가리킨다. 헥시스는 도덕적 성향과 미덕(virtue)을 가리킨다. 부르디외의 아비투스는 헥시스에 가깝다. 인간의 일상생활은 단순하게 경제적 이해관계 또는 이성적 요소로 환원될 수 없으며, 개인이 과거에 가졌던 기억, 사회적 관습, 감정과 같은 다양한 요인을 모두 고려하여 이해되어야 한다. 아비투스는 사회적 실재를 구성하는 차이들의 체계 내부로 이러한 선호를 만들어 실재에 대한 우리의 반응을 결정한다. 아비투스는 취향과 감정을 포함하는 일상적 행위의 내면화된 틀로 볼 수 있다.

부르디외는 아비투스를 통해 사회학의 구조와 행위자의 이중성 문제를 해결하기 위한 새로운 개념과 이론을 제시했다. 그는 합리적 선택 이론과 구조주의의 극단적 주장을 비판하며 미시사회학과 거시사회학의 연계를 시도하는 방법론을 추구했다. 부르디외는 전통적인 양적 분석인 회귀 분석 대신 다변량 분석을 시도했다. 부르디외의 문화 분석은 계급 행동의 작동 방식과 사회적 영향을 해석한다. 그는 사회경제구조의 주체의 위치(거시적 방법)와 구조적 효과가 개인의 의식에 내면화하는 방식(미시적 방법)을 동시에 활용하여 문화 현상을 분석했다.

부르디외는『자본주의의 아비투스』에서 자본주의 경제가 알제리 사회에 이식되었지만, 알제리 사람들은 과거의 물물교환 경제에서 익숙했던 습관, 기억, 전통에 따라 행동하는데, 이런 관행이 변하기까지는 매우 오랜 시간이 걸린다고 주장했다(부르디외, 1995). 인간의 행동은 엄격한 합리성과 계산을 통해 이루어지는 것이 아니라 오랫동안 습득한 과거의 기억, 관습, 사회적 전통의 영향을 받는다. 이러한 주장은 당대의 주류 학문인 실존주의와 구조주의의 사고에 도전하였다. 부르디외의 문화 분석은 당대의 사회과학 —미국에서는 방법론적 개인주의(신고전파 경제학)가, 프랑스에서는 구조주의적 마르크스주의(알튀세르)가 커다란 영향을 가진— 에 대한 도전처럼 보였다. 부르디외는 아비투스라는 개념을 통해 행위자의 주체적 차원을 설명하며 실존주의와 구조주의의 변증법적 통합을 제시한다.

부르디외가 제시한 '장(champ)'이라는 개념은 개인적 행동의 합리성이 사회적 구조와 연계되어 있다고 전제한다. 사회적 장의 효과는 개인의 위치에 따라 주체 형성 과정이 달라질 수 있으며, 개인에게 강제적 과정으로 작용한다. 장의 논리에서 벗어난 개인의 행동은 제약된다. 부르디외의 아비투스와 장의 개념은 객관적 차원과 주관적 차원을 연결하며 구조의 역사적 발생에 대한 관심, 사회적 행위와 실천의 집합적 토대에 관한 관심을 실천 자체의 개방적 성격과 연결시킨다. 그러나 아비투스와 장에서 성찰적 사회학은 사라지고 명백하게 결정론적 설명의 한계를 가진다는 비판도 제기되었다(Jay, 1993). 부르디외는 상징폭력의 지배 효과를 내면화하는 피지배자의 인정(reconnaissance) 메커니즘을 강조하지만, 외부구조의 효과가 개인의 의식 안으로 내면화하는 주체 형성 과정에 대한 충분한 미시적 설명을 제시하지는 않는다. 결과적으로 부르디외의 이론에서 구조의 효과에 저항하는 개인은 찾아보기 힘들며, 개인의 이성적 능력을 통한 사회변동의 전망은 제한적이다.

부르디외는 사회학자의 임무는 현실을 이해하고 설명하는 것이지만, 미래의 전망을 보여 주는 것이 아니라고 주장한다. 하지만 사회학이 현실을 그대로 수용하거나 사회를 정태적으로 분석하는 것에 그치는 것은 아니다. 부르디외는 학문의 목표가 단순히 진리의 추구가 아니라 사회적 불평등과 모순을 폭로하고, 사회문제를 해결하기 위한 투쟁의 무기를 만드는 것이라고 주장했다(그는 "사회학은 무술이다"라고 표현했다!). 부르디외는 마르크스와 알튀세르의 지적 영향을 받았으며, (많은 경우 미셸 푸코와 함께) 현실 참여에 매우 적극적이었다.08 부르디외는 지식인은 구체적이고 실제적인 문제에 천착해야 한다고 강조하면서 철학보다 사회학으로 이동했다. 프랑스 지식인 사회와 학계를 지배했던 추상적, 개념적 경향을 벗어나 구체적이고 실증적인 연구도 수행했다.

이론과 통계를 결합한 부르디외의 문화 분석은 사회학뿐만 아니라 지식인 문화에 커다란 영향을 미쳤다. 그는 모호한 이론과 현학적 해석이 아니라 구체적이고 실제적인 현실 분석을 추구했으며, 거대 권력과 자본에 의한 문화와 예술의 지배와 폭력에 반대하는 역할을 수행했다. 문화에 관심을 가지는 사람은 반드시 부르디외의 학문 세계에 들어가게 될 것이다. 부르디외의 세계에 들어서면 사회학이 눈에 보이는 사회 현상을 있는 그대로 보여 주는 것이 아니라, 사회 현상 이면에 있는 복잡한 사회적 관계를 설명하는 동시에 사회 자체를 바꾸기 위한 학문이라는 것을 알게 될 것이다.

---

08 "누구보다도 그는 진리의 게임이 권력의 게임임을 알았고, 권력과 특권의 실체를 밝히는 노력의 원칙 자체가 바로 권력과 특권이라고 갈파하였다." 부르디외가 1984년 미셸 푸코가 세상을 떠날 때 썼던 추모사의 한 문구이다. 이는 2002년 작고한 부르디외의 생애와 학문을 표현하는 말이 될 수 있다. 부르디외는 지배적 권력과 지식에 대응하는 사회학자로서 사명을 다한 지식인이다.

사회학 이론의 새로운 도전

20세기 후반 이래 문화와 사회의 관계에 관한 연구에 관심이 커지면서 문화연구는 사회를 보는 관점, 즉 사회학 이론 또는 사회 이론의 영향을 많이 받았다. 20세기에 사회학의 양대 이론인 구조기능주의와 네오마르크스주의는 문화연구의 등장에 커다란 자극을 주었다. 그러나 시간이 지나면서 지나치게 구조적, 추상적 설명에 치우친 구조기능주의와 네오마르크스주의는 쇠퇴했지만, 뚜렷하게 대안적인 이론적 패러다임이 지배적 경향을 보이지는 못하고 있다. 현재 다양한 사회학 이론은 서로 경쟁하고 대립하는 가운데 문화연구에서도 방법론적 다원주의의 경향을 보이고 있다. 상호작용주의, 민속방법론, 현상학은 개인들의 상호작용과 대화, 또는 개인의 의식에 관심을 갖는 미시적 분석을 중시한 데 비해, 구조주의와 포스트구조주의는 주체에 영향을 미치는 언어구조, 담론, 시뮬라시옹에 대한 연구에 집중한다. 반면에 부르디외의 아비투스는 주체와 구조적 조건 간 상호관계의 특성에 대한 분석을 시도한다.

모든 학자들이 자신의 이론을 가지고 있다는 함의는 모두를 만족시키는 이론은 없다는 사실을 보여 준다. 하나의 대상도 개인의 인식에 따라 다양하게 해석될 수 있다. 이렇게 상이한 이론적 접근법은 서로 이해하기 어려울 정도로 커다란 간극을 야기했는데, 이는 후속 세대의 학생들이 보기에 지나치게 혼란스러울 수 있다. 특히 포스트모더니즘이 지나치게 추상적, 현학적인 개념을 사용하면서 문화연구가 구체적, 실증적 분석에서 지나치게 멀어졌다. 포스트모더니즘은 재현뿐 아니라 객관적 진리의 가능성에도 회의적 태도를 보였다. 불가해성과 비결정성을 강조하는 포스트모더니즘은 탈이념의 정치학을 주장하고 사회학의 영역조차 부정했다. 포스트모더니즘이 문화연구에서 탈정치화를 추구한 이래 오늘날 문화연구는 이제 과거의 문화와 문명의 구분 또는 좋은 문화와 나쁜 문화의 의미를 벗어나, 재미가 있는지 없는지를 묻는 차원으로 축소될 위험에 처해 있다. 그러나 문화의 정치적, 윤리적 차원에 관한 논쟁은 여전히 학문적 차원뿐 아니라 문화 정책의 영역에서도 중요한 요소가 되고 있다.

　　학문적 차원에서 보면 오늘날 모든 것을 설명하는 단일한 이론은 존재하지 않는 것처럼 보인다. 유명한 저서의 주장을 살펴보면 제각각 다른 주장과 스타일이 우리들의 머릿속에 떠오를 것이다. 생물학을 공부한 파슨스는 사회가 유기체와 유사하며 지속적으로 진화하고 있다고 확신했다. 아도르노는 기업이 자본의 논리에 따라 문화산업을 지배하고 대중의 의식을 조종하고 있다고 비판했다. 가핑클은 구조와 같은 추상적 개념 대신 일상생활을 구체적으로 이해하기 위해 민속지를 활용했다. 푸코는 개인을 지배하는 권력이 만드는 담론을 분석했다. 부르디외는 권력이 지배하는 사회의 상징폭력의 부정의를 폭로하기 위해서 노력했다. 위대한 학자들의 주장은 너무나 달라 모두 서로 다른 언어로 말하는 것처럼 들릴 수 있다.

　　미국 사회학자 조지 리처(George Ritzer)는 사회학 이론의 다원주의 경향을 지적했지만, 상이한 이론들이 우주에 흩어진 별처럼 서로 아무런 관련이 없는 것은 아니다. 모순적이고 혼란스러운 문화 현상 가운데 전체를 관통하는 특징과 여러 가지 예외는 서로 긴밀하게 연결되는 경우가 많다. 문화의 지속성과 변화도 서로 밀접하게 관련을 갖는다. 또한 문화 현상에는 갈등과 합의가 동시에 존재하며, 서로 모순적 특성이 공존하는 경우가 많다. 문화 현상을 설명하기 위해 상호작용주의와 같은 미시사회학과 구조주의와 같은 거시사회학은 상이한 관점을 제시하지만, 둘 다 문화의 다양성과 복잡성을 이해하는 데 필요하다. 우주의 별처럼 사회적 세계도 서로 연결되지 않은 것이 없기 때문이다.

문화를 연구하는 방법도 매우 복잡하고 미묘하다. 문화 분석에는 이론과 통계도 동시에 필요하며, 양적 분석과 질적 분석은 각각 유용한 함의를 제시한다. 실증주의가 부르주아 이데올로기에 불과하다고 비판한 아도르노도 방대한 통계 자료를 활용하여 권위주의 성격을 유형화했다. 부르디외는 인류학의 현지조사와 통계학의 회귀 분석을 넘나드는 통합적 방법을 통해 사회적 관계의 구조적 특성을 탐구했다. 많은 사회학 연구에서 상이한 방법은 사회 속에서 발생한 새로운 문화 현상에 대한 해석을 추구하면서 지속적으로 변화하는 사회의 주요 특징을 이해하기 위해 노력한다.

사회의 새로운 변화는 새로운 이론을 요구한다. 오늘날 현대 사회의 문화는 과거의 국민국가 단위의 산업사회와 달리 지구화와 탈산업화의 과정을 거치면서 새로운 특성을 보여 주고 있다. 급변하는 문화 변동을 해석하기 위해 다양한 이론적 관점과 연구 방법이 새롭게 등장하는 것은 필연적이다. 이런 점에서 사회학 이론은 지속적으로 변화하는 사회적 세계와 문화를 해석하기 위한 새로운 관점을 제시해야 한다.

문화에 관한 구조기능주의와 네오마르크스주의의 관점을 비교하라.

문화연구에서 언어 분석은 필수적인가?

구조주의와 포스트구조주의는 문화연구에 어떤 영향을 미쳤는가?

문화에 대한 객관적, 실증적 연구는 불가능한가?

부르디외의 아비투스와 장의 개념을 평가하라.

더 읽을거리

스튜어트 홀, 2001, 『현대성과 현대문화』, 전효관 외 옮김, 현실문화.

존 스토리, 2014, 『대중문화와 문화이론』, 박만준 옮김, 경문사.

필립 스미스, 2015, 『문화 이론: 사회학적 접근』, 한국문화사회학회 옮김, 이학사.

앨런 스윈지우드, 2016, 『문화사회학 이론을 향하여』, 박형신·김민규 옮김, 한울.

조나단 H. 터너, 2019, 『현대사회학이론』(8판), 김윤태 외 옮김, 나남.

3장

계급과 문화

취향이야말로 인간이 가진 모든 것의 기준이다. 즉 취향은 인간이 다른 사람들에게 비치는 것의 기준이다. 취향이라는 문화자본을 통해 사람들은 스스로를 구분하며, 다른 사람들에 의해 구분된다.

—피에르 부르디외, 『구별 짓기』

모든 문화는 특정 계급의 산물인가? 문화는 다양한 계급이 만
드는 복합적 산물인가? 계급에 따라 상이한 문화적 특성을 가지고 있
는가? 문화와 계급의 관계는 오랫동안 사회학의 중요한 주제였다.
19세기에 카를 마르크스는 한 사회의 지배 이데올로기는 지배계급
의 이데올로기라고 주장했다. 고대 사회에는 토지를 소유한 왕족과
귀족이 문화를 지배한 데 비해, 자본주의 사회에서는 생산 수단을 소
유한 자본가계급이 문화를 지배한다고 본 것이다. 현대 사회의 대기
업과 부자들은 거대한 미술관과 도서관을 건립했을 뿐 아니라 신문
사와 방송사를 설립하고 대학과 연구소를 후원하면서 문화의 생산과
유통에 막대한 영향을 미친다. 이러한 문화 과정을 통해서 전통 사회
의 토지 귀족이 만든 집단주의, 세습주의, 쾌락주의는 자본주의 사회
에서 부르주아지의 개인주의, 능력주의, 소비주의로 대체되었다.

20세기에 들어서서 막스 베버는 근면, 성실, 검소, 저축, 미래
에 대한 준비 등은 모두 개신교 윤리로 출발했지만, 자본가계급을 위
한 정신이 되었다고 주장했다. 베버에 따르면, 중국의 유교와 인도
의 힌두교에 비해 유럽의 개신교는 명백하게 부르주아 문화와 선택
적 친화성을 가진다. 베버는 계급이 문화를 결정하는 것이 아니라 문
화가 계급을 결정한다고 보았다. 달리 말하면, 누가 어떤 문화를 가
졌느냐가 결국 자신의 사회적 지위를 표현한다. 지위는 사회적 평판
과 문화적 취향에 의해 정의되며, 때로는 교육 수준과 자격증 등으로
획득될 수 있다. 베버의 관점은 명백하게 한 사회에서 다양한 문화가

공존하며, 서로 경쟁과 갈등을 일으킬 수 있다는 명제를 제시한다. 마르크스의 주장과 달리 지배계급이 반드시 문화적 지배권을 가지는 것이 아니며, 다른 계급도 경제적 재생산과 분리되어 독립적 특징을 가질 수 있다. 사회학의 위대한 거인인 마르크스와 베버의 관점은 매우 달랐지만, 한 사회의 문화가 계급 이익과 밀접한 관련을 가진다는 주장은 동일하다.

문화와 계급의 관계는 매우 복잡하고 역동적이다. 역사의 거대한 과정을 보면, 한 사회의 지배문화는 대부분 지배계급에 의해서 창조되고 발전되고 유지되었다. 고대 사회에서 문화는 왕족과 귀족의 이해와 관심을 표현했다. 이집트 파라오가 만든 룩소르 유적과 중국 진시황이 만든 시안의 병마용이 최고 권력자의 무덤이었다는 사실은 중요한 의미를 가진다. 오늘날 자본주의 사회의 문화는 자본가계급의 이익을 대변한다. 뉴욕의 맨해튼, 서울의 테헤란로, 상파울루의 파울리스타 거리의 마천루는 모두 산업과 금융을 지배하는 자본가계급의 위력을 과시한다. 그러나 피지배층의 신화, 민요, 그림은 역사 속에서 끈질기게 살아남고, 오늘날까지 계승되는 경우도 많다. 호메로스의『일리아드』와 한국의『삼국유사』는 오랫동안 구전으로 전해진 이야기가 기록을 통해 문학 또는 역사의 저작으로 인정받는 사례이다.

역사적으로 피지배층 또는 주변화된 계층의 문화가 한 사회의 대표적 문화로 인정을 받는 경우도 있다. 미국의 재즈 문화와 에스파냐의 플라멩코가 대표적이다. 재즈는 사회의 최하층에 있는 흑인의 음악이라는 낙인이 찍혔지만 미국의 대표 문화가 되었다. 2차 대전 이후 등장한 모던 재즈는 찰리 파커, 덱스터 고든, 마일스 데이비스를 대표 주자로 하여 백인 중산층 사이에서도 열광적 인기를 끌었다. 집시(로마)의 플라멩코는 안달루시아 소수민족의 문화였지만, 점차 에스파냐 국민문화의 상징이 되었다. 1960년대 미국과 서유럽의 청년층이 열광했던 로큰롤은 노동자계급의 취향으로 간주되었지만, 비틀스와 롤링스톤스는 한 시대의 아이콘으로 부상했다. 오늘날 힙합과 랩 뮤직의 역사도 히스패닉 이민자 또는 하층민의 문화가 아니라 초계급적 성격을 보여 준다. 그럼에도 불구하고 피지배층의 문화가 지배문화로서 헤게모니를 획득했거나 독자적 자율성을 가지고 있다고 보기는 어렵다. 오히려 자본주의 사회에서 피지배층의 문화는 오로지 상업적 이익을 추구하는 자본의 논리를 충실하게 따를 경우에만 존립할 수 있고 인정을 받을 수 있다.

현대 사회학에서 문화와 계급에 관한 논쟁은 오랫동안 커다란 관심을 끌었다. 마르크스와 베버가 문화의 계급적 성격을 분석한 이래 사회학자들은 언제나 문화의 사회적 관련성을 탐구했다. 대표적으로 프랑스 사회학자 피에르 부르디외는 문화적 취향의 계급적 특성을 계량적 방법으로 분석한 연구로 '문화자본'의 개념을 사회학의 핵심 용어로 부각시켰다. 영국 사회학자 폴 윌리스(Paul Willis)는 어떻게 교육 체계 내부에서 계급 재생산이 이루어지는지 심층 인터뷰를 통해 밝혀냈다. 미국 사회학자 리처드 세넷(Richard Sennett)은 현대 자본주의의 노동 유연화가 어떻게 기업의 문화와 개인의 정체성에 영향을 미치는지 설명했다(세넷, 2009). 사회학 거장들의 연구에서 우리는 문화가 언제나 계급과 깊은 관련을 가진다는 명제를 발견할 수 있다. 계급으로 구분되는 사회에서 문화는 당연히 계급적 성격을 가진다. 동시에 사회가 다양한 계층의 성원들의 상호작용을 작동하듯이 다양한 문화는 계급을 교차하거나, 초월하거나, 통합하는 효과를 만들기도 한다. 이런 과정에서 문화와 계급의 관계는 정태적 특성에 머무르기보다 언제나 역동적 성격을 보인다.

　이 장에서는 문화와 계급의 관계에 관한 사회학적 논쟁을 살펴보고, 현대 문화의 다양한 변화를 검토한다. 먼저 베블런의 『유한계급』에서 아도르노의 『계몽의 변증법』을 거쳐 데이비드 브룩스의 『보보스(Bobos)』에 이르기까지 어떻게 문화가 계급적 성격을 획득하고, 변형하고, 재구성하는지 탐구할 것이다. 다음으로 문화의 계층화에 관한 부르디외의 이론과 경험적 분석에 관한 연구를 소개하고 평가할 것이다. 끝으로 20세기 후반 이후 『빈곤의 문화』에서 『차브(Chav)』에 이르기까지 어떻게 빈곤층의 문화에 대한 오해와 사회적 편견이 만들어지고 유지되는지 살펴볼 것이다. 이를 통해 문화가 어떻게 특정 계급과 관련을 가지는지, 왜 서로 다른 계급의 문화가 긴장과 갈등을 만드는지, 사회 내 다양한 문화가 어떻게 공존하는지 알아볼 것이다. 먼저 문화의 계급적 성격에 관한 논쟁부터 살펴본다.

문화의 평준화인가, 계급화인가?

　영국은 유럽에서 가장 계급문화의 차이가 큰 사회이다. 런던은 '지킬 박사와 하이드 씨'처럼 두 개의 세계로 분열되어 있다. 런던의 동부 지역인 이스트엔드(East End)와 서부 지역인 웨스트엔드(West End)는 각각 노동자와 중간계급의 거주 지역으로 나뉜다. 사용하는 단어가 다른 경우도 있다. 심지어 한 도시에 사는 사람들의 억양이 계급에 따라 달라지기도 한다. 길에서 만난 사람의 말소리만 들어도 그가 속한 계급을 알 수 있을 정도이다. 오드리 헵번이 주연을 맡았던 영화 〈마이 페어 레이디(My Fair Lady)〉에서처럼 런던 사람의 발음을 들으면 바로 계급을 알 수 있다.

영국 사회에서는 계급에 따라 문화의 취향도 다르다. 노동자는 데이비드 베컴의 축구에 열광하지만, 중간계급 신사라면 테니스를 배우고 윔블던에 가야 한다.[09] 블루칼라는 라거 또는 스타우트와 같은 맥주를 마시지만, 중간계급은 보르도 와인을 즐긴다. 중상계급은 포르투갈의 포르투 와인을 '셰리'라 부르며 식전주로 마신다. 스포츠문화도 계급에 따라 구분된다. 노동자계급은 축구에 열광하는 데 비해, 중간계급은 테니스와 크리켓을 즐기고, 상층계급은 폴로와 경마를 즐긴다. 여우 사냥은 오랫동안 영국 귀족문화의 상징이었다. 물론 그들은 여우를 먹지는 않는다. 옷차림과 패션도 사회의 계급에 따라 다르다. 하얀색 의상은 귀족의 상징이고, 검은색 옷은 노동자계급의 상징이다. 소비문화도 계급에 따라 구분된다. 롤스로이스 자동차와 같은 고가의 사치품(luxury)은 최고 상류층의 상징이다. 중국 도자기와 페르시아 양탄자에서 독일 자동차와 프랑스 패션에 이르기까지 값비싼 소비재는 상류층의 상징자본으로 인식된다.

그러나 산업자본주의가 발전하고 대량 생산과 대량 소비의 시대가 시작되면서 문화의 계급적 구분이 약해지기 시작했다. 특히 유럽과 달리 세습 귀족과 대지주의 전통이 거의 없고 자작농 중심의 평등주의 문화가 강했던 미국 사회에서 새로운 문화적 특징이 나타났다. 프랑스 사상가 알렉시스 토크빌(Alexis de Tocqueville)은 『미국의 민주주의』에서 미국인의 평등주의 문화가 여론, 법률, 정부, 국민의 습관

09 1830년대 영국에서 처음 축구가 등장했을 때는 사립학교의 상류층과 중간계급의 자녀들이 즐기던 운동이었으나 점차 노동자계급에게 확산되었다. 1883년 블랙번의 노동자들이 이튼학교에 승리하면서 엘리트 지배가 무너지고, 잉글랜드축구협회에는 다양한 클럽과 선수 등록자가 급증했다. 축구 경기장의 건설은 부자와 기업의 자본으로 이루어졌지만, 축구 선수와 관중은 점차 노동자계급이 다수를 이루면서 축구는 대표적인 노동자계급의 스포츠로 변화했다.

에 커다란 영향을 미치고 있다고 강조했다(토크빌, 1997). 19세기 말부터 급속한 산업화가 발생하면서 거대한 중간계급이 등장했으며, 정보기술의 발전으로 새로운 대중문화가 급속하게 확산되었다.

　　1930년대 나치를 피해 미국에 망명한 독일 사회학자 아도르노와 호르크하이머는 미국 문화의 평준화 현상을 분석했다. 그들은『계몽의 변증법』에서 미국 사회의 신문, 텔레비전 등 '문화산업'의 영향력이 커지면서 사람들이 하는 일도 서로 비슷해지고, 개인관계도 약해지고, 독재와 관료제의 조작에 쉽게 이용당하고, 모든 예술은 저급한 수준의 대중문화로 변질된다고 보았다(아도르노·호르크하이머, 2001). 그들은 나치즘을 지지하는 독일의 노동자와 중산층뿐 아니라 자유주의 정치 체제를 가진 미국의 노동자들도 문화산업에 의해 획일적 문화를 갖게 된다고 보았다.

　　산업사회가 등장하면서 대중이 출현하고, 그들의 문화가 평준화되는 경향은 많은 학자들의 관심을 끌었다. 1930년 에스파냐 철학자 호세 오르테가 이 가세트(José Ortega y Gasset)는『대중의 반역』에서 평균인으로서의 대중이 역사의 무대에 출현했다고 주장했다. 그는 대중이 엘리트의 지배에 저항하는 반역을 일으키고 있다고 보았다(오르테가 이 가세트, 2005). 획일적인 문화를 가진 대중이 주도하는 대중사회(mass society)를 분석하는 사회학자들은 현대 사회의 대부분의 개인들이 서로 비슷하고, 차이가 없고, 균등하고, 개인의 특성을 보여 주지 못한다고 보았다. 이런 관점은 특히 미국 문화에 대한 분석에 주로 적용된다. 1950년 미국 사회학자 데이비드 리스먼(David Riesman)은 그의 유명한 베스트셀러『고독한 군중』에서 대중사회의 이중성을 분석했다(리스먼, 1999). 그에 따르면, 현대 미국 사회는 지나친 경쟁과 개인의 성취를 강조하는 개인주의적이고 자유로운 경쟁사회가 되었다.

하지만 그 사회는 자신만의 개성을 가진 개인들의 사회가 아니라 권력을 가진 소수에 의해 좌우되는 사회이다. 개인은 스스로 판단하는 대신 고도로 발전한 대중매체에 의해 조종당한다. '내면 지향적' 특징을 가진 미국인의 사회적 성격은 '외부 지향적' 성격으로 변화했다. 대다수 미국인은 자신이 다른 사람에게 어떻게 보일지에 지나치게 관심을 갖고, 자신보다 우월하다고 생각하는 타자를 추종하고, 권력과 대중매체가 조작한 행위 유형을 모방한다. 미국인은 철저하게 고립된 고독한 개인으로 변한 동시에 개성을 상실한 가치관과 유사한 생활 방식을 추구하는 거대한 군중이 되었다. 리스먼의 책은 출간되자마자 커다란 관심을 끌었고, 리스먼의 문화 분석은 현대 사회를 이해하는 중요한 통찰력을 제공했다.

영국에서도 영문학자이자 문화비평가인 리처드 호가트는 『교양의 효용』에서 1950년대 영국 사회가 문화적으로 계급이 사라진 시대가 되었다고 분석했다. 전통적인 형태의 계급문화는 천박한 형태의 무계급문화, 또는 '정체불명의' 문화로 변화되었다. 호가트는 노동자계급이 일종의 문화적 착취를 당하고 있지만, 일정 수준 스스로 동의한 결과라고 주장했다. 그는 어떻게 노동자계급이 대중매체에 의해 더욱 순응적 태도를 갖게 되는지 분석했다. "오늘날의 대중에게는 '그냥 순응하면 된다'라는 경향이 널리 퍼져 있다. 어쨌든 그렇게 크게 문제 될 것은 없고, 다수의 의견이 맞을 테니 당신은 그들을 따르면 된다는 것이다. 당신은 다른 사람들이 믿는 것을 그냥 믿으면 된다. 그들과 다르게 행동하는 것은 삶의 법칙에 대한 일종의 죄이다"(호가트, 2016: 286).

호가트는 노동자계급의 보통교육이 독서 수준의 향상에 기여했는지 의심했다. 오히려 질 낮은 대중매체로 인해 읽기 능력이 형편

없이 떨어졌다고 보았다. 노동자계급이 즐겨 읽는 〈선(The Sun)〉 등 타블로이드 신문은 2면에 여자의 몸을 보여 주는 선정적 사진과 유명인들의 스캔들 기사를 넣기로 유명한데, 이는 대량 생산 시대의 대중매체의 보편적 특징이다. 호가트는 이런 대중매체의 흐름이 사회의 억압을 보지 못하게 하고, 오히려 억압에 복종하는 문화를 만든다고 보았다. 이런 복종은 전통 사회보다 강력하며, "문화적 종속의 사슬이 경제적 종속보다 걸치기는 쉽지만 끊어 버리기는 힘들기 때문이다"라고 지적했다(호가트, 2016: 361). 아무 생각 없이 선정적인 것만 접하면 수용자들은 자신들의 삶에 대한 개방적이고 책임 있는 태도를 취할 수 없게 된다. 노동자계급은 바깥세상의 일에 아무런 목적의식이 없는 채로 즉각적 자극에만 반응하고, 결국 "영혼은 굳게 닫히고, 자기 내면에 침잠한 채… 주마등처럼 스쳐 가는 쇼와 간접적인 자극으로 구성된 세계를 바라보게 되는 것이다"(호가트, 2016: 364). 호가트는 중앙집권화와 급속한 기술 발전이 이루어지는 가운데 거대한 무계급화의 흐름이 생겨나면서 노동자계급이 진정한 자유의 가치를 상실하고 있다고 슬픈 어조로 지적했다.

리스먼과 호가트의 분석은 어떻게 계급문화가 사라지고 사람들이 대중매체에 의해 자본주의 사회에 순응하는지를 보여 준다. 그러나 노동자계급의 문화가 중간계급의 문화와 아무런 차이가 없다는 의미는 아니다. 오늘날 상당수 사회학자들은 현대 사회의 문화가 대중화, 표준화, 획일화의 경향만 보이는 것은 아니라고 본다. 특히 1970년대 부르디외의 사회학적 연구는 문화의 계급화 또는 서열화에 관한 분석으로 많은 학자들의 관심을 끌었다. 부르디외는 프랑스가 1789년 혁명을 거친 후 200년이 지났지만, 여전히 귀족적 사회 제도를 유지하고 있다는 총체적인 비판을 제시한다. 1979년 부르디외는

『구별 짓기』를 발표하면서 프랑스 사회에 대한 문화 분석을 통해 계급 문제에 대한 새로운 시각을 제시했다(부르디외, 2005). 부르디외는 문화생활에 영향을 미치는 계급적 불평등 현상을 분석하기 위해 문화자본이라는 개념을 사용했다. 고전극, 전위예술, 문학, 재즈에 대한 교육은 계층의 문화자본에 따라 그 교육 효과가 달라진다. 문화자본은 문화적 불평등을 통한 계급 간 구조적 불평등을 재생산하는 데 핵심적인 요인이 된다. 문화자본의 논리에 따른 계급 불평등의 재생산은 경제적 관계의 단순한 반영이 아니라 상대적 자율성을 가진다.

부르디외는 『구별 짓기』에서 교육 수준과 사회계급에 상응하는 세 개의 취향을 구분했다. 첫째, '정통적 취향'은 음악에서 '피아노 평균율,' '푸가의 기법,' '왼손을 위한 협주곡,' 회화에서는 브뤼헐, 고야의 작품으로 대변된다. 둘째, '중간층 취향'에는 '랩소디 인 블루,' '헝가리 광시곡,' 르누아르의 그림이 포함된다. 셋째, '대중적 취향'은 '아름답고 푸른 도나우강,' '라 트라비아타'처럼 널리 통속화되었다는 이유로 높은 평가를 받지 못하고, 통속적 샹송처럼 예술적 야심과 욕망을 찾아볼 수 없는 작품을 포함한다. 이러한 민중 취향은 학력자본과 반비례한다(부르디외, 2005: 43~45). 학력에 따른 사회적 지위의 차이를 논한다는 점에서 베버의 주장과 유사하지만, 부르디외는 문화적 취향의 위계질서가 사회계급과 밀접한 관련을 가지는 현상에도 주목했다.

미국 사회학자 더글러스 홀트(Douglas Holt)는 부르디외의 이론을 미국 사회의 소비 유형에 적용하여 분석했다(Holt, 1998). 그는 소비 대상보다 소비 행위에 초점을 맞추면서 고급문화보다 대중문화를 집중적으로 조사했다. 소비 행위는 일상생활의 매우 미묘하고 복잡한 차원을 표현하기 때문에 객관적 자료를 활용한 사회학적 분석을 수행하는 데 어려움이 많다. 홀트는 고프먼의 방법을 따라 인터뷰를 통한 민속지를 분석하면서 상류층과 하위층의 문화자본 자원을 물질적·형식적 미학, 참조형·비판적 해석, 물질주의·관념주의, 지역적·코즈모폴리턴 취향, 소비 주체의 공동체·개인주의 유형, 도구적·자아실현적 여가 등 여섯 가지 차원으로 구분했다. 홀트는 자신의 분석을 통해 물질주의를 계급의 실천 행위로 보아야 하며, 미학적 소비를 통해 계급 정체성이 만들어지고 있다고 본다. 그는 소비가 사회계급의 재생산에 중요한 영향을 미치는 영역이 되었다고 강조한다.

한국에서도 상류층의 문화적 구별 짓기가 발생하는데, 주로 문화적 취향과 라이프스타일을 드러내는 문화자본에 의해 결정된다. 강남과 강북, 서울과 지방의 차이는 경제력뿐 아니라 문화의 격차로 드러난다. 자본의 축적은 고가의 부동산과 자동차의 소비뿐만 아니라 자신의 취향을 과시하려는 문화적 투자를 가능하게 만든다. 문화와 예술의 취향을 통한 구별 짓기는 상류층뿐 아니라 중산층에게도 중요한 요소로 간주되고, 하류층과는 명백하게 구별된다. 동시에 1997년 외환위기를 거치며 중간계급의 내부 분화가 발생했으며, '소수의 상향평준화'와 '다수의 하향평준화'로 분화됐다(이동연, 2010). 소수의 전문직과 대기업 정규직과 전문직의 급속한 소득 증가에 비해 대다수 중소기업 근로자와 비정규직은 매우 상이한 문화적 취향을 갖게 되었다. 현대적인 서구 음악과 예술을 이해하고 향유하기 위해서는 높은 소득뿐 아니라 상당한 수준의 교육자본, 문화자본, 학력자본을 가져야 한다.

한국의 중상계급의 문화적 취향에서 주목할 점은 장기간에 걸쳐 습득한 문화자본의 결과라기보다 단기간에 걸쳐 형성된 과시소비의 욕구가 강하다는 점이다. 이러한 현상은 문화자본을 계층 상승의 표현으로 이해하는 것과 밀접한 관련을 가진다. 동시에 자녀에게 예술을 배우게 하는 높은 교육열의 영향을 받으며, 음악, 미술, 무용 등 예술 사교육을 통해 고급예술의 소비가 이루어진다. 이는 문화와 예술 취향의 세대 간 계승의 효과를 거두기도 하지만 '교육자본'을 전수하는 목적을 수행한다. 동시에 교육을 통해 획득된 문화자본은 결혼 시장에서 상류층으로 진입하는 수단으로 활용되며, 문화자본이 궁극적으로 계급의 재생산의 기능을 수행하는 결과를 보여 준다(최샛별, 2002). 이런 점에서 문화자본, 학력자본, 경제자본의 복합적 상호관련성은 부르디외의 분석틀이 한국 사회의 문화 분석에서도 유용할 수 있다는 점을 보여 준다.

그러나 부르디외의 문화 분석은 여러 가지 비판에 직면했다. 대표적으로 영국 사회학자 존 골드소프(John Goldthorpe)는 최근 영국 사회의 미묘한 변화를 추적했다. 골드소프는 찬탁윙과 함께 사회계급과 사회적 지위 사이의 구별을 강조한 베버의 관점을 활용하여 문화적 분석을 수행했다(Chan, 2010). 그들은 영국의 사회계층과 문화소비가 더 이상 명확한 관계를 가지고 있지 않다는 사실을 발견했다. 오페라를 듣는 부유층도 여가 시간에 대중들이 듣는 대중음악을 듣는 현상이 증가했다. 실제로 많은 사회학자들은 현대 사회의 문화에서 고급문화, 중간계급문화, 하층문화의 구별이 약화되거나 사라지고 있다고 본다. 한 장르의 음악만 듣는 '획일적 대중'이 아니라 다양한 음악을 섭렵하는 '잡식성 대중'이 늘어 가고 있다. 영국인이 열광하는 축구 경기장에는 백인 노동자들 이외에도 다양한 계층의 사람들이 찾아온다. 평소에는 슈퍼마켓에서 음식을 사 먹다가 어느 날 갑자기 고급 브랜드의 음식을 사 먹는 사람들이 늘고 있다. 영국뿐 아니라 서구 사회의 많은 인구가 다양한 문화적 취향을 동시에 갖고 있는 경우가 늘어나고 있다는 연구가 제시되고 있다(Peterson and Simkus, 1992;

Warde et al., 2007). 평소에는 상류층의 고급문화 취향을 가지고 있지만, 당장 내일 투표장에 가서 사회적 약자와 노동계급을 대변하는 진보 정당에 투표할 수 있다. 한국 사회에서도 '강남 좌파'라는 말이 유행 어가 되었듯, 자신의 계급적 기반과 정치적 성향이 일치하지 않는 사람이 증가하고 있다. 미국에서도 1990년대 후반 부르주아 계급과 보헤미안 취향을 동시에 갖고 있는 '보보스(Bobos)'에 대한 분석이 인기를 끌었다(브룩스, 2001). 서로 모순적인 문화적 특징이 한 개인과 집단에 공존하는 경우가 흔해졌다.

현대 사회가 더 이상 평균적 문화 또는 계급적 문화를 추종하지 않는다는 주장은 후기 자본주의의 사회경제적 변화와 밀접한 관련을 가진다. 탈산업화와 서비스산업의 증가로 인해 다양한 종류의 직업이 등장했고, 직업과 주거 지역의 잦은 이동은 개인의 집단적 소속감과 정체성에 커다란 영향을 미쳤다. 이런 직업적, 공간적, 심리적 변화 과정은 어느 정도 소비시장의 문화적 지형을 바꾸는 데 기여했다. 영국 저널리스트 제임스 하킨(James Harkin)은 틈새시장을 의미하는 '니치(niche)'가 더 이상 틈새가 아닌 주류가 되었다는 역설적 주장을 제기했다(하킨, 2012). 그에 따르면, 니치는 미래 사회를 이끄는 핵심 용어이다. 하킨은 사람들이 더 이상 주류를 좋아하지 않는다고 본다. 거대 기업인 울워스(Woolworth), 갭(Gap), 제너럴모터스(GM), 제너럴푸드가 거의 몰락했다. 대신 신생 기업이 선풍을 일으키고 있다. 대표적으로 미국 의류업체 갭은 오랫동안 승승장구했고, 모든 사람들이 편하게 입을 수 있는 청바지와 캐주얼 룩에 집중해 커다란 성공을 거두었다. 그런데 갭이 주류 문화가 되고 얼마 지나지 않아 갑자기 무명의 경쟁업체 아베크롬비(Abercrombie)에게 젊은 고객층을 빼앗기며 추락하기 시작했다.

니치의 원리를 이용한 기업들이 성공하고 있다. 세계적인 스마트폰 제조업체인 애플(Apple)은 '다르게 생각하라(Think Different)'라는 구호를 내걸고 수백만 팬들을 사로잡았다. 애플은 거의 종교 집단에 가까운 열광적 추종자를 만들었다. 2010년 애플은 세계 휴대전화시장의 불과 3%만을 장악했지만, 다음 해 2500만 대의 아이폰을 판매하는 경이로운 기록을 세웠다. 왜 틈새시장을 노린 기업들이 성공했을까? 거대한 소비자의 시장은 이제 더 이상 평균적 소비 기호를 가지고 있지 않기 때문이다. 대중의 취향은 시간이 지나면서 쉽게 바뀐다. 더욱이 대다수의 사람들은 동시에 다양한 종류의 제품을 즐기고 소화하는 방법을 배웠다. 이것은 중요한 문화적 변화이다. 취향의 다원화는 단순히 취향을 분류하는 숫자가 증가하는 문제가 아니라, 사회의 분업 및 계층화의 특성과 밀접한 관련을 가지는 것으로 보인다.

스타벅스(Starbucks)는 대중의 독특한 커피 취향을 포착해 성공을 거두었다(유승호, 2019). 맥스웰(Maxwell) 등 맛이 대충 비슷한 인스턴트커피 시장을 벗어나 고급 원두커피로 열렬한 커피 애호가를 사로잡았다. 비싼 돈을 내고라도 좋은 커피를 마시고 싶은 소수의 사람들을 공략한 사업 전략은 대성공을 거두었다. 스타벅스를 선두로 원두커피 전문점들은 커피 원두 판매를 매해 30%까지 획기적으로 늘렸다. 스타벅스의 또 다른 성공 비결은 음악이다. 사람들이 스타벅스에 가면 커피뿐 아니라 편안하고 세련된 취향이 있는 음악을 들을 수 있다고 느꼈기 때문이다. 스타벅스는 커피를 파는 곳이 아니라 문화를 즐기는 장소로 인식된 것이다. 스타벅스의 최고경영자 하워드 슐츠(Howard Schultz)는 스타벅스를 커피 지식이 풍부한 바리스타와 수다를 떨고 편하게 재즈 음악을 들을 수 있는 오아시스로 만들겠다고 말했다. 사람들의 반응은 폭발적이었다. 가격이 싼 커피의 경쟁력보다 푹

신한 소파에 앉아서 친구와 토론을 하며 비싼 커피를 즐기는 문화가 승리를 거두었다. 커피의 대중화에 반기를 들고 오히려 고급화와 미학화가 수많은 대중의 호응을 받은 것이다.

탈산업사회의 문화 다원화 경향은 위에서 소개한 골드소프와 찬탁윙의 분석을 통해 사회학에 널리 알려졌다. 그러나 골드소프와 찬탁윙의 연구는 부르디외 지지자들의 날카로운 반론에 직면했다. 부르디외의 관점을 따르는 학자들은 골드소프와 찬탁윙의 연구가 자료 수집과 분석의 방법이 취약하고, 경험적 증거가 빈약한 주장을 제시했다고 비판했다. 부르디외의 관점을 계승하는 사회학자들은 현대 사회에서 여전히 문화의 계급화와 차별화의 경향이 존재하고 있다고 본다. 부르디외의 구조적 관점과 골드소프의 다원주의적 관점 사이의 학문적 논쟁이 지속됨에도 불구하고, 두 진영의 연구가 반드시 평행선을 달리는 것으로 볼 수는 없다. 두 가지 관점은 얼핏 보면 서로 대립적인 것으로 보이지만, 사실상 두 가지 경향을 동시에 보여 주고 있는 것이기도 하다. 실제로 현대 사회의 문화의 변화에서는 계급화와 다원화의 경향이 동시에 발견된다.

일부 학자들은 부르디외의 주장이 경제적 요인을 강조하는 마르크스의 관점을 계승한다고 지적한다. 그러나 문화의 계급적 성격을 강조하는 부르디외의 문화 분석이 곧 마르크스의 지배 이데올로기 명제를 따른다고 볼 수는 없다. 부르디외의 주장은 과거의 마르크스주의 명제와 여러 가지 점에서 구별된다. 마르크스가 주목한 인간의 소외는 부르주아의 경제적 착취에 관심에 가진 반면, 부르디외의 '상징폭력'은 부르주아의 문화적 지배를 강조한다. 이는 루카치, 그람시, 프랑크푸르트학파의 문화와 이데올로기에 대한 관심과 유사한데, 그와 비슷한 난관에 부딪힌다. 마르크스는 사회혁명을 생산관계의 변화라고 보지만, 부르디외의 연구에서는 문화적 취향의 변화가 왜 발생하는지 분명하게 표현되지 않는다. 부르디외의『구별 짓기』는 민중계급의 비판의식이나 지식인들의 저항정신 자체가 권력 효과와 상징폭력으로부터 완전하게 벗어날 수 없다고 주장하는 것처럼 보인다. 따라서 하버마스나 기든스와 달리 부르디외의 사회학은 사회의 윤리와 이성적 사회를 위한 실천적 문제 제기 자체를 불가능하게 만든다는 비판에 직면했다. 실제로 부르디외는 보편적인 진리에 대하여 회의적이다. 사회학자는 보편적 진리와 미래의 전망을 분명하게 제시할 수 있다고 말하지 않는다. 부르디외에 따르면, 사회학자는 구체적인 사실에 대하여 분석하고 설명할 뿐이다. 그럼에도 불구하고 부르디외의 연구가 계급관계가 구조적으로 문화를 지배한다는 결정론에 치우쳤다고 보기는 어렵다. 사회학주의(sociologisme)라고 불리는 부르디외의 접근법을 반드시 구조주의와 같은 것으로 볼 수는 없다. 실제로 부르디외의 학문적 실천은 사회문제의 현장을 떠나지 않았으며, 항상 현실문제에 적극적으로 참여했던 전문적 지식인을 통해서만 문제의 해결이 가능하다고 보았다.

학교와 계급 재생산

1964년 부르디외는『상속자』에서 프랑스가 보통교육을 도입했음에도 불구하고 계급적 위계질서가 철폐되지 않고 계속해서 재생산되는 근본적 원인이 바로 교육 제도에 있다고 주장했다(Bourdieu et al., 1979). 1968년 혁명 당시 학생운동 세력은 소르본을 비롯한 상층부 대학의 서열 제도를 혁파하고 모든 대학을 평등한 공립학교로 바꾸고 정부가 재정을 지원하는 새로운 교육 제도를 만들었다. 그러나 학생운동의 혁명적 열기와 달리 새로운 교육 제도는 다시 계급 불평등을 재생산하는 기능을 수행하기 시작했다. 1970년 부르디외는 『재생산』에서 문화가 사회계층에 따라 다른 내용을 재생산하면서 문화자본으로 변화하고 있다고 주장했다(부르디외 외, 2000). 부르디외는 학교가 아이들과 어른들이 인지할 수 있는 특정한 신체적 통제의 양식과 표현 양식을 생산하는 일에 관여한다고 보았다. 학교의 일상생활에서 단순히 듣고 말하는 것이 아니라 아이들의 몸은 "움직이고, 관리되고, 훈육된다."

부르디외는 프랑스 사회의 교육관계를 체계적으로 분석했다. 교육관계에서 중요한 요소는 의사소통이다. 수용자의 사회적, 교육적 특성에 따라 의사소통 효과가 달라진다. 특히 지식인과 보통사람의 언어 사용의 차이, 대학문화의 활용, 시험과 학위의 경제적, 상징적 효과에 대한 경험적 분석을 시도했다. 부르디외는 교육관계에서 나타나는 '상징폭력' 행위와 이를 은폐하는 사회적 조건에 대한 이론을 제시했다. 학교는 독립성과 중립성이라는 환상을 만들지만, 실제로 학교는 기존 질서의 '재생산'이라는 원리를 따른다.

> 그대들은 새로운 생애를 시작하지만 죽을 운명으로 새롭게 태어난 것이다. 운명의 신이 너희들을 선택한 것이 아니라, 너희들이 운명의 신을 선택한 것이다. 첫 번째로 제비를 뽑은 사람은 필연성으로 얽매인 삶을 맨 처음 선택하도록 운명 지어질 것이다. … 선택한 자가 책임을 져야지, 신을 탓해서는 안 된다. (플라톤, 『국가』; 부르디외 외, 2000에서 재인용)

상징폭력을 행사하는 권력은 모두 자신의 힘의 토대인 권력관계를 은폐한 채 의미를 부여하고, 거기에 다시 정당성을 부여하는 권력이다. 이 권력은 이를 통해서 권력관계에 자신의 고유한 힘인 '상징권력'을 추가한다(부르디외 외, 2000: 20). 교육 행위는 자의적 권력을 통해서 문화적 자의성을 주입하는 것이며, 그것은 상징폭력이다. 사회 구성체를 형성하는 집단이나 계급들 사이에 권력관계가 존재하는데, 이 관계는 자의적 권력의 토대 기능을 수행하며 교육 영역에 독자적 의사소통관계를 확립할 수 있는 조건이다. 즉 권력관계는 자의적 주입 양식(교육 양식)에 따라 문화적 자의성을 제공하고 주입할 수 있는 조건이다. 이러한 의미에서 교육 행위는 상당히 객관적인 내용을 가진 상징폭력이다(부르디외 외, 2000: 21).

부르디외에 따르면, 특권계급은 학생 선별권을 교육 제도에 위임하여 세대 간 권력 세습 기능을 완벽하게 중립적 권위에 양도하며, 이에 따라 권력 세습의 자의적 특권을 포기한다. 그러나 이 제도의 형식상 완벽한 판정은 지배계급의 사회적 이익을 위해서 이 계급의 기술적 이익을 포기하는 것이므로 시민들은 항상 객관적으로 지배계급에 봉사한다. 학교는 이런 판정을 통해서 기존 질서를 전보다 훌륭하게, 그것도 어쨌든 민주주의 이데올로기를 주창하는 사회에서 인지될 수 있는 유일한 방식으로 계급을 재생산하는 데 기여할 수 있다. 왜냐하면 학교가 자신의 수행 기능을 과거보다 더 훌륭하게 은폐할 수 있기 때문이다. 개인의 사회이동 가능성은 계급관계 구조의 재생산과 양립 불가능하기는커녕 이 구조를 보전하는 기능과 조화를 이룰 수 있다(부르디외 외, 2000: 203).

부르디외는 『호모 아카데미쿠스』에서 학문 세계에 영향을 미치는 권력에 관한 지식사회학의 연구를 제시했다(부르디외, 2000). 프랑스 지식인 사회의 논쟁이 표면적으로는 순수한 학문적 토론처럼 보이지만, 그 이면에는 학자들의 파벌 간 이해관계를 둘러싼 비학문적 요인이 많이 작용한다. 한 시대의 학문의 '장(champ)'에서 중요한 쟁점으로 부각되는 논쟁은 사실상 정치적 영향력 아래에서 이루어진다. 부르디외의 분석은 학문적 객관성의 기준이 객관적이지 않으며, 대학에 존재하는 권력과 동조의 메커니즘에 의해 주관적으로 구성되는 현실을 보여 준다. 대학 교수는 자율적 존재처럼 보이지만, 대학 내부와 지식의 세계에서 존재하는 사회적 권력과 학문권력에 의해 영향을 받는다. 결과적으로 대학의 지식 생산은 권력의 재생산을 위해 기여한다. 이처럼 학문적 지식이 권력의 수단이 된다는 부르디외의 논쟁은 푸코의 주장과 비슷해 보이지만, 지식을 생산하는 체계에 대한 상세한 사회학적 분석을 제공한다.

학교가 계급 재생산의 도구가 되었다는 비판은 많은 경험적 연구를 촉발했다. 1978년 영국 사회학자 폴 윌리스는 『학교와 계급 재생산』에서 자본주의 사회의 노동이 어떻게 문화적 경험으로 구성되는지 분석했다(윌리스, 2004). 그는 상호작용주의 이론을 활용하여 영국의 고등학교에 다니는 노동계급의 아이들 12명의 반항적 문화를 심층 인터뷰로 조사했다. 그들의 비공식 또래 집단은 학교의 권위에 도전하고 규범과 질서를 깨뜨리는 움직임으로 하나의 세력을 만든다. 학교와 공식적 제도에서 가치가 있다고 여겨지는 공부, 실력, 자격, 성실한 태도는 모두 거부한다. 그들은 정신노동을 경멸하고 육체노동을 더 좋아한다. 정신노동은 '계집애들'에게나 어울리는 일이고 육체노동이야말로 '사나이'다운 힘과 경험을 보여 준다고 믿는다. 그들은 학교를 졸업해도 돈과 명성을 얻기란 힘들기 때문에 처음부터 교육 과정에 관심이 없다. 그러나 그들의 반문화는 그들의 미래를 육체노동자로 이끌어 철저히 자본주의 사회의 위계질서에 이바지하게 만든다(폴 윌리스의 책은 원제가 'Learning to Labour,' 즉 '노동 배우기'이다). 여기에서 문화적 저항의 아이러니(irony)가 발생한다. 청소년 또래 집단이 만든 저항문화는 결국 전체 사회 질서의 재생산에 기여한다.

부모의 계급적 배경에 따른 청소년의 하위문화는 다른 사회에서도 비슷하게 발견될 수 있다. 영국 사회학자 바실 번스타인(Basil Bernstein)의 연구에 따르면, 중간계급 가정의 자녀들이 노동자계급의 자녀들보다 학교생활에 더 잘 적응한다(Bernstein, 1971). 그들은 중간계급 학교 교사들의 말투와 태도가 자신의 부모와 비슷하기 때문에 훨씬 학교생활을 잘하고 학업 성적도 높다고 한다. 중간계급 성향을 가진 교사들의 문화, 가치, 선호가 학생들에게 영향을 미친다. 시간이 지날수록 노동자계급 출신 학생들은 점차 학교생활에 흥미를 잃고 잘 적응하지 못한다. 그들은 성적이 점점 떨어지고 나중에는 학교를 중퇴하기도 한다. 중간계급 자녀들은 고전 음악과 문학을 쉽게 접할 수 있는 가정의 문화가 학교 교육과 큰 차이가 없다고 느끼는 한편, 노동자계급의 자녀들은 다르게 느낀다. 이와 같이 부모가 가진 문화자본의 차이는 학교 교육에 대한 관심과 성과에 영향을 미친다. 결국 학교 교육은 사회이동의 기회를 제공하는 대신 계급 재생산의 기능을 수행한다.

전후 서구 사회와 비슷하게 한국의 교육 체계에서도 형식적으로 교육의 평등한 기회가 보장되었지만, 학벌과 계급이 결합된 강고한 위계질서가 유지되고 있다. 1960년대에 초등교육 취학률 100%를 달성한 이후 2000년에는 중고등학교 취학률 100%를 이루었다. 최근 2년제를 포함하여 거의 85%가 대학에 진학하지만, 거대한 사교육 시장에서 부모의 경제력은 학력의 불평등을 만든다. 학생의 거주지나 학교의 소재지에 따라, 학교 시설, 교육 프로그램의 다양성, 사교육 기회에서 차이가 존재한다. 서울이 지방보다 월등하게 좋고, 강남 8학군의 교육 수준이 가장 높다. 부모의 경제력이 교육 수요를 만들고 교육 시설과 프로그램을 차별화한다. 특히 부모의 경제적 능력이 높을수록 자녀가 받는 사교육의 질은 높아지고 양도 늘어난다. 또한 부모의 학력자본, 교육자본, 사회자본을 통해 해외 연수, 교환학생, 인턴의 경험을 가질 수 있으며 학생생활기록부를 반영한 대학 수시 전형에서 우월한 경쟁력을 보인다. 결과적으로 부모의 경제력이 높을수록 서울 지역의 4년제 대학에 진학할 가능성이 높다(김성식, 2008). 반대로 하위계층에 속한 학생이 좋은 대학에 들어갈 확률은 낮다.

'아빠의 경제력과 엄마의 정보력'이 부모의 능력이 되어 자녀의 특목고와 명문대학 진학에 영향을 준다는 말이 널리 퍼져 있다. 2019년 조국 서울대 교수 자녀의 특목고와 명문대학, 의학전문대학원 입학 논란에서 볼 수 있듯이 교육 불평등과 공정성은 사회적으로 뜨거운 이슈이다. 많은 학자들은 한국의 교육 시스템은 사회이동의 사다리가 아니라 계급 세습의 도구가 되고 있다고 주장한다. 부유층과 중간계급의 자녀들은 국제중, 특목고, 자사고를 거쳐 일반 학교와 구별되는 자신들만의 교육자본과 사회자본(social capital)을 획득한다. 부모의 사회경제적 지위와 문화적 자본이 교육 제도를 통해 세대를 계승해 재생산된다. 대학 졸업 이후에도 부모의 인맥과 개인적 연결망 등을 활용한 사회자본에 따라 기업 인턴 등 노동시장의 진출에서 또 다른 불평등이 발생한다. 기업 인턴과 신입 직원 채용에도 부모의 인맥을 통한 추천이 작용하는 경우가 많다. 많은 사람들, 특히 젊은 세대들은 부모의 능력에 따라 기회의 불평등이 결정된다고 인식하는 경향이 강하다. 부모 세대의 능력주의가 교육 제도를 통해 사회적으

로 대물림되면서 지속적으로 불평등이 커지거나 계층구조가 고정화
된다.

빈곤문화라는 환상

사회의 계급적 위계질서는 문화적 차이를 만든다. 특히 하위
층의 문화는 빈곤과 깊은 관련을 가진다. 1950년대 미국에서 촉발된
'빈곤문화(culture of poverty)'에 관한 연구는 문화의 계급화에 관한 중요
한 문제를 제기했다(Lewis, 1959). 전후 고도 성장이 계속되면서 대다수
미국인의 생활 수준이 개선되고 중산층 중심의 무계급사회가 등장했
다는 믿음이 광범하게 받아들여졌다. 그러나 대량 소비 사회와 풍요
로운 사회가 등장해도 가난하고 소외된 지역과 집단이 존재하고 있
다는 사실은 중요한 학문적, 정치적 논쟁을 일으켰다. 빈곤문화 이론
가들은 소외된 지역과 집단이 고립되어 독특한 하위문화를 형성하여
빈곤이 재생산되고 세대를 이어 계승된다고 주장했다.

1950년대 말에 빈곤문화를 처음으로 정식화한 학자는 미국 인
류학자 오스카 루이스(Oscar Lewis)였다(루이스, 2013). 그는 정치경제적 변
화에 따라 빈곤의 성격이 달라졌다고 주장했다. 전통 사회에서 빈곤
은 보편적인 현상이었지만, 현대 사회에서 빈곤은 사회에 통합되지
못한 소수에만 나타나는 현상이 되었다. 계급에 따른 위계적 서열화
가 발생하고 개인주의 문화가 강한 자본주의 사회에서 빈곤층의 고
립은 심화된다. 주류 사회에서 완전히 소외된 빈곤층은 독특한 하위
문화인 빈곤문화를 유지한다. 멕시코에서 인류학적 현지조사를 수행
한 루이스에 따르면, 빈곤층은 경제 교육의 중요성, 근면한 노동 윤

리, 장기적 투자의 관점, 자녀 교육의 필요성, 미래에 대한 희망을 가지고 있지 않은 경우가 많았다. 빈곤문화는 물질적 박탈, 취약한 자아구조, 성적 정체성의 혼란 등의 특징을 가진다. 빈곤문화는 세대를 통해 계승된다. 빈곤 가정의 어린이들은 6~7세에 이르렀을 때 새로운 인생 기회를 활용할 능력을 가질 수 없게 된다. 루이스는 빈곤층에게서 나타나는 빈곤문화가 보편적인 현상으로서 모든 산업국가에서 나타난다고 주장했다. 반면에 루이스는 사회주의 체제에서는 빈곤문화가 사라질 것으로 예상했다. 그는 쿠바 혁명이 쿠바의 빈민들에게 새로운 힘을 불어넣고 있다고 보았다.

오스카 루이스에 이어 많은 학자들의 연구도 부유한 미국 사회에 빈곤이 존재하고 있으며, 경제 성장에 따라 자연스럽게 빈곤이 사라질 것이라는 가정에 대해 경고했다. 자본주의 사회에서 빈곤은 여전히 심각한 사회문제이며, 정부가 적극적인 노력을 통해 해결해야 한다고 주장했다. 이런 주장은 1960년대 존슨 행정부가 '빈곤과의 전쟁(War on Poverty)'을 선언하고 푸드 스탬프(Food Stamp)와 부양아동지원제도(AFC) 등 공공부조 제도를 도입하는 데 큰 영향을 미쳤다. 그러나 빈곤문화 이론은 빈곤층의 문화에 대한 피상적인 이해에 그쳤다는 비판에 부딪혔다. 미국의 빈곤층에 대한 자세한 연구를 통해 빈곤문화가 보편적 현상이 아니며, 오히려 가난한 사람들이 빈곤 상태에서 벗어나기 위해 적극적으로 노력한다는 사실이 밝혀졌다. 빈곤문화 이론은 다른 문제도 가지고 있었는데, 빈곤이 왜 발생하고 어떻게 해결해야 하는지에 대한 구조적 질문에 충분한 관심을 가지지 않았다. 빈곤문화 이론은 빈곤층이 저숙련, 실업, 이민의 특성을 가지고 있다고 지적했지만, 왜 이들의 교육 및 기술 수준이 낮고, 또 왜 이들이 낮은 임금을 받고 있는지는 설명하지 못했다. 결국 이 이론은 빈곤이 사회문제라는 주장과 달리, 단지 빈곤층의 문화와 사고방식을 고치는 일이 가장 중요하다는 결론을 끌어내었다. 빈곤층에 대한 사회적 차별과 노동시장의 분절화, 교육과 소득 불평등이 발생하는 사회구조의 문제는 외면하고, 빈민과 빈민이 아닌 사람의 구별만 강화함으로써 오히려 빈민에 대한 인식만 악화시켰다는 비판을 받았다. 그 후 빈곤문화 이론은 서서히 사람들의 관심에서 멀어졌다.

1980년대 레이건 행정부가 등장하면서 새로운 정치 이념으로 신보수주의가 확산되자 빈곤문화의 이론은 다시 부활했다. 1960년대 이래 존슨 행정부의 자유주의와 사회보장의 확대에도 불구하고 빈곤이 여전히 존재하고, 특히 특정 인종과 지역, 가족구조에 빈곤이 집중되는 이유에 대한 논쟁이 벌어졌다. 미국 저널리스트 켄 올레타(Ken Auletta)는 새로운 사회계층으로서 언더클래스(underclass)를 네 가지 집단으로 분류했다(Auletta, 1982). 첫째, 장기적 공공부조 수급자로 이루어진 수동적 빈민이다. 둘째는 도심의 무장 범죄자, 성매매 여성, 마약 중독자이다. 셋째는 사기꾼, 지하경제 종사자이나 폭력 범죄에는 관련 없는 사람들이다. 넷째는 정신적 외상이 있는 알코올 중독자, 노숙자, 마약 판매자, 정신병자들이다. 이들은 단순히 빈곤층 또는 하층민이 아니라 아예 노동을 하려는 의지가 없고 정부의 복지 제도에 의존하거나 구걸 또는 불법적 활동에 참여하는 사람들이다.

미국 사회학자 찰스 머레이(Charles Murray)는 1984년에 펴낸『후퇴』에서 1960년대 '빈곤과의 전쟁' 이후 빈곤층이 새로운 '의존문화(culture of dependency)'를 가지게 되었다고 주장했다(Murray, 1984). 특히 흑인 인구가 복지에 의존하는 문화를 가지고 있다고 지적했다. 1960년대 후반 이래 복지 예산의 급증에도 불구하고 빈곤율에는 큰 변화가 없었다. 16~24세 흑인 청년의 실업률은 30%에 육박할 정도로 매우 높고, 백인 청년에 비해서도 높은 수치였다. 흑인은 백인에 비해 교육 수준이 낮고, 중등교육의 각종 시험 성적에서도 상대적으로 뒤처진다. 반면에 흑인의 범죄율도 1960년대 중반 이후 크게 높아졌다. 미국 사회의 혼외 출산과 미혼모가 전반적으로 늘어나기는 했지만, 특히 흑인 빈곤층의 비율이 급증했다. 이러한 현상을 지적하면서 머레이는 존슨 행정부가 도입한 공공부조 제도가 근로 동기를 약화시키고 복지에 의존하게 만들며 혼외 출산을 유지시켰다고 비판했다.

머레이의 주장은 레이건 행정부와 신보수주의자들의 열렬한 지지를 받았으며, 언더클래스 개념은 가난한 흑인뿐 아니라 복지에 의존하는 사람에 대한 비판으로 이어졌다. 1980년 미국 대통령 선거에서 레이건이 '복지 여왕(Welfare Queen)'이라는 표현을 사용한 이래 장기적으로 복지에 의존하여 살아가는 사람들을 겨냥한 사회적 비난이 쏟아졌다. 이런 관점은 1960년대 빈곤문화 이론과 동일하게 성적 방종, 혼외 출산, 복지 의존, 근로 동기의 약화, 마약 사용, 범죄의 문화가 세대를 거쳐 계승된다고 주장했다. 선거에 승리한 레이건 행정부의 신보수주의가 개인의 책임과 가족의 가치를 강조하면서 언더클래스 이론은 중요한 사회학적 이론으로 간주되었다. 미국의 사회 정책은 유럽의 복지국가와 달리 자산조사를 통해 소득 수준이 낮은 사람에게 복지를 제공하기 때문에 가난한 사람들이 중산층의 돈을 빼앗아 간다는 부정적 인식이 강하다. 정부의 복지 예산 증가로 중산층의 부담만 커졌다는 주장이 선거를 휩쓸었다. 1980년대와 1990년 동안 언더클래스 이론은 정치화되었고, 선거운동을 지배했고, 결국 흑인 빈곤층을 겨냥한 인종주의적 편견을 강화했다.

언더클래스 이론은 빈곤층의 문화를 공격하면서 빈곤의 문제를 사회문제가 아닌 개인의 문제로 바꾸는 데 성공했다. 그러나 미국 사회학자 덩컨 갈리(Duncan Gallie)가 분석했듯이, 빈곤층이 복지에 의존하는 하위문화를 만든다는 주장은 실증적 증거가 미약하다(Gallie, 1994). 미국 사회학자 허버트 갠스(Herbert Gans)는 언더클래스라는 용어가 존재하지 않는 계급을 가리키며, 빈민에 대한 편견을 나타내는 용어에 불과하다고 주장했다(Gans, 1995). 언더클래스 이론은 학계에서 많은 비판을 받으며 1990년대 중반 이후 급속하게 퇴조했다. 이제 대부분의 학자들은 언더클래스라는 용어의 사용 자체를 거부하고 있다. 왜냐하면 언더클래스라는 표현은 가난한 사람에 대한 멸시와 함께 흑인에 대한 경멸을 포함하는 경향이 있기 때문이다. 그러나 언더클래스 이론의 관점은 다양한 형태로 흑인문화에 대한 인종주의적 편견을 재생산하는 역할을 수행했다. 찰스 머레이와 리처드 헤른스틴(Richard Herrnstein)은 언더클래스 이론에 이어 흑인의 지능이 다른 인종에 비해 열등하다는 주장을 제시했다. 그들은 『벨 커브』에서 광범한 실증적 증거를 인용하면서 흑인의 지능이 백인보다 크게 낮다고 주장했다(Murray and Herrnstein, 1994). 그러나 이들은 왜 흑인의 평균 지능이 백인보다 낮은지에 대한 역사적, 사회적 조건을 무시했다.

언더클래스의 개념과 빈곤문화라는 유령은 다른 용어를 통해 지속적으로 다시 부활했다. 2011년 영국 저널리스트 오언 존스(Owen Jones)는 『차브』에서 영국의 빈곤층 문화에 대한 사회적 편견을 분석했다(존스, 2014). 차브는 원래 집시들의 말로 '어린아이'라는 뜻이다. 영국에서 차브는 가난한 하층민인 동시에, 술에 취하고 마약에 중독되고 조잡하고 거친 언행을 하는 사람들을 가리킨다. 또한 소비 성향이 강하고 사치품 또는 그 모조품을 입고 다닌다. 차브가 좋아하는 브랜드는 버버리(Burberry)이다. 차브 혐오는 새로운 문화 현상이 되었다. 인터넷에서 '차브 죽이기(Kill Chav)'를 검색하면 수십만 개의 자료가 나오고, 심지어 '차브 헌터(Chav Hunter)'라는 인터넷 게임도 있다. 존스는 2003년부터 방송에 등장한 〈리틀 브리튼(Little Britain)〉 등 다양한 텔레비전 프로그램에서 차브를 조롱하는 문화 현상을 소개한다. 리틀 브리튼의 주인공 비키 폴라드는 "노동자계급의 4차원 10대 싱글 맘"인데, 성적으로 문란하고 올바른 문장을 말하지 못하며 태도가 불량하다. 그런데 이 시트콤을 쓴 작가는 높은 학비의 사립학교를 졸업한 중간계급 출신이다.

차브를 조롱하는 문화 현상은 하층민이 바보 같다는 조롱뿐 아니라 그들이 아무 일도 안 하고 미혼모나 실업자로서 복지 수당에만 의존하며 사는 사람이라는 편견을 조장한다. 이러한 비난을 통해 복지 삭감을 지지하는 정치적 여론이 형성된다. 2010년 보수당이 집권하면서 캐머런 총리는 대대적인 긴축 정책을 추진했다. 복지 수당 축소, 대학생 등록금 인상, 아동 수당 절감 등 대대적 복지 삭감을 통해 하층민의 생활이 더욱 어려워졌다. 캐머런 총리는 복지 수당에 의존하는 하층민을 공개적으로 비난했다. 차브를 비난하는 현상은 빈곤층이 실업의 증가 등 사회문제의 희생자가 아니라 사회문제의 행위자라고 왜곡하는 것이다. 이런 주장은 명백하게 계급 혐오이며, 하층민을 지원하는 복지를 삭감하려는 정치적 공격에서 비롯된 것이다.

최근 영국에서 복지에 의존하는 하층민이 증가하는 현상은 1980년대 마거릿 대처(Margaret Thatcher) 총리의 보수당 정부가 추진한 정책과 밀접한 관련이 있다. 국영기업 사유화, 경제의 금융화, 자본 시장의 개방, 제조업 포기 정책으로 인해 숙련 노동자가 대거 몰락하고 비정규직과 실업자가 급증했다. 포드주의 경제 체제가 붕괴하면서 저임금 서비스노동자가 급증했다. 노동조합의 조직률이 낮아지고 단체 교섭력이 약화되면서 노동자의 임금 수준은 정체되었다. 대처

정부 이후 노동 유연화가 확산되면서 비정규직, 계약직, 파견노동자가 증가하고 소득 불평등이 급속하게 심화되었다.

영국의 차브 현상은 극심한 빈부 격차의 결과이다. 불평등이 커질수록 부자의 오만과 가난한 자의 열등감이 커진다. 계급 양극화는 전 세계적 문제이다. 1980년대 이후 미국, 영국 등 세계 각국 정부에서 부유층의 조세 감면, 공기업 민영화, 무역 자유화로 노동시장 유연화 정책이 추진되었다. 이러한 정책은 경제에 개입하는 정부의 역할을 줄이고 경제를 자유시장에 맡기자는 신자유주의 이데올로기가 이끌었다. 그 결과는 빈부 격차의 심화이다. 미국, 영국, 한국에서 상위 10%의 부자가 전체의 50%에 가까운 소득과 부를 소유한다. 저소득층 가정에서 태어난 아이는 출발선부터 불평등하게 시작한다. 결국 빈곤은 대물림되고 불평등은 더욱 심화된다. 이렇게 증가하는 불평등은 사회적 결속을 약화시킬 뿐만 아니라 개인의 자존감과 삶의 만족감을 떨어뜨린다. 영국과 미국처럼 불평등이 심한 나라일수록 범죄, 살인, 강도가 많은 반면, 우울증, 정신질환, 자살 역시 많다(윌킨슨·피킷, 2012).

한국도 영국 및 미국과 유사한 경제 구조조정을 경험했다. 1997년 외환위기 이후 김대중 정부의 진념 기획예산처 장관은 공공연하게 마거릿 대처 총리를 칭찬했다. 대처주의와 같은 공기업의 사유화, 부자와 대기업의 감세, 노동 유연화 정책이 그대로 수입되었다. 결과는 억만장자의 증가, 비정규직 급증, 노동시장의 소득 불평등이다. 20세기 중반 농지개혁과 고도 성장으로 비교적 낮은 불평등 수준을 보인 한국 사회는 20세기 말부터 급속하게 불평등 사회로 재편되었다. 과거에 가난한 사람은 주로 실업자, 고아, 부랑자였지만, 오늘날 가난한 사람들은 비정규직 노동자, 노인, 빈곤층 가정의 아동들이다. 경제적 양극화가 심화되면서 점차 부자들은 강남으로 이주하고, 고급 백화점과 레스토랑의 문화를 향유하고, 그들만을 위한 특목고, 자사고, 해외 유학의 구분을 만들었다. 이제 부자들은 가난한 사람과 만나거나 어울리지 않으며, 부유층 아파트 근처에 생기는 빈곤층을 위한 공공임대아파트와 청년층을 위한 행복주택은 기피 대상이 되었다. 강남과 강북, 서울과 지방, 대기업과 중소기업, 정규직과 비정규직의 구분을 통해 1등 시민과 2등 시민을 차별하면서, 한국 국민은 두 개의 계급으로 분열되었다.

봉준호 감독의 영화 〈기생충〉에서 등장하는 넘지 않아야 하는 '선'은 다른 계급의 경제적 구분이자 문화적 구분이 되었고, 이는 계급 혐오로 이어졌다. 상류층은 자신들의 거주 지역에 가난한 사람들이 들어오는 것을 거부하고, 부유층 자녀들만 따로 교육받기를 원하면서 하류층에 대한 무시와 멸시가 광범하게 확산되었다. 영국의 '차브' 현상은 한국 사회에서도 발생한다. 백화점에서 직원에게 막말하는 진상 고객, 직장에서 폭언을 퍼붓는 상사, 여객기에서 승무원에게 고함을 치는 재벌 3세가 대표적 사례이다. 최근 논란이 된 '갑질' 문화도 궁극적으로 계급 혐오의 다른 표현이다. 지금도 한국에서는 빈곤이 개인의 책임이라고 주장하는 사람들이 많으며, 빈곤과 불평등이 사회문제라는 진실은 가려진다. 가난한 사람들을 향해 '근성이 부족해,' '노력을 안 하잖아,' '없는 것들 보니까 온갖 사치하면서 돈 모으지도 않더라'라는 말을 던진다. 머레이의 『언더클래스』, 존스의 『차브』, 봉준호의 〈기생충〉이 보여 주듯이 가난한 사람들에 대한 부정적 이미지가 문화적으로 재생산되면서 계급의 격차는 더욱 공고해진다.

문화와 계급의 역동성

인간 사회의 문화는 지속적으로 변화한다. 전통 사회에서 문화의 주요 생산자와 후원자는 지배계급이었다. 그러나 현대 사회에서는 문화의 생산과 유통 과정에 다양한 계층이 참여한다. 이로 인해 문화의 계층적 구분이 약화되는 현상이 발생하지만, 다른 한편 문화의 계층화가 다양한 형태로 유지된다. 20세기 이래 전 세계 모든 계층이 재즈, 로큰롤, 힙합을 좋아하는 것처럼 보이지만, 여전히 고급 예술과 대중문화의 차이는 크다. 또한 문화와 예술의 취향은 사회적 위계질서 속에서 다양한 상징자본을 가지며 계급 격차를 재생산하는 중요한 역할을 수행한다. 문화자본에 따라 상징적 위계질서는 상징 폭력을 행사하고 개인의 정체성과 사회를 바라보는 인식에도 커다란 영향을 미친다.

문화의 계급화와 차별화는 필연적으로 사회적 단절과 배제를 만들고 개인과 집단 간 긴장과 갈등을 만든다. 18세기 이후 자본주의 사회가 등장하면서 자본가와 노동자의 문화적 구별이 계급 정체성에 커다란 영향을 주었고, 이는 노동운동의 등장, 사회혁명과 계급 전쟁의 출현과 밀접한 관련이 있었다. 2차 대전 이후 대량 생산과 대량 소비의 포드주의 경제 체제가 확산되면서 신흥 중간계급이 급증하고 문화의 동질화와 획일화의 특징이 나타났지만, 여전히 문화적, 계급적 경계가 존재한다는 주장도 제기되었다. 부르디외와 골드소프의 계급문화에 대한 사회학적 논쟁은 문화와 계급의 관계에 나타나는 복잡한 특성을 보여 준다. 한편 1980년대 이후 포드주의 체제가 무너지기 시작하면서 중간계급이 약화되고, 빈부 격차가 극심해지면서 빈곤층에 대한 계급 혐오가 발생했다. 언더클래스 이론과 차브 현

상은 모든 사회에서 발견되고, 문화의 계급화는 여전히 현재 진행형
이다. 종교, 민족, 젠더, 새로운 정체성에 따른 문화적 구분이 문화의
계급화를 완전히 사라지게 하는 것은 아니다.

　　오늘날 문화와 계급의 관계는 여전히 논쟁적이다. 한 사회의
문화는 조화와 합의를 만드는 것처럼 보이지만, 때에 따라 갈등과 투
쟁의 소용돌이에 빠지는 경향을 보이곤 한다. 2002년 월드컵 축구의
응원에서 보였던 집합적 흥분과 열광이 국민적 정체성에 기여할 수
있었지만, 지속적으로 다양한 젠더, 세대, 계급 갈등이 문화적 차원
에서 벌어지고 있다. 일베와 메갈리아에서 벌어지는 격렬한 논쟁은
젠더 갈등의 심각성을 보여 준다. 세대에 따른 문화적 취향의 차이가
세대의 정체성을 만드는 한편, 계급에 따른 소비 성향의 차별화는 계
급의 정체성에 영향을 미친다. 강북과 강남, 수도권과 지방의 문화는
점점 공통점보다 차이점이 커지는 경향을 보이곤 한다. 특히 직장,
학교, 국가에서의 문화의 계급화와 차별화를 둘러싼 긴장과 갈등은
여전히 사회문제로 바라보아야 할 것이다.

토론 주제

모든 문화는 지배계급의 이익에 봉사하는가?

문화적 취향은 어떻게 만들어지는가?

문화자본에 따라 상류층 문화와 하류층 문화의 차이가 존재하는가?

교육 제도는 지배계급의 문화를 재생산하는가?

빈곤층은 독특한 문화를 가지고 있는가?

더 읽을거리

피에르 부르디외, 1995, 『상징폭력과 문화재생산』, 정일준 옮김, 새물결.

에드워드 파머 톰슨, 2000, 『영국 노동계급의 형성 (상·하)』, 나종일 외 옮김, 창비.

이종구, 2006, 『1960-70년대 한국 노동자의 계급문화와 정체성』, 한울.

홍성민, 2012, 『취향의 정치학』, 현암사.

오언 존스, 2014, 『차브: 영국식 잉여 유발 사건』, 이세영·안병률 옮김, 북인더갭.

리처드 호가트, 2016, 『교양의 효용: 노동자계급의 삶과 문화에 관한 연구』, 이규탁 옮김, 오월의봄.

데릭 젠슨, 2020, 『문명과 혐오: 젠더·계급·생태를 관통하는 혐오의 문화』, 이현정 옮김, 아고라.

4장

젠더와 문화

여자는 태어나는 것이 아니라 만들어지는 것이다.

—시몬 드 보부아르,『제2의 성』

많은 경우 '젠더'라는 단어를 처음 접한 것은 아마도 영문법 공부를 통해서가 아닐까 한다. 영어를 배우면서 왜 교통수단에 불과한 배를 여성형으로 써야 하는지 의아했던 경험이 있을 것이다. 실제로는 무성적인 사물인데 여성형이나 남성형으로 표시하는 것을 '젠더'라고 한다고 배웠을 것이다. 게다가 독일어나 불어를 공부하면, 사물 앞에 놓이는 관사 자체를 여성형, 남성형, 중성형으로 구분함으로써 모든 사물을 유성적 존재로 취급한다는 사실을 알게 되어 또 한 번 놀라게 된다. 그러나 원래 독일어에는 '성(sex)'을 의미하는 단어('Geschlecht') 외에 '젠더'라는 단어가 따로 존재하지 않았다. '젠더'라는 용어는 오히려 페미니즘의 확산 과정에서 독일어에도 수입된 다분히 난해한 단어이다. 그래서 유럽에서는 아직도 젠더를 '남녀 양성'의 개념으로 사용하는 경향이 강하다.

오랫동안 '젠더'는 이처럼 사물의 실제적 성별과는 무관하게 문화적 또는 언어적으로 성별을 규정하는, 즉 상당히 허구적인 현상을 이르는 말로 사용되었다. 페미니즘에서 젠더라는 단어를 사용하기에 앞서 성의학에서 그 단어를 사용한 바가 있는데, 그 경우에는 인터섹스(intersex, 간성), 즉 생물학적으로 남녀의 양성 범주에서 다소 어긋나는 육체를 가진 사람들을 칭하기 위해 사용되었다. 언어 문법에서의 젠더 개념과 달리 성의학에서의 젠더는 신체적 현상을 이르는 말이었다.

이후 페미니즘에서 대략 1970년대 이후 사용된 젠더 개념은 성의학에서 사용된 개념보다는 영문법에서 사용된 개념에 더 가깝다. 즉 그것은 생물학적 성과는 구별되는 사회문화적 범주로서의 '성'을 의미했다. 즉 페미니즘에서 젠더 개념은 생물학적 성별과 문화적·언어적으로 규정된 성별 간에 상당한 괴리가 존재한다는 인식이 확산하면서 사용되었다. 상식적으로 볼 때, 생물학적 차원에서의 다름 —또는 구별— 은 가치 판단의 문제가 아니나, 문화적 다름은 가치 판단과 결합한다. 따라서 생물학적 성별과 젠더의 구별을 강조한 페미니즘의 취지는, 생물학적 다름을 중립적으로 다루지 않고 오히려 문화적 규정을 통해 그러한 '자연 상태'에 가치와 위계를 부여하는 사회적 관행에 여성 억압 또는 성차별에 대한 책임을 물으려는 것이었다.

　　그런데 1990년대에 이르러 생물학적 성별 개념 역시 자연을 지칭 —또는 반영, 재현(represent)— 하는 '개념'이고, 따라서 젠더 개념 못지않게 사회적 자의성과 가치 판단에 묶여 있다는 지적이 나오기 시작했다. 말하자면 '젠더'만 사회문화적 개념이 아니라, 당시까지 생물학적 차이를 단순히 반영할 뿐이라고 여겼던 '성(sex)' 개념 역시 사회문화적으로 창조된 언어 개념이라는 것이다. 당시까지 '성(sex)'과 '젠더'의 상호관계에 대한 페미니즘의 비판은 '자연적이고 중립적인 성별이 사회문화적이고 위계적인 성차의 원인으로 지목되는 현실은 부당하다'는 것이었다. 그러나 이제는 반대로 '사회문화적으로 성차가 남녀로 양분되어 정의되기 때문에 생물학적으로도 성이 남녀의 두 범주만 존재한다고 분류된다'는 것이다. 다시 비교하자면, 여기서 젠더 개념은 앞서 말한 성의학의 젠더 개념처럼 남녀라는 양분된 범주로 충분히 포괄되지 않는 다양한 '생물학적 성'이 존재할 수 있음을 시사하는 것이다.

　　이렇게 생물학적 성이 남녀로 양분되지 않을 수 있는 이유는,

무엇보다도 성적 충동이나 욕망이 '이성애'로만 제한되지 않음을 어렵지 않게 확인할 수 있기 때문이다. 근대 과학에서 이성애가 '자연스럽다'고 설명된 이유는 인간이 양성생식을 하기 때문이다. 말하자면 생식이 성의 목적이라고 규정되었기 때문이다. 이 경우 성욕은 성별을 자연스럽게 생식으로 귀결시키는 신체-심리적 메커니즘으로 정의된다. 따라서 생식으로 귀결되지 않는 성욕이 존재한다면 그것은 질서 위반이나 질병이라고 생각될 것이다. 그런데 만일 생식이 성욕의 유일한 목적이라는 전제가 오류라면, 생식으로 귀결되지 않는 성욕 역시 재평가될 것이다. 예컨대 동성애는 생물학적으로 생식으로 귀결될 수 없는 성욕에 기초한다. 만일 인간의 성별이 남녀로 양분되지 않는다면, 따라서 성욕의 목적이 생식만이 아니라면, 동성애는 이성애만큼 '자연적'인 것으로 이해될 수 있을 것이다.

그런데 생물학적 '성' 개념의 사회문화적 구성을 주장하는 이 새로운 젠더 개념은 '동성애'라는 '또 다른 방식으로 확정된' 개념보다는 오히려 '퀴어'를 주장한다. 퀴어(queer)란 '이성애 정상성에 대한 반대'를 의미하는 한층 확대된 개념이고, 따라서 '규정되지 않음'—즉 '부정적(negative)' 방식의 규정— 을 주장하는 개념이다. 그것은 '양성→이성애→양성성'이라는, 생식 중심적으로 규정된 '성별→성욕→젠더' 개념을 모두 거부하는 움직임을 의미한다. 이렇게 페미니즘이 퀴어 이론으로 연결되면서 젠더는 생물학적 범주인 성(sex)과의 관련성 속에서만 논의되는 것이 아니라, 성욕 또는 성애(sexuality)라는 신체-심리적 범주와도 긴밀한 연관성을 갖게 된다.

말하자면 과거 페미니즘에서 '사회문화적' 범주로 이해되었던 젠더는 이제 '성적 수행성'의 신체-심리-사회문화적 층위 전체를 긴밀하게 연결하는 포괄적 개념으로 변화하게 된다. 페미니즘이 이렇게 퀴어 이론을 포괄하면서, 한국에서 '젠더를 어떻게 번역하는 것이 적절한가?'라는 문제가 제기되었다. 그리하여 전통적인 —또는 다소 유럽적인— '양성' 개념에서 '성' 개념으로 이행해야 한다는 목소리가 커지고 있다. 그러나 여전히 젠더는 맥락에 따라 다양한 방식으로 사용된다. 예컨대 『세계 젠더격차 보고서(Global Gender Gap Report)』처럼 남녀 간의 지위 격차를 다룰 경우, 그것은 '양성'을 의미한다. 따라서 젠더를 오직 하나의 단어로, 즉 '긍정적(positive) 방식'으로 정의하려고 한다면, 그것은 '규정되지 않음'과 같은 '부정적 정의(negative definition)'를 주장하는 퀴어 개념과 오히려 어울리지 않을 수 있다.

성차의 문턱에 걸린 근대화: '양성 불평등'의 전근대성

젠더라는 개념이 고유한 이슈로 부상하기 이전에 페미니즘에서 가장 먼저 제기된 이슈는 양성 간 불평등 문제였다. 예컨대 프랑스 혁명 당시의 인권선언에서 '인권'이 남녀를 모두 포괄하는 '인간'의 권리가 아니라 오직 '남성'의 권리를 의미한다는 것에 대한 비판이었다. 인간 존엄성, 자유, 평등과 같이 봉건적 신분질서의 타파 및 인간 해방을 주장하는 근대 문화의 핵심 개념들이 모두 남성에게만 적용된다는 것이다. 즉 근대적 자유주의 문화는 모든 인간의 해방을 선언했으나, 언어적 표현으로나 실제 내용에서나 인간은 '남성'을 의미했다. 혁명의 물결에 동참한 수많은 여성은 가정으로 보내지거나, 처형당하거나, 아예 존재하지 않았던 것처럼 잊혀졌다.

양성 간 불평등에 대한 문제 제기는 자유주의를 옹호하든 아니면 사회주의 관점에 서든, '더 완벽한 근대화,' '더 확장된 근대화'를 통해 여성을 봉건적이고 신분제적인 성별 위계로부터 해방하려는 것이었다. 자유주의를 옹호하는 여성들은 여성도 남성과 마찬가지로 근대적 교육을 받아 '이성'을 깨우쳐야 하고 또 그럴 수 있다고 보았다. 여성도 남성과 마찬가지로 이성적 존재이며 결코 '더 동물적'이거나 '더 자연적'인 존재가 아니라는 것이다. 더 나아가서, 여성이 '좋은 어머니' 역할을 제대로 수행하려면 여성의 이성적 능력이 발휘되고 인정받아 남편과 동등한 동반자 관계를 맺을 수 있어야 한다고 보았다. 그래야 어머니로서 여성이 자식을 도덕에 맞게 교육할 수 있다는 것이다.

반면 양성 간 불평등보다 계급 불평등을 더욱 핵심적인 문제로 인식한 사회주의에서는 여성이 가족에 매이는 현상, 즉 '안주인(lady)' 또는 '주부'라는 여성의 존재 형태 자체가 여성의 이성적 능력을 약화한다고 보았다. 사회주의에서는 인간의 본질을 '노동'이라고 규정했는데, 여기서 노동은 막스 베버가 설명한 바와 같은 부르주아의 근면노동이 아닐 뿐만 아니라 가사노동과 같은 사적 형태의 일도 아니었다. 그것은 실제로 물질을 생산하는 노동, 즉 노동자계급의 육체노동을 의미했다. 자본가의 관리업무나 회계업무와 같은 정신노동은 노동으로 규정되지 않았다. 산업화 초기에는 공장제 노동이 남성의 몫이 아니라 오히려 여성과 아동의 몫이었기 때문에, 여성의 노동은 이미 현실이라는 인식이 지배적이었다. 따라서 여성이 노동으로부터 배제되기보다는 노동을 통해 사회주의의 주체로 성장할 수 있다고 보았다.

여성의 가사노동은 사적 존재인 가(부)장의 인신적 구속하에 행해지는 종속적 일이기 때문에, '노동을 통해 주체가 된다'는 사회주의적 의미의 노동이 아니라 오히려 신분제적인 노역에 가까운 것으로 생각되었다. 따라서 노동하는 존재로서 여성도 남성과 동등하게 정치, 학문, 예술 등 사회적 활동에 참여할 수 있어야 한다고 보았다. 이런 이유에서, 초창기 사회주의 혁명은 상당히 분명하게 '여성 해방(emancipation of women)' —뒤에서 보겠지만, 이것은 2차 대전 이후 페미니즘 제2의 물결에서 주장한 '여성 해방(women's liberation)'과는 완전히 다른 의미이다— 을 지향했다. 반면 자유주의자들은 여성을 가족으로부터 해방하려는 사회주의자들의 그러한 시도를 매우 불온하고 비도덕적이며 이념적으로 경도된 타락으로 지목하여 비난했다. 다만 사회주의 혁명이 성공한 이후에는 소위 '현실 사회주의' 사회에서 여성 해방의 방향을 철회하고 모성을 강조하는 등의 반동화가 나타났다.

여성노동뿐만 아니라 남녀 간의 사랑이나 성관계와 관련해서도 자유주의자들은 사회주의자들에 비해 뒤처졌다. 자유주의에서도 신분제적 결혼이나 성관계에 대해 비판하며 '자유연애'를 옹호했으나, 남성의 경우에는 여성을 동등한 자유 주체로 보지 않았다. 이것을 흔히 '이중 잣대' 또는 '이중 도덕'이라고 부른다. 반면 자유주의 페미니스트들은 이성에 있어서와 마찬가지로 사랑에서도 남녀의 주체성이 다르지 않다고 주장했기 때문에 도덕적으로 타락했다는 비난에 직면하곤 했다. 그런 비난 속에서 결국 자유주의 페미니스트들은 '사랑의 결실이 결혼'이라는 '낭만적 사랑'의 이상을 공유하고, 여성의 주체적 사랑과 이성에 기초하여 계몽된 가족관계를 옹호하게 된다.

이에 반해 사회주의 여성들은 여성이 경제 활동에 참여하는 노동자 가족에서도 여전히 사라지지 않는 가부장적 관계와 가정폭력을 계몽의 대상으로 삼았다. 한편으로는 그것을 빈곤과 경제적 예속의 문제 —즉 계급지배의 결과— 라고 보았지만, 다른 한편으로는 봉건적 인신 구속의 문제라고 본 것이다. 남녀 간의 친밀성에 대해 사회주의자들은 사랑이라는 감정에만 기초한 완전한 자유연애를 주장했고, 그에 따라 낙태와 이혼의 자유를 보장하는 데서부터 가사·육아를 사회적 책임으로 규정하는 등 광범위하고 급진적인 변화를 주장했다.

이렇게 산업화 초기에 제기된 페미니즘의 관점은 근대화를 단순한 산업화나 자본주의화만이 아니라 인간 이성의 계몽과 인간 주체의 해방으로도 인식하는 인본주의적 성격을 보였다. 그리하여 인간 주체의 해방이 생물학적 성별(과 계급)의 문턱에서 좌초되지 않도록 확대되어야 한다는 진보적이고 낙관적인 역사관을 보였다. 그것은 개인의 해방과 사회의 발전이 '진보'라는 역사의 흐름 속에서 나란히 함께 진행된다는 '진보주의'의 관점이었다. 따라서 봉건적이고 비이성적인 전통이나 습속들 —사회주의의 경우에는 자본주의의 근대적인 경제적 제약까지 포함하여— 로부터 더 많이 벗어날수록 여성과 남성이 평등해질 수 있다고 믿었다.

그런데 양차 세계대전을 거치면서 자유주의와 사회주의가 단순히 사상적 대립이 아니라 현실사회들 간의 냉전 대립으로 정착하면서, 사회주의적 여성관은 큰 변화를 겪는다. 앞서 말했듯이 현실 사회주의 사회 대부분에서는 여성 해방이 부정되었던 반면, 서구의 소위 '자유 진영'에서는 과거의 사회주의와 구별되는 새로운 '사회주의 페미니즘'이 등장하였다. 이 새로운 사회주의 페미니즘에서는 남녀 불평등이나 여성 억압을 단순히 봉건적 악습 또는 자본주의의 정치경제적 현상으로만 규정하지 않고, 자본주의 이전부터 존재했던 가부장제 체계가 자본주의 정치경제와 결합하면서 만들어 낸 매우 '근대적'인 현상이라고 설명하게 된다. 그리하여 '자본주의적 가부장제' 또는 '가부장적 자본주의'와 같은 개념들이 등장하였다.

여성 억압의 총체성: 가부장제와 이성 간의 낭만적 사랑

한편 근대 초기의 낙관적이고 진보적인 평등관은 양차 세계대전을 겪으면서 첫 번째 장애물을 만난다. 인간 해방과 개인 주체의 형성을 제약하는 사회·정치적 조건하에 권위주의에 기대어 경제 산업화에 성공한 독일, 이탈리아, 일본 등 '후발산업국'에서 파시즘 정치와 집단혐오의 문화가 출현했기 때문이다. 이들 사회에서는 '여성의 본분=모성'이라는 자유주의 가족관을 민족주의적으로 강화 또는 보수적으로 극단화하여, '여성의 본분=민족 재생산'이라는 집단주의적이고 반동적인 주장을 하는 페미니즘이 등장하기도 했다. 인간 이성의 발전과 주체의 해방을 극우 정치운동을 통해 부정하는 이와 같은 시대를 통과하면서, 역사의 진보에 대한 믿음은 흔들렸다.

이후 후발산업국에서 출현한 파시즘에 대항하는 과정에서 자유주의 진영과 사회주의 진영이 연합하여 2차 대전을 종결하는 데 성공함으로써, 진보적 역사관이 다시 회복되는 듯했다. 그러나 2차 대전 이후 사회주의 진영이 전체주의화하면서 진보적 평등관을 위협하는 두 번째의 장애물이 나타났다. 한나 아렌트는 현실 사회주의 역시 파시즘 못지않게 전체주의 사회라고 비판한 것으로 유명하다(아렌트, 2006). 스탈린주의에 대한 반발로 서구의 공산주의 또는 사회주의는 현실 사회주의와 거리를 두게 된다. 그런데 파시즘 및 스탈린주의에 대한 비판이 자본주의적이고 제국주의적인 서구의 자유 진영에 대한 비판과 결합하는 새로운 정치적 흐름 속에서, 진보적 역사관에 대한 세 번째의 장애물이 등장한다.

미국의 민권운동과 유럽의 68운동은 자유주의적이든 사회주의적이든 모든 형태의 권위주의에 대한 서방 전후 세대의 정치적·문화적 저항이었다. 그런데 이러한 '새로운 사회운동'의 진행 속에서, 진보적 역사관을 위협하는 세 번째 장애물이 등장했다. 그 장애물은 두 방향에서 인식되었는데, 하나는 민권운동 및 68운동 내부의 진보적 남성들에 의해 여성에 대한 지배가 광범위하게 이루어진다는 인식이었다. 다른 하나는 '진보'와 '이성'에 기초한 '계몽주의'가 '주체'의 대상으로서 '타자들'을 끊임없이 생산하여 지배한다는 비판이었다. 앞의 인식에 기초하여 '페미니즘 제2의 물결'이 등장하였고, 뒤의 비판에 기초하여 '근대성=이성=진보'를 주장하는 '근대주의'에 대한 비판 ―탈근대주의― 이 형성되었다. 그리고 탈근대주의는 이후 페미니즘 제2의 물결에도 영향을 미쳐서, 페미니즘의 방향을 바꾸는 결과를 가져온다. 이런 과정을 거치면서 페미니즘에서는 젠더 개념이 성별(sex) 개념을 밀어내며 점점 더 중요한 위치를 점하게 된다.

　　페미니즘 제2의 물결 속에서는 전통적 자유주의 페미니즘이나 사회주의 여성 해방 개념보다 훨씬 급진적인 흐름이 등장했다. 흔히 '급진적 페미니즘'으로 불리는 이 새로운 흐름에서는 봉건적 무지몽매나 자본주의적 계급 억압과 같은 거시적이고 역사적인, 다분히 외부로부터 개인에게 강요되는 성격의 제도 체계 외에, 남성들의 몸과 욕망 속에 육화된 '가부장제'가 여성 억압의 근원으로 새롭게 지목되었다. 말하자면 '가부장제' 개념이 더 이상 고대의 가족 형태나 봉건적·신분제적 여성종속 제도 또는 자본주의 가족 내의 사적 관계를 지칭하는 것이 아니라, 남성에게 내재하는 여성지배의 욕망 체계로서 규정된 것이다. 그리하여 남녀의 생물학적 차이 자체 및 양성생식에 기초한 성관계 이해 또는 남녀 간 '사랑'의 감정 속에 이미 남성이 여성을 지배하는 위계관계가 내재한다고 보았다. 그 결과 새롭게 정의된 '가부장제' 개념이 페미니즘의 중심 개념으로 자리 잡았고, 그것은 심리적·문화적 지배의 기제를 지칭하는 데서 시작해서 이후 남녀 간의 노동분업까지 포괄하는 총체적 체계 개념으로 확장되었다.

가부장제는 막스 베버가 설명했듯이 원래는 아내와 자녀, 노예, 재산이 남성의 소유하에 있던 고대 로마의 가족 형태를 일컬었다. 역사학 및 인류학 연구들에 의하면 역사적으로 가장 강한 가부장적 가족 형태는 고대 로마 및 주나라 이후의 중국에서 나타났다고 한다. 그런데 앞서 말했듯이 페미니즘 제2의 물결에서는 가부장제 개념을 그런 구체적이고 역사적인 가족 형태와의 관련성으로부터 추상화하여, '성'을 매개로 한 남녀 간의 위계적 지배 체계로 재규정했다. 즉 가부장제를 페미니즘의 이론적 개념으로 사용하기 시작한 것이다. 그런데 가부장제 개념의 이러한 추상화가 가능했던 것은, 산업사회의 발전 속에서 성-사랑-가족 제도가 결합하여 하나의 통일체로 인식되는 '낭만적 사랑'의 이념이 제도화했기 때문이다. 즉 성의 문제는 곧 사랑의 문제일 뿐만 아니라 제도 가족의 문제이기도 했다. 따라서 성에 의한 위계관계가 '가족 제도'의 모형을 따라 이론화한 것이다.

'낭만적 사랑'은 남녀 간의 생물학적 차이를 강조하고, 성 역할 분화와 성별 노동분업이 생물학적 차이의 '자연스러운' 결과이므로 도덕적으로도 올바르다고 보는 관점이다. 니클라스 루만이 역사적으로 '낭만적 사랑'에 앞서 출현했다고 설명한 '열정적 사랑'은 격정적이며 변덕스러운 감정의 지배를 받는 불안정하고 비도덕적인 관계였다(루만, 2009). 그러나 낭만적 사랑은 결혼과 가족 제도 속에 성적 욕구와 영원한 사랑, 경제생활과 자녀에 대한 도덕적 교육을 모두 통일시키는 '정서적 가족 공동체'를 표방한다. 따라서 남녀의 상이한 역할은 결국 상호 보충적으로 전체를 완성하는 것 ―예컨대 파슨스는 남성은 '도구적' 역할을, 여성은 '표현적' 역할을 담당하는 기능 분화에 대해 말했다— 이며, 남녀의 상이한 노동은 사랑 공동체 속의 대등한 분업이라고 생각되었다. 말하자면 '서로 다르지만 동등한 가치를 갖는' 수평적 다름일 뿐으로 여겨졌다.

그런데 이처럼 이상적인 가족관은 실상 허구이며 그 허구 속에서 여성이 성적, 심리적, 경제적, 폭력적으로 착취당한다는 것이, 2차 대전 이후 남성과 동일한 수준의 교육을 받고 남성과 마찬가지로 참정권을 행사하던 여성들이 발견한 현실이었다. 낭만적 사랑 위에 세워진 연애관계와 가족 제도는 생물학적·사회적 제 수준에서 남녀 간 수평적 분화가 아니라 위계를 구조화하며, 나아가서 가족 외부의 양성관계까지 규정한다는 것이다. 그뿐만 아니라 일부일처제가 부르주아 문화일 뿐이라고 조롱했던 당시 청년들의 '성 해방' 실험 역시, 남성에게는 일정한 해방 —사랑의 경제적·도덕적 부담으로부터의 자유로움— 을, 여성에게는 새로운 족쇄 —임신과 낙태, 성폭력, 실업, 빈곤 등— 를 선물하는 불균형을 초래했다.

말하자면 가부장제란 성인 남녀의 관계를 '개인 대 개인'의 시민적 관계가 아니라 '가족관계'의 이미지에 구속하는 것이고, 그럼으로써 사회의 모든 영역에서 전천후로 여성을 2등 시민화하는 체계로서 정의되었다(러너, 2004). 그리하여 케이트 밀레트는 문학작품 속에서 묘사되는 남녀 간의 억압적이고 위계적인 성관계의 양상들을 파헤쳤고(밀레트, 1989; 1990), 슐라미스 파이어스톤은 유성생식이 아닌 인공생식을 통해서만 남녀 간의 동등한 관계가 가능하다고 보았다(파이어스톤, 2016). 남녀 간의 생물학적 차이 및 사랑이 이렇게 가부장제로 귀결될 수밖에 없다는 인식은, 평등한 이성애 관계가 불가능하다는 회의와 함께 여성 동성애를 옹호하는 레즈비언 페미니즘(대표적으로 루빈, 2015 참조)을 불러일으켰다.

가부장제라는 개념을 통해서 페미니즘에서 '해방' 개념은 새로운 국면을 맞는다. 과거 해방은 봉건적 신분관계로부터 근대 인본주의적 주체의 해방이나 근대 자본주의 생산관계로부터 무산자계급의 사회경제적 해방을 의미했다. 따라서 '여성 해방'은 그러한 해방 과정에 여성 역시 포괄되어야 함을 의미했다. 그러나 이제 여성 해방은 여성의 몸을 소유하려는 남성의 사적 욕망으로부터의 해방뿐만 아니라 그러한 욕망을 정당화하는 성 역할 규범 및 그에 기초한 지배적 도덕감정으로부터의 해방 —즉 '신체-심리-문화'적 해방— 을 의미하게 되었다. '해방'에 대한 이러한 관점의 변화와 함께, 여성의 지위는 단순히 '구조적 피억압자' 위치에 그치지 않고 일반적인 인식 및 행위 주체의 '대상,' 즉 '타자'의 위치로서 이해되었다. 그리하여 여성은 남성에게만 타자로 인식되는 것이 아니라, 남성과 동일한 사회 규범의 적용을 받는 스스로에 의해서도 타자로 인식된다고 보았다.

해방 및 억압에 대한 이러한 개념 변화를 겪으면서, 해방을 위한 페미니즘의 방법론은 외부를 향한 혁명이나 투쟁에서 스스로를 향한 '의식화(consciousness raising)'로 변화했다. 그리고 이렇게 가부장제의 규범적, 심리적 측면이 강조되면서 '자연' 세계의 요소로 이해된 '성(sex)'과 구별되는 '규범(문화)' 세계의 '젠더' 개념이 페미니즘의 중심 개념으로 떠오르게 되었다. 프랑스의 실존주의 철학자 시몬 드 보부아르는 젠더 개념을 직접적으로 사용하지는 않으나, 생물학적 성과 사회문화적 성을 구별한 최초의 페미니스트로 알려져 있다(보부아르, 1993).

젠더 개념의 부상 및 변화

사회문화적 개념으로 이해되는 젠더에 대한 관심은 특히 정신분석학 연구와 문화인류학 연구로 이어졌다. 2차 대전 이후의 초창기 사회주의 페미니스트로서 자본주의를 여성 억압의 하부구조로, 가부장제 문화를 여성 억압의 상부구조로 규정한 줄리엣 미첼은 정신분석학에 기초하여 가부장제 문화의 심리적 기원을 찾았다(미첼, 1984). 퀴어 이론가인 주디스 버틀러는 줄리엣 미첼에서 뤼스 이리가라이(2000)에 이르는 페미니스트 정신분석학의 궤적을 살피면서, 정신분석학 페미니즘을 ① 라캉을 추종 또는 비판하는 조류와 ② 대상관계 이론의 두 갈래로 분류한 바 있다(버틀러, 2008).

1970년대부터 대략 1980년대까지 문화인류학에서는 구조기능주의가 주류를 이루었는데, 당시 페미니스트 문화인류학자들은 엥겔스가『가족, 사유재산, 국가의 기원』에서 피력한 역사유물론 관점에 맞서서 남성지배 또는 가부장제의 보편성을 주장하는 연구 결과들을 내놓았다(로잘도·램피어, 2008; 홍찬숙, 2012 참조). 한편으로는 베버의 산업화 이론 ―산업화에 따른 공·사 공간 분리― 에, 다른 한편으로는 낸시 초도로의 대상관계 이론에 기초하여, 이들은 어느 사회에서나 공·사 영역의 구분이 나타나며 그것이 남성·여성의 위계적 구분으로 연결된다고 주장했다. 이리하여 공·사 영역 분리가 가부장제의 보편적 특성으로 설명되었다.

정신분석학 연구에 기초한 가부장제의 심리적 보편성 주장 및 구조기능주의 문화인류학 연구에 기초한 가부장제의 문화적 보편성 주장은 무엇보다도 미국 흑인 페미니즘의 '백인 페미니즘' 비판(대표적으로 콜린스, 2009)을 통해 '여성 정체성의 정치'로 분류된다. 사회주의 페미니스트로서 탈근대 페미니즘을 일정 정도 수용하는 경향의 낸시 프레이저(Nancy Fraser)는 '여성 정체성의 정치'를 '인정 패러다임'이라고 부르면서, 이것이 1970년대 이후 페미니즘의 보수화를 보여 주며 결과적으로 신자유주의의 확장에 공헌했다고 비판했다(프레이저, 2017). 미카엘라 디 레오나르도와 로저 랭카스터 역시 '정체성 페미니즘'을 통해서 주부나 어머니를 보편적 여성으로 보는 서구 페미니즘의 고정관념이 형성되었다고 비판했다(레오나르도·랭카스터, 2012).

흑인 페미니즘에 이어 제3세계 페미니즘에서도, 그리고 백인 사회주의 페미니즘에서까지 당시 주류 백인 페미니즘의 '보편적 여성 정체성' 개념을 비판하는 경향이 이어지면서, 젠더 개념은 새로운 전환기를 맞는다. '보편적 여성 정체성'을 주장하는 젠더 개념에 대한 비판은 대체로 두 갈래로 나뉘었다. 하나는 흑인(및 유색 여성) 페미니즘과 제3세계 페미니즘에서 주장한 '교차적 정체성'의 갈래이다. 여기서는 여성의 정체성이 하나가 아니라 여럿이라는 관점을 보였다. 특히 계급과 인종이라는 사회적 위치들이 젠더라는 사회적 위치와 교차함으로써, 여성의 정체성이 다양하게 나뉜다고 주장했다. 따라서 이 입장은 '정체성의 세분화'를 주장한 경우라고 요약할 수 있다.

반면에 다른 한 갈래는 백인 사회주의 페미니즘이 탈근대주의 또는 탈구조주의 철학을 상당히 수용하는 과정에서 형성되었다. 따라서 이러한 경향을 '후기 사회주의 페미니즘'이라고 부를 수 있을 것이다. 여기서는 정체성을 세분화하는 방향이 아니라, '정체성' 개념 자체에 대한 비판이 이루어졌다. 이들은 '단일한 여성 정체성'을 비판하는 '교차성 페미니즘'의 문제 제기에 공감하면서도, 정체성의 세분화보다는 정체성의 '비본질적 성격'을 강조하는 방향을 선택했다. 교차성 페미니즘에서는 불평등구조가 교차함으로써 야기되는 '여성 내부의 정체성 차이'를 강조한다. 반면에 여기서는 젠더 정체성의 '남·녀 이분법 모형'에 대한 비판이 핵심을 이룬다. 즉 젠더 정체성이 본질적으로 남녀라는 두 개의 성으로 결정된다고 볼 수 없고, 단지 양성 범주로 사회적으로 구성될 뿐이라는 것이다. 따라서 이 관점에서 주장하는 비본질주의는 '사회적 구성주의'로 이해된다.

이 두 방향에서 모두 '여성 정체성=여성이라는 젠더의 동일성'이라는 과거 페미니즘의 전제를 비판하기 때문에, 이 둘을 묶어 '차이의 페미니즘'이라고 부른다. '차이의 페미니즘' 개념은 근대 초부터 2차 대전 이후까지 이어져 온 '전통적 페미니즘'을 '평등의 페미니즘'으로 분류하여 그것과의 차별성을 주장하려는 시도를 보여 준다. 앞서 보았듯이 근대적 산업사회에서 페미니즘의 요구는 남성과의 평등, 즉 남성과 평등한 방식의 '해방'이었다. 남성이 봉건적 신분제에서 해방되는 만큼, 또는 자본주의 계급관계로부터 해방되는 만큼 여성도 그와 다르지 않게 해방되어야 한다는 요구이다. 반면 '차이의 페미니즘'은 여성 내부에도 불평등이나 비동일성이 존재하므로, 그런 차이가 존중되면서 젠더 이슈가 주장되어야 한다는 것이다.

교차성 페미니즘은 여성 내부의 '불평등'을 강조하는 반면, 사회적 구성주의 페미니즘은 여성 내부의 '비동일성'을 강조한다. 특히 여성 내부의 집단별 또는 개인별 비동일성 ―차이― 뿐만 아니라, 한 개인의 정체성 역시 늘 한결같지 않음을 주장한다. 서구 언어에서 정체성(identity)은 곧 동일성을 의미하므로, 이것은 정체성 개념 자체에 대한 비판이다. 정체성의 원칙적 비동일성은 사회적 구성주의의 논리적 귀결이다. 사회적 구성주의란 사회적 행위 ―언어 행위에서 몸짓, 규범 준수에 이르는― 에 의해서 어떤 사회적 의미가 그때그때 행위 맥락에 따라 구성됨을 말한다. 따라서 행위에 변화가 오면 의미

역시 변화할 것이다. 개인의 행위가 매번 똑같을 수 없으므로, 정체성 역시 늘 미세한 차이를 가질 수밖에 없다. 그뿐만 아니라 남·녀로 고정된 성 정체성의 허구를 깨기 위해서, 실험적으로 성 정체성을 더욱 유동화하는 행위 실험을 할 수도 있다. 사회적 구성주의에서는 이런 방식으로 성 정체성의 본질주의를 붕괴시킬 수 있다고 주장한다.

가부장제 문화의 물적 토대

이처럼 사회적 구성주의 페미니즘으로 오면 여성들 내부의 차이가 '불평등'에서 '비동일성'으로 변화하기 때문에, 앞서도 보았듯이 프레이저는 '정체성 정치'를 계기로 사회정의에 대한 '분배 패러다임'이 '인정 패러다임'으로 바뀌었다고 비판했다. 평등의 페미니즘이나 교차성 페미니즘의 경우에는 남녀 간 또는 여성 내부의 불평등을 문제 삼기 때문에, 그것은 사회정의에 대한 '분배 패러다임'에 기초한다고 말할 수 있다. 즉 그 둘은 물질적 자원의 분배 및 그로 인한 권력 불평등이 정의롭지 못하므로, 그 분배 체계를 변화시켜야 한다는 요구이다. 다만 양성평등을 주장하는 페미니즘에 비해서 교차성 페미니즘은 양성 불평등의 '복잡성'에 대해 강조한다. 즉 양성 간의 기회 및 자원의 분배 불평등뿐만 아니라 성, 계급, 인종 등의 다양한 격차들이 함께 만들어 내는 불평등, 특히 여성 내부에서 계급과 인종에 따라 다른 양상을 갖는 불평등을 페미니즘이 포괄해야 한다는 것이다.

반면에 평등 분배가 아니라 '여성 정체성'을 주장하거나 아니면 그에 반대하여 '젠더 정체성 본질주의'를 비판의 표적으로 삼는 페미니즘 양자를 모두 '인정 패러다임'으로 분류하는 것이 프레이저의 관점이다. '인정 패러다임'이란 사회정의를 전통적인 '분배투쟁'이 아닌 '인정투쟁'(호네트, 2011)의 문제로 보는 비교적 최근의 접근 방식을 말한다. 프레이저는 페미니즘의 이 '인정 패러다임'에 '정체성 정치'라는 이름표를 달아 주는데, 여기서 약간의 혼동이 야기된다. 왜냐하면 그렇게 함으로써 프레이저가 말하는 '정체성 정치'는 교차성 페미니즘이나 사회적 구성주의 페미니즘에서 말하는 '정체성 정치'와 다른 내용을 갖게 되기 때문이다. 또 그와 같은 분류 방식을 택하기 때문에, 프레이저는 탈근대 페미니즘을 일정 정도 수용하면서도 동시에 그것과 거리를 두며 비판적 태도를 보인다.

사회정의에 대한 요구를 물질적 분배와 규범적 인정의 두 차원으로 구별하는 프레이저에 의하면, 인정 문제에 집중하는 페미니즘은 분배 문제를 논의에서 배제함으로써 페미니즘을 보수화하고 신자유주의 확산에 이바지해 왔다. 프레이저뿐만 아니라 여러 사회주의 페미니스트들은 1970년대부터 서구 페미니즘이 보수화했다고 설명한다. 이것이 의미하는 바는, 분배 문제를 중시하는 '사회주의' 관점이 쇠락하고, 가부장제의 심리-문화적 차원 및 보편적 '여성 정체성'을 강조하는 '주류 페미니즘'이 확대되었다는 것이다. 그리고 그 결과 페미니즘이 불평등한 사회구조에 대한 비판에서 '정체성 정치'로 방향을 바꾸었다는 것이다.

그러나 이런 과정은 한편으로는 앞서 보았듯이 가부장제를 '신체-심리-문화적 여성 억압 체계'로 정의한 급진적 페미니즘이 학계로 확대되면서 나타난 결과이기도 하다. 즉 가부장제라는 여성 억압의 거시적 '체계' 개념이 인식 주체의 미시적 '정체성' 개념과 짝을 이루며 나타난 결과라고도 할 수 있다. 그런데 페미니즘 제2의 물결 당시 급진적 페미니즘에서 새롭게 정의한 '가부장제' 개념은 그와 같은 미시적 '정체성' 방향만이 아니라 '성별 노동분업구조'라는 거시적 정치경제 관점과도 연결되었다. 그리하여 출현한 것이 '사회주의 페미니즘'인데, 앞서 말했듯이 이 흐름은 도나 해러웨이(2019) 이후 탈근대주의와 만나면서 획기적인 변화를 겪는다.

해러웨이 이전의 '근대주의적'인 사회주의 페미니즘에서 여성 억압 체계로서의 '가부장제'에 대한 관심은 그것이 자본주의와 어떤 관계를 맺느냐에 대한 것이었다. 또는 가부장제가 자본주의 착취관계에 어떤 방식으로 작용하여 여성 억압의 특수성을 만들어 내느냐가 관심의 대상이었다. 그리하여 자본주의와 가부장제의 관계에 대한 다양한 논의들이 출현했는데, 그 논의의 갈래를 요약하면 대략 ① 자본주의 생산 양식의 토대 위에서 문화적 상부구조로 작용하는 가부장제, ② 자본주의라는 생산 중심 억압 체계와 가부장제라는 재생산 중심 억압 체계 간의 상호작용, ③ 여성, 자연, 제3세계라는 '타자'를 착취하여 끊임없는 원시적 축적의 과정에 있는 가부장적 자본주의의 세 흐름으로 나눌 수 있다.

가부장제를 문화적 상부구조로 정의한 위 ①의 흐름에서 가부장제 문화를 설명하기 위해 정신분석학과 기능주의 문화인류학 연구들을 인용하면서, 이 흐름은 사실상 '정체성 페미니즘'으로 연결되었다. 애초에는 자본주의 하부구조와의 관련성을 강조했으나(앞서 본 줄리엣 미첼 참조), 논의가 진행되는 과정에서 양성 간의 심리-문화적 차이로 논의가 좁혀졌기 때문이다. 또한 '이중체계론'이라고 불렸던 위 ②의 경우 역시 '보편적 여성성'이라는 정체성 프레임으로부터 완전히 자유롭지는 못했는데, 그 이유는 자본주의 사회에서 가부장제의 성별 노동분업구조를 '남성-생산·여성-재생산'의 제도적 분업으로, 즉 '전업주부 모델'에 기초하여 설명했기 때문이다. 따라서 이런 경향 역시 서구 백인 여성의 존재 양식을 과도하게 보편화한 '주류 페미니즘' 모델이라고 비판받게 된다.

그뿐 아니라 발전한 산업국가에서 산업구조의 서비스화를 시작으로 '탈산업화'가 진행되면서 기혼여성들의 경제 활동이 증가하자, 위의 이중체계론은 또 다른 도전에 직면하게 되었다. 즉 노동시장에서 여성의 개인화가 시작되어 가족 내 성 역할 규범이 변화하고 가족관계 역시 개인화한다는 지적(벡·벡-게른스하임, 1999)부터 가부장제가 '사적 가부장제'에서 '공적 가부장제'로 변화했다는 지적(월비, 1996)에 이르기까지, 가부장제의 근본적 변화에 대한 논의들이 생겨났다. 페미니즘에서 '정체성 정치'가 주류화한 현상과 함께 이처럼 서구 가부장제의 형태가 근본적으로 변화하면서, '가부장제' 개념은 페미니즘에서 그 핵심적 지위를 '젠더' 개념에 넘겨주게 되었다. 그리하여 앞서도 보았듯이, 페미니즘은 '젠더 정체성'을 둘러싼 '차이의 페미니즘'으로 전환한다.

그러나 이처럼 '이중체계론 페미니즘'이 약화하는 과정에서도, 그것이 현대 페미니즘에 제공한 성과는 부정할 수 없다. 우선 이중체계론은 여성의 출산 능력이 단순히 생물학적 차이에 그치지 않고 특유의 정치경제적 구조를 형성한다고 보았다. 즉 그것은 마르크스가 말하는 '노동-생산 양식-자본주의'의 정치경제구조에 빗대어져, '재생산(인구 생산)-성별 노동분업 체계-가부장제'의 정치경제로 설명되었다. 말하자면 가부장제는 그 자체의 물적 토대를 갖는 생산과 분배의 권력 체계라는 것이다. 그 속에서 생산되는 것은 물질적 상품이 아니라 인간 생명인데, 인간 생산은 자본주의 생산 체계의 지속적 재생산을 위해 필수적이므로 자본주의와 가부장제는 매우 밀접하게 연관되어 있다는 것이다.

이처럼 인간 생명체 또는 몸 자체를 정치경제적으로 유의미한 '물질'로 보는 관점은 이후 푸코의 '생명정치'에 대한 관점과 만나면서 현재 다양한 '신유물론(new materialism)' 페미니즘의 경향들 속으로 녹아들고 있다. 다른 한편에서 이중체계론은 인간 재생산의 문제를 강조함으로써, 출산뿐만 아니라 육아 등의 돌봄 문제를 페미니즘의 의제로 정착시키는 결과를 가져왔다. 이와 관련하여 또한 '노동' 개념을 마르크스주의의 '물질 생산노동,' 즉 '육체노동' 개념으로부터 페미니즘적으로 확대하여 '돌봄노동,' '감정노동' 등을 포괄하는 개념으로 발전시켰다.

이상의 이중체계론 페미니즘이 가부장제 문화의 물적 토대를 노동력 재생산 —또는 인간 재생산— 과 그에 기초한 성별 노동분업 관계에서 찾았다면, 앞서 본 ③의 흐름에서는 가부장제의 물적 토대를 '지속적 원시 축적에 의존하는 자본주의' 생산 양식에서 찾는다(미즈, 2014). 이 흐름은 근대 가부장제의 핵심을 성별 분업, 특히 여성 전업주부의 제도화에서 찾았다는 점에서 이중체계론과 유사성을 갖는다. 그러나 여기서는 그와 같은 서구 근대 사회의 발전 배후에서 제3세계 및 자연에 대한 수탈이 동시에 진행되었음을 강조하며 자본주의를 세계경제의 맥락에서 이해해야 한다고 주장한다. '에코 페미니즘'으로 불리는 이러한 흐름은 이처럼 세계체제론 및 탈식민주의 페미니즘과 연관성을 갖는다. 그리하여 이 입장 역시 서구 가부장제의 전업주부 모델을 강조함에도 불구하고, '보편적 여성 정체성을 주장하는 주류 정체성 정치'라는 비판을 피하며 '가부장제' 개념을 다시 페미니즘 이론의 중심으로 복구해야 한다는 제3세계 페미니즘과 연결되기도 한다.

문화와 물질의 얽힘: 사회주의 페미니즘의 변화

앞서 페미니즘 제2의 물결 당시 새롭게 형성된 사회주의 페미니즘은 그 초기 형태에 해당하고, 그것이 1980~1990년대에 탈근대주의 또는 탈구조주의 철학과 만나며 후기적 형태로 변화했다고 말했다. 또 도나 해러웨이가 그런 변화의 시발점이 되었다고도 살짝 언급했다. 해러웨이는 당시의 사회주의 페미니스트 중 독특하게 과학 전공자로서, 생물학 내 수사학에 관해 학위논문을 쓴 후 과학기술학 분야에서 연구를 이어 왔다. 해러웨이는 당시의 사회주의 페미니즘에 근본적 변화를 촉구했는데, 그 이유는 서구의 고도 산업사회가 물질 생산 중심의 근대 자본주의에서 소비 및 욕망 생산, 정보 생산, 유전공학 중심의 탈근대적 자본주의로 변화했다고 판단했기 때문이다. 당시에 그와 같은 시대진단은 프레드릭 제임슨 같은 미국의 문학비평가나 '탈근대주의자'로 알려진 프랑스 철학자들이 주장한 내용이었다.

자본주의 분석은 사회주의 페미니즘의 중요한 이론적 기둥 중 하나이므로, 자본주의의 성격이나 형태가 변화했다면 사회주의 페미니즘의 이론 역시 수정되어야 한다. 수사학을 전공한 만큼 해러웨이의 언어 구사 역시 매우 수사학적이어서, 그 내용을 정확히 파악하기가 쉽지는 않다. 그러나 해러웨이가 '사이보그' 개념을 내세운 이유는 명확하다. 그것은 과거의 '근대적' 자본주의와 달리, 현재의 '탈근대적' 자본주의에서는 과학 —또는 인간의 활동이라는 의미의 '문화'— 과 자연이 더 이상 명확히 구별되지 않고 서로 뒤섞이게 되었다는 것이다. '유전공학의 시대'라는 시대인식은 그와 같은 '혼종성'에 대한 강조로 이어진다.

이후 해러웨이는 현대 페미니즘의 새로운 두 흐름으로 연결되었는데 하나는 앞서 잠깐 다룬 바의, 자연이나 물질 세계에 대한 인식 역시 인간의 사회문화적 행위에 의해 구성된다는 '사회적 구성주의 페미니즘'이다. 다른 하나는 사회적 구성주의가 '언어' 또는 '인식' 차원에만 관심을 두고 물질의 '존재'에 대해서는 무관심하다는 비판에서 출발한 '신유물론 페미니즘'이다. 양 흐름 모두 자연(물질 세계)과 문화(사회 세계)가 서로 분리되거나 자율적일 수 없고 '사이보그'라는 은유가 말해 주듯 서로 뒤섞여 있다는 인식에서 다르지 않다. 그러나 '젠더'를 예로 들면, 사회적 구성주의는 생물학적 '성'의 개념 역시 사회문화적 '젠더' 개념의 영향 아래 구성된다는 식으로 '물질 세계를 이해하기 위한 개념'의 사회적 구성 문제를 강조한다. 반면 신유물론은 실제로 우리가 사용하는 '성' 개념과 일치하지 않는 다른 '성'의 물질적 현상이 실재함을 강조한다.

신유물론 페미니즘은 대체로 두 방향으로 구별할 수 있다. 하나는 해러웨이와 마찬가지로 '유전공학의 시대'라는 시대진단에서 출발하여 '생명'에 대한 인간 개입의 문제를 강조하는 방향(대표적으로 브라이도티, 1995; 2004; 2011; 2015)이다. 다른 하나는 역시 해러웨이에게서 출발하지만, 현대 사회에 대한 시대진단보다는 해러웨이(2007)의 '회절 방법론'에 주목하여 논의를 발전시킨 경우이다. '회절 방법론'이란 물질을 '입자'로 보고 그 구조를 설명하는 방식이 아니라, '파동'으로 보고 그것의 회절 현상에 대해 설명하는 방식을 말한다. 즉 사회 현상을 볼 때도 '입자 관점'의 구조주의적, 결정론적 설명 방식을 떠나 '파동 관점'에서 우연성 및 다양성에 유의해야 한다는 방법론이다. 입자물리학을 전공한 미국의 페미니스트 캐런 버라드(Barad, 2007)는 해러웨이가 근대 물리학의 파동 개념에 기초해 설명한 '회절' 현상을 양자물리학적으로 재해석함으로써, 생명체뿐만 아니라 물질 현상 전체에 있어서 물질과 문화가 '얽혀 있음'을 주장했다.

오늘날 한국 사회에의 함의

현재 한국에서는 20대 이하의 청(소)년층을 중심으로 '젠더 대립'에 대한 감수성이 매우 예민해지고 있다. 또 흔히 '페미니즘 리부트'라고 불리는 '미러링(mirroring)' 전략 이후의 페미니즘의 흐름 속에서 젊은 페미니스트들은 '급진적 페미니즘'을 표방한다. 물론 한국에서 급진적 페미니즘은 이미 1990년대에 한 차례 페미니즘의 주류를 이룬 바 있다. 그 결과 다양한 반(反)-성폭력의 목소리들이 지속적으로 법제화되었다. 그와 비교할 때 현재 청(소)년 여성들의 '급진적 페미니즘'은 '사회적 현상'으로서의 성폭력보다는 '나 자신의 실제 또는 잠재적 경험'에 기초한다. 즉 현재의 한층 확대된 젊은 페미니즘은 '사회 비판'보다는 '내게 닥칠 위험에 대한 불안'으로부터 출발한다.

'비판'이 이성적 주체의 자리에서 행해진다면, '불안'은 '타자'의 자리를 가리킨다. 이런 차이로 인해서 20대의 '젠더' 관련 의식은 상당히 감정적인 색채를 띤다. 감정적 색채가 강해진다는 것은 당사자에게 문제가 얼마나 심각하게 인지되는지, 그리고 문제 해결의 주체가 스스로를 얼마나 취약하게 느끼는지를 보여 주는 지표가 될 수 있다. 따라서 문제를 정치화하고 공론화하는 집단적 과정으로 이어지는 한편, '비당사자' 위치와의 차별화를 통해 감정적 대립이나 반동을 부르기도 한다. 말하자면 현재 한국의 상황은 '문화와 젠더'에 대해 깊이 고민할 수밖에 없는 상황이다. 개인들에게 촉발되는 감정적 느껌이 알려 주는 현실뿐만 아니라, 그와 연관된 사회적·역사적 맥락과 조건에 대한 지식과 성찰 역시 필요한 시점이라는 것이다. 이에 본문에서 살펴본 서구에서의 논의 과정을 참고하여, '당사자·비당사자' 위치와 '이성적 주체' 위치를 왕복하면서 문제 해결에 성큼 다가가기를 기대한다.

성(sex)과 젠더를 구별할 필요가 있는가?

근대 이전의 사회에서는 인터섹스, 트랜스젠더, 동성애 등에 대해 근대
　사회와는 다른 태도를 보였는가?

성적 욕망은 생물학적 현상인가 아니면 사회문화적 현상인가?

인간에게 있어서 성의 본질은 양성생식의 목적에 봉사하는 것인가?

한국에서 가부장제는 청년 세대에게는 해당하지 않는 과거 기성 세대의
　문제일 뿐인가?

가부장제 개념에서 핵심은 여성에 대한 폭력인가 아니면 어머니나 가정
　주부라는 여성 역할 또는 정체성인가?

여성들 내부에는 어떤 차이들이 존재하는가?

이성애의 감정 속에서 남녀 각자가 서로를 완전히 동등한 주체로 인식하
　고 인정하는 것이 가능한가?

더 읽을거리

한정숙 엮음, 2012, 『여성주의 고전을 읽는다: 계몽주의에서 포스트모더
　니즘까지, 두 세기의 사상적 여정』, 한길사.

최태섭, 2018, 『한국, 남자: 귀남이부터 군무새까지 그 곤란함의 사회사』,
　은행나무.

5장

예술과 사회

사회학과 예술은 어울리지 않는 한 쌍이다.

—피에르 부르디외[10]

예술이란 무엇인가?

"당신 생각을 켜 놓고 잠이 들었습니다."

만약 이 한 문장이 낡은 노트를 뒤적이다 발견한 낙서라면 이는 예술인가, 아닌가? 물론 "표현이 예술"이라며 한 줄 낙서에 감동받을 수는 있다. 그러나 낙서를 예술로 칭하진 않는다. 그렇다면 이 한 문장이 작가가 발표한 시 전문이라면 어떤가? 실제로 이 글은 『모든 경계에는 꽃이 핀다』를 표제로 한 함민복 시인의 시집에 실린 〈가을〉이란 한 줄짜리 시 전문이다. 이런 경우 일반적으로 예술이라는 의견이 우세할 것이다. 그 이유는 무엇인가?

이 경우는 어떤가. 공장에서 대량 생산된 남성용 변기, 슈퍼마켓에서 흔히 볼 수 있는 깡통이나 세제 상자는 예술인가, 아닌가? 주된 대답은 당연히 '아니다'로 모일 것이다. 그런데 이들을 예술로 내세워 '현대 미술의 혁명가'로 널리 칭송받고 있는 예술가가 있다는 사실은 잘 알고 있을 것이다. 반세기의 시차를 두고 등장한 마르셀 뒤샹(Marcel Duchamp)과 앤디 워홀(Andy Warhol)이다. 이를 어떻게 볼 것인가.

뒤샹은 화장실에 있어야 할 변기를 미술관에 전시해 스캔들을 일으킨 인물이다. 공장에서 대량 생산된 소변기에 제조사인 'Mott Works'를 차용한 'R. Mutt'라는 가상의 이름으로 서명을 한 후, '샘'이

10 Pierre Bourdieu, 1993, *Sociology in Question*, Sage, p.139.

그림 5-1 마르셀 뒤샹의 〈샘(fountain)〉(1917)과 앤디 워홀의 〈브릴로 상자(Brillo Box)〉(1964)

라는 제목을 붙여 뉴욕의 앙데팡당(Indépendants) 전시에 출품한 것이다. 작품은 전시되자마자 철거되었지만, 오늘날에는 새로운 개념을 창조해 낸 위대한 사건으로 평가받는다. 앤디 워홀은 1964년 개인전시회에 슈퍼마켓에서 흔히 볼 수 있는 세제 상자를 복제하여 전시해 충격을 안긴 인물이다. 오늘날 그는 상업적으로 성공한 팝아트의 대명사, 포스트모더니즘 미술의 선구자로 평가받는다. 레디메이드(ready-made)와 복제품에 예술의 가치가 부여된 것이다. 그렇다면 그들의 대응물인 화장실의 소변기와 슈퍼마켓에 쌓여 있는 브릴로 상자는 왜 예술작품일 수 없는가?

이 사례들은 '예술이란 무엇인가'를 묻게 한다. 이 물음에는 예술 영역에 무엇을 포함시키고 배제시킬 것인가, 무엇이 가치 있는 예술인가의 문제도 포함된다. 이는 아서 단토(Arthur C. Danto)가 화두로 삼은 '무엇이 이들을 예술로 만드는가'와 연결된다.[11] 특정한 대상이 언제, 어떤 조건에서 예술로 공인되는가를 묻는 이 질문은 예술의 개념이나 범주가 확정적인 것이 아님을 말해 준다(졸버그, 2000: 15; 단토, 2016a; 2016b; 2017a; 2017b). 예술은 역사적, 사회적으로 구성되는 유연한 개념인 것이다.

예술로 번역되는 'art'의 어원은 라틴어 '아르스(ars)'로 알려져 있다. 이는 그리스어 '테크네(τέχνη, technē)'를 번역한 것으로, 테크닉(technic)의 어원이기도 하다. 플라톤과 아리스토텔레스는 테크네를 '공예(craft)'나 '기술(skill, technē),' 보다 구체적으로는 "관련된 원리에 대한 정확한 이해를 가지고 어떤 것을 만들거나 제작하는 능력"을 의미한다고 보았다(해링턴, 2015: 22; 디사나야케, 2016: 76~77). 도구, 집, 선박, 가구, 옷, 신발, 그릇 등을 만드는 솜씨 또는 기술뿐만 아니라 군대를 통솔하거나 토지를 측량하고, 병을 치료하는 의술 및 사람들을 설득하는 기술까지 포괄하는 매우 너른 개념이 테크네인 것이다. 미술사가 타타르키비츠(Władysław Tatarkiewicz)에 의하면, 이 모든 기술적인 것, 즉 건축, 조각, 도예, 양복 재단, 전술, 기하학, 수사학 등이 예술(art)로 지칭되었다. 특징적인 것은 오늘날 예술 영역의 핵심이라 할 수 있는 시, 조각, 회화의 지위가 매우 낮았다는 사실이다. 시는 합리적인 규칙이 아닌 영감의 산물이고, 그림이나 조각은 육체를 사용한다는 이유 때문에 배제되는 경향이 있었던 것이다(타타르키비츠, 1993: 25~29; 해링

---

11 이 질문은 아서 단토에게 가장 중요한 철학적 화두다. 그는 뒤샹과 워홀을 일상과 예술의 경계를 허물어 버림으로써 미술사의 새로운 국면을 개척한 선구자로 높이 평가한다. 뒤샹은 소변기를 비롯한 빗자루, 병걸이, 자전거 바퀴 등 생활 세계에 속하는 것들을 "예술작품으로 변화시키는 미묘한 기적을 행한" 최초의 사람이고, 워홀은 세제의 상품명인 브릴로를 담는 상자를 비롯한 캠벨 수프 깡통, 켈로그 콘플레이크, 델몬트의 복숭아 통조림, 하인즈 케첩 등 상업용 상자를 아주 똑같이 복제, 전시함으로써 기존에 통용되던 '예술의 종말'을 불러온 인물인 것이다. 즉 "일상적인 것의 변용"을 통해 새로운 길을 낸 혁명적인 인물들인 것이다. 그는 저서 『일상적인 것의 변용』(2016a), 『예술의 종말 이후』(2016b), 『무엇이 예술인가』(2017a), 『미를 욕보이다』(2017b) 등을 통해 '언제, 어떤 조건'이 예술을 만드는가에 대한 문제를 집요하게 파고든다.

턴, 2015: 22).

　이런 관념은 중세, 르네상스, 심지어 근세 초기까지도 통용되는 용법이었다. 물론 이 시기를 거치면서 특정 대상이 예술의 범주에서 배제되거나 새롭게 포함되는 변화, 그에 따른 위상 변화가 일어났고, 예술 영역을 세분화하려는 노력들이 있었다. 그럼에도 고대와 중세의 예술 개념은 오늘날 통용되는 예술 개념과는 거리가 멀다. 그 시기에는 현대 사회에서 예술이라 생각되는 것들이 기술적인 것으로 간주되었던 것이다. 오늘날 우리에게 익숙한 예술관이 싹트게 된 것은 18세기에 이르러서다. 예술이 파인 아트(Fine Arts, 순수예술)로 분류되면서 새로운 개념, 즉 근대적 예술관이 정립된 것이다. 예술의 범주에 포함되었던 공예와 과학이 배제되었고 당초 배제되었던 시가 포함되었으며, 미술 영역에 속하는 화가, 조각가, 건축가의 위상도 높아지는 변화가 일어났다. 그러한 배경에는 당시의 사회적 상황이 밀접하게 관계되어 있다. 우선, 회화와 시에 대해 스승인 플라톤과 의견을 달리했던 아리스토텔레스의 『시학』이 이탈리아에서 번역, 주석되어 출간되면서 수많은 추종자들이 생기게 되었다. 이는 시가 자연스럽게 예술의 범주에 속하게 된 배경이 되었다. 또한 화가, 조각가, 건축가라는 미술 제작자들이 높은 가치를 부여받게 된 데는 공예를 미술 영역(순수미술)과 분리시키고자 하는 노력에서 비롯되었다고 볼 수 있다(타타르키비츠, 1993: 31~32).

　19세기에 이르러서는 예술로 칭하기에 논쟁의 여지가 있는 많은 영역들이 출현했다. 대표적인 예로 사진과 영화를 들 수 있다. 이를 둘러싼 논쟁의 핵심은 '복제 기계에 의존한 산물인 사진을 과연 예술로 볼 수 있는가,' '영상이란 표현매체를 통해 만들어진 영화는 산업인가, 예술인가'이다. 특히 오늘날은 이러한 문제들이 과거 어느 때보다도 특별한 문제로 꼽힌다. 일상생활에서 쓰는 생활용품과 예술, 실재와 가상, 순수예술과 대중예술, 오락과 예술, 산업과 예술, 예술과 비예술의 경계가 모호해짐으로써 예술이란 무엇인가에 대한 답을 더욱 어렵게 하고 있기 때문이다. 그래피티는 낙서인가 예술인가, 마을 벽화라는 도시재생 프로젝트는 예술인가 아닌가, 피겨스케이팅은 스포츠인가 예술인가, 하이패션은?

이러한 흐름은 예술이 시대마다 다르게 정의되어 왔고, 예술의 범위 또한 다양하게 변해 왔음을 말해 준다. 예술작품을 판별하는 기준 또한 불확실하다. 하워드 베커의 말대로 예술의 범주에 속한 것이 무엇인지는 사회적으로 정의되며, 나아가 예술은 예술 세계에 속한 집단에 의해서 정의되는 유동적인 개념으로 이해해야 한다. 요컨대 예술은 고정된 실체가 아니라 타협의 과정에서 나오는 사회적 구조물인 것이다(Becker, 1974; 1982; 졸버그, 2000: 255).

예술과 사회학의 만남

'예술가' 하면 어떤 이미지가 떠오르는가. 천재, 광기, 영감, 고독, 시대와의 불화, 가난…? 여전히 많은 사람들이 떠올리는 예술가의 이미지는 바로 이런 것들이다. 이런 이미지는 곧 예술작품이란 '고독한 천재'의 영감에서 탄생한 '창조물'이라는 생각을 낳는다. 즉 예술가는 하늘이 내려 준 천재적 재능을 부여받은 자이고, 그들의 영감에서 나온 예술은 초월적이고 절대적이며 세속적인 가치로 평가할 수 없는 특수성을 지닌 존재인 것이다. 전통적인 미학[12]은 이러한 관념과 일맥상통한다. 특히 "예술과 미적 경험의 본질, 그리고 미적 판단"

에 관여해 온 미학은 예술작품의 특수성이나 본질적인 특징 또는 미적 태도나 미적 경험의 특수한 본질, 미적 판단의 기준을 탐색하는 데 관심을 기울여 왔다(월프, 1997: 8). 이는 예술이 경제, 정치, 이데올로기 등 사회의 세속적인 조건들로부터 자율성을 지닌 특수한 영역이라는 주장과 맥이 통한다. 그 단적인 예는 칸트의 예술관이다.

그러나 예술사회학자들은 예술작품이 천재 개인의 창조물이라는 낭만적, 신비적 예술 개념에 반대한다. "천재성을 부여받고 신적인 영감을 기다리며 사회관계의 모든 정상적인 규범들로부터 자유로운 예술가·작가 개념은 비역사적이고 편협한 개념"이라는 것이다(월프, 1997: 24). 이러한 통념은 르네상스 시대에서 계몽주의, 낭만주의 시대를 거치면서 자리 잡게 된 시대의 산물이다. 아르놀트 하우저(Arnold Hauser)는 '영감받은 천재, 작품의 유일한 창조자'라는 개념이 15세기 르네상스 시대의 사회적인 조건과 맥을 같이한다고 본 인물이다. 그는 예술품의 가치에 일가견이 있고 예술작품에 대한 미학적 판단력을 지닌 소수의 인문주의자들의 등장과 더불어 증대된 예술의 수요가 예술가들의 사회적 지위를 격상시켰다고 보았다(하우저, 1997: 60). 예술은 신비로운 영역이 아니라 사회적으로 생산되고 소비되는 사회의 산물인 것이다. 사회의 모든 예술작품은 여타의 인간 활동과 마찬가지로 예술 세계(art worlds)에 속한 수많은 사람들의 협력으로 이루어진 집합행동의 산물임을 선언한 하워드 베커, 예술을 현실적, 역사적 요인들의 복합적인 축조물로 규정한 재닛 월프, 예술 현상이 예술장(artistic fields)의 특정 조건과 과정의 산물이라는 피에르 부르디외

---

12 "전통적 미학은 18세기에 특히 독일의 철학자와 작가들 ―바움가르텐, 칸트, 실러― 의 작업을 통해 생겨났다. 그 이래로 그것은 예술사나 예술비평의 한 부문으로서가 아니라 철학의 한 지류로 해석되고 실천되었다"(월프, 1997: 8).

의 주장 역시 예술은 사회적 구성물이라는 관점을 공유한다(Becker, 1982; 월프, 1992; 1997; Bourdieu, 1994).

이는 미학자와 사회학자가 전적으로 다른 측면에서 예술을 보고 있음을 말해 주는 근거다. 이 두 관점의 차이는 다음과 같이 정리할 수 있다.

표 예술을 바라보는 두 관점

	인문학적 관점: 내재적 관점	사회학적 관점: 외재적 관점
주장	"신비가 없는 예술은 아우라를 발산할 수 있는 힘이 소실된 예술" -데니스 도너휴(Denis Donoghue)	"예술은 신비를 거의 갖지 못하고, 남아 있는 약간의 신비마저도 벗겨져야 할 대상" -하워드 베커
분석 초점	작품의 형식적인 요소들을 분석 (사용된 기법과 매체, 이미지와 언어의 내용, 미학적 영향들)	작품의 외재적 특성, 즉 사회적 맥락을 분석 연구 대상의 규칙성과 유형성에 주목(예술가 및 예술작품과 정치 제도, 이데올로기, 여타의 미학 외적 요소들의 관계 중시)
작품	천재성의 자연스러운 표현, 순수성 강조 모든 시대, 모든 인류의 보편적 가치 대변	일정한 사회 제도를 통해, 역사적으로 주목할 만한 추세를 따라 협동 작업을 통해 생산 특정 사회 환경에서 작품을 소비하는 사회 집단에게 유효한 가치 전달
예술가	고독한 천재로서의 창조자-개인	사회 및 예술 세계의 구성원

출처: 베라 L. 졸버그(2000: 21~29)

예술 연구의 상이한 두 관점, 인문학적 접근과 사회학적 접근은 명백히 갈등적이다. 미학적 개념이나 가치들의 사회적 구성을 분석하려는 예술사회학은 필연적으로 예술의 탈신비화와 연결된다. 이는 예술의 신비를 옹호하는 미학자나 예술가들에게 심각한 도전으로 인식된다. 그들은 예술사회학자들이 예술을 지나치게 예술 외적인 요인에 치중함으로써 미적 가치나 경험이라는 예술의 본질을 탈각시키고 예술을 단지 사회적, 정치적, 경제적인 과정의 단순한 반영으로 축소시켜 버린다고 비판하는 것이다. 반면 예술이란 본디 사회적으로 구성된다는 관점을 취하는 사회학자들은 인문학자들이 엘리트주의적 인문주의에 빠져 사회적 맥락을 도외시하고 있다고 비판한다(졸버그, 2000: 27~29). 부르디외의 "사회학과 예술은 어울리지 않는 한 쌍"이라는 표현은 이 같은 불편한 관계를 일컫는 말이다. 예술가에게 사회학자는 '불순한' 목적으로 침입해 스캔들을 일으키는 사람이다. 부르디외는 예술가가 천부적인 재능의 소유자요, 독창적 창조자라는 믿음을 가지고 세계를 바라보고 있는데, 사회학자는 예술가의 세계를 외재적인 방식으로 이해하고 설명하려는 '불순한' 목적으로 침입하여 예술 세계를 어지럽히는 존재이기 때문이다(졸버그, 2000: 15~16).

오스틴 해링턴(Austin Harrington)은 미적 자율성 테제를 중심으로 논변을 펼치는 인문학자와 사회적 맥락에 치중한 사회학자들의 주장 모두를 비판한다. 인문학자들이 강조하는 미적 자율성 관념은 18세기 이후 근대 서구 문화의 산물이며, 그들과 역사가 다른 사회에는 적용될 수 없는 개념이다. 또한 계층화된 근대 서구 사회 안에서도 예술 소비 또한 집단별로 차이가 난다. 예술 대상에 대한 사회학적 분석 역시 마찬가지다. 개별 대상이 지닌 미적 가치의 고유한 차이를 사회 집단에 의한 가치 부여의 실천이나 관점으로 환원시킬 수 없다. 따라서 예술작품의 미적 내용이 사회적 사실과 관계없이 타당성을 지닌다는 견해인 초월주의나 예술작품의 미적 내용에 사회적 사실과 다른 타당성이 없다는 견해인 상대주의 둘 다를 거부해야 한다는 것이 해링턴의 주장이다(해링턴, 2015: 171~172). 그러나 최근에는 예술을 매개로 한 지적 장벽이 어느 정도 허물어지고 있는 추세다. 예술의 특수성에 대한 인문학적 고찰과 예술의 생산·소비·평가의 실천들에 대한 사회학적 분석의 중요성에 대한 소통 가능성이 열리고 있는 것으로 풀이할 수 있다. 분명한 것은 예술과 사회는 불가분의 관계라는 사실이다.

1) 고전 사회 이론과 예술

사회학에서 예술사회학은 주변적이었다. 예술사회학적 이론이 상대적으로 덜 발달되어 있고, 예술사회학적 연구도 적은 편이다. 베라 졸버그(Vera L. Zolberg)는 지구상의 모든 사회에 존재하는 것이 예술이고, 예술이 표상하는 다양한 개인적, 사회적 기능들이 있음에도 불구하고 비교적 최근까지 사회학자들이 예술을 자신들의 핵심적인 연구 주제로 삼지 않았다는 것은 의아한 일이라고 말한다. 예술은 사회와 고립된 천재적 재능을 소유한 예술가 개인의 창조적 활동의 결과물이라는 고전적 예술 관념이 지배하면서 예술 대상에 대한 연구는 인문학의 고유 영역으로 간주되어 왔다. 즉 예술은 현실을 초월한 것이라는 고정관념이 사회학에서 예술을 소홀하게 다루어 온 이유인 것이다(양종회, 2009: 187~188; 졸버그, 2000: 53). 그럼에도 고전사회학을 비롯한 사회학의 지적 전통은 방법론적이나 이론적인 측면에서 예술사회학의 원천이 되고 있다.

에밀 뒤르켐의 작업은 예술과 관련된 연구에서 비롯된 것이다. 그는 신화, 의례, 종교와 관련된 연구에서 음악, 춤, 노래, 시각 이미지와 장식이 '집합표상'의 일부를 구성하고, 이를 통해서 도덕적 연대를 재확인한다는 점을 강조한다. 이는 예술, 신화, 종교의 유기적인 연결고리를 설명하는 것이다. 카를 마르크스와 프리드리히 엥겔스는 방대한 문학적 지식을 자랑하며, 자신들이 창단한 독일 노동자 서클에서 매주 하루씩 예술토론을 진행할 만큼 문학·예술에 지대한 관심을 기울인 인물들이다. 막스 베버는 1921년에 『음악의 합리적, 사회적 기초』를 내놓았다. 예술을 자신의 관심사인 서구 사회의 합리화,

종교 또는 도덕적 관심사의 맥락에서 탐색했다는 점에서 독립적인 '음악사회학자'로 평가하기는 무리가 있으나(Tanner, 2003: 46~54; 해링턴, 2015: 225~228), 그는 음악사회학의 포문을 연 학자라는 평가를 받는다.

게오르크 짐멜은 졸버그가 평가하듯 고전사회학자 중 사회 속 예술에 대한 분석에 가장 적극적이었던 '예외적' 인물이다. 그는 렘브란트, 미켈란젤로, 로댕, 괴테 등과 같은 예술가들을 테마로 한 미학적 주제 및 유겐트슈틸(Jugendstil)이나 표현주의와 같은 운동들과 스타일, 건축, 장신구, 소비를 위해 디자인된 의자나 와인 잔 등의 스타일화된 실용품, 만화와 캐리커처, 사진과 자기연출의 얼굴에 이르기까지 실로 다양한 논제를 다루고 있다. 그러나 짐멜의 연구는 예술사회학이라기보다는 예술철학 또는 미학에 가깝다. 그럼에도 그는 미학적 영역에서조차 오랫동안 주목받지 못했다(졸버그, 2000: 65; 해링턴, 2015: 231). 포스트모더니즘의 시대인 오늘날에 이르러 짐멜의 가치가 부각되고 그 유용성이 더 강조되고 있는 상황은 아이러니하다.

요컨대 고전사회학자들에게 예술은 주변적인 주제였다. 그러나 그들의 이론은 예술을 사회학적으로 사고하는 많은 방법을 담고 있다. 빅토리아 알렉산더에 따르면 이들로부터 연원한 사회학 이론의 주요 패러다임인 실증주의 사회학, 갈등론적 사회학, 해석학적 사회학, 그리고 최근에 등장한 포스트모던 사회학은 예술사회학의 형성과 발전에 유용한 자원을 제공해 주고 있다.

뒤르켐의 전통과 관련이 있는 예술의 실증주의적 접근은 예술작품과 사회의 관계를 인과적 관계라는 관점으로 접근하거나 예술계의 객관적 양상에 관심을 기울인다. 전자의 예로는 예술작품이 사회를 반영 또는 형성한다는 관점(반영 이론, 형성 이론)에서 예술 대상을 분석하는 연구들이 있고, 후자에는 미술관 관람객의 인구통계학적 특성, 오케스트라의 레퍼토리, 각 국가들의 문화 정책이 예술에 끼치는 영향, 문화산업의 네트워크 구조나 예술가들의 노동시장에 대한 연구 등 많은 주제들이 해당한다(해링턴, 2015: 200~202; 졸버그, 2000: 65~66).

마르크스는 완전한 예술 이론을 정립한 적은 없다. 그러나 단편적으로 산재해 있는 문학과 예술에 관한 주장들, 지나치듯 던진 암시들, 그가 상정한 토대-상부구조 모델은 한 특정 사회 내에서의 문학 생산 수단, 분배 및 교환 과정과 작가와 독자의 사회적 성분 또는 한 시대의 이데올로기, 지식의 수준, '취미'를 결정짓는 사회적 요인들에 관심을 가진 문학과 예술사회학의 지평을 넓혀 가는 데 매우 중요한 단서들을 제공한다. 마르크스가 정초한 갈등주의 전통은 허위의식이나 문화산업에 대한 비판뿐만 아니라 성, 인종과 같은 사회적 구분 및 사회계급에 따라 예술적 취향이나 향유가 다름을 드러내는 연구 등 매우 다양하다.

주관적 경험을 이해하고 특정 상황을 설명하는 데 관심을 갖는 막스 베버 전통의 해석학적 접근법은 예술작품의 의미와 사람들이 예술작품에서 어떻게 의미를 만들어 내는지를 이해하는 데 유용한 자원을 제공한다. 어떻게 문화적 배경이 예술적 결정을 내리는 데 영향을 끼치는가, 특정 예술작품이 의미하는 바가 무엇인가 등에 대한 관심이 이에 해당한다. 예컨대 심층 인터뷰나 참여 관찰 등 질적 연구 방법으로 관객 텍스트가 담고 있는 의미에 주목하는 연구들이다. 텍스트에는 책, 영화, 회화, 대형 광고판, 대화, 그리고 사회적 상호작용의 의미를 담고 있는 모든 것이 포함된다(알렉산더, 2011: 46).

정보기술을 비롯한 과학기술의 급진적 발전과 포스트포드주의적 생산을 핵심으로 하는 후기 산업자본주의로의 전환은 예술의 형식이나 관념, 그리고 생산과 소비 등 예술장 전반에 새로운 환경을 제공했다. 시대로서 포스트모더니즘은 포드주의적 생산 체계를 특징으로 하는 산업자본주의 사회, 즉 대량 생산되는 상품이 대중매체를 통해 광고되고, 대중예술은 다수의 시청자에게 전달된다. 알렉산더는 포스트모더니즘이 예술사회학에서 중요한 역할을 담당했다는 점을 강조한다. 포스트모더니즘은 주로 예술의 수용자에 대한 연구에서 볼 수 있다(알렉산더, 2011: 53).

예술의 '사회성'은 예술사회학의 핵심 주제다. 하나의 예술작품은 예술가 개인뿐만 아니라, 제도, 예술적 관행, 동료 예술가, 비평가, 미학자, 감정가, 편집자, 수용자의 요구 등 광범위한 사회적 요인들과의 관계 속에서 탄생한다는 전제를 출발점으로 하기 때문이다. 예술이 가진 사회적 속성은 필연적으로 사회학적 접근을 필요로 한다. 이것은 예술과 사회의 관계에 대한 분석이 여전히 부족한 상황이나 그것을 사회학의 하위 분과, 즉 예술사회학의 고유 영역으로 간주할 수 있게 된 배경이다(양종회, 1985: 178).

2) 예술사회학의 분석 모델

예술의 사회학적 분석은 예술과 사회가 분리될 수 없다는 전제에서 출발한다. 예술가는 자신이 속한 사회의 구성원이고, 그 사회의 가치와 규범, 예술적 관행으로부터 자유로운 개인도 아니다. 예술작품의 형식이나 내용, 그리고 평가 또한 사회적인 요인들이 복합적으로 상호작용한 결과이다. 그러므로 사회 현상으로서의 예술 현상을 다루는 예술사회학의 분석 층위는 텍스트의 내재적 형식에 머무는 것이 아니라 작가, 텍스트, 이데올로기, 제도, 조직, 노동, 시장, 예술가 집단의 네트워크, 권력 등 전체를 아우르는 종합적인 이론틀이어야 한다. 이는 예술사회학의 질적 도약을 의미하는 것으로, 1960년 이후 "예술 세계"의 역동성을 기술하고 분석하는 일련의 이론이 등장한 것과 맥을 같이한다(Maanen, 2009: 7). 1964년 예술철학자 아서 단토가 도입한 "예술 세계" 개념은 예술사회학이 사회학에서 독립적인 지위를 확보, 발전해 나가는 데 매우 중요한 단서를 제공했다.

단토가 1964년 한 전시장에서 본 앤디 워홀의 〈브릴로 상자〉는 그야말로 예술의 신비에 도전하여 "미를 욕보인" 사건이다. 무엇이 브릴로 상자를 예술로 만드는가, 도대체 예술이란 무엇인가. 그가 평생 화두로 삼은 이 질문에 대한 해답은 「예술 세계」라는 논문을 통해 제시된다. 단토는 〈브릴로 상자〉가 예술작품으로서의 지위를 갖게 된 것은 당시 유행했던 예술에 대한 태도와 관련이 있다고 보았다. 당대의 역사적·이론적 분위기, 즉 예술사에 대한 지식, 당대에 예술 세계를 정의하는 이론 등이 그것이다. 이는 전적으로 예술작품이 초월적인 천재 예술가 개인의 창조적인 노력의 산물로 정의되었던 고전적 정의관에 반하는 것으로, 예술 작업이 역사적, 사회적 조건에 제약을 받고 있음을 인정하는 것이다. 단토가 제시하고 조지 디키(George Dickie)가 '제도론적 예술론'으로 발전시킨 예술 세계에 대한 주된 생각은 이후 하워드 베커, 폴 디마지오(Paul Dimaggio), 피에르 부르디외, 니클라스 루만, 브뤼노 라투르(Bruno Latour), 나탈리 에니크(Nathalie Heinich) 등 많은 학자들에게 연구의 출발점을 제공했다. 단토와 디키가 역사적, 제도적 맥락에서 예술을 이해하려고 했다면 베커는 직업사회학적 관점으로 예술을 분석하였고, 부르디외는 '예술 세계'를 '예술장'의 개념으로 대체, 예술의 역동성에 대한 완전한 이론을 개발하고자 시도하였으며, 루만은 사회 시스템이 어떻게 작동하고 서로 관련이 있는지에 대한 메타 이론을 발전시켰다. 특히 베커와 부르디외의 이론이 예술사회학에 매우 중요한 공헌을 하였다는 점은 강조할 만하다. 그들은 고전사회학에서 이루지 못했던, 사회구조와 사회 변동에 대한 총체적이고 역사적인 분석을 이끌어 내는 작업을 시도함으로써 현대 예술사회학을 정립하였다고 평가된다(단토, 2017b: 18; Maanen, 2009: 8; 심보선, 2011: 271~272).

베커의 저서『예술 세계(Art Worlds)』(1982)의 골자는 예술 세계의 관계성이다. 베커는 예술의 사회학적 이해를 위한 전체적인 개념 정의에 전념한 후, 이를 다양한 주제에 적용한다. 베커가 '예술 세계'에서 강조하는 핵심 개념은 '집합적(또는 협력적) 활동'과 '관행(conventions)'이다. 우선 집합적 관계의 측면을 보면, 예술은 신이 내린 특별한 재능을 지닌 예술가 개인만의 노력이 아닌 많은 사람들이 협력하여 만들어 낸 합작품으로 정의될 수 있다. 이 사람들 중 일부는 예술계의 '핵심 인력(core personal)'이고, 다른 사람들은 이를 지원하는 '보조 인력(support personal)'이다. 심포니 오케스트라가 가능하기 위해서는 악기가 발명되고, 유지되어야 하며, 콘서트를 위한 광고가 준비되고, 티켓이 판매되어야 하며, 이를 청취할 수 있는 청취자가 있어야 한다. 모든 예술은 직접 창작에 종사하는 사람과 이를 돕는 사람이 참여함으로써 만들어진다. 즉 누군가 만들어질 예술작품의 형식과 종류를 정하기 위해 아이디어를 짜야 하고, 물적 자원과 장비를 구입하여 실행에 옮겨야 하며, 배우, 연주자, 댄서와 같은 예술가들을 충원하고, 보조 스태프와 기술자를 고용해야 한다(Becker, 1982: x; Clulely, 2012: 200; Maanen, 2009: 36).

이처럼 예술작품에서 아이디어를 결과물로 형상화한다면(생산), 수용자에게 전달할 방법을 찾아야 하고(분배), 수용자가 이것을 이해하고 감상할 수 있어야 한다(수용). 이 이해를 돕는 것은 바로 두 번째 핵심 개념인 관행이다. 창작 과정에서 혼자 작업하는 사람이라 하더라도 이 관행을 무시하면 다른 예술 세계 참여자들과의 소통은 불가능하다. 곧 예술의 창작 과정은 기존의 표준적인 미학적 체계에 의존해야 이해되고 정당화되는 것이다. 그러나 여기에는 딜레마가 존재하는데, 모든 예술가가 기존의 미학적 체계라는 관례를 따르면서 동시에 창의성을 인정받을 수 있는 혁신을 이루어야 하는 문제이다. 이 역시 예술가가 활동하는 예술 세계에 관계된 사람들과의 상호작용의 결과이다(알렉산더, 2011: 150~151; 박찬웅, 2007: 284).

요컨대 집합적 혹은 협력적 행동의 산물로서의 예술을 전제한 베커의 이론은 작품의 생산, 유통, 소비 과정을 포함하는 예술 세계의 역동성을 조망할 수 있는 분석 모델을 이끌어 냈다는 점에서 의미 있다. 베커의 예술 세계에 대한 생각은 부르디외의 '예술장' 개념과 유사하다. 예술의 장은 예술 세계에 참여하는 사람들이 예술적 관행과 이데올로기, 미적 규범을 논의하고, 이를 정당화하는 이데올로기들이 예술을 만들어 내는 사회의 특수한 공간으로 이해할 수 있다. 이는 고독한 예술가 개인의 창조물이라는 낭만적 '예술의 신비'에 도전하는 것으로 이해할 수 있다. 이렇게 보았을 때 두 이론은 중층적이고 중첩적인 영역이라 할 수 있다. 다만 부르디외 모델은 베커에게 없는 계급관계에 기초한 권력관계와 이데올로기의 사회적 구성이란 측면이 분명하게 드러난다는 점이 가장 큰 특징이자 차이다(알렉산더, 2011: 534~536). 이는 부르디외의 메타 이론을 구성하는 핵심 개념인 '장'과 '아비투스'에 이미 배태되어 있는 것이다.

부르디외가 상정한 '장(fields)'은 복잡한 사회에 대한 부르디외 모델의 핵심이다. 사회에는 자본과 산업, 의학계, 법조계, 정계 등과 같은 장들이 존재하는데, 각각의 장들은 '서로 다른 자본과 권력을 가진 행위자들이 정당성을 독점하기 위해 벌이는 투쟁의 공간'이다. 그리고 각각의 장에서 행위자들은 특정한 사회적 환경에 의해 획득된 성향, 사고, 인지, 판단과 행동 체계(지속 가능하고, 변형 가능한 성향)인 '아비투스'에 의해 유리한 입장이나 불리한 입장에 서게 된다. 부르디외는 '예술의 세계'를 '예술의 장'과 '아비투스'로 부른다. 예술장 역시 서로 대립하는 상이한 세력 간 갈등과 투쟁이 일어나는 영역이다. 여기서 예술가와 작품의 위치(계급적, 미학적, 공간적, 소비적 위치 등)를 생산, 재생산하는 기능을 하는 것이 아비투스다. 그뿐만 아니라 예술 취향에 있어서 계급적 위계를 드러내 주는 개념이기도 하다(알렉산더, 2011: 534~535; 김동일, 2009: 137; 이동현, 2002).

그러므로 장과 아비투스 개념은 별개의 개념이 아니라 서로를 강화하면서 설명적 완결을 이루는 결합체라 할 수 있다. 이 둘의 결합은 '공모 효과'를 산출하는데, 현실적 환상 혹은 오인이라고 하는 일루지오(illusio)가 그것이다. 일루지오는 자신이 참여하고 있는 예술 세계 내의 특정한 목표와 가치를 자명한 것으로 인식하고, 자신이 참여하고 있는 예술 세계에 정당성을 부여하는 집단적 믿음을 의미한다. 예컨대 천재의 창조적 능력이라는 이데올로기를 작가에게 돌리고, 문학평론가가 그것을 인정하고 보증하며, 독자가 작품을 감상하고 사게 되는 일련의 게임 과정에 참여하는 모든 행위자들이 갖는 일종의 마법적 환상을 말한다. 단토가 예술 세계의 예로 들었던 워홀의 〈브릴로 상자〉를 가치 있는 예술작품으로 인정해 주는 것은 이러한 예술장의 고유 논리 때문이다(김동일, 2009: 146; 이동현, 2002).[13] 문학상을 받은 작가의 작품이나 유명 인사가 텔레비전에서 소개한 책이 베스트셀러의 반열에 오르는 것도 일루지오의 한 예라 할 수 있다.

---

13 「피에르 부르디외의 예술론」(『월간미술』, 2002)에 제시된 예에서 화랑 상인을 문학평론가로, 소비자를 독자로, 뒤샹의 〈샘〉을 워홀의 〈브릴로 상자〉로 바꾸어 표기하였다.

알렉산더에 의하면 부르디외의 이론은 두 가지 점에서 특징적이다. 하나는 장이 이데올로기를 수반한다는 사실을 분명히 한 점이고, 다른 하나는 예술의 생산과 소비에 모두 집중했으며, 이 둘의 지속적인 이론적 통합을 제공했다는 점이다(알렉산더, 2011: 538).

베커와 부르디외의 '예술 세계'와 '예술장' 모델은 작가, 텍스트, 이데올로기, 제도, 조직, 노동, 시장, 예술가 집단의 네트워크, 권력 등 전체를 아우르는 총체적인 이론틀을 제공함과 동시에 텍스트, 작가론, 예술과 사회의 관계, 예술의 생산 영역, 소비 영역, 분배 체계, 그리고 예술 세계에 작동하는 권력과 이데올로기, 수용자 연구 등 각각을 나누어 연구할 수 있는 분석틀을 제공했다. 웬디 그리스올드(Wendy Griswold)의 '문화의 다이아몬드'는 이를 더욱 분명히 할 수 있는 유용한 분석 도구를 제시했다.

〈그림 5-2〉는 그리스올드가 제시한 문화의 다이아몬드 모형에 (1) 사회와 예술의 관계를 밝히는 데 주로 사용하는 반영론·형성론,

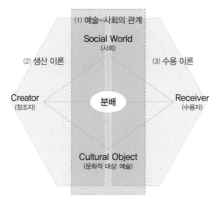

그림 5-2 분석 모델: 그리스올드의 문화의 다이아몬드[14]

14 그리스올드는 예술을 문화의 대상으로 보았다. 이 글에서는 그리스올드의 도식에서 '문화적 대상'을 편의상 '예술'로 표기하기로 한다.

(2) 생산 이론, (3) 수용 이론으로 접근할 수 있음을 첨가하여 그린 것이다. 다만 그리스올드가 예술을 문화의 부분집합으로 바라봤기 때문에 여기서는 보다 직접적인 의미를 전달하기 위해 '문화'라는 용어를 '예술'로 바꾸어 표기한다. 즉 사회, 예술작품, 예술가 또는 작가, 수용자라는 4개의 꼭짓점과 이들 모두를 연결하는 6개의 선, 그리고 다이아몬드 중앙에 알렉산더가 추가한 분배의 요소를 고려하여 기술해 나갈 것이다.

　　이를 위해 우선 이해되어야 할 것은 그리스올드의 문화의 다이아몬드를 구성하고 있는 네 개의 꼭짓점 —문화적 대상(예술작품), 창조자, 수용자, 문화— 과 모두 연결되어 있는 6개의 선이다. 모든 예술작품은 창조자를 갖는다. 이는 예술가 또는 작가일 수도 있고, 새로운 게임이나 용어를 만든 발명가일 수도 있다. 그리고 이 창조자 반대편에 있는 주체는 시인의 시나 소설가의 소설을 읽고, 화가의 그림을 감상하는 사람들이다. 모든 예술작품은 읽고, 이해하고, 구매하고, 연기하고, 참여하고, 그것을 기억하는 사람들이 있어야 의미가 있다. 이들은 수용자인데, 그리스올드는 이들을 가리켜 능동적 의미의 생산자라고 부른다. 그리고 예술작품과 이를 수용하는 사람들은 자유롭게 부유하는 존재가 아니다. 이들은 모두 경제, 정치, 사회, 문화 패턴이라는 특정한 사회적 세계(social world)에 고정된 사람들이라 할 수 있다. 그리고 이 네 꼭짓점은 모두 6개의 선으로 연결되어 있다 (Griswold, 1994: 14~17). 알렉산더는 그리스올드가 제시한 '문화의 다이아몬드'의 네 꼭짓점과 6개의 선이 통과하는 정중앙에 분배를 추가하였다. 그리스올드의 '문화의 다이아몬드'는 예술 세계 또는 예술장의 역동적인 관계성을 기술하는 도구로 유용하다.

예술과 사회의 관계: 반영론 VS 형성론

"네이버 신작웹툰 〈틴맘〉 불매합시다. 네이버 웹툰 측에 메일로 항의하는 것도 좋을 것 같습니다. 미디어의 영향이 얼마나 큰지 잘 아는 대형 웹툰 사이트에서 청소년 성, 임신 문제를 이딴 식으로밖에 다루지 못한다니요. 혹시나 해서 보러 가지 마세요. …"

청소년의 성과 임신 문제를 다룬 네이버 웹툰 〈틴맘〉이 연재되자마자 나온 반응 중 하나다. 〈틴맘〉은 태국과 일본에서 인기몰이를 한 후 한국에 연재를 시작했는데, 연재 1회 만에 퇴출운동이 벌어졌다. 퇴출운동의 기저에는 웹툰이라는 대중예술이 청소년에게 미칠 영향에 대한 깊은 우려가 놓여 있다. 그러나 이에 대한 다른 의견이 있을 수 있다. 웹툰은 곧 사회 현상을 반영한 것이라는 견해가 그것이다. 마찬가지로 폭력 범죄의 빈번한 발생은 폭력적인 드라마나 영화의 영향 때문인가, 아니면 폭력성 짙은 드라마나 영화가 사회 현상을 반영한 것인가.

이는 매우 오래된 논쟁거리이며 가장 의도적으로 단순화한 틀이지만, 예술과 사회의 관계를 규명하는 데 있어 반영적·형성적 접근법은 여전히 광범위하게 활용되는 접근법이기도 하다. 이는 그리스올드의 모형을 차용한 사회-문화적 대상(예술작품)의 관계 모형에서 (1)에 해당하는 부분이다.

1) 반영 이론

반영적 접근법의 뿌리는 마르크스주의 문화 이론이다. 마르크스는 '세계 혼'이라는 인간 정신의 자발적 실현을 통해 인류 역사가 진전된다는 헤겔의 관념론적 변증법을 전치시켰다. 이를 유물론적 변증법이라고 하여 종교, 가치, 예술, 사상, 법 등의 문화 일반을 물적 현실의 결과 내지 반영으로 보았다. 즉 마르크스 이론에서 한 사회의 문화와 이데올로기는 그 사회의 경제적 관계를 반영한 것이므로, 문화연구도 경제적 하부구조에 의한 상부구조의 결정성을 중시해야 함을 역설했다(김문조, 2007: 14). 그러나 오늘날 반영론적 접근은 유물론적 마르크스주의에 국한되지 않는다.

반영 이론은 '예술이 사회를 비추는 거울'이라거나 '예술이 사회를 반영한다'거나 사회에 의해 예술이 규정 또는 결정된다고 보는 관점이다. 이는 예술이 한 사회에 대한 정보를 담고 있다는 의미가 된다. 텔레비전 주말 드라마가 인종 차별이나 가부장적 사회 모습을 담고 있을 수 있고, 한 시대를 대표하는 영화나 소설이 첨예한 계급 갈등을 반영할 수도 있으며, 널리 유행하는 대중가요가 정치 이데올로기를 담고 있을 수도 있다.

> 본질적으로 반영적 연구는 동시대 혹은 역사적 문헌에 대해 연구하는 문헌 분석의 한 형태다. … 예술의 사례에서는 소설·시·극본·인쇄된 악보가 포함된다. 하지만 문헌은 그림이나 노래처럼 시각적이거나 청각적일 수도 있고, 잡지 광고·영화·텔레비전 쇼·연극이나 콘서트처럼 시각과 청각이 혼합된 것일 수도 있다. 문헌 분석의 유용한 장점은 연구자들이 현재뿐만 아니라 지나간 날들에 대한 단서를 제공할 수 있다는 점이다. 반영적 연구를 위한 전략은 문헌 분석에 대한 책이나 각 장에서 찾을 수 있을 것이다. (Scott, 1990; 알렉산더, 2011: 68에서 재인용)

알렉산더는 반영적 접근을 사용한 연구들이라 하더라도 상이한 가정에서 출발할 수 있고, 그들이 사용하는 연구 기법 또한 다양하다는 사실을 강조한다. 예컨대 예술사학자 엘리자베스 헬싱어는 1820~1830년대의 풍경화가인 윌리엄 터너(J. M. William Turner)의 판화에 영국의 국가 정체성이 어떻게 반영되었는지를 연구했다. 그가 사용한 연구 전략은 해석학적 연구로, 수많은 예술작품을 꼼꼼히 연구한 결과 터너의 작품에 나타난 미술사에서의 양식적 요소와 당시 영국의 정치적, 경제적 상황을 결부하는 역사 분석을 이끌어 냈다. 또 레오 뢰벤탈(Leo Löwenthal)은 내용 분석 기법으로 시간에 따른 변화를 추적하여 미국의 대중적 우상이 어떻게 변화했는지를 밝혀냈다. 그는 영웅들의 일대기가 수록된 1901~1941년까지의 잡지를 선택하여, 불과 한 세대 내의 짧은 기간 안에 대중적 스타의 유형이 발명가, 탐험가, 사업가에서 영화배우나 운동선수와 같은 연예인(스포츠인)으로 변모했음을 밝혔다. 그는 관심의 소재도 이전의 비범, 고난, 용기 등에서 점차 선호하는 술이나 담배, 차종 등과 같은 신변사로 격하되었는데, 이는 경제 환경의 변화에 따라 진취적 열망을 상실하게 된 중간계급이나 노동계급의 소외적 생활상이 반영된 결과라고 결론짓는다. 그 외에, 시간에 따른 서부 영화 서사구조의 변화를 추적하여 특정 시대에 상응하는 서부 영화의 네 가지 플롯 버전을 밝혀낸 라이트(Will Wright)의 구조주의적 기호학 접근법, 광고는 특정한 의미를 만들어 내기 위해 구성되는 것이라는 전제하에 수천 개의 광고를 살펴 광고에 등장하는 인물의 키(머리 높이)를 포착, 불평등한 젠더관계의 본질을 반영하였다고 주장한 『젠더 광고』의 저자 고프먼의 의례 이해 전략 등은 반영론적 접근법을 사용한 다양한 연구 사례들이라고 볼 수 있다(알렉산더, 2011: 80; 김문조, 2007: 15).

이처럼 사회가 변하면 예술도 변한다. 그러나 유의할 점은 예술이 사회를 반영하나 매우 복잡한 방법으로 반영한다는 점이다. 예술과 사회 사이에는 수많은 매개요인들이 존재하기 때문이다. 알렉산더는 예술이 사회를 반영하는 것을 놀이공원에서 볼 수 있는 일그러진 형태의 오목 볼록 거울에 비유한다. 거울은 단지 특정한 시대에 존재하는 현실의 일부분만 왜곡된 형태로 반영할 수 있다. 실제로 예술작품은 창작자와 배급자에 의해 체계적으로 왜곡되는데, 거울에 비친 왜곡된 이미지들은 선택적으로 오인되어 의미창조에 기여하는 수용자에 의해 소비된다(알렉산더, 2011: 91~92).

2) 형성 이론

지난 2013년 10대 여학생을 성폭행하고 목 졸라 살해한 뒤 시신을 훼손한 '용인 모텔 살인 사건'이 발생해 충격을 줬다. 이 사건 피의자 심모(당시 19세)군은 검거 후 "범행 수법을 어디서 배웠느냐"는 기자들 질문에 "유튜브 같은 인터넷에서 돌아다니면서 배웠다"고 했다. 그는 잔인한 영화를 많이 본 것으로 조사됐다. 심군은 범행 내용과 비슷한 장면이 나오는 공포 영화 '호스텔'도 봤다고 했다.

인천 초등생 살인 사건 피의자 김모양과 심군 모두 잔혹 콘텐츠를 즐겼다는 점이 공통점이다. 전문가들은 "청소년들이 폭력적이고 잔인한 콘텐츠를 자주 접하면 그런 행동에 대한 '둔감화 현상'이 일어난다는 것이 여러 연구에서 밝혀졌다"며 "이 때문에 모방 범죄로도 이어질 수 있다"고 말했다. (〈조선일보〉 2017. 7. 27.)

잔혹한 살인 사건이 폭력적인 대중예술의 영향이었음을 강조하는 기사다. 미디어의 폭력성이 실제 사회의 폭력을 조장한다는 주장은 널리 퍼져 있는 오래된 통념이다. 웹툰 〈틴맘〉의 1화가 게재되자마자 게재중단 요구 등 항의가 잇따르며 논란이 일어난 것도 이 같은 맥락이다. 논란의 핵심은 10대 미혼모라는 "심각한 사안을 가볍게 다루고 있다는 점, 그리고 10대 여주인공을 성적 대상화하는 작화와 연출이 사용된다는 점"이다(〈주간경향〉 2019. 6. 3.).

이런 생각은 반영 이론과는 반대로 예술작품이 사회에 영향을 미친다고 생각하는 논리에 기반한다. 즉 형성 이론의 핵심은 '예술의 힘'에 대한 강조이다. 형성 이론을 지지하는 대부분의 학자들은 특히 대중예술이 사회에 미치는 부정적인 영향에 초점을 맞춘다. 산업화와 노동자계급의 출현으로 문화적 교양을 지닌 엘리트의 지배가 도전을 받자 '뛰어난 교양과 정신적 완성'으로 문화를 정의한 매슈 아널드(Matthew Arnold), 그의 후예인 프랭크 레이먼드 리비스(F. R. Leavis)가 20세기 대량문화에 적대감을 표출한 것은 형성론적 관점을 대변하는 단적인 예라 하겠다. 그에 의하면 할리우드 영화는 "자위 행위와 동일"하고, 라디오는 "비판적인 생각 자체를 말살"시키는 주범이요, 광고는 "끈질기고도 침투성이 강한 자위 행위와도 같은 속임수"인 문화 질병의 대표적 증후군인 것이다(Leavis, 1932; 최샛별·최흡, 2009: 142에서 재인용). 리비스주의자들과 맥락은 다르나, 비판 이론가들 역시 산업화된 대중문화가 대중들에 영향을 주는 해악을 지적한다. 그들은 대중 매체의 급속한 발전, 오락문화의 번성, 전체주의 정권에 의한 문화 조작, 영화산업과 음반산업의 급속한 발전이 이루어지던 1930년대 후반~1940년대를 지나면서 이윤을 위해 조작된 대중문화가 대중들의 비판의식을 마비시키고 자본주의에 순응하게 하는 주범이라고 비판한다. 아도르노와 호르크하이머는 "위로부터 조종되고 즉석요리처럼 바로 제공된다"라는 말로 문화산업을 "대중 기만으로서의 계몽"으로 규정한 것이다(김창남, 2018: 65; 아도르노·호르크하이머, 2001: 205). 이들의 공통점은 대중예술은 해롭고 순수예술은 가치 있는 것으로 보고 있다는 점이다.

형성론적 관점의 본격적인 연구는 1929~1932년까지 페인 재단(Payne Fund Studies)의 지원으로 수행한 허버트 블루머(Herbert Blumer)의 연구까지 거슬러 올라갈 수 있다. 이 연구는 영화가 어린이들에게 미치는 영향을 평가하도록 설계된 대규모 연구로, 오하이오주의 50개 지역사회에서 1,500개 영화를 대상으로 13개의 연구 보고서를 내며, 우려했던 바대로 영화가 아이들에게 학습 태도 형성, 감정의 자극에 영향을 미친다고 결론지었다(박성희, 2015: 141). 형성적 연구 전략의 대표적인 예는 폭력적인 텔레비전 프로그램이 사회에 끼치는 악영향에 대한 '매체 효과'에 관한 연구다. 잘 알려진 사례로는 3~5세까지의 아동을 대상으로 '보보 인형 실험'을 수행한 심리학자 앨버트 반두라(Albert Bandura)와 그의 동료인 도로시아 로스(Dorothea Ross)와 실라 로스(Sheila Ross)의 연구(1963)이다. 그들은 이 실험을 통해 공격 행위를 한 모델을 본 아동이 폭력적인 행동을 더 많이 한다는 '모방 학습' 이론을 제시함으로써 미디어, 특히 텔레비전이 사회적 행위의 중요한 원천으로 기능할 것이라는 점을 강조하였다(알렉산더, 2011: 129~131). 그 밖에도 게임과 같은 디지털 미디어 환경과 관련하여서도 미디어가 사회에 나쁜 영향을 주고 있다고 결론짓는 연구들은 많다. 국내에서도 폭력 영화가 모방 범죄의 원인이라든가 대중매체의 폭력성이 청소년들의 폭력을 유발한다는 식의 연구들은 꾸준히 이루어지고 있다.

그러나 형성론적 관점이 반드시 예술의 부정적인 영향만 논의하는 것은 아니다. 알렉산더는 그린 아트(green art)가 재활용을 촉진하고, 암 환자를 다룬 영화 한 편이 의학 연구기관에 대한 기부를 장려할 수 있다고 보았다(알렉산더, 2011: 105). 〈우리들의 행복한 시간〉이라는 공지영 원작의 영화 한 편이 사형 제도라는 사회적 이슈를 끌어올렸고, 영화 〈화려한 휴가〉나 〈택시운전사〉는 1980년 광주의 참상을 그림으로써 역사적 진실을 공론화한 사례다.

1970~1980년대 군부독재 시절 대중가요 음반 발매 시 의무적으로 수록해야 했던 '건전가요'와 1970년대 후반 김민기가 야학 활동을 하면서 노동자들을 위한 노래극 제작으로 시작해 1980년 광주 민주화운동 이후 창작·배포로 본격화되었던 '민중가요' 운동은 억압과 저항이라는 상반된 관점을 대표하지만, 이들은 대중문화가 사람들의 정서에 지대한 영향을 미친다는 생각을 공유하고 있다. 예술이 사회에 긍정적이든 부정적이든 지대한 영향을 미친다는 이 같은 생각은 각종 '규제와 지원'의 문화 정책을 수립하는 데 정당성을 제공한다.

예술의 생산과 수용

예술사회학적 분석의 가장 단순한 분석 모델이 반영론과 형성론으로 압축되는 예술과 사회의 관계였다면, 보다 복합적인 분석의 한 축은 '예술의 사회적 생산과 수용'이다. 이는 각각 문화의 다이아몬드 모델의 왼쪽인 (2)의 생산론과 오른쪽에 위치한 (3)의 수용론에 해당하는 부분이다. 그러나 생산, 수용, 사회, 문화적 대상의 네 꼭짓점은 모두 연결되어 서로 밀접하게 영향을 주고받는다는 사실은 중요하다.

예술의 생산과 수용에 대한 이론적 관심은 20세기 중반, 커뮤니케이션 연구에서 시작되었다. 커뮤니케이션은 일반적으로 발신자와 수신자, 그리고 메시지를 포함하는 과정으로 생각되었고, 이러한 요소들 간의 관계를 핵심 테마로 하여 연구하는 것이 매스미디어 연구였다. 여기서 중시되는 것은 행위자와 제도의 구체적인 행위 수행에 관한 것으로, 결국 예술은 추상적인 사회적 힘의 산물이 아닌 정확한 인과관계에 기반하고 있다는 것을 논점으로 한다(스미스, 2015: 283).

1) 예술의 생산

> 예술은 사회적 생산물이다. … 존재와 사회와 시간을 초월해 있는 '천재'의 창조물로서의 낭만적·신비적 예술 개념에 반대한다. 예술은 오히려 많은 현실적, 역사적 요인들의 축조물이다.
>
> —재닛 월프[15]

고전주의, 낭만주의, 사실주의, 인상주의, 입체주의, 모더니즘, 포스트모더니즘에 대한 지식이 없는 사람도 17세기 이후 변화해 온 예술 사조의 명칭 정도는 익히 들어 알고 있을 것이다. 이는 후원 제도, 재료, 예술시장, 기술, 예술 관행 등의 변화에 따라 예술 사조의 패러다임이 전환된 예이다. 예컨대 교회와 신 중심적 세계관이 지배하던 중세 체제의 붕괴와 계몽사상 및 절대왕정과 궁정문화의 등장은 고전주의를 태동시킨 요인이다. 특히 루이 14세는 예술에 대한 지

---

15 재닛 월프, 1992, 『예술의 사회적 생산』, 이성훈·이현석 옮김, 한마당, p. 11.

대한 관심으로 왕립무용아카데미를 설립하고 베르사유 궁전을 지어 호화로운 궁정 생활을 이어 간 인물이다. 이때 프랑스 궁정을 중심으로 보편성과 이성적 정신의 추구 및 감정과 개성의 배제를 규약으로 하는 고전주의 문학이 등장하게 된다. 고전주의 문학에서 형상화된 현실 세계는 이성적, 진실됨, 선함, 도덕적, 우아함, 간결함과 균형적, 완벽성을 추구하였는데, 이는 궁정의 지배를 받아 정형화된 양식을 사용해야 하는 창작의 원칙이 적용된 예이다. 모차르트, 하이든, 베토벤 등으로 유명한 18세기의 고전주의 음악 역시 고전 철학의 이상, 균형과 조화, 규칙과 통일성이 강조되었다. 화성학과 평균율의 완성으로 대변되는 고전주의 음악은 간결하면서도 합리적인 화성법의 사용이 특징이다. 결국 왕과 귀족의 후원으로 확산된 고전주의 예술은 봉건질서의 파괴로 야기된 사회 혼란을 이성이라는 보편적 질서를 제공하기 위한 수단이요, 백성 통치를 위한 도덕교육이라는 절대왕정의 목적이 투영된 것이라 할 수 있다(정철연, 2015: 43~46).

19세기 후반 프랑스에서 시작된 인상주의 사조는 산업화와 도시화, 그리고 엔진, 전기, 자동차, 전화, 녹음기, 영화기술 발명 등 과학기술의 비약적인 발전과 밀접하게 연관되어 있다. 특히 카메라의 발명은 15세기 르네상스 이후부터 유지되어 오던 미메시스(Mimesis)로서의 예술적 관행을 위기로 몰아넣은 사건으로 기록된다. 카메라는 대상을 재현해 내는 능력이 사람보다 탁월했기 때문이다. 따라서 빛에 따라 시시각각 변하는 사물의 순간적인 인상을 화폭에 담아내고자 했던 인상주의의 발현은 기계가 할 수 없는, 인간만이 가지고 있는 능력을 활용하고자 한 결과다. 그러나 아르놀트 하우저는 기술의 엄청난 진보만 가지고 인상주의를 설명할 수 없다고 주장한다. 기술의 진보만큼이나 내적인 변화를 간과해서는 안 된다는 것이다. 기술의 급속한 발전은 유행의 교체를 촉진시킬 뿐만 아니라 문화의 중심이 현대적 의미의 대도시로 발전해 가는 일과 결부되고, 이 대도시는 새로운 예술이 자라나는 토양인 것이다. 하우저가 인상주의를 도시적인 예술이라고 단언하는 이유이다. 그것은 풍경으로서의 도시를 발견하고 그림을 시골에서 도시로 옮겨 온 것만이 아니라, 세상을 도시인의 눈으로 보고 극도로 긴장된 현대 예술가의 신경이 외부세계의 인상들에 반응하기 때문이다. 즉 인상주의는 도시 생활의 다양한 변화, 신경질적인 리듬, 갑작스럽고 날카롭지만 늘 사라지고 마는 인상들을 담아내기 때문에 도시적인 양식인 것이다. 하우저는 인상주의를 매우 동적인 발전 경향의 정점이요 정적인 중세적 세계상의 완전한 해체를 의미하는 것으로 이해한다(정철연, 2015: 65; 하우저, 1997: 170~171). 이 사례들은 사회의 복합적인 요소들이 예술 생산의 조건임을 말해 준다.

예술의 생산에 대한 연구는 예술작품의 생산에 영향을 미치는 문화적이고 제도적인 요인들에 초점을 맞춘다. 재닛 월프가 지적한 것처럼 예술은 존재, 사회, 시간을 초월한 천재 개인의 재능만으로 탄생한 창조물이 아니라, 사회적 요인이 복잡하게 얽혀 있는 구성물이다. 따라서 예술의 생산에 초점을 맞춘 연구들은 예술작품의 내적 가치보다는 예술 생산에 영향을 주는 다양한 사회적 요인들과 얼마나 상호 밀접한 관계에 놓여 있는가를 드러내는 것을 중시한다. 이는 예술에 대한 '낭만적이고 신비한 개념'을 정면으로 반박하는 것이고, 반영 이론이 가진 문제점[16]에 대한 대응으로 형성된 것이다(스미스, 2015:

---

16 알렉산더는 반영 이론의 주요 문제점으로 무엇(규범, 가치, 욕구, 환상, 신화, 인구학적 경향, 고정관념, 통계적 규칙성 또는 비일상적 사건들)이 반영되었는지, 누가(엘리트, 신흥계급, 전체 사회 혹은 하위문화) 반영되었는지, 어떻게 반영되었는지 구체화할 수 없다는 점을 꼽는다(알렉산더, 2011: 87).

294; 월프, 1992: 11).

　　그리스올드에 따르면 예술이 어떻게 생산되는지, 예술의 생
산 수단과 생산 과정이 예술 자체에 어떤 영향을 미치는지를 이해하
는 것이 중요하다. 이러한 유형의 분석은 1970년대 초반 산업 및 조
직 사회학에서 비롯되었다. 문화 생산 학파로 불리는 리처드 피터슨
(Richard Peterson)은 창작자와 소비자 사이에 개입하는 복합적인 장치
(complex apparatus)들을 보아야 한다고 주장한다. 이는 잠재적 소비자들
이 예술에 접촉할 수 있는 상황을 창출해 내거나 표적화하는 광고 등
의 마케팅 기법을 포함한다(Griswold, 1994: 71).

　　폴 허시(Paul Hirsch) 역시 조직사회학의 아이디어를 예술사회학
에 적용한 인물이다. 그는 예술의 산물을 생산하는 기업들의 네트워
크가 어떻게 작동하는지에 관심을 가지고, "문화산업 시스템" 모델을
제시했다. 이 모델의 핵심은 예술가와 예술의 최종 소비자인 대중들
사이에는 '산업 시스템'이 존재한다는 사실이다. 산업 시스템은 예술
가들에 의해 공급되는 대량이 산물들을 걸러 냄으로써 공급의 일부
만이 대중에게 전달된다는 것인데, 이는 산업 시스템이 예술가나 예
술작품을 걸러 냄으로써 추상적이고 창조적인 산물을 시장성 있는
것으로 변형시킴을 의미한다. 〈그림 5-3〉은 예술가, 예술작품이 대중
들에게 전달되기까지 산업 시스템의 통제 메커니즘을 이해할 수 있
도록 제시된 그림이다. 이는 상업출판사, 영화스튜디오 및 음반 회사
의 구조와 운영에 관한 복잡하고 다(多)조직적(multi-organizational systems)
인 시스템으로, 대량 생산되는 문화의 불확실성과 역동성을 감안해
불확실성을 처리하기 위한 기업의 운영 메커니즘이라 할 수 있다.

　　알렉산더는 문화상품에 대한 이 같은 통제 시스템을 피터슨이
제시한 게이트키퍼(gatekeeper)의 개념으로 설명한다. 출판업계의 예를

그림 5-3 허시의 문화산업 시스템

출처: Griswold(1994: 73)에서 재인용

들면, 편집자는 출판사로 들어오는 수많은 원고들을 읽고 거절 또는 승낙을 하는 1차적인 게이트키퍼이다. 책이 출판된 후에는 마케팅 인력이 각 도서에 대한 홍보 전략을 결정할 때 일부 도서가 2차적으로 걸러진다. 또한 비평가들이 비평문을 작성할 책을 선별할 때, 도서관과 서점의 구매 담당자들이 어떤 도서를 서가에 진열할 것인가를 결정할 때 또 한 번 걸러짐으로써 결국 예술상품의 일부만이 소비자에게 전달되는 것이다(Hirsch, 1972: 639; Griswold, 1994: 72; 알렉산더, 2011: 166).

　　예술의 생산적 측면을 연구하는 데 중요한 자원을 제공했다는 평가를 받는 베커의 『예술 세계』(1982) 역시 조직과 직업, 그리고 일의 사회학으로부터 많은 통찰을 얻은 피터슨과 허시의 연구와 맥이 닿아 있다. 예술이 어떻게 창조되고 생산되며 분배되는가에 초점을 둔 베커의 접근법은 창작자와 분배망, 예술작품, 그리고 사회와의 관계에 대한 설명을 통해 예술의 생산적 측면을 다루고 있다. 그는 예술작품이 생산되는 데 필요한 전통적인 지식과 수단, 예술가와 비평가, 분배망 등으로 이루어진 '조직된 인적 네트워크'라는 예술계의 모든 측면이 예술 생산에 일련의 자원과 제약을 제공한다고 주장한다. 그는 모든 예술의 생산 요소로 분업, 관행, 유통 체계, 예술 및 예술가 등을 꼽는다. 우선, 모든 예술의 생산은 핵심 인력과 보조 인력으로 구성된 분업으로 이루어지는데, 여기에는 핵심 인력인 예술가들과 보조 인력들 사이에 협력 또는 갈등이 발생할 수 있다. 또한 예술 세계가 예술 생산에 제약을 가하는 예술적 관행이 있는데, 이는 핵심 인력과 보조 인력의 관계를 설정하는 표준적인 방식은 물론 예술가들이 사용하는 표준 형태의 재료와 예술 세계에 속한 인력을 서로 연결하는 통상적이고 표준적인 패턴을 포함한다. 유통 체계 또한 중요하다. 허시의 모델에서 본 바와 같이 유통 체계는 예술을 대중에게 전달하기까지 중요한 역할을 하기 때문이다.

예술의 생산 측면을 탐구하는 연구는 예술가, 예술 텍스트, 사회, 그리고 예술의 유통(분배) 또는 문화산업 조직에 대한 연구를 각각 수행할 수 있다. 그러나 이 요소들은 서로 분리해서 생각할 수 없는 요소들이다. 이에 해당하는 연구로는 대중음악이 만들어질 때 음반산업의 구조가 음악 스타일에 영향을 끼친다는 점을 검증한 리처드 피터슨과 데이비드 버거(David G. Berger)의 1975년 연구를 들 수 있다. 그들은 음반 회사 간 경쟁이 심할수록 음악 스타일의 혁신이 이루어진다는 가정하에, 1948년에서 1973년까지 미국에서 싱글 음반을 발매한 회사를 조사 대상으로 선정, 1년에 매주 상위 10위권에 드는 음악을 보유한 회사 수를 산정한 후, 그중 규모가 가장 큰 회사를 추출해 산업의 집중화를 계산했다. 이 과정을 통해 그들은 몇몇 회사가 음반시장을 쥐락펴락하는 상황이 되면 그 산업은 집중화된 것으로 규정할 수 있다고 주장한다. 이것이 곧 '과점 모델'이다(알렉산더, 2011: 222~223).

예술 네트워크나 문화예술 조직에 대한 정부의 지원도 예술의 생산에 영향을 미친다. 크레인(Diana Crane)은 1940년에서 1985년까지의 뉴욕 예술계의 변화 과정에 대한 연구를 통해 아방가르드 예술가들이 동일한 사조에 몸담고 있을수록 서로가 연계되어 있음을 밝혔다.[17] 아방가르드 예술은 군대 용어였던 프랑스어 아방가르드(avant-garde)[혹은 선발대(vangarde)]라는 용어에서 알 수 있듯이 예술계의 전통과 관습에 도전하는 '전투성'이 핵심이다. 아방가르드 예술가들이 미적 혁신을 일차적인 목표로 삼는 것은 이러한 맥락이다. 크레인은 아방가르드 예술가들이 아무도 시도하지 않았던 실험적이고 혁신적인 방식으로 예술 작업을 하려고 하면서도 이미 존재하는 예술 사조를 비롯한 예술계의 전통과 연계되려고 한다는 사실을 발견했다. 이는 아방가르드 예술 스타일 역시 수집가들의 지원이나 모더니즘 전통에 속해 있는 학계 비평가 또는 뉴욕의 큐레이터의 지원, 그리고 지역 미술관과 기업이 주최하는 전시장에 접근할 수 있는 정도에 따라 예술시장에서의 성공 여부가 결정되기 때문이다. 그리고 상이한 스타일이 연계되는 아방가르드 예술가 네트워크는 미술 경매시장과 주요 뉴욕 미술관의 전시에 접근 가능성을 높이는 데 매우 중요한 역할을 담당한다는 것이 크레인의 주장이다. 아방가르드 예술가 네트워크는 새로운 아이디어를 공유하고, 실험하는 장이면서 아방가르드 본질에 대한 논의가 이루어지는 장이기 때문이다. 예술가들은 이와 같은 사회적 네트워크를 통해 새로운 아이디어에 대한 접근성을 높일 수 있고 실험적 작품에 대한 독려를 받음으로써 새로운 스타일을 만들어낼 수 있는 것이다.

하위문화의 성공적인 예술 형식이 성공적인 상품화로 이어지는 과정을 연구한 헵디지(Dick Hebdige), 뉴욕 그래피티 화가들의 네트워크가 어떻게 혁신을 창조하고 지속하는지를 연구한 리처드 라흐만

---

17 뉴욕은 1940년대 추상표현주의의 등장과 더불어 아방가르드 예술의 중심지로 부상했다. 크레인은 추상표현주의에서부터 1960년대의 팝아트와 미니멀리즘, 1970년대의 구상화, 포토리얼리즘, 패턴 페인팅(Pattern Painting), 1980년대의 신표현주의에 이르기까지 일곱 가지 아방가르드 예술 스타일이 수용되는 뉴욕 예술계에 대한 연구를 수행했다.

(Richard Lachmann), 관객이 단골 술집의 연주자들과 친밀성을 형성한다는 사실에 주목해 술집이 음악 생산에 있어 생산자와 소비자 사이의 접촉을 촉진하는 장임을 드러낸 앤디 베넷(Andy Bennett)의 연구가 이러한 예에 속한다(알렉산더, 2011: 231~251). 이뿐만 아니라 문화적 지원에 국가가 어떠한 역할을 하느냐에 따라 혁신적이고 시장성이 없는 예술가, 예술작품이 생산될 가능성이 커지는 것도 주목해 볼 일이다.

예술의 사회적 생산에서 빼놓을 수 없는 또 하나의 요소는 예술가 및 예술 텍스트에 대한 탐구이다. 사회학자들이 보는 예술가는 결코 사회와 고립된 천재의 영감에서 탄생하는 것이 아니다. 예술가는 예술 세계 또는 각 예술장 내의 관행 또는 예술의 규칙, 예술시장, 테크놀로지, 후원 체계, 하위 장 내에 작동하는 특수 권력 등에 의해 제한을 받는 존재이다. 그렇기 때문에 예술가의 코호트적 특성과 예술작품의 연관성을 탐구할 수 있고, 예술의 하위 장, 예컨대 문학장 내에 존재하는 비평가와 같은 문학권력이 어떤 작가의 작품을 인정하고, 그에 따라 특정 예술가의 명성이 어떻게 유지되는가에 대한 탐구도 가능하다. 그뿐만 아니라 노동시장에 참여하는, 특수한 직업으로서 예술가라는 관점으로의 접근도 가능하다. 현대 예술가는 노동시장에 자신의 재능을 판매하는 자로 정의된다. 그런데 예술가라는 직업은 노동시장의 과잉공급 상태에 놓여 있기 때문에 다른 예술가들과의 경쟁을 통해 살아남는 것이 관건이다. 예술에서 경력을 이어 가고자 하는 예술가 중 단 1%만이 성공할 수 있을 정도로 성공의 불확실성만이 확실한 공간이 예술 세계다. 결국 과잉공급 상태에서 경쟁하는 노동시장은 예술가들의 보수와 작품 가격을 낮추는 결과를 초래한다. 예술가들이 돈을 잘 못 버는 이유다. 피에르 미셸 멩거(Pierre-Michel Menger) 또한 예술 노동시장의 과잉공급 상태를 지적한 바 있다. 노동시장에서 자신의 재능을 판매해야 하는 예술가들은 작품 수집가들이나 브로드웨이와 할리우드의 감독, 또는 시립 오케스트라와 같은 구매자들에게 인지도를 얻기 위해 다른 예술가들과 경쟁을 해야 한다. 이는 구매자보다 판매자가 많음을 의미한다. 결국 예술가들은 생활비에도 못 미치는 적은 돈을 받고 단기간 계약을 통해 더 많이 일을 해야 하는 상황에 놓이는 것이다(알렉산더, 2011: 267~270; 스미스, 2015: 297). 여기에는 핵심 예술가와 보조 인력 간, 예술의 하위 장 간의 수입 격차를 고찰하는 연구도 포함된다. 이러한 논의는 최근 불안정 노동자, 프레카리아트(Precariat)[18] 계급으로 접근하는 연구로 이어지고 있다.

텍스트 연구 또한 '예술의 사회적 생산'의 맥락에서 분석된다. 월프는 예술작품이 특정 사회 집단의 역사적 산물로서 그 집단의 관념, 가치 및 생존 조건이 특정 예술가에 의해 생산된다고 보았다. 그런 관점에서 본다면 텍스트 세계 또한 특정 사회에서 통용되는 집단 의미 체계와 밀접한 관련이 있는 것으로 해석 가능하다. 그는 세계관 또는 총체적 이데올로기를 사회 집단의 의미 체계로 보았고, 그것을 배경으로 집단의 예술적 의미가 이해될 수 있다고 주장한다. 월프는 동일한 언어를 사용하는 곳에서는 공통의 사고유형과 이데올로기가 존재한다는 메타언어학 이론, 작품은 그것의 역사성 속에서 파악되어야 한다는 가다머의 논의, 관념, 상징, 가치 등 다양한 이질적 조합으로 이루어진 문화 체계에 대한 탈콧 파슨스의 논의, 그리고 레비스트로스의 집합적 무의식, 뒤르켐의 집합의식, 뤼시앵 골드만(Lucien

---

18 가이 스탠딩(G. Standing)은 프레카리아트란 불확실하다는 뜻의 "precarious"라는 형용사와 노동계급을 뜻하는 "proletariat"라는 명사를 조합한 신조어라고 밝힌다. 그는 프레카리아트를 마르크스주의에서 사용하는 의미로 보면 아직 대자적 계급은 아니더라도 형성 중인 계급이라고 주장한다(스탠딩, 2014).

Goldmann)의 세계관 개념을 비판적으로 검토하고 보완한다. 특히 문학사회학 이론의 발전에 중심적인 인물인 뤼시앵 골드만에 대한 검토를 눈여겨볼 필요가 있다.

골드만은 마르크스와 세대 이론의 정초자인 카를 만하임(Karl Mannheim)을 이어받고 있는 인물이다. 그는 "위대한 문학은 응집력 있는 사회 집단의 표현"이라고 믿었는데, 골드만의 이러한 신념은 세계관(world vision/world view)으로 응집된다. 세계관은 한 집단을 결집시켜 주는 동시에 그 집단을 다른 집단들과 구별시키는 사상·감정·열망의 총체이다. 따라서 골드만의 관점에서 중요한 것은 작가가 속한 사회 집단의 공통된 인식, 상상과 반응 양식을 살피는 것이다. 그것이 문학작품의 의미구조를 이해하기 위한 필수 요건인 것이다. 월프는 이들 종합을 통해 예술사회학이 갖추어야 할 조건을 제시한다. 예술사회학은 예술의 사회적 성격을 밝히는 것을 목적으로 하되 미학적 조망도 또한 간과해선 안 되며, 모든 분석이 적절한 언어로 수행되고 기술되어야 한다는 것이다(골드만, 1987; 월프, 1992: 80~81; 양종회, 1985: 186~190; 김남옥, 2010: 277). 결국 예술 텍스트 분석에서 중요한 것은 특정 사회의 구성원들이 공유하는 사고 체계를 드러내는 것으로 요약된다. 레이먼드 윌리엄스의 "감정구조(structures of feeling)"라는 개념도 이러한 맥락에서 논의될 수 있다. 감정구조는 개별적이고 사적인 것이 아니라 공동체와 세대에 의해 공유되는 것으로 정의되기 때문이다.

최샛별과 최흡은 '만화의 생산적 측면'에 대한 고찰을 통해 예술의 생산 학파의 관점이 가지고 있는 장점과 단점을 제시한다. 그들은 생산적 접근의 장점으로 창작-출판-분배 과정에 개입되는 구체적 기관 및 행위자들을 추적함으로써 그 인과적 고리와 과정을 선명하게 드러낼 수 있고, 반영론적 접근에서 나올 수 있는 환원론적 오류로부터 자유로워질 수 있다는 점을 강조한다. 또한 창작 및 생산 과정에 개입되는 여러 요소들이 텍스트의 형성에 끼치는 영향력을 보여줄 수 있고, 나아가 경제사회학, 조직사회학, 산업사회학 등 사회학의 하위 영역에도 흥미로운 통찰력을 제공해 줄 수 있다는 것이다. 반면 생산론적 접근에 대한 비판으로는 작가의 예술적 작업 외부에 집중함으로써 예술의 고유한 가치를 간과하고 있고, 예술의 생산이 신발과 같은 생활용품의 생산과 다르다는 점을 무시하고 있으며, 예술 소비자의 역할을 과소평가할 수 있다는 점 등이 있다(최샛별·최흅, 2009: 215; 알렉산더, 2011: 174).

2) 예술의 수용

218

'밀렵꾼(poachers)'으로서의 팬은 그동안 문화산업의 '봉'으로만 인식되었던 수동적인 팬이라는 일반적인 고정관념에 강력히 대응할 만한 이미지를 제시해 주었다.

— 헨리 젠킨스(Henry Jenkins)[19]

예술의 수용적 관점은 문화의 다이아몬드 모델에서 오른쪽에 주목해, 대중이 어떻게 예술을 소비하고 사용하며 받아들이는지를 탐구한다. 이 관점은 해석과 관련되는 것으로, 예술이 만들어 내는 의미와 그 의미가 사용되는 방식은 예술의 창조자가 아니라 예술의 수용자에 의해 결정된다는 입장이다. 즉 예술을 이해하는 핵심은 곧 수용자라는 것이다(알렉산더, 2011: 347). 이러한 생각은 예술이 사회에

---

19   헨리 젠킨스, 2008, 『팬, 블로거, 게이머』, 정현진 옮김, 비즈앤비즈, p. 57~58.

직접 영향을 끼친다는 단순한 형성 이론에 대한 비판과 연결된다. 예컨대 수용적 관점을 견지한 학자들은 프랑크푸르트학파로 대변되는 일군의 학자들이 제기한 기존의 '대중 조작 모델'에 대해 대중은 결코 수동적인 소비자가 아니라고 항변한다. 오히려 수용자를 통해 예술이 사회를 형성한다는 관점이다. 한마디로 예술의 수용적 접근은 곧 능동적 수용자론이다. 이러한 관점이 부각되기 시작한 것은 1970년대 이후의 일이다.

초기 수용자 연구는 인기 있는 텔레비전 프로그램을 선택하여 텍스트 속에서 이데올로기의 상호 결정을 탐구하고 수용자 내의 의미들을 밝힘으로써 텔레비전 프로그램의 담론적 의미를 입증하려고 하였다. 이는 1970년대 미디어 연구에서 문화 소비를 이해하는 새로운 모델인 '이용과 충족'이라는 관점이 등장한 것과 관련이 깊다. 이 관점은 사람들이 문화를 소비하는 중요한 이유가 욕구 충족에 있다는 믿음에서 비롯되었다. 사람들은 기분 전환을 위해서 문화를 소비할 수 있고, 텔레비전을 함께 시청하거나 주인공이나 스토리에 대한 이야기를 나누는 등 친구나 가족들과의 인간관계를 위해서 소비할 수 있으며, 개인적인 정체성 획득이나 정보 획득을 위한 관찰 욕구를 위해서 문화를 소비할 수 있다는 것이다. 또한 사람들이 문화를 소비하는 방식에 차이가 있다는 사실을 입증하는 연구도 수행했다. 게이 터크먼(Gaye Tuchman)은 사람들이 텔레비전을 시청하는 방식에 대하여 연구했는데, 그는 텔레비전이 과거 가족들이 대화를 나누고 유대를 위해 모이던 벽난로의 기능을 한다고 보았다. 그가 텔레비전을 '전자 난로'라고 칭한 이유다. 몰리(David Morley)의 연구는 더욱 흥미롭다. 그는 가족들이 함께 텔레비전을 시청할 때 주로 가장이 채널 결정권을 가지고 있고, 부인과 자녀들은 가장이 부재할 때만 채널을 돌릴 수 있음을 발견했다. 또한 여성들은 프로그램을 시청하는 동안 집안일 등 다른 활동을 병행하고 있었다는 것이다(나이팅게일, 2002: 8; 알렉산더, 2011: 349). 이는 개인의 기대 지평이나 자신들이 속한 문화적 환경에 따라 소비하는 문화의 유형이나 방식이 다르다는 사실을 말해 준다.

스미스에 의하면 수용자 연구는 크게 폴 라자스펠드(Paul Lazarsfeld)로부터 나온 미국의 커뮤니케이션 연구 전통과 비판 이론에 토대를 둔 영국 문화연구 전통의 영향을 받은 분야, 그리고 수용자 역할에 대한 포스트구조주의적 연구 및 포스트모던 연구 등 세 가지의 이론적 영향을 중심으로 이루어졌다. 미국의 커뮤니케이션 전통은 실증적 경향을 가지고 있는데, 투표를 할 때 선거 관련 방송을 보면 선거 태도가 달라지는지를 입증한 연구가 전형적인 예이다. 그러나 이보다는 후자의 두 분야가 수용자 연구에 더 큰 아이디어를 제공하고 있다(스미스, 2015: 288~289).

영국 문화연구 전통에서 수용자론의 핵심은 수용자의 자율적 의미 해독 능력이다. 이들에게서 나타나는 두드러진 특징은 태도나 신념이라는 단어보다는 코드라는 개념을 쓰고, 그 코드가 읽히는 방식에 대해 논의한다는 것이다(스미스, 2015: 289~297). 대표적인 인물로는 스튜어트 홀을 들 수 있다. 특히 '부호화/해독(Encoding/Decoding) 모델'을 제안한 1973년의 논문 「텔레비전 담론의 부호화와 해독(Encoding and Decoding in Television Discourse)」[20]은 그의 학문적 지향이 '좌파적 리비시즘(left-Leavisism)'에서 기호학적·구조주의적인 특성으로 이동하는 전환점으로 평가된다. 그레임 터너(Graeme Turner)는 홀의 이 논문을 통해

---

20 이 논문은 1973년 버밍엄현대문화연구소의 등사본으로 인쇄되었고, 1980년 『문화, 미디어, 문화』에 「Encoding/Decoding」이라는 제목으로 개정본이 실렸다. 더 많이 읽힌 것은 1980년의 개정 논문이다(터너, 2011: 109).

당시 지배적이었던 커뮤니케이션 모델과 미학, 대중문화의 수동적인 소비자로서의 수용자 개념과 완전한 결별을 선언했으며, 대신 문화적 생산과 수용에 대한 새로운 방법론 및 이론을 정착시켰다고 평가한다(터너, 2011: 109).

홀은 당시에 통용되던 "발신자-메시지-수신자"라는 커뮤니케이션 이론 모형이 지나치게 선형적이라고 비판한다. 메시지가 발신자에서 수신자에게 송신되었다고 해서 그것이 그대로 수용되었다고 볼 수 없다고 보기 때문이다. 메시지의 생산(encoding)에서부터 그것이 읽히고 이해되는 과정(decoding)에 이르기까지 커뮤니케이션의 모든 과정은 텔레비전 속의 이미지 같은 미디어가 사용하는 담론, 텔레비전 뉴스의 관례적인 화면 구성 같은 담론과 관련된 맥락, 메시지를 전달하는 기술 등 다양한 영향력에 의해 중층 결정된다는 것이다. 즉 사회적, 이데올로기적, 경제적, 그리고 기술적 고려가 텔레비전 프로그램과 미디어 제작자들의 의제를 구체화하지만, 이것들은 시청자들이 이해할 수 있는 일상적 메시지로 변형되어야만 한다. 이것이 부호화이다. 그리고 시청자들은 이 메시지의 의미를 이해해야 하는데, 이것이 부호 해독이다. 홀은 부호 생산자가 의도한 의미와 해독자가 받아들인 의미 사이에 오해의 가능성이 존재한다고 보았다. 여기에 제한적이나마 개방적이고 기호의 다의적 가치를 이용해 능동적으로 변형될 수 있는 잠재성이 존재한다(나이팅게일, 2002: 51; 터너, 2011: 110; 스미스, 2015: 266). 같은 텍스트를 보더라도 보는 사람에 따라 다양하게 의미를 만들어 낼 수 있는 이유다.

홀은 부호화 과정에서 일어나는 해독의 유형을 세 가지로 정리한다. 생산자의 의도대로 수용하는 지배적·헤게모니적 독법(Dominant reading), 생산자의 메시지에 담긴 지배적 코드를 알아내고 그것을 거부하는 저항적 독법(Oppositional reading), 지배적 독법의 일부분은 받아들이나 한편으로 이를 자신의 욕구와 자각에 맞추는 타협적 독법(Negotiated reading)이 그것이다(Hall, 2016: 169~172; 스미스, 2015: 266~267).

홀의 부호화/해독 모델은 생산, 텍스트, 수용자의 상호관련성 속에서 읽혀지고, 등록되고, 분석될 수 있다는 장점이 있다. 그런 점에서 홀은 메시지의 다의적 속성의 중요성과 예술 수용자에 대한 새로운 개념화의 필요성을 제시함으로써 수용 이론의 초석을 제공했다고 평가될 수 있다.[21]

예술의 수용적 접근의 또 하나의 지적 뿌리는 포스트구조주의적 연구나 포스트모던적 연구이다. 이는 문학비평의 패러다임 전환과 관련이 깊다. 20세기 주류 문학비평은 텍스트로부터 숨겨진 저자의 의도를 찾아내는 작업이 핵심이었다. 텍스트에는 오직 하나의 의미만 있을 뿐이라는 신념에 따른 것이다. 그러나 이에 의문을 표하며 예술작품은 독자에 의해 다양하게 해석될 수 있다는 주장이 제기되기 시작했다. '저자의 죽음'을 선언함으로써 종래의 문학관을 비판한 텍스트론의 대표 주자 롤랑 바르트가 이에 해당한다. 그는 일반적으로 문학작품을 읽을 때 작품은 저자의 사상을 표현한 것이고, 독자

---

21 딕 헵디지, 폴 윌리스, 존 피스크 등은 스튜어트 홀로 대변되는 영국 문화연구의 후예들이라 할 수 있다. 딕 헵디지는 구조주의적이고 기호학적인 틀을 사용한 하위문화연구에서 하위문화 집단 청소년들이 예술, 패션, 상품을 지배문화나 지배 집단의 스타일과 구별되는 자신들만의 의미를 만들어 내고 있다고 주장한다. 폴 윌리스는 문화기술지 방법으로 수행한 폭주족과 히피족의 하위문화연구에서, 폭주족이 엘피(LP) 레코드로 나온 강하고 빠른 비트의 전통 로큰롤을, 히피족이 앨범으로 나온 프로그레시브 록을 선호하고 있음을 강조한다. 이를 통해 그는 각 집단의 음악적 취향이 그들의 삶의 성격과 긴밀하게 연결되어 있음을 주장한다. 존 피스크는 「마돈나 뮤직 비디오의 서사 분석」, 「팬덤의 문화경제학」을 통해 수용자들이 독자성을 가지고 의미를 창조할 수 있다는 점을 강조함으로써 '능동적 수용자론'을 피력하였다(볼드윈 외, 2008: 243~245). 이들의 공통점은 사람들은 예술 생산자가 확정한 메시지를 그대로 받아들이는 수동적인 존재가 아니라 자신들의 방식대로 의미를 창조해 낼 수 있는 존재라는 입장을 취하고 있다는 점이다. 영국 문화연구 전통의 수용자 연구의 다양한 사례들은 그레임 터너의 「문화연구 입문」에 소개되어 있다(터너, 2011).

는 저자의 사상을 이해하고 저자의 독창성을 좇아야 한다는 전제 자체가 근대 특유의 발상이므로 이를 해체해야 한다고 주장하며 '작품'이라는 용어를 '텍스트'로 대체해 사용했다. 그는 라틴어 '지어낸 것'에서 유래한 텍스트의 의미를 '여러 인용문을 엮어서 지어낸 것'으로 확장하였다. 그에게 문학작품은 여러 다른 작품에서 인용하여 지어낸 텍스트인 것이다. 그러므로 텍스트는 '다양한 글들이 함께 섞이고 부딪히는 다차원적인 공간이며, 수많은 인용구들의 조직일 뿐,' 독자에 의해 다의적으로 읽힐 수 있는 근거가 되는 것이다(오카모토 외, 2016: 80~81; 스토리, 2014: 228). 바르트가 "텍스트의 즐거움"을 절정의 성애적 쾌락에 견주어 설명한 것은 열린 텍스트성, 수용자의 자율적 해독 과정에서 경험하는 창조적 해석의 기쁨을 표현한 것으로 이해할 수 있다.

알렉산더는 독자가 '기대 지평'을 가지고 텍스트를 접한다고 가정하는 것이 수용 이론의 핵심이라고 보았다. 기대 지평이란 민족, 성별, 인종, 나이 등과 같은 인구학적 요인, 사회적 네트워크, 가치관이나 생활 환경, 라이프스타일 등의 개인적인 특성을 포함하는 것이다. 수용자는 자신의 기대 지평에 기대어 텍스트를 읽기 때문에 수용자가 텍스트에 부여하는 의미는 그들의 기대 지평에 따라 상이하게 나온다는 결론이다(알렉산더, 2011: 368). 영국 드라마 〈이스트엔더스(EastEnders)〉에 대한 프로듀서의 의도를 시청자의 체험과 비교 분석한 데이비드 버킹엄(David Buckingham), 연애소설을 읽는 여성들과의 토론회를 통해 연애소설이 독자와 어떻게 교류하는가를 이해하려는 관점에서 접근한 제니스 레드웨이(Janice Radway), 수용자의 인종주의적 성향이 텔레비전 시트콤 〈올 인 더 패밀리(All in the Family)〉를 보고 해석할 때 어떤 영향을 끼치는지를 분석한 네일 비드마르(Neil Vidmar)와 밀턴 로키치(Milton Rokeach)의 연구(1974), 민족지학적인 방법으로 영국의 자연주의 작가인 헨리 윌리엄슨(Henry Williamson)의 팬 공동체에 속한 남성들의 소설 읽기를 탐색한 애덤 리드(Adam Reed)의 연구 등은 개인 또는 집단의 기대 지평에 따라 텍스트의 의미를 다르게 해독하고 있음을 드러낸 사례들이다. 즉 이들 연구는 수용 이론이 전제하는 바와 같이, 사람들은 자신만의 방식으로 텍스트를 해독하거나, 유사한 기대 지평을 공유한 사람들은 자신들의 인구학적 배경에 기대어 텍스트를 읽는 전략을 택한다는 가정을 전제하고 있다. 특히 후자를 가리켜 '해석적 공동체(interpretive communities)'라 칭한다.

해석적 공동체는 예술을 수용함에 있어 해석의 전략을 공유하는 집단을 일컫는다. 이는 허버트 갠스의 주장과도 맥이 닿아 있다. 취향문화론을 제시한 갠스는 사회경제적 지위는 항상 일치한다고 볼 수 없으나 예술 소비가 계급, 지역, 인종, 젠더와 관련이 있는 것 또한 사실이라고 주장한다. 취향문화론을 전개하면서 제시한 "취향 공중(taste public)" 개념은 갠스의 취향문화론의 기조를 이루는데, 이는 공통의 기준과 미학을 가지고 유사한 문화 내용을 선택하는 사람들로 구성된다(Griswold, 1994: 81; 김창남, 2018: 53). 이는 취향문화의 계급성을 강조한 부르디외의 논의와도 연결된다.

대표적으로 팬덤연구 사례들이 이에 속한다. 헨리 젠킨스가 팬덤을 "공동의 가치관과 믿음을 통해 사람들을 통합해 주는 커뮤니티" 즉 "사회적 결연 집단의 하나일 뿐"이라고 말한 것은 해석 공동체나 취향 공중, 취향 공동체의 맥락에서 이해할 수 있는 것이다. 특히 국내의 아이돌 연구에서 드러나는 것은 특정 스타에 대한 관심 공유를 통해 정서적 연대를 이루고 있지만, 외부 집단과는 구별 짓기를 강화하는 특색을 보인다는 점이다. 또한 아이돌 팬덤은 스타의 모든 정보를 공유하며 즐기는 것을 넘어 이를 팬픽(Fan Fiction), 팬 아트(Fan Art)

등과 같은 2차, 3차 콘텐츠를 생산하는 데까지 확장되고 있다. 젠킨스는 대중문화상품을 텍스트로 하여 제2의 콘텐츠를 생산하는 팬 활동을 '텍스트 밀렵(textual poaching)' 행위, 그러한 행위를 하는 사람을 '텍스트 밀렵꾼(textual poachers)'으로 규정한다. '밀렵꾼'이라는 은유는 주어진 텍스트를 분해하고 각자의 청사진에 따라 조각과 파편을 재조립하여 자기 자신의 것으로 만들어 전유하거나 재전유하는 능동적인 수용자론의 전형이라 할 수 있다(젠킨스, 2008: 33, 57; 김남옥·석승혜, 2017: 195).

예술의 수용적 접근에 대한 평가는 텍스트로부터 수용자들이 어느 정도의 의미를 찾아내느냐와 관련이 있다. 알렉산더는 수용적 접근이 텍스트의 영향력에 대한 강조에서 의미를 창조해 내는 능력을 가진 수용자의 힘의 강조로 이동해 왔다는 사실에서 의미를 찾는다. 스미스는 수용자가 텍스트를 능동적으로 읽고 자신들의 필요와 즐거움을 위해 수용한다는 점, 생산자가 의도한 메시지와 수용자의 해석이 반드시 일치하지 않는다는 사실, 대량문화에 대한 획일적인 가설을 넘어 텍스트가 다양한 사회적 특성과 인구학적 배경에 따라 상이하다는 복합 가설을 제시했다는 점을 수용자론이 이룩한 큰 성과라고 평가한다. 그러나 수용자의 자유로운 선택이라는 시각은 지나친 대중주의 또는 권력관계의 무지를 드러내는 것이라는 점도 고려해야 할 것이다(알렉산더, 2011: 378; 스미스, 2015: 293).

예술이란 무엇인가. 다시 근원적인 질문으로 돌아가 보자. 이 물음은 예술 영역에 무엇을 포함시키고 배제시킬 것인가, 무엇이 가치 있는 예술인가의 문제를 포함한다. 이는 예술사회학이 다루어야 하는 범주의 문제와도 직결된다. 그런데 최근 예술계에 새로운 도전장이 접수되었다. 인공지능 예술이 그것이다. 인공지능은 고흐풍의 그림을 그리고, 모차르트풍의 음악을 작곡하고, 시나리오를 쓰는 등 인간의 고유 영역이라고 여겼던 예술 영역에 성큼 발을 내디뎠다. 인공지능 화가 '오비어스'가 그린 그림이 미국 경매장에서 앤디 워홀의 경매가보다 6배 높은 가격에 낙찰된 바 있고, 일본의 문학상 공모에 인공지능이 쓴 단편소설『컴퓨터가 소설을 쓰는 날』이 1차 심사에 통과하기도 했으며, MS사의 인공지능 샤오빙이 시집『햇살은 유리창을 뚫고』를 출간했다. '인공지능 작품도 예술이 될 수 있을까'는 이미 진부한 물음이 되었다. 인공지능 기술이 예술계의 지각 변동을 일으키고 있다. 이는 예술사회학에 부과된 새로운 과제이다.

토론 주제

예술이란 무엇인가?

어떻게 예술가가 되는가? 예술가는 무엇을 창조하고, 어떻게 그의 이름
이 후세에 남게 되는가?

예술에 대한 사회과학적 인식은 미학 등 인문학적 인식과 어떻게 다르며,
그 한계는 무엇인가?

예술에 관한 과학적이고 객관적인 인식은 어떤 방법과 이론으로 가능한
것인가?

더 읽을거리

수잔 K. 랭거, 1984, 『예술이란 무엇인가』, 박용숙 옮김, 문예출판사.

존 A. 워커, 1987, 『대중매체 시대의 예술』, 정진국 옮김, 열화당.

김홍중, 2009, 『마음의 사회학』, 문학동네.

김동일, 2012, 『예술을 유혹하는 사회학』, 갈무리.

키스 니거스, 2012, 『대중음악이론』, 송화숙 외 옮김, 마티.

Julia Rothenberg, 2014, *Sociology looks at the arts*, Routledge.

다케다 히로나리, 2018, 『푸코의 미학』, 김상운 옮김, 현실문화.

6장

대중문화

고급예술이라고 해서 흠 하나 없는 걸작만 있는 것도 아니고, 대중예술이라고 해서 미적 취향도 없이 천박함만 가득한 것도 아니다. 고급예술과 대중예술은 엄격하게 정해져 있는 내재적 구분이 아니라 변화 가능한 역사적 구분이다. 그래서 성패를 가늠하는 미적 식별력이 요구된다.

—리처드 슈스터만[22]

대중문화의 의미

우리는 일상생활 속에서 대중문화라는 말을 자주 사용하고 듣는다. 하지만 대중문화를 바라보는 시선은 매우 다양하다. 한 가지로 개념을 규정하기는 어렵지만, 일반적으로 알고 있는 대중문화는 과연 어떤 것인지 생각해 볼 필요가 있다. 일반적으로 대중문화에서 떠오르는 단어들은 텔레비전, 라디오, 영화, 대중가요 등 문화산업을 통해 대량 생산되는 일종의 상품이다. 그렇다면 문화산업과는 상관없이 만들어지지만 대중이 일상적으로 향유하는 구전 유머 시리즈나 명절 때마다 하는 연날리기나 윷놀이 같은 놀이문화는 대중문화가 아닌가? 대중문화가 대량 생산된다고 하는데, '대량'의 기준은 무엇인가? 상영관을 찾지 못해 대중들에게 제대로 선보이지 못한 영화, 극장에서 며칠 만에 간판을 내려 수천 명도 관람하지 않은 영화와 관객수가 천만 명을 넘어선 영화는 모두 대중문화인가? 이처럼 대중문화는 한마디로 정의 내리기가 상당히 복잡하고 어렵다.

피터 버크(Peter Burke)는 대중문화를 18세기 말부터 20세기 초에 지식인들이 민족주의, 낭만주의, 민속학, 민요 등 다양한 기치 아래 '창안'한 개념으로 정의했다. 첫째는 신화화된 시골의 민속문화이며, 둘째는 산업사회에서 생겨난 도시 노동계급의 군중문화이다. 민속문

---

22 Peter Burke, 1978, *Popular Culture in Early Modern Europe*, Harper & Row에서 재인용.

화가 민중의 생산물이건, 아니면 진정한 가치도 모르는 민중이 그저 보존만 하고 있는 것이건 간에, 지식인과 수집가 모두 동의하는 경향이 있다. 민속문화의 생산과 보존이 가능했던 것은 민중이 원시 상태의 시골에 살아남았기 때문이다. 따라서 민속연구는 민속문화를 의미하는 대중문화 개념을 만들어 냈을 뿐 아니라, 일반인을 바라보는 낡은 시각, 즉 군중문화를 소비하는 군중으로 이해하는 시각도 만들어 냈다.

군중문화는 민속문화와 마찬가지로 산업화, 도시화, 도시산업 노동계급의 성장에 두려움을 느낀 나머지 중산층이 만들어 낸 대중문화의 또 다른 개념이다. 에스파냐 출신의 철학자 오르테가 이 가세트가 쓴 『대중의 반역』에서 "오늘날 우리는 이전 시대와 비교할 수 없을 정도로 진화된 세계에 살고 있다. 하지만 대중은 이 세계가 탁월한 개인들이 이루어 낸 분투(奮鬪)의 산물이라고 생각하지 않는다. 복지 혜택에만 관심을 기울일 뿐 복지를 가능케 하는 개인의 창의성과 정당한 노력의 대가에 대해서는 무관심하다. 대중은 그들이 추구하는 획일적 평등주의가 문명사회를 지탱하는 각종 시스템을 서서히 무너뜨린다는 사실을 망각하고 있다"라고 획일적 평등주의의 위험성에 대해 경고했다.

특히, 대중문화를 군중문화로 이해하는 시각에는 좌파, 우파 간 차이가 그리 크지는 않다. 좌파는 군중이 조작당한다고 보고, 우파는 군중이 사회 특권층을 위협하고 군중의 문화가 신성한 문화를 오염시킨다고 생각한다(Adorno and Horkheimer, 1979: 120). 대중문화를 군중문화로 보는 시각은 엄청난 영향력을 미쳤다. 한 세기 넘게 문화를 분석하는 전형으로 사용되었고, 지금도 영국이나 미국에서는 아카데미 안팎에서 숨겨진 '상식'으로 통한다.

대중문화를 그 미적 가치에 따라 고급문화와 대중문화로 구분하게 된 것은 최근의 일이지만, 이러한 구분은 유사 이래 존재했다. 폴 디마지오는 1850년대에서 1900년 사이 미국에서 고급문화와 대중문화의 구분이 생겨났다고 주장했다(DiMaggio, 1998: 454). 도시 엘리트계급이 고급문화를 따로 선별해 제도화하고 대중문화와 선을 긋기 시작하면서부터였다. 고급문화와 대중문화의 구분은 '보스턴 미술관(Boston Museum of Fine Arts)'과 같은 '비영리 사설 문화기관'과 '보스턴 심포니 오케스트라(Boston Symphony Orchestra)'와 같은 '영리를 추구하는 문화산업'의 구분이라고 했다. 두 기관의 설립 기반이자 목표는 "고상한 예술과 저속한 오락을 뚜렷하게 구별 짓는 미적 이데올로기의 확립"이다(DiMaggio, 1998: 454). 따라서 보스턴 엘리트가 따로 떼어 내어 제도화시킨 예술을 신성화함으로써 고급문화와 대중문화의 구분이 뚜렷해졌다.

대한민국이라는 나라를 널리 알리게 된 대중적 팬덤문화는 단순히 우리의 대중가요를 알리고 아이돌 스타들을 양산해 낼 뿐만 아니라 더불어 해외 팬들에게 한국이라는 나라에 관심을 갖게 만드는 역할을 한다. 그 결과 한국어와 우리의 음식, 관광산업에까지 영향을 미쳐 국가 위상을 높이는 역할을 하고 있다. 대한민국의 대중음악은 서태지 혁명으로 패러다임의 전환을 이루었고, 새로운 서구 주류 음악과 영향을 주고받으면서 케이팝(K-Pop)의 양식이 만들어졌다. 또한 SM이나 JYP 등으로 대표되는 대형 기획사의 케이팝 스타 양성 제도는 할리우드 스튜디오 시스템에 견줄 정도로 철저히 상업주의를 지향하면서 성장했다. 하지만 지나친 자본의 논리에 따른 대중문화는 중요한 부분을 놓친 채 달려온 나머지 많은 부작용을 낳고 있는 것도 요즘의 현실이다.

『케이팝』의 저자 존 리는 "케이팝(K-Pop)에 붙은 'K'는 한국 문화나 전통보다 오히려 'Das Kapital'(자본론)과 더 밀접한 관계가 있다. 케이팝은 자신을 말살하는 대가를 치르고서라도 외적 성공에 거의 전부를 투자한 나라를 보여 주는 결과물이고 케이팝의 부상은 한국 수출의 성공이라는 또 다른 예에 불과할 뿐"이라고 말한다(리, 2019). 또한 한류에 관해 여성에 치우친 현실, 젠더적인 측면을 제대로 파악하지 못한 채 관광산업이나 마케팅 측면 등 경제적인 부분에 주목을 한 연구가 대부분이라는 점이다. 일반적으로 전 세계의 한류 팬덤은 절대 다수가 여성이다. 이렇기 때문에 한류를 연구하는 데 가장 중요한 요소가 젠더라고 해도 과언이 아니다. 여성 작가가 대부분인 한류 드라마와 "예쁜" 남성 가수들이 주류인 케이팝이 대세를 이룰 수밖에 없는 것이 현실이다. 따라서 이러한 한류 현실을 직시하고 젠더적인 측면에도 관심을 가지고 젠더사회학적인 시각에서도 연구를 할 필요가 있다.

텔레비전과 대중문화

문화의 교류라는 면에서 텔레비전이 다른 나라의 문화를 수용한다는 측면에서 차지하는 위상을 고려한다면, 그 어느 때보다 텔레비전 프로그램의 변화는 주목할 만하다. 텔레비전은 우리의 일상 세계에 자리 잡고 있다. 동시에 우리의 일상 세계는 텔레비전 방송에 의해 일정한 패턴으로 구획되고 정규화된다(Silverstone, 1999; 스토리, 2011에서 재인용). 이렇게 하여 텔레비전에 의해 재구성된 시공간은 대중을 하나의 '수용 공동체'로 묶는다.

텔레비전이 사회와 관련을 맺는 방식, 그리고 시청자인 대중은 그것에 반응하는 방식에 중요한 결과를 발생시킨다. 슈스터만은 대중오락물 일반에 관해 다음과 같이 말하고 있다.

> 대중오락물을 추구하고 경험하는 사람들은 '대중사회' 이론가가 주장하는 것과 같이 고립되고 자발적인 개인으로서 행동하지는 않는다. 오히려 그들은 집단의 구성원으로서, 높은 수준의 대인커뮤니케이션을 요구하는 사회적 문맥 속에서 행동한다.[23]

현상학적 접근에 따른 방송 커뮤니케이션은 일반성과 개별성, 구조와 행위, 보편적 조건과 경험적 진정성이라는 이중의 축들이 교차하는 과정으로 이해한다(Scannell, 2000; 스토리, 2011에서 재인용). 또한 매스미디어가 야기한 현대 커뮤니케이션의 단절 현상을 회복하는 데에 오히려 텔레비전이 기여할 수 있으리라고 전망한다는 것이다. 텔레비전의 중요한 기능 중 한 가지는 방송을 통해 대화자들이 공존하는 '세계', '시청자 유의미화' 작용을 한다는 것이다. 텔레비전 프로그램은 일단 팔려 나간다고 해서 그 경제적 기능이 마무리되는 것은 아니다. 왜냐하면 이는 소비되는 그 순간에 다시 생산자로 돌변하기 때문이다. 이를 통해 생산되는 것이 바로 시청자이며, 이렇게 생산된 시청자는 광고주에게 팔려 나간다. 결국 문화산업의 가장 중요한 생산물은 광고주의 구매를 겨냥한 '상품화된 시청자'이다(Fiske, 1992).

한국의 문화 콘텐츠는 한류(韓流)의 영향으로 더욱 큰 관심을 받고 있다. 문화콘텐츠 생산과 전달의 주체로서 특히, 대중문화를 매

---

23 리처드 슈스터만, 2009, 『프라그마티즘 미학』, 김광명 · 김진엽 옮김, 북코리아, p. 74.

개로 우리나라의 영향력은 이제 중국이나 동남아는 물론 아시아 전체를 넘어 세계로 비약하고 있다. 이러한 현실 속에서 문화 콘텐츠는 끊임없는 변화와 새로움을 요구받고 있는 것도 사실이다. 비록 현대화에 이은 '세계화'를 지향한다고 해도 우리 문화만의 정체성은 오래도록 보존하고 지켜야 할 가치이자 사명이기도 하다. 이에 한류문화 속에서 한국의 문화는 다양한 영역과 장르에서 우리의 고유한 정서를 담아내며 오늘날까지 이어지고 있다.

시시각각 변화하고 발전하는 4차산업혁명의 시대에 있어 대중문화는 분명 새로운 전환기에 서 있고 이는 문화의 구조적인 틀의 변동을 전제한다. 문화의 교류라는 면에서 텔레비전이 다른 나라의 문화 수용에서 차지하는 위상을 고려한다면, 텔레비전 프로그램의 변화는 그 어느 때보다 주목할 만하다. 대중문화와 연계된 이러한 현상은 자연스럽게 콘텐츠의 틀에 대한 변화 또한 촉진시킬 뿐만 아니라 그 내용에서도 새로움을 추구하는 원동력이 된다. 텔레비전 프로그램은 국가별로 사회적·정치적·경제적 발전과 궤를 같이하면서 다른 발달 과정을 거쳐 왔는데, 우리나라 역시 마찬가지이다.

여가와 스포츠

최근 대중문화의 영역에서 일과 여가에 대한 관심이 높아지면서 일을 하지 않는 시간을 무엇을 하면서 보낼지에 대한 관심이 점차 커지고 있다. 폴 라파르그(Paul Lafargue)는 산업혁명 이후 분명 재화와 경제, 시장의 규모는 비약적으로 성장했지만, 성장에 비해 더욱 조악해지는 노동자의 삶을 '게으를 권리'에 비유하며 현실을 비판한다. 당

그림 6-1 스포츠를 즐기는 사람들

시나 지금이나 노동자에게 게으를 권리는 권리가 아니라 기득권으로부터 부여받아 감사해야 하는 것으로 인식하고 있다는 것이 현대 사회와 별반 다를 바가 없다. 폴 라파르그의 저서『게으를 수 있는 권리(Le droit à la paresse)』에서 저자가 요즘 나오는 개념처럼 '나를 위한 게으름' 즉 '소확행(작지만 확실한 행복)'을 존중한다는 주장을 한 것은 아니다. 라파르그는 지금과 큰 차이가 없을, 1900년대 당시 노동자의 벗어날 수 없는 현실에 대해 독설을 던진다. 사회구조적으로 노동자들은 더욱 많은 일을 하고 그 상위계급은 노동을 신성화하려 하지만, 그 목적은 상위계급의 안위를 위한 것이며 노동자들의 노동은 줄어들지를 않는다. 노동 중독이 알코올 중독이나 마약 중독보다 더 심각할 수 있다는 라파르그의 예리한 통찰력을 느낄 수 있다. 그렇기 때문에 사회적으로 여가의 중요성은 더욱 커진다.

　일과 삶의 균형의 중요성에 대해 사회 전반적으로 인식을 하게 되고 주 52시간 근무제가 시행되면서 여가에 대한 관심이 깊어지고 있다. 퇴근 이후 생긴 여가시간에 백화점 문화센터 등에서 강좌를 듣는 직장인을 일컫는 '문센족,' 삶과 일의 균형을 뜻하는 '워라밸(work and life balance)'이나 '소확행'이란 말이 생겨나는 것을 보면 우리 사회에서 여가에 대한 관심이 얼마나 커지고 있는지 알 수 있다.

여가문화 중 특히 스포츠에 대한 관심과 사랑은 매우 깊어지고 있다. 현재 4대 스포츠 중 프로야구는 가장 많은 사랑을 얻고 있다. 야구 팬들은 점점 야구에 관한 지식과 경험을 늘려 감으로써 더욱더 많은 것을 알고 싶어 한다. 이러한 팬들의 욕구로 인해 미디어는 다양화되고 발전한다. 이러한 미디어의 발전을 통해 의견이 다양화되고 여러 가지 방식을 통해 팬들과 야구 관계자 사이에 쌍방향의 소통이 일어난다. 소통을 통해 의견을 조율함으로써 야구 발전에 도움이 될 수 있는 것은 사실이지만, 소통의 거리가 짧아진 만큼 그 부작용도 크다.

스포츠심리학자들은 '내재적 동기화(intrinsic motivation)'라는 용어를 사용하여 스포츠가 제공하는 개인적 즐거움과 만족을 설명한다(줄리아노티, 2004). 팬들 중에서도 승리에만 집착을 하는 '목적적인' 사람들은 특정한 목표만을 추구하기 때문에 흥분이나 즐거움이 아니라 스트레스를 받는 반면, '비목적적인' 사람들은 재미를 추구하며 높은 흥분 상태를 즐길 수 있다. 이러한 흥분과 즐거움의 상태를 경험한 팬들은 자신이 처한 환경과의 일체감을 얻는다.

요즘 팬들의 수준은 말도 못해요. 소위 말해 마니아층들은 깜짝 놀랄 정도 등골이 오싹해질 정도예요. 진짜 홀릭(holic)이에요. 지도자들이 진짜 꾼들이 보는 시각을 갖고 있기 때문에 어줍지 않게 접근했다가는 큰일 나죠. 팬들의 요구사항이나 질문에 대해서는 답변하려고 노력하죠. 그런 측면에서 일이 늘었죠. 좀 더 가까워지고 친숙하게 해 주자. 야구 관중이 늘어나는데 나도 뭔가 일조를 해야 되겠다. 해설하고 중계하는 사람들 소위 전문가들이고 정말 신경을 써요. 팬들이 정말 중요하다고 보는 거죠.[24]

스포츠 팬들은 점점 적극적으로 변화하고 있다. 시대가 바뀌면서 현대를 살아가는 많은 사람들은 본인들의 의견을 숨기지 않고 직접적으로 솔직하게 이야기하는 성향이 되었다. 그러한 사회적 변화와 함께 야구장 문화도 역시 비슷하게 변화하였다. 자신을 나타내고 적극적으로 표현하는 문화는 변화된 사회와 야구장 문화가 결국 하나라는 것을 보여 준다. 이렇게 스포츠에서 생산적 텍스트가 가능하려면 생산자와 팬들 간에 문화적 코드를 공유할 필요가 있다. 다양한 문화적 레퍼토리를 바탕으로 활성화하는 것이 중요하다. 그중의 하나는 스포츠에 대한 팬들의 적극적인 표현이다.

현대인은 극도로 자신의 개인정보 노출을 꺼리는 반면, 극도로 자신을 노출하고 싶어 하기도 한다. 이 이율배반적인 현대인의 욕망이 야구장에서도 드러나고 있다. 개인 신상을 공개한다는 것을 꺼리기도 하지만, 또 한편으로는 그러한 노출을 은근히 즐기는 사람들도 많다. 각종 정치, 경제, 사회 전반에 걸친 이슈들이 소셜 네트워크 서비스(SNS)를 통해 먼저 유포되고 확대 재생산되어 그 파급 효과는 실로 엄청나다. SNS는 수많은 대중들에게 활용되고 있는데, 그중에

---

24 이연희, 2014, 『문화 팬덤 스포츠』, 그린, p. 28.

서 우리에게 알려진 트위터, 페이스북 등의 SNS뿐 아니라 자신의 일
상생활을 그대로 공개하는 수준의 비즈니스 인맥 사이트(링크드인)도
있을 정도이다.

팬덤문화

팬덤의 어원은 '광신자'를 뜻하는 영어의 'fanatic'의 'fan'과 '영
지(領地) 또는 나라'를 뜻하는 접미사 '-dom'의 합성어로서 특정 연예
인이나 관심 분야에 관해 열성적으로 좋아하거나 몰입하여 그 속에
빠져든 사람을 가리키는 말이다. '팬덤(fandom)'은 좁게는 팬 의식을 의
미하는 것이지만 포괄적으로는 팬이라는 현상과 팬으로서의 의식을
지칭하는 개념으로 사용되고 있다(김창남, 1998).

팬덤문화는 팬 공동체의 가장 일반적 형태인 서포터즈 활동으
로 사회적으로도 많은 주목을 받고 있다. 사실상 팬들은 자신의 우상
인 스타에 대한 동일시를 다른 사람과 공유하기를 심리적으로 원하
며, 이를 통해 스타에 대한 동일시의 감정을 더 크게 느낄 수 있다. 이
수준에서 나타나는 현상이 바로 팬클럽(fan club)이다. 보다 구체적으
로 팬클럽이란 한 사회 내에서 대중가수나 스포츠 스타처럼 특별한
가치나 지위를 갖는 우상에 대해 그의 팬들이 지속적인 관계를 유지
하고, 직접적으로 지원하며, 존경하고 숭배하기 위해 팬들에 의해 조
직적이고 자발적으로 형성된 집단이라고 할 수 있다(장갑선, 2001).

대중문화로서의 팬덤 현상은 일차적으로 스타 시스템을 중심
으로 한 문화산업에 의해 스타를 매개로 하여 생산된다. 그러나 이차
적으로는 팬들의 문화 수용 과정에서 팬덤문화는 팬덤 자체의 생산

성을 창출한다. 사실상 팬들의 스타 수용에 대한 접근 방식은 크게 소비에 무게를 두는 관점과 이와 반대로 생산에 무게를 두는 관점으로 구분된다. 팬덤을 소비 행위로 규정하는 시각에서는 팬덤을 스타나 대중매체를 통한 대리 만족이나 소비 욕망의 분출구로 간주한다(김숙영, 2001). 그러나 팬덤문화의 생산성을 긍정하는 피스크(John Fiske)의 접근 방법은 팬덤이 자본주의 체제 아래서 스타를 기호로서 소비하는 것은 인정하지만, 소비 행위 이면에 드리워진 생산적 행위를 더 중요시한다.

문화연구의 맥락에서 볼 때, 팬덤의 생산성에 주목하는 시각은 이데올로기, 재현, 의미 작용에 관련된 문제의식 속에서 진행되어 온 ―전통적으로 훌리건(hooligan)으로 대표되는 부정적인 팬덤문화를 중심으로 연구한― 영국의 문화연구에서는 일정 부분 벗어난다. 그리고 자유로운 해석, 능동적인 주체, 다의적인 문화상품 개념을 받아들인 포스트모던 이론을 수용하여 포스트모던 문화연구의 맥락 속에서 팬덤 문화연구를 수행한다. 이렇게 볼 때, 팬덤 문화연구에 대한 이론적 틀의 유형은 크게 보아 하위문화론, 그리고 부르디외(Bourdieu, 1985)의 문화자본 개념과 아비투스 이론에 기대고 있는 피스크의 팬덤 문화론, 그로스버그(Lawrence Grossberg)의 정서적 감수성(affective sensibility)에 기초하는 팬덤문화론으로 구분 지을 수 있다.

존 피스크는 팬이 일반 대중문화의 수용자와 다른 점은 팬덤은 수용 주체의 능동적인 자발성과 열정에서 시작되며, 선호하는 특정한 대상에 대해 정보를 수집하고 열광적인 애정 표시 등을 통해 자기의 취향을 보다 적극적이고 능동적이며 선택적으로 추구하는 집단이라는 점이다(Fiske, 1992). 따라서 수용자 집단과는 달리 팬들이란 단순히 문화 수용자의 위치에서 벗어나 무언가에 참여하고 생산하고자 하는 욕구를 하나의 조직적인 형태로 결집시킨다고 믿는다. 이러한 맥락에서, 피스크는 팬덤을 대중이 유일하게 힘을 얻을 수 있는 창조 행위이자 욕망의 실현으로 인식하고 문화자본이 될 수 있다고 판단 한다(Fiske, 1992). 첫 번째 이유로는 지배문화의 관행에 팬덤이 변화를 가할 수 있고, 두 번째로는 문화를 생산하는 자본에 영향을 미쳐 방향 을 바꿀 수 있으며, 세 번째로는 기존 지배문화의 상징적 권력, 즉 세 상을 이해하는 방법에 영향을 미칠 수 있다는 점을 든다. 특히 문화 산업이 주도하고 있는 현대 대중문화에서 대중의 참여가 나름대로 보장되고 있는 팬 그룹의 형성은 대중문화의 적극적인 변용이나 저 항의 가능성을 제시하고 있다는 것이다.

이와 함께, 피스크는 팬덤의 생산성을 기호학적 생산성(semiotic productivity), 언술 행위적 생산성(enunciative productivity), 텍스트적 생산성 (textual productivity)의 세 가지로 범주화한다. 첫 번째, 기호학적 생산성 이란 텍스트 수용의 순간에서 이루어지는 의미의 생산이다. 예를 들 어, 마돈나의 노래와 춤에 담긴 '성 해방'의 기호에서 새로운 여성의 사회적 정체성을 실험하는 팬들처럼, 문화상품의 기호학적 자원들 에서 사회적 정체성과 사회적 체험의 의미를 생산하는 것이다. 두 번 째, 언술 행위적 생산성이란 팬들의 옷 입기, 전시 등을 통한 의미의 발화를 말하며, 팬클럽의 회원들이 스타에 대한 정보를 통신상에서 다른 회원에게 제공하는 행위가 이에 해당한다. 이를 통해 팬들은 팬 덤을 강화하고 자신들만의 사회적 정체성을 획득한다. 세 번째, 텍 스트적 생산성은 팬덤의 안과 밖을 구별 짓고 '공식 문화자본'과 차 별화하기 위해 팬들 사이에 배포되는 텍스트를 생산한다. 이를 통해 팬 공동체의 문화 성향의 체계, 즉 아비투스를 팬들 자신에게 자체적 으로 체화시킨다. 이와 같이, 피스크는 팬 개인이나 집단들의 행위를 단순한 소비로 간주하지 않고 생산성에 주목함으로써 팬덤의 미시적 실천 행위들을 사회적으로 의미 있는 것으로 간주한다(Fiske, 1992).

피스크와는 달리 그로스버그(Grossberg, 1992)는 팬덤과 대중문화를 설명하는 틀로서 정서(affection)라는 개념을 도입했는데, 팬덤문화에 있어서 팬덤의 정서적 감수성을 중요시한다. 그로스버그는 다양한 범주의 팬이 나타나는 이유는 팬들마다 다양한 감수성을 가지고 있기 때문이며, 팬이 문화적인 텍스트와 관계를 맺는 것은 정서를 통해서라고 본다. 정서는 생활의 느낌(feeling)으로서, 그 느낌이란 문화적인 효과에 의해 사회적으로 구성된 것이라고 정의한다. 이러한 정서가 대중의 삶 속에서 에너지를 분배해 주는 근본이 되며, 사회적으로 어떠한 문제 상황이 발생했을 때 대중이 연대하며 집합적으로 투쟁할 수 있는 자원으로 작용한다고 본다. 이러한 에너지의 분배 방식을 그로스버그는 정서경제(affective economy)라고 부르고 있다. 결국 그로스버그의 이론은 텍스트와 수용자의 부호화/해독(encoding/decoding)이 가지고 있는 이원론적 한계를 넘어 팬덤문화를 연구하는 데 있어 실천적 의미를 보다 폭넓고 다양하게 분석할 수 있는 이론적 가능성을 주었다는 데 큰 의미가 있다.

수용자들의 미디어스포츠 이용 행태는 팬십(Fanship) 차원에 의해 다양하게 나타난다. 팬십이 수용자들의 스포츠 경험에 영향을 미친다는 사실은 팬십과 관련하여 이루어진 기존의 시청 동기 연구를 통해서도 검증되었다. 팬십을 이루고 있는 개별 차원, 즉 인지적 차원, 감정적 차원, 그리고 행동적 차원이 각각 독립적으로 수용자들의 스포츠 경험에 중요한 영향을 미치고 있음을 입증하였다. 따라서 이러한 분석 결과를 통해 좀 더 구체적으로 팬십과 수용자들의 미디어스포츠 이용 행태와의 관계를 밝혀낼 수 있었다. 또한 능동적인 수용자 요인인 팬십이 주요하지는 않지만 비동기화되고 미디어 내용 외적인 가치에 중심을 두는 의례적 이용 동기와 과정 만족감에도 영향을 미친다는 것을 경험적으로 제시하였다. 예를 들어 텔레비전 스포츠 프로그램의 경우에 팬십 차원이 의례적 이용 동기와 과정 만족감에 영향을 미치고 있음을 경험적으로 제시함으로써 기존 연구 결과를 지지하였다(이혜진, 2002).

팬덤은 스타를 옹호하고 그들에 집착하는 과정에서 팬들의 극단적이고 이기적인 행동이 나올 수도 있고, 다른 한편 문화실천가로서 여론을 형성할 수도 있는 이중성을 지닌다(이동연, 2001). 또한 팬덤은 스타 시스템과 같은 강력한 상업문화 체제의 지배에서 완전히 벗어날 수는 없기 때문에, 팬들이 자본주의 사회에서 자신의 문화적 욕구를 충족시키는 행위는 상당 부분 문화산업의 경제 논리에 포섭되는 한계를 지닐 수밖에 없다. 그런 의미에서 팬들의 문화를 수용한다는 것은 본질적으로 스타 시스템에서 나타나는 것과 같은 체계적인 문화산업의 자본 논리와 팬들의 적극적인 집단의식 및 정서적 동일시의 욕구가 만나 일정한 형태로 타협을 이루어 낸, 대중문화를 나타내는 하나의 형태라 할 수 있다.

팬덤문화는 대량의 소비 욕구를 가진 팬덤 주체들에 의해 '공식적인 문화자본'의 형태로 존재한다. 그러나 다른 한편 팬들은 스타와 관련된 상품을 소유하여 스타를 매개로 한 상징적 자산의 힘을 행사함으로써 '상징적인 문화자본'으로 존재하기도 한다. 스포츠 스타에 대한 팬덤문화는 스포츠 스타가 나오는 경기장에 대규모로 몰려가 관중석을 채우고, 기업은 기업대로 스타들을 모델로 하여 필사적인 마케팅 전략을 펼친다. 상징적인 문화자본의 형태는 월드컵 스타들의 패션이 우상화되면서 선수들을 따라하는 것이 유행이 되는 현상에서 찾아볼 수 있다. 요즘은 국내 스포츠 팬들의 경우에도 경기장에 올 때 본인이 응원하는 팀의 유니폼과 상품들을 착용하고 오는 경우를 쉽게 볼 수 있고, 심지어 경기장 밖에서도 모자를 쓰거나 구단 야구점퍼를 입고 다니는 모습은 자연스러운 현상이 되고 있다.

사회적으로 음악이나 영화 산업에서뿐만 아니라 스포츠에서도 팬덤문화가 점차 중요한 의미로 주목을 받고 있다. 1980년대 중반 이후 연예계를 중심으로 시작되었던 팬덤문화는 이제 프로 스포츠 구단, 그 구단에 속하는 스포츠 선수들에게까지 확산되어 팬덤의 특징에 다양한 스펙트럼이 자리 잡고 있다는 것을 보여 주고 있다. 따라서 팬덤은 이제 한국 사회의 뚜렷한 대중문화 현상으로 자리 잡아 가고 있다.

'팬덤문화'는 단순히 경기를 보고 즐기는 수동적인 팬의 수준에서 벗어나서 자기가 좋아하는 것을 적극적으로 추구하는 능동적인 팬이 있어야 나타날 수 있는데, 스포츠 분야에서도 팬덤문화가 등장해 대중문화에서 자리매김을 해 나가고 있다. 예전의 스포츠 팬들과는 달리 '팬덤문화'를 주도하는 요즘의 팬들은 경기를 통해 좋아하는 구단과 선수를 보면서 팀에 대한 충성도를 키워 나간다. 본인이 좋아하는 팀과 선수가 더욱 발전하도록 진심을 다해 다양한 수단으로 꾸준히 노력한다. 예를 들어 '붉은 악마'는 2002년 월드컵을 계기로 이러한 '스포츠 팬덤문화'가 축구에서 시작해 10대를 넘어 30~40대, 아니 전 국민적으로 퍼져 나가게 되었음을 보여 주는 대표적인 사례라고 볼 수 있다.

스타 현상에는 스타가 나타나는 사회적인 조건과 경제적인 맥락을 분석하는 사회학적 접근 방식(King, 1985; Levy, 1990), 스타는 여러 종류의 미디어 텍스트들 속에서 구성된다고 보는 기호학적 관점(Dyer,

1982), 그리고 스타는 다양한 문화적 관행에 의해 만들어지고 있다고 주장하며 스타를 소비하는 수용자들에 주목하는 문화적인 접근 방식(Reeves, 1985; 정재철, 2002에서 재인용)이 있다. 요즘의 스타 현상은 위의 세 가지 접근 방식이 종합적으로 적용되어 나타난다고 볼 수 있다.

　　스타 시스템에 의한 스타 관리는 할리우드의 영화산업에서부터 전략적으로 시작되었지만, 현재는 연예계 전반에 걸쳐 폭넓게 적용되고 있고, 스포츠 스타들 역시 스타 시스템에 의해 체계적으로 관리되고 있다. 사실상 스포츠산업에서의 스타는 일종의 고정적인 수요자로 기능하는 팬을 가지면서 수요의 불확실성을 관리하는 기제로서 중요한 역할을 담당한다. 따라서 스포츠 스타는 전략적 마케팅을 통해 스포츠산업의 중심으로 부상하고 있다. 하지만 스포츠 스타는 다른 대중문화 영역의 스타와는 달리 타율이나 득점률 등 정확히 수량화된 실력을 바탕으로 성장한다(신영락·강준호, 2003). 이처럼 스타 시스템은 자본주의 대중문화의 가장 핵심적인 작동 원리 중의 하나이다. 이러한 스타 시스템을 건전한 대중문화의 기제로 발전시키기 위해서는 다양한 인력과 스타 시스템 사이를 연결하는 중간 메커니즘을 육성해야 한다는 주장이 있다.

한국의 팬덤문화

　　1980년대 이전에도 열성적인 팬들은 존재하였다. 1969년 10월 이화여대 대강당에서 열린 클리프 리처드(Cliff Richard)의 내한 공연에는 3,000명이 넘는 팬들이 몰렸다. 너무 열광한 나머지 한 여성 관객이 속옷을 던지는 사건이 있었다고 전해질 정도로 대중문화에 대한 팬들의 사랑은 시대를 초월했다. 1970년대 우리나라에서는 수많은 여성 팬들을 몰고 다니는 가수 남진의 인기가 매우 높았다. 하지만 그 당시만 해도 조직적인 팬들의 활동은 존재하지 않았고 1980년대에 들어서면서 서서히 등장했는데, 가수 조용필의 '오빠 부대'가 한국 팬덤문화의 시초라고 볼 수 있다. 하지만 그 당시에는 팬덤문화라는 용어는 등장하지 않았다.

서태지와 아이들이 데뷔한 1992년 이후에야 비로소 서태지 팬들로 인해 '팬덤'이라는 새로운 용어가 등장했고, 한국의 팬덤문화가 발전하게 된 시발점이라고 볼 수 있다. 그 후 1996년에 5인조 남성 그룹 H.O.T.가 등장했고 그 뒤를 이어 1997년에는 젝스키스와 여성 3인조 그룹인 S.E.S.가, 그 이듬해인 1998년에는 핑클과 신화가, 1999년에는 god가 데뷔를 하면서 2000년대에는 본격적으로 팬클럽문화가 활성화되었고 지금까지 활발한 활동을 이어 오고 있다. 팬클럽문화가 서서히 정착되면서 대중가수 소속사에서 직접 자체적으로 팬클럽을 모집하기 시작했다. 기획사 차원의 팬 관리가 시작된 것이다. 이때부터 대규모의 조직화된 형태를 갖춘 팬덤문화가 자리를 잡아 갔다.

1990년대 후반에 중국 언론이 '한국의 유행이 밀려온다'는 뜻으로 처음 언급한 것이 계기가 되어 등장한 '한류(韓流, Korean Wave, Korean Fever)'라는 용어는 전 세계에 부는 '대한민국 바람'이다. 한류는 대중문화를 시작으로 스포츠, 경제, 정치 등 모든 영역에 걸쳐 지금도 발전해 나아가고 있다.

한류가 본격적으로 맹위를 떨치기 시작한 것은 2000년대 초반. 당시 한류 열풍을 주도한 것은 드라마였다. 〈겨울연가〉와 〈대장금〉은 한류 확산의 일등공신이었다. 〈겨울연가〉는 배용준이라는 한류 스타를 배출했고, 〈대장금〉은 한국 음식 붐을 일으키며 이영애를 한류 스타의 반열에 올려놓았다. 특히 배용준은 '욘사마(배용준을 부르는 일본식 존칭)' 신드롬을 일으키며 한류 열풍의 진원지 역할을 했다. 이 때문에 한류에 흠뻑 빠진 부인들이라는 뜻인 '한류처(韓流妻)'라는 신조어가 생겨나기도 했다. 일본 주부들이 한류 스타를 만나거나 드라마 촬영지를 보기 위해 한국을 찾으면서 일본 가정이 망가지는 세태를 꼬집은 말이다. 〈겨울연가〉의 한류 바람이 불기 시작할 당시 배용준은 일본에서 음료, 자동차, 통신, 제과, 전자제품 등의 광고를 통해 4개월 동안 무려 60억 원에 가까운 수익을 올렸다.

이처럼 드라마와 스타 연예인들의 인기를 바탕으로 시작된 한류는 2000년대 중반부터 '케이팝'의 인기의 힘을 입어 더욱 빠르게 가열되고 있다. 이로 인해 팬들의 문화 또한 더욱더 일반화되면서 한류를 통한 경제적 파급 효과를 위해서는 국가적 전략이 필요할 정도로 중요한 입지를 차지하게 되었다. 최근 케이팝은 아이돌(idol)을 중심으로 아시아에서 미주, 유럽으로까지 확산 중이며 해외에서도 수많은 팬들이 적극적으로 한국의 음악과 가수들에 열광하고 다양한 미디어를 통해 소통하며 그들만의 조직적인 팬문화를 확산해 나가고 있다.

대중문화가 중요하고 많은 영향력을 미치는 것은 대중문화가 가지고 있는 일상성 때문이다. 언제 어디서나 쉽게 접할 수 있는 대중문화는 문화 환경을 형성하는 데 가장 중요한 부분이다. 하지만 그것이 너무나 깊이 우리의 일상생활에 스며들었기 때문에 그 영향을 쉽게 인식하지 못할 뿐이다. 대중문화는 우리에게 많은 즐거움과 일상의 활력을 주기도 하지만 갈등을 부추기는 존재이기도 하다. 대중문화를 더 합리적으로 소비하기 위해서는 무엇보다도 대중문화를 수용하는 대중들의 역할이 중요하다. 맹목적인 지지와 응원보다는 대중문화를 객관적으로 바라볼 수 있는 시각을 가질 필요가 있다.

토론 주제

대중문화와 고급문화의 명확한 구분은 가능한가?

케이팝(K-pop)을 비롯한 한류문화에 대해 평가하라.

미래의 스포츠문화는 어떻게 변화할 것인가?

적극적 생산자로서의 팬덤의 사례를 이야기하고, 팬덤의 장점과 단점에
대해 논하라.

더 읽을거리

존 피스크, 2002, 『대중문화의 이해』, 박만준 옮김, 경문사.

존 스토리, 2011, 『대중문화란 무엇인가』, 유영민 옮김, 태학사.

강준만, 2013, 『대중문화의 겉과 속』, 인물과사상사.

홍종윤, 2016, 『팬덤 문화』, 커뮤니케이션북스.

존 리, 2019, 『케이팝』, 김혜진 옮김, 소명출판.

7장

여가와 문화

노동자들이여, 일하고 또 일하라. 사회적 부와 너 자신의 개인적 가난을 증대시키기 위해. 일하고 또 일하라, 더 가난해지기 위해. 일해야 할 충분한 이유가 있으니 일하라. 그러면 그만큼 더 비참해질 것이다. 이것이 바로 자본주의 생산의 헤어 나올 길 없는 법칙이다.

　　　　　　　　　　　　　　　　—폴 라파르그, 『게으를 수 있는 권리』[25]

여가(餘暇)는 '일을 하고 남는(餘), 남는 시간의 틈(暇)'을 의미한다. 한때 유명했던 광고 카피로 "열심히 일한 당신, 떠나라!"가 있다. 이처럼 열심히 일해야만 떠날 수 있는 것처럼 노동과 여가는 따로 구분해서 이야기하기 힘들 정도로 매우 밀접한 관계이다. 하지만 일상의 시간에서 노동시간과 여가시간이 명확히 구분되어 있지 않던 때도 있었다. 우리의 선조들은 힘든 일을 하는 중에 그 고단함을 잠시라도 잊기 위해서, 또는 더 즐겁게 일을 하기 위해서 '노동가'를 불렀다. 그리고 노동을 하는 중간에 새참을 먹으며 휴식을 갖기도 했다. 이러한 노동의 형태는 오늘날과 매우 다르다. 노동자가 주체로서 노동의 양식을 결정하고 휴식을 결정했다. 게다가 노동의 시작과 끝도 자신이 스스로 결정했다. 즉 노동과 여가가 명확히 구분되지 않고, 노동 중에 '남는 시간의 틈'을 스스로 결정하던 때가 있었다.

하지만 언젠가부터 열심히 노동을 하지 않는 것을 창피해하고, 죄악시하는 사회문화가 만들어졌다. 인간이 자연 속에서 인간답게 살아가기 위해서는 노동이 필수적이다. 하지만 인간은 노동을 통해서 자연을 이용해 왔을 뿐만 아니라 자신들의 속성까지도 변화시키는 문제가 발생했다. 산업사회 이후 노동자는 자신의 노동력을 자본가에게 상품으로 팔아서 생존하게 된다. 그 결과 인간이 시장경제의 개별 요소로 편입하게 되면서 생산 과정에서 모든 통제력을 박탈

---

25 폴 라파르그, 2005, 「게으를 수 있는 권리」, 조형준 옮김, 새물결, p. 60.

당하게 된다. 인간이 존재를 위해서 노동을 하는 것이 아닌, 노동을 위해서 인간이 존재하는 시대가 도래하면서 노동으로부터 인간이 소외되고 이로 인해 인간 정신이 파괴되는 문제가 발생하게 된다. 교황 요한 바오로 2세는 "노동이 인간을 위해 있는 것이지 인간이 노동을 위해 있어서는 안 된다"라고 지적했다(바우어, 2015: 15). 이러한 현상에 대해서 한병철은『피로사회』(2012)에서 근대 사회 이후에 개인에 대한 강박적인 착취가 일상적으로 벌어지는 사회구조를 비판하고 있다.[26] 한편 이반 일리치(Ivan Illich)는『누가 나를 쓸모없게 만드는가』(2014)에서 '개인의 자율적 행위를 위한 조건, 그리고 열망과 능력의 상실'에 대한 문제를 지적하고 있다.

인간노동이 상품화됨으로써 노동소외가 구조적으로 창출되고, 기술적 요인에 의한 노동소외는 인간노동을 기계의 부속물로 만들어 버렸다. 인간은 더 이상 노동을 통해 자신의 자아를 발견하고 인격의 전면적인 발전을 기대하기 힘들게 되었다. 노동을 단지 '노고'로만 인식하고 인간 삶의 다른 영역인 여가에서 행복을 찾으려는 시도가 오늘날 확산하게 되면서 자본이 여가 영역까지도 넘보고 있다. 이는 여가를 상품 판매 영역으로 편입시켜 소비적 욕망을 조작하고, 사이비 욕구를 구조적으로 창출하게 된다. 그 결과 자본이 노동시장을 넘어 개인의 자유시간 영역에까지 영향을 끼친다.

여가는 노동에서 오는 피로 해소, 정신 안정과 정신적 가치를 추구하고, 자유롭고 인간다운 삶을 가능케 하는 '자유의 영역'이라고 할 수 있다. 또한 여가는 단순한 휴식 이상의 의미로 자유와 삶의 의미, 그리고 자신의 존재 이유를 확인시켜 주는 영역이고, 인간적인 삶

---

26 한병철은 사회에 의한 착취의 심각성도 지적했지만, 더 심각한 문제로 '자신을 스스로 착취하는 사회' 즉 '자기 착취'에 대한 심각성도 지적한다.

을 가능케 하는 영역이기도 하다. 그런데 자본이 이러한 자유로운 영역에까지 영향을 끼치게 된 것이다. 개인은 자유시간에조차도 점점 자신의 의지와 자신의 취향를 실천하기보다는 자유시간의 효율적 사용을 더 선호하게 된다. 그 효율적 사용은 자본의 입장에서 보다 많은 잉여 생산을 위해서 자신의 자유시간을 쓰겠다는 것을 말한다. 산업사회의 발전과 함께 고도의 생산력이 창출해 내는 자유시간을 자본은 인간을 위한 여가시간으로 사용할 수 있도록 하는 것이 아니라, 자본 발전을 위한 잉여노동시간의 확보에 사용하고 있다. 즉 자본은 필요노동시간을 감소시키고, 잉여노동시간을 증대시킴으로써 노동자를 자본가들의 자본 증식을 위한 수단으로 이용하고 있다. 때문에 우리가 일반적으로 생각하는 여가의 정의인 '자유로운 시간에 자발적인 선택에 의해서 즐기는 개인적인 활동'이라는 여가 활동의 조건이 성립하기가 어렵게 되어 버렸다.

이러한 현대 여가의 문제에 대해서 한나 아렌트(Hannah Arendt)는 노동의 절대화의 영향으로 '사적 삶의 향유(자유시간·여가)'가 활동의 목표가 되어 버렸기 때문이라고 지적했다. 아렌트는 존재론적·사회적 불안을 겪는 현대 삶의 양상은 이 정의로 모두 포괄하기 어려운 면을 고려해서 '여가(如可): 자아와 정체성을 일치시켜 주며(如), 그것이 옳은(可) 자아라고 생각하게 만드는 일련의 행동'이란 뜻의 새로운 여가의 정의를 제시하고 있다. 한나 아렌트 '여가는 사유를 통해서 행위를 준비하는 시간적 의미,' 그리고 '나의 정체성을 찾는 진정한 (사유) 행위'라고 봤다(아렌트, 2015). 이 같은 아렌트적 여가 개념에 따르면 노동 이외의 시간에 개인의 활동의 진정한 목적은 바로 개인의 정체성 또는 행복이 그 중심에 있다. 하지만 자본주의가 진전됨에 따라 노동자는 자본의 요구를 충족시킬 때에만 여유를 가질 수 있게 되는 점점 더 불안정한 존재가 되어 가고 있다.

노동자들에게 지금 원하는 게 무엇이냐고 묻는다면 아마도 대부분이 노동이 일상이 된 현실로부터 벗어나는 것이라고 답할 것이다. 그럼 노동에서 벗어나면 무엇을 할 것인가에 대해서 그들은 준비가 되어 있는가? 그리고 그들은 일상으로 돌아올 것에 대해서 어떤 생각을 갖고 있는가? 아마도 대부분의 노동자들은 다시 노동의 일상으로 돌아올 것을 고려해서 노동에서 벗어난 공간 혹은 시간을 매우 효율적으로 보내야 한다는 강박에 시달릴 수 있다. 이러한 현대인들의 여가문화 문제에 대해서 노명우는 시간과 비용의 장막을 없애 주는 놀이동산의 예를 통해서 순수한 여가를 목적으로 하지 않는 현대인들의 여가문화의 문제를 지적한다(노명우, 2015: 217~226). 즉 현대 노동자들의 여가는 노동으로 지친 몸과 마음에 쌓인 스트레스를 풀기 위한 수단이기에 그 자체가 목적이 되지 못하고 있다는 것이다. 그리고 노동을 벗어난 자유시간에조차도 노동의 속박에서 벗어나지 못하는 문제를 갖고 있다. 이에 대해서 프랑스 사회학자 폴 라파르그는 『게으를 수 있는 권리』를 통해 자본주의 논리에 저항하고 인간성을 찾고 인간답게 살 권리를 자연권으로 강조했다.[27] 라파르그는 자본주의 사회에서 착취당하는 노동자들의 '인간답게 살 권리'를 강조하며 자유시간에 자신의 가치를 찾거나 실현시킬 수 있어야 한다는 점을 강조했다. 이러한 이야기를 하기 위해서 우선 여가에 대해 좀 더 살펴보고자 한다.

---

27 프랑스는 1958년 수정헌법에서 국가가 국민들의 여가를 보장해야 한다는 것을 명시하고 있다. "국가는 정신적, 육체적 상태, 나이와 상관없이 모두, 특히 어린이, 부녀자, 나이 많은 노동자 등에게 생존권 보장을 위해 건강권, 기초생활, 휴식권 그리고 여가를 보장한다"(http://www.assemblee-nationale.fr/connaissance/constitution.asp에서 2016년 7월 31일 검색).

여가에 대한 정의

여가는 크게 시간적 정의, 활동적 정의, 마음의 상태적 정의 그리고 제도적 정의로 구분되고 있다. 시간적 정의에 대해서 켈리(John Robert Kelly)는 여가시간의 질적인 성격을 고려해야 한다고 강조했다(Kelly, 1982). 켈리는 여가에서는 시간의 양이 아니라 질이 중요하다고 했다. 이러한 시간은 자유시간 중에서도 '자유 재량시간(discretionary time)'으로 자의적으로 사용이 가능한 시간을 의미한다(Brightbill, 1960). 활동적 정의에 대해서 뒤마즈디에(Joffre Dumazedier)는 여가시간에 행하는 활동으로 '휴식(relaxation),' '놀이(entertainment)' 그리고 '개인 개발(personal development)' 등으로 구분해서 제시하면서 아래와 같이 여가를 정의한다(Dumazedier, 1962).

> 여가는 사회, 가정 혹은 노동으로부터의 책임에서 벗어난 활동이고 참가자의 의사에 따라 휴식, 놀이, 개인 개발 등 자발적이고 자유롭게 하는 활동이다.

마음의 상태적 정의에 따른 여가의 정의는 자유로운 시간에 자발적인 활동을 통해서 즐거움과 행복함을 느끼는 것을 의미한다. 제도적 정의에서는 노동과 분리된 활동을 여가라고 한다. 즉 여가는 '노동으로부터 생긴 신체적, 정신적 피로감으로부터 해방되어서 다시 노동을 할 수 있는 상태가 되기 위해 에너지를 보충하는 수단'으로 정의될 수 있다. 앞에서도 이야기했듯이, 이처럼 여가는 매우 주관적, 사회적 그리고 제도적이기 때문에 시대마다, 사회마다 그리고 개인마다 정의에 대한 차이가 존재한다. 그럼에도 불구하고 광범위한 정의에 따르면 여가는 '자유로운 시간에 어떠한 의무가 아닌 스스로 행복감을 느낄 수 있는 활동'이라고 할 수 있다. 그리고 현대 사회에서 우리는 유급휴가나 다양한 여가 활동을 통해서 단순한 휴식뿐만 아니라 일상에서 즐거움을 추구할 수 있게 되었다.

더 나아가 후기 산업사회에 들어선 후 '여가를 즐길 수 있는 권리'를 개인의 기본권으로 점차 인정하는 추세가 확산되었다.[28] 여가문화의 발전은 현대 민주주의의 확산으로 인식되기도 한다. 하지만 평균 수명의 증가, 은퇴 이후 노후시간의 증가, 실업률의 증가, 학업 기간이 늘어나면서 점차 노동시장 진입시기가 늦어지는 것 등과 같은 사회적 문제로 인해서 개인의 자유시간 활동에 대한 사회적 논의가 확산되고 있다.

여가에 대한 사회과학적 연구는 1960년대 중반 이후 활발하게 진행되었다. 캐플런(Max Kaplan, 1960)과 그라지아(Sebastian De Grazia, 1962)는 '여가'의 정의에 대한 어려움에 대해 지적했다. 뒤마즈디에는 산업 사회에서 여가의 다양한 의미에 대한 연구를 통해 '반여가(semi-loisir)'라는 새로운 정의를 내리고, '생산적이지 않은 활동'이라는 기존의 여가 활동에 대해서 '생산을 주목적으로 하지 않는 활동'은 여가 활동 범주에 넣어야 한다고 주장했다(Dumazedier, 1962). 파커(Stanley Parker, 1972)와 턴스털(Jeremy Tunstall, 1962)은 여가와 노동에 대한 관계를 연구함으로써 여가를 정의하고자 했다. 로젝(Chris Rojek, 1985; 1996)은 자본주의와 여가에 대한 관계를 통해서 여가를 정의했다. 또한 베블런(Thorstein

---

28 예를 들어, 한국의 경우는 2004년 '주 40시간 노동,' 프랑스의 경우는 1968년 임금 인상, 노동시간 단축(주 40시간 노동), 유급휴가, 파업 기간 임금 지급 등 노동자들에게 기념비적인 합의인 '그르넬 협약(Accord de Grenelle)' 그리고 1999년 오브리(Loi Aubry) 법이라 불리는 '주 35시간 노동' 등과 같은 입법을 통해서 개인이 노동에서 벗어나 좀 더 많은 자유시간을 확보하고 이를 통해서 여가를 즐길 수 있는 사회적 환경을 구축하는 제도를 발전시켜 왔다.

Veblen, 1912)은 여가와 사회계급을 통해서 여가의 정의와 특성에 대해 언급했다. 이렇게 많은 여가에 대한 선행연구에도 불구하고 여가정의에 대한 어려움은 지금도 계속되고 있다. 뒤마즈디에는 아래와 같이 언급하며 여가정의의 어려움을 지적했다(Dumazedier, 1962: 16).

> 여가는 근본적으로 매우 불명확한 현실이다. 여가는 다양한 모습과 상반된 모습을 가지고 있다.

우리는 여가를 흔히 '자유시간'과 같은 의미처럼 사용하는 경우가 많다. 즉 가족의 의무나 사회적 의무에서 벗어나 개인이 자유롭게 쓸 수 있는 자유시간 동안 이루어지는 활동을 '여가 활동'이라고 매우 포괄적으로 정의한다. 하지만 자유시간의 개념으로 여가를 정의할 때는 자유시간을 어떻게 구분하느냐 하는 어려움이 있다. 노동시간과 자유시간의 구분의 모호성, 손자, 손녀와 놀아 주는 할머니의 자유시간은 의무시간인지 자유시간인지 등과 같이 일상에서 자유시간의 경계가 불명확하다. 코스터(Michel De Coster)는 1994년 그의 저서 『노동의 사회학 개론(Traité de sociologie du travail)』에서 '노동 외 시간'과 자유시간의 혼동을 지적한 바 있다. 프리드만(Georges Friedmann)도 자유시간이 가족, 가사, 교육, 직업 관련 등으로 수시로 침해를 받는다고 지적했다(Friedmann, 1992: 519). 앤더슨(Nels Anderson)은 "모든 여가시간은 자유시간이지만, 모든 자유시간이 여가시간은 아니다"라고 여가시간과 자유시간을 구분했다(Anderson, 1961). 즉 모든 자유시간은 여가시간이 아니지만, 모든 여가시간은 자유시간으로 볼 수 있다.

한편 여가를 정의함에 있어서 자유시간과 함께 고려해야 할 것이 바로 '개인의 여가 동기'이다. 즉 자유로운 시간에 개인이 자신이 선택한 활동의 목적을 어떻게 인식하느냐에 따라서 여가 활동의 성격이 결정된다. 휴식을 하고 싶은 동기, 놀이의 역량을 강화하고 싶은 동기, 새로운 무언가를 배우고 싶은 동기, 사회적 관계를 유지 및 확대하고 싶은 동기 등으로 구분할 수 있다. 여가 동기는 개인이 원하는 여가 욕구에 기인한다. 즉 여가 활동은 개인의 동기와 여가 욕구를 통해서 일상에서 실천되는 개인의 활동으로 휴식, 즐거움, 대인관계(사교 활동), 자기계발 등을 일컫는다.

여가문화와 노동시간

18세기 산업혁명 이후 직업윤리의 시대가 도래하자 여가는 노동의 긴장과 피로를 풀어 주고 재충전할 수 있는 시간이 되었다. 즉 산업사회에서 여가는 노동으로부터 분리된 나머지이며, 노동의 대가로 매우 도구적 기능을 하는 것으로 인식되어 왔다. 산업사회에 들어서면서 노동과 여가는 명확하게 구분이 되었지만, 한편으로 노동과 여가는 양적으로나 질적으로 매우 밀접한 상호관계를 갖는다. 양적인 측면에서 노동시간은 여가시간을 규정하고, 질적인 측면에서는 노동력의 대가 혹은 노동소외에 의해서 영향을 끼친다.

산업 시대에 노동자들은 자신들이 자유롭기 위해서는 자신의 노동력을 상품화해서 팔아야만 했다. 노동자들은 노동의 필요로 인해서 역설적으로 자신들의 자유가 속박당하는 문제에 봉착하게 된다. 이러한 문제에 대해서 마르크스는 "자기 나름대로 처리할 자유시간이 없는 사람, 즉 식사, 수면 등의 단순한 욕구 충족을 위해 드는 시간 이외의 전 시간이 자본가를 위한 노동으로 흡수되어 버리는 사람은 짐 나르는 짐승보다 못하다. 그는 단지 낯선 부(wealth)를 생산하는 기계일 뿐이다"라는 말로 진정한 개인의 자유시간, 그리고 여가의 중요성을 강조했다(조광익, 2010: 54에서 재인용). 산업사회의 여가 활동 혹은 자유시간의 문제는 과연 그 이전부터 지속적으로 이어져 오던 문제였을까?

전(前) 산업사회에 있어서 오늘날 같은 여가는 존재하지 않았다. 그때의 여가는 노동으로부터 잠시 휴식을 취하거나 사회적 의례를 행하는 것일 뿐이었다.[29] 하지만 이때의 노동에는 노동 활동 속에 자연스럽게 여가적인 요소가 녹아들어 있었다. 즉 노동과 여가가 명확히 구분이 되어 있지 않았기 때문에 여가가 하나의 권리로 인식되지 않았다. 하지만 이 시대의 노동자들은 봉건적 사회 질서에 적응하기를 거부하고 이리저리 떠돌면서 자유롭게 자신들의 노동력을 팔면서 살아갈 수도 있었다. 이들은 기본적으로 무산자 상태, 자유노동, 기본적인 사회관계로서의 임금관계의 특징을 가졌다. 이러한 자유노동자 집단은 18세기 산업화가 시작되면서 산업노동자로 전락하게 된다. 그리고 이때부터 여가와 노동은 공간적, 시간적으로 분리되고 이로 인해 여가는 하나의 권리로 인식되기 시작했다.

산업사회의 자본가들은 노동 생산성을 높여 자신의 수익을 최대로 얻고자 한다. 따라서 생산 과정에서 노동자의 노동력을 최소한으로 투입하고, 노동자들이 자신과 가족을 유지하는 데 필요한 생활 수단을 마련할 수 있는 필요노동시간을 최대한 줄이고, 자본가들의 이익을 생산하는 잉여노동시간을 늘리기 위해 노력한다. 그리고

---

29 이러한 영향은 오늘날까지 어느 정도 남아 있는데, 바로 '종교 행사'를 여가 활동으로 보느냐 하는 점이다. 우리나라의 경우 종교 활동을 여가 활동으로 간주하지만, 프랑스의 경우 종교 활동은 의무적이고 정례적인 활동이기 때문에 여가 활동으로 간주하고 있지 않다.

생산기계와 기술의 발달로 발생한 산업사회의 고도의 생산력은 노동자들의 자유시간을 보장하는 데 쓰이지 않고, 더 많은 잉여생산물을 만드는 것에 쓰이게 된다. 이러한 문제에 대해서 19세기 마르크스와 같은 사회주의자들은 인간 해방의 전제 조건으로 노동일과 노동시간의 단축을 통한 자유시간의 확대를 주장했다. 사회적으로 노조의 조직(프랑스, 오스트레일리아, 독일 등)이 활성화되고, 보통선거권이 확대되면서 노동자들의 힘을 바탕으로 노동시간 단축을 위한 사회운동이 1844~1852년 영국, 프랑스, 미국 등에서 발생한다. 하지만 전면적인 노동시간 감축은 이루어지지 못했다. 이때에도 자본가 혹은 기업가들은 기업의 경쟁력을 위해서 노동시간을 감축하면 안 된다고 주장했다. 이러한 문제를 극복하기 위해서 1886~1891년 사이에 국제적으로 '하루 8시간 노동'을 위한 국제공조가 만들어지고 1889년, 전 세계적으로 동시에 노동시간 단축을 주장하게 된다. 하지만 오늘날까지 하루 8시간 노동은 여전히 많은 국가에서 실현되지 못하고 있다.[30]

<그림 7-1>에서도 알 수 있듯이 1950년대를 이후로 지속적으로 감소하던 연간 노동시간은 1980년대를 기점으로 그 감소 폭이 확연히 줄어들고 있다. 그렇다면 1950년대와 비교해서 줄어든 노동시간만큼 노동자들은 더 자유롭고 행복한 시간을 보내고 있는가? 즉 여가를 더

---

30 노동시간 단축 운동사를 네 단계로 정리하면 다음과 같다. (1) 제1단계(1790~1850): 일일 기준노동시간 제정, 아동, 부녀자 노동시간 12시간으로 제한, 법정 최고 근로시간의 개념 정립, 1853년 일일 10시간 근로와 교대제를 금지하는 공장법 통과, 이 시기 노동시간 단축은 국제적 연대운동으로 발전하지 못했다. (2) 제2단계(1850~1920): 노동시간 8시간, 수면시간 8시간, 자유시간 8시간을 주장하는 8시간 노동제 요구, 1919년 설립된 ILO 제1원칙으로 8시간 노동경제를 천명, 1886년 5월 1일 미국의 노동자들이 8시간 노동제를 요구하며 총파업(노동절의 시초), 1917년 러시아 혁명으로 8시간 노동제 확립 이후 국제적 노동운동이 활발하게 진행되었다. (3) 제3단계(1920~1960): 주 40시간, 주 5일 노동 확립 단계, 일일 노동시간 감축이 아닌 주당 노동시간 감축과 연차 유급휴가 제도화 등으로 범위가 확대되기 시작, 1936년 프랑스에서 주 40시간 노동에 연 14일 유급휴가를 법제화, 1962년 ILO가 주 40시간 노동을 권고했다. (4) 제4단계(1970~현재): 주 30시간대 노동시간과 연차휴가 확대 단계, 프랑스는 주 35시간 노동제(1998년, '오브리 법')를 시행 중이다.

많이 확보하였는가? 〈그림 7-1〉에서 보는 것과 같이 노동시간이 급격히 줄어든 만큼 여가시간이 늘어나지는 않았다는 것을 알 수 있다.

그림 7-1　연간 노동시간 변화 추이: 프랑스, 미국, 일본, 유럽 6개국 평균(독일, 이탈리아, 네덜란드, 에스파냐, 스웨덴, 영국)

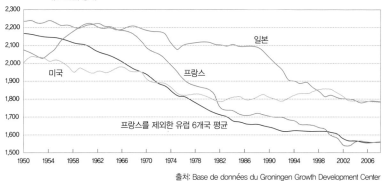

출처: Base de données du Groningen Growth Development Center

　　대부분 OECD 회원국은 법정 노동시간상 '주 40시간(하루 8시간, 주 5일)' 이하가 많지만 현실에서 이것이 지켜지기는 어렵다. 더 큰 문제로 '포괄적인 초과근무자'[31]가 존재하고, 노동 환경이 더 불안정한 '임시고용' 형태의 노동자들이 늘고 있는 가운데 노동시간 감축은 요원한 이야기가 되었다. 이러한 현상은 오늘날 한국의 노동시장 실태와 매우 흡사하다. 노동시간이 줄었으므로 어찌 보면 노동자들의 자유시간이 늘어났지만, 실업이나 노동 축소에서 오는 경제적 어려움으로 인해 늘어난 자유시간이 실질적인 여가시간으로서 활용되는 데는 제약이 발생하기 때문이다.

　　한편 생산 효율성의 극대화를 나타내는 테일러주의(Taylorism)

31　특히 한국의 경우는 전통적인 노동문화로 인해서 야근이 일반화된 문화와 상사가 퇴근하기 전에 퇴근을 한다는 것에 대한 부담감으로 노동자들이 법정 야근시간과 상관없이 알아서 야근을 하는 문화도 이에 속한다고 볼 수 있다.

와 인간의 기계화를 나타내는 포드주의(Fordism)[32]로 인해 노동 생산성은 매우 급속하게 높아진다. 한국에서도 산업화가 시작된 1970년대 이후 2010년까지 생산기술의 발달로 인해 꾸준히 노동 생산성이 향상되어 왔다. 노동 생산성 향상과 함께 실질 임금의 상승으로 가계의 가처분소득도 증가해 왔다. 이 때문에 노동자들은 자신들의 자유시간을 잉여시간으로 활용해서 좀 더 많은 임금을 받고자 한다. 필수 노동시간으로 벌어들이는 임금이 불충분하기 때문에 자신들에게 주어진 자유시간을 다시 노동시간으로 값싸게 판매하는 것이다. 여가가 개인의 일상에서 중요해지긴 했지만 대부분의 노동자들에겐 여전히 노동 중심의 삶이 중요하다. 그 결과, 소득이 증가하긴 하지만 긴 노동시간으로 인해서 일상에서 개인이 느끼는 자유시간은 부족하다. 그리고 자유시간의 부족은 당연히 여가시간 확보에 큰 제약을 받는다. 결국 제한된 시간에 여가를 천천히 즐기기보다는 '이미 준비된 상품화된 여가'를 소비하는 여가문화가 만연하게 되고, 이는 많은 이들이 가장 접근이 쉽고, 비용도 적게 드는 TV 시청을 여가 활동으로 즐기는 이유이기도 하다. 이러한 여유로움이 사라진 자유시간의 부족 문제는 노동자들이 여가를 잘 즐기기 어렵거나, 쉽게 소비하려고 하는 원인으로 볼 수 있다. 이러한 맥락에서 산업사회 속 여가문화의 성장은 여가산업과 매우 밀접하게 관련이 있다고 볼 수 있다.

산업사회에서 일상은 노동과 여가로 분리되었다. 노동을 마

---

32 테일러주의는 노동자로 하여금 최소의 시간과 움직임으로 최대의 능률을 올릴 수 있는 매뉴얼을 만들어 노동자에게 강제화시키는 것이다. 이를 통해서 시스템에 따른 노동 설정으로 노동의 강도를 높였다. 한편 포드주의의 문제는 노동자가 전체 노동 과정에 참여하지 않고 노동 과정의 일부분만을 담당하게 됨으로써 상품의 생산에 대한 성취감이나 자신의 노동력 갱신을 위한 자기계발 등이 부족해진다는 점이다. 이로 인해서 노동자가 생산 과정의 일부분처럼 기계화되는 문제를 갖고 있다. 이러한 문제는 찰리 채플린의 영화 〈모던 타임스〉에서도 잘 나타난다.

친 이후에, 그리고 노동의 공간이 아닌 곳에서 하는 개인의 자유로운 활동이 여가가 된 것이다. 이러한 노동자들의 일상에서는 노동이 끝나고 나면, 남은 에너지가 여가가 아닌 유흥으로 쉽게 소비된다. 왜냐하면 노동자들은 노동시간과 노동강도의 영향을 크게 받기 때문이다. 긴 노동시간과 강도 높은 노동 이후에 아무리 자유시간이 주어진다고 해도 여가를 즐기는 데 있어서 어려움이 존재한다. 즉 장시간의 노동으로 지친 몸과 마음을 이끌고 노동의 시공간에서 벗어났다는 것만으로 여가 활동을 즐기기는 힘들다. 때문에 노동자들은 여가 활동에 대한 욕구의 충족이라기보다는 노동에서 벗어났다는 만족감이 더 클 수 있다. 이러한 상태에서 노동자들이 실천하는 여가와 희망하는 여가가 일치하지 않을 수 있다. 특히 한국의 노동자들은 최근 치열해지는 경쟁과 높은 강도의 업무, 그리고 긴 노동시간으로 인해서 노동시간 이후 개인의 자유시간을 활용함에 있어서 매우 원초적이고, 단순하고, 자극적인 활동을 선택함으로써 노동시간에 받은 스트레스를 해소하거나 기분을 전환하는 데 사용하게 된다. 그러면서 평소에 자신이 하는 여가 활동과 자신이 원하는 여가 활동 간 차이가 발생하는 원인에 대해서 대부분 경제적인 이유나 시간의 부족을 들고 있다.

산업화 과정에서 한국 노동자들의 여가문화를 잘 보여 주는 것이 1970~1980년대 '한국의 회식문화'라고 볼 수 있다. 한국의 회식문화는 어떻게 보면 지금의 회사들에서 운영하는 여가와 관련된 복지 제도와 매우 흡사하다. 즉 기업 혹은 관리자들은 회식을 노동시간 이외에 이루어지는 '자유로운 활동'으로, 노동으로 인한 스트레스를 풀기 위한 자발적 참여를 통한 단체 활동으로 여겨 왔다. 이와 같은 한국의 회식문화는 현재는 기업에서 제공하는 '획일적이고, 집단화된 여가 활동 프로그램'과 매우 흡사하다고 볼 수 있다. 노동자들은 기업에서 제공하는 여가 활동에 참여하거나 불참하는 것을 선택해야 한다. 그런데 자신이 원하거나 희망하는 여가가 아닐지라도 조직문화 때문에 참여해야 하는 상황에 부닥치기도 한다. 노동시간 이외의 시간에, 그리고 노동공간을 벗어나서 하는 여가 활동임에도 자신의 선택과 취향은 전혀 고려되지 않는 가운데 의무적으로 참여해야 하는 여가를 진정한 여가 활동이라고 볼 수 없다. 하지만 산업사회에서 이러한 기업문화는 노동자들에게는 당연히 참여해야만 하는 것으로 인식되었다. 그리고 이러한 문화를 경험했던 이들이 추후 기업의 경영진이 되면서 당시의 문화를 바탕으로 사원들을 위한 여가 프로그램을 준비하는 과정에서 현재 젊은 세대의 여가에 대한 인식과 충돌하게 된다. 이 때문에 기업에서 제공하는 여가 프로그램에 대한 참여도 혹은 만족도가 높게 나타날 수 없다. 그리고 이러한 기업의 여가 프로그램 제공 방식은 한국 정부의 여가 정책 운영의 방식과 일맥상통하는 면이 있다. 과거 산업사회에서의 노동자들은 여가에 대한 열정보다는 노동 혹은 임금에 대한 열정이 더욱 강했기 때문에 높은 참여도를 끌어낼 수 있었다. 하지만 오늘날의 노동자들은 일과 일상의 조화를 중시하기 때문에 산업사회의 방식으로 국가 혹은 기업이 여가 프로그램을 제공한다면 그 효율성과 만족도는 부정적인 결과를 맞이할 수밖에 없다. 그 원인은 개인이 가진 다양한 여가에 대한 욕구를 수용하지 못하기 때문이다.

그럼 왜 산업사회의 노동자들은 자신에게 주어진 노동시간 이외의 시간까지 기업 혹은 자본가들에게 속박당하면서 그들이 제공하는 여가 활동에 참여했을까? 18세기 이후 산업사회에서 노동자들은 봉건사회에서는 받지 못했던 인간으로서의 자유와 독립을 보장받게 된다. 이를 통해서 노동자, 다른 말로 하면 '무산계급(프롤레타리아)'이 개별적으로 고용주와의 계약을 맺고 그에 따른 임금을 통해서 '사적 소유' 즉 개인의 재산을 형성하는 경험을 하게 된다. 이러한 경험은 노동자들로 하여금 과거에 했던 여가 활동이나 놀이에 대한 열정보다는 새로운 문화 체험인 '사적 소유'에 대한 열정을 키우게 한다. 그리고 자유와 독립을 보장받은 노동자들은 '즐기는 삶' 혹은 '한가로운 삶'이냐, 아니면 '노동하는 삶'이냐 중에서 더 생산적이고, 올바른 삶의 방식이라고 믿고 있는 '노동하는 삶'을 선택하게 된다. 여기서 중요한 것은 왜 노동자들이 노동하는 삶이 올바른 삶의 방식이라는 인식을 갖게 되었는가 하는 것이다.

산업사회에서 노동자들은 노동을 강요받은 것이 아니라 '근면'이 정당한 것이라는 인식을 바탕으로 '근면한 삶'을 당연한 것으로 생각하게 된다. 실제로 우리는 '거북이와 토끼의 경주' 혹은 '개미와 베짱이' 이야기에서처럼 게으름은 죄가 되며 나쁜 것이고, 열심히 일하는 것은 올바른 것이라고 배우며 자란다. 이러한 것은 산업사회가 빠르게 발전하던 시기였던 빅토리아 시대(1837~1901)에 영국에서 도덕주의자들이 '게으름은 사악한 것이고, 육체를 쇠약하게 만들고 퇴보시킨다' 하여 엄격한 금욕주의를 강조하고 노동을 신성시하는 문화에서도 찾을 수 있다.[33] 막스 베버는 그의 저서 『프로테스탄트 윤리와 자본주의 정신』에서 프로테스탄트 윤리에서는 게으름을 가장 위험한 악으로 간주하는데, 이러한 윤리를 중시하는 국가에서 자본주의가 발달했다는 사실을 바탕으로 노동을 강조했다. 즉 베버는 열심히 일하고 소비를 억제함으로써 개인이 자본을 축적하게 되고, 이러한 자

---

33 산업을 의미하는 'industry'의 다른 의미가 바로 '근면'이다. 이를 보면 산업과 근면은 매우 밀접하다는 것을 알 수 있다.

본의 축적을 바탕으로 생산적 투자가 일어나 자본주의가 발달했다고 강조했다. 산업사회에서 노동자들은 열심히 일하는 것이 정당한 것이라는 인식을 주입당하게 되고, 이 같은 인식을 바탕으로 노동이 여가보다 가치우위에 있다는 생각을 당연시하게 된다.

하지만 노동을 중시하고 게으름을 죄악시하는 것에 대해서 버트런드 러셀(Bertrand Russell)은 산업사회에서 자본가들이 노동을 미화하고, 또 신성화함으로써 노동자들이 더 열심히 노동하는 것에 대한 문제를 지적했다(이옥순, 2012: 60). 또한 폴 라파르그는 노동자들에게 강요된 노동에 대해서 자본주의가 노동계층을 통제하는 것이라고 문제를 지적했다. 노동자들 또한 노동시간이 임금을 결정하는 중요한 요소이기 때문에 더 많은 임금을 받기 위해서 열심히 일하는 것뿐만 아니라 더 많이 일하는 것은 당연하다는 인식을 갖게 된다. 산업사회에서의 기업들은 노동자들에게 일자리를 제공하는 중요한 역할을 담당하고 있다. 노동자들이 노동을 지속할 수 있고, 이를 통해서 얻은 임금을 이용하여 소비할 수 있는 여가시간을 제공하는 것만으로도 충분히 기업의 입장이나 노동자들의 관점에서 만족스러운 합의를 도출할 수 있다.

여가의 불평등

뒤마즈디에는 탈산업사회에서는 노동보다 여가 중심의 사회가 되고, 여가야말로 사회에서 중요한 의미를 가지게 될 것이라고 강조했다. 한편 앙드레 고르(André Gorz) 또한 탈산업사회에서 여가 활동은 필수적인 시민의 권리가 되었다고 주장했다. 이와 같은 사회문화

현상으로서의 여가에 대한 욕구는 경제적 차원의 물질적 풍요로움이
나 소비 욕구의 충족을 넘어 개인의 의미 있는 삶을 추구하는 이들이
늘어나는 새로운 사회적 현상으로 이어졌다. 즉 후기 산업사회에서
여가는 자기만족이 중요하고, 당연한 권리이자 누구나 평등하게 누
릴 수 있는 것이라고 할 수 있다.

　　여가의 대중화에 크게 이바지를 했던 여가의 상업화[34]는 수요
에 따라 가격이 차등화될 수밖에 없고, 많은 이들이 쉽게 접근할 수
있는 여가는 여가 활동을 획일화한다는 문제점을 갖는다. 물론 이렇
게 획일적으로 공급되는 것이 싫은 사람들은 별도의 비용을 지불하
고 자신이 원하는 여가 활동을 즐길 수 있다. 하지만 추가적인 비용
에 대한 부담 때문에 다수의 사람, 즉 대중이 쉽게 접근하기는 쉽지
않다. 여가의 상업화[35]는 여가의 대중화에 큰 영향을 끼쳤다. 반면 여
가 격차를 심화시키기도 했다. 여가의 상업화로 인해서 자유시간이
주어지더라도 자신이 원하는 여가 활동을 즐기지 못하는 이들이 늘
고 있다. 한편 자유시간이 주어지더라도 제대로 사용을 못 하게 되면
자유시간을 자신이 원하는 대로 소비하기 위한 금전적 이득의 욕구
가 커지게 된다. 문제는 이러한 금전적 욕구는 역설적이게도 개인의
자유시간을 빼앗게 되기 때문에 결국 소비할 시간이 없어지는 문제
를 내포하고 있다.

34　여가의 상업화나 문화의 상업화에 대해서 고쿠분 고이치로는 "문화산업은 이미 만들어진 즐
　　거움, 산업에 유리한 즐거움을 사람들에게 제공한다. 이전에는 노동자의 노동력 착취가 한동
　　안 이야기되었지만, 이제는 오히려 노동자의 한가함이 착취되고 있다. 고도 정보사회라는 말
　　조차 사어가 될 정도로 정보화가 진행되고 인터넷이 보급된 지금, 한가함의 착취는 자본주의
　　를 이끌어 가는 거대한 힘이다"라고 비판했다(고쿠분, 2014: 22).

35　여가의 상업화의 심각성은 '사회적 테일러주의(Social Taylorism)'라는 문제를 갖는다. 이는
　　일상생활에서 이루어지는 사회 구성원의 정보가 기업으로 흘러 들어가 그곳에서 일방적인 규
　　칙과 법칙으로 만들어진 후 대중의 여가와 취미를 조작하는 것을 말한다. 문제는 이미 아도르
　　노와 호르크하이머가 "사람들의 여가시간은 문화산업이 제공하는 획일적 생산물로 채워질 수
　　밖에 없다"라고 비판했었다(아도르노 · 호르크하이머, 2001: 189).

    더 큰 문제는 최근 신자유주의 경제 논리 속에서 노동시장이 불안정화됨으로 인해 개인 간의 경제적 불평등이 심화하고 있는 가운데 여가에 대한 개인의 욕구 실현이 더욱 어려워지게 되었다는 점이다. 한편 개인은 자유시간의 가치를 누리기보다는 노동을 통한 경제적 가치를 추구하는 성향이 강해지게 된다. 노동자들은 고용불안이 심화하고, 실직에 대한 위협과 걱정에 떨게 된다. 이로 인해 노동자들의 노동에 대한 가치는 더욱 상승하게 된다. 즉 장시간 노동, 수당과 상관없는 연장 근무, 업무시간 이외에도 항시 대기 상태로 있는 삶이 너무나 당연시된다. 그 결과 일과 삶의 균형이 깨지면서 일상의 빈곤화가 발생하게 된다. 더 큰 문제는 노동에 대한 강박이 예전에는 지배 세력에 의한 외부적인 강압으로 발생했다면, 신자유주의에서는 자발적으로 자기 자신을 착취하는 노동자들이 늘고 있다는 것이다. 신자유주의 사회에서 실업과 고용불안정의 문제로 인해 '임금사회(société salariale)'의 기반이 약화되었다.

    신자유주의 사회에 들어서면서 노동이 불안정해지고 노동력의 가치 또한 낮아지는 문제가 발생한다. 이러한 현상은 산업이 발달하면 할수록 기술력이 높아지고 자동화가 함께 발달하면서 일자리는 줄어들고, 노동력의 가치는 낮아지기 때문에 나타났다. 우리가 흔히 이야기하는 고부가가치 산업은 투입된 노동력의 가치에 비해 창출되는 가치가 큰 산업을 말한다. 그 결과 자본가로서는 많은 노동력을 투입할 필요가 없게 된다. 반면 새롭게 창출되는 잉여 생산에 대한 분배 과정에서 노동자들은 소외된다. 노동자들이 노동에서 소외된다는 것은 상업화된 여가에서도 소외된다는 것을 의미한다. 실제로 여가를 즐길 수 있는 사회적 환경은 열악해지고 있지만, 여가에 대한 인식은 높아지는 아이러니한 현상이 발생하게 된다. 이러한 격차를 줄이고자 여가에 대한 공공서비스의 필요성이 중요해지고 있다.

일상의 여유 속에서 즐기는 여가문화를 향해

노동을 미덕으로 생각하던 시대도 있었다. 오늘날에도 노동을 미덕으로까지 생각하지는 않지만, 여전히 노동은 인간의 삶에서 중요한 위치를 차지한다. 하지만 점차 열심히 노동하는 것뿐만 아니라 일상을 잘 사는 것에 관한 관심이 커지고 있다. 노동에 지친 몸과 마음을 재충전하기 위한 여가의 활용은 이제 일상에서 자유로운 시간에 즐거움을 느끼는 활동으로서 노동만큼, 혹은 그 이상으로 중요해지고 있다. 인간은 밥만 먹고 살아갈 수 없고, 노동만을 위해서 살아갈 수 없다. 게다가 노동을 통해서 개인의 정체성 확립이나 삶의 의미를 찾는 것이 점차 어려워지면서 노동을 통해서 얻을 수 있었던 것들을 여가를 통해서 얻으려는 이들이 늘고 있다.

초기 자본주의 사회에서 노동자는 노동으로부터 해방되었다는 것에서 자유를 느끼고, 여가를 즐겼다고 믿었다. 하지만 초기 자본주의 사회에서는 노동권에 대한 보장을 받지 못해서 과도한 노동 착취를 당하거나 노동과 여가 중에서 하나를 선택하는 것을 강요받았다. 대부분의 노동자는 노동을 선택했다. 결국 이들이 자유로운 여가를 제대로 즐겼다고 보기는 어렵다. 한편 자본주의가 발달하면서 생산 과정에서 노동력의 가치가 낮아지게 되고, 자신의 자유시간을 잉여노동에 사용함으로써 더 많은 임금을 얻고자 하는 노동자가 늘어났다. 어떻게 보면 산업사회 이후 노동자들은 진정한 의미에서의 여가를 즐기지 못하고 있다. 지금도 노동자들은 여가를 즐기기 위해서 노동을 더 해야 하거나, 여가 대신 노동을 스스로 선택해야 하는 암울한 현실에서 벗어나지 못하고 있다.

한편 자본은 여가에 대한 상품을 획일화하고 규격화함으로써 이윤을 극대화하고 있다. 이런 가운데 여가시간이 늘어나고 있는 시점에서 여가를 어떻게 보낼 것인지 계획을 세우지 못한 노동자는 여가를 즐기기 위해서 소비를 더 많이 하게 됐고, 다시 자신의 자유시간을 노동시간으로 팔아야 하는 악순환의 고리에 빠지게 된다. 사회적으로 여가의 상업화에 의한 여가 격차 발생과 여가 활동의 획일화 문제가 대두되었다. 이런 가운데 여가가 필수적인 시민의 권리로 점차 자리를 잡아 감에 따라 국가적 차원에서 노력이 커지고 있다. 그 일환으로 볼 수 있는 '문화기본법'이 우리나라에서도 2013년에 제정되었다. 이를 근거로 국가와 지방자치단체는 시민의 문화권을 보장해야 하는 책무를 안게 되었다.

프랑스 사회학자 뒤마즈디에는 여가를 자유의지에 의한 일들로, 휴식을 즐기는 것, 즐거움을 찾는 것, 자기계발, 공동체에 대한 자원봉사까지 포함하고 있다. 이제 우리도 여가를 위한 소비를 늘리기 위해서 노동을 더 해야만 하는 악순환의 고리에 빠지지 말고, 여가에 대한 패러다임의 확장 또는 변화를 통해서 일과 여가의 균형을 맞추는 것은 어떨까?

토론 주제

우리는 노동으로부터 진정으로 자유로워질 수 있을까?

개인이 완전히 자유로워진다면 노동과 여가 중에 어떤 것을 선택할까?

자유로울 때 우리는 왜 불안함을 느낄까?

느리고 여유롭게 살아가는 것과 게으르게 살아가는 것은 어떻게 다를까?

더 읽을거리

크리스 로제크, 2000,『자본주의와 여가이론』, 김문겸 옮김, 일신사.

로제 카이와, 2003,『놀이와 인간』, 이상률 옮김, 문예출판사.

노르베르트 볼츠, 2017,『놀이하는 인간』, 윤종석 외 옮김, 문예출판사.

요한 하위징아, 2018,『호모루덴스』, 이종인 옮김, 연암서가.

로버트 디세이, 2019,『게으름 예찬』, 오숙은 옮김, 다산초당.

7장 여가와 문화

8장

소비와 문화

사회적 지위와 성공 경쟁에서 얻은 점수를 측정하는 주요 척도는
쇼핑 활동의 정도, 그리고 얼마나 쉽게 하나의 소비 대상을 처분
하고 '더 새롭고 향상된' 대상으로 대체할 수 있느냐입니다.

　　　　—지그문트 바우만, 『지그문트 바우만, 소비사회와 교육을 말하다』

1980년대 이후 사회학에서 소비사회(consumer society)에 대한 관심이 급증했다. 현대 소비주의의 특성은 탈산업사회, 포스트포드주의, 포스트모더니즘의 등장과 밀접한 관련이 있다. 소비사회라는 개념은 현대 사회가 점차 생산과 분배보다 소비를 중심으로 조직화된다는 주장과 관련을 가진다. 산업사회는 농경사회 시대의 사람들이 상상할 수 없을 정도의 다양한 소비재를 생산하고 비약적인 속도로 대중의 생활 수준을 높였다. 옷과 음식뿐 아니라 다양한 기계와 전자 제품이 일상생활의 필수품이 되었다. 자동차, 축음기, 주방 도구, 세탁기에 이어 컴퓨터, 인터넷, 스마트폰에 이르기까지 생활용품의 개발은 끝이 없다. 한편 산업화 초기 단계에 비해 노동자의 노동시간이 감소하면서 다양한 종류의 여가를 추구할 기회가 급증했다. 사람들은 연극, 영화, 음악, 텔레비전, 인터넷에서 예술과 오락을 즐기며 다양한 쾌락을 얻는다. 현대 사회의 많은 사람들은 직업과 노동보다 소비와 여가를 통해 삶의 만족을 얻고, 인생의 의미를 찾으며, 자아 정체성을 획득한다. 소비가 사회생활의 가장 중요한 핵심 주제로 떠올랐다.

최근의 소비사회에 관한 이론적 문제 제기는 완전히 새로운 것은 아니다. 독일 철학자이자 사회학자인 헤르베르트 마르쿠제는 1964년에 출간한 『일차원적 인간』에서 "사람은 자신의 상품 속에서 자신을 인식한다"라고 주장하며, "그들은 자동차, 음향기기, 고급 주택, 주방 도구에서 영혼을 찾는다"라고 표현했다(마르쿠제, 2009). 그에 따르면, 상품의 소비는 필요에 의해서가 아니라 개인의 욕망, 꿈, 환상을 위해 존재한다. 현대적 의미의 자아는 상품, 음식, 상징, 몸을 소비하면서 지속적으로 즉각적 만족을 추구한다. 데카르트의 철학적 명제를 약간 변형한 문구인 '나는 소비한다. 고로 존재한다'는 현대적 자아의 특징을 보여 준다. 다양한 대중매체와 광고 회사가 '일상생활의 미학화'를 이룩하면서 소비자들은 상품의 이미지와 기호에 더 큰 관심을 갖는다(페더스톤, 1999). 상품은 사용가치와 교환가치뿐 아니라 상징적, 전시적 가치로서 평가된다. 동시에 사람들은 상품의 쇼핑, 소비 행위, 라이프스타일의 표현을 통해 개인의 심리적 만족을 넘어 사회적 위치를 표현한다. 현대 사회의 소비자들은 소비 행위를 통해 특정한 사회 집단의 소속을 과시하고 다른 사람들과 구별하기 위해서 상품을 구매한다.

오늘날 많은 사회학자들은 '소비'가 중요한 사회적 구분의 기준이 되고 있다고 지적한다. 19세기 이후 현대 산업사회가 등장하면서 계급, 젠더, 인종, 종족, 국적이 사회적 구분의 주요 기준이었으나, 20세기 후반에는 소비의 차이가 사회적 지위를 구별하는 기준이 된다. 자동차, 집, 휴대전화, 가전제품, 패션, 가방, 장식품의 소유는 자신이 소속된 집단의 정체성을 표현하는 수단이 된다. 한편 현대 소비사회에서는 상품 생산자와 서비스 제공자보다 소비자가 더 중요한 권력과 권위를 갖게 된다. 재화 서비스의 시장화가 상상을 초월할 정도로 급증하면서 사람들의 모든 체험과 일상생활이 상품화된다. 어떤 사람들은 쇼핑과 식당, 휴양지에서의 체험을 인스타그램과 유튜브에 올리면서 광고 수입과 기업 협찬의 기회를 만든다. 시장은 사람들의 모든 생활 영역으로 침투하고, 인간의 모든 활동은 상품화되고, 쇼핑이 중요한 사회 활동이 된다.

현대 사회에서 소비 행위의 중요성이 커지는 것은 사실이지만, 소비사회에 관한 이론이 제시한 대로 소비사회의 특징이 보편적 현상인지, 왜 이런 현상이 발생하는지, 과연 우리가 소비사회를 그대로 수용해야 하는지는 명확하지 않다. 소비자는 단일한 집단이라기보다 개별적으로 흩어져 있는 경우가 많고, 집단의 정체성이 매우 유동적이라는 지적도 있다. 아직도 계급, 인종, 성은 사회적 구분의 중요한 기준이 되고 있다. 대량 소비가 급속하게 확산되고 있지만 일상생활의 미학화를 이룬 집단은 소수에 불과하며, 소비자의 권력도 미약하다. 소비자의 선택과 주권이 강화되고 소비자운동이 대중화되면서 윤리적 소비, 심미적 소비에 대한 관심이 커졌지만, 소비 성향은 기업의 이익과 자본의 논리에 좌우된다는 지적이 많다. 오히려 소비가 증가할수록 환경을 파괴하고, 부의 집중이 심화되고, 소비할 수 있는 사람과 소비하지 못하는 사람의 빈부 격차를 악화시킨다는 주장도 있다.

이 장에서는 소비에 관한 고전적, 현대적 사회학 이론을 살펴보면서 현대 사회에서 나타나는 소비의 계층화, 표준화, 기호화에 관한 사회학적 논쟁을 평가할 것이다. 그리고 개인의 소비 행위가 어떻게 사회적 구별을 가능하게 만드는지, 대중 소비사회의 출현이 어떻게 사회 불평등과 관련을 가지는지 검토할 것이다. 다음으로 개인의 소비 행위에 지대한 영향을 미치는 광고의 효과와 기능에 대한 논쟁을 검토하면서 미디어에서 재현되는 상품의 이미지가 현대 사회에 주는 효과를 살펴볼 것이다. 이를 통해 소비의 실천이 어떻게 문화와 상호작용을 하는지, 사회 집단을 서로 구별하는지, 나아가 현대 사회의 중요한 특징을 유지하는지 알아볼 것이다.

소비의 계층화, 표준화, 기호화

　　19세기 말 자본주의가 급속하게 성장하면서 전 세계적으로 사회의 전통적 계급문화에 커다란 변화가 발생했다. 급속한 산업화와 함께 대량 소비의 시대가 시작되고 새로운 중간계급이 전통적 상류계급의 문화를 추종하면서 계급을 구별하는 기준이 모호해지기 시작했다. 19세기 말 미국 작가 헨리 제임스가 『아메리칸』에서 미국과 유럽의 문화적 취향을 구별하던 경계는 1920년대 거품경제가 등장하면서 급속하게 무너졌다. 스콧 피츠제럴드의 『위대한 개츠비』에서 데이지는 개츠비의 옷장에 가득한 멋진 셔츠를 보고 감탄했지만, 부자들이 셔츠만 사들인 건 아니다. '도금 시대'라고 불리던 미국 경제의 호황기에 급속도로 부를 축적한 졸부들은 유럽의 미술품을 사들이고, 왕족과 귀족을 모방한 패션과 장식품을 소유하며, 화려한 건축물을 짓기 위해 막대한 돈을 지출했다. 이러한 모든 소비 행위는 사용가치가 아니라 남에게 보이기 위한 것이었다. 20세기 초 미국 사회학자이자 경제학자인 소스타인 베블런은 『유한계급론』에서 "비싼 상품의 과시소비는 여유 있는 신사가 평판을 높이는 수단"으로 변하는 현상을 지적했다(베블런, 2019). 베블런이 표현한 '과시소비'는 미국 상류층의 새로운 문화 트렌드가 되었다. 그 후 생산과 분배 과정의 위치보다 소비 수준이 새로운 계급 정체성과 문화의 기준이 되었다.

　　베블런의 과시소비 이론이 사회학에 커다란 영향을 주었지만, 20세기 후반 산업사회는 문화의 거대한 평준화 현상을 목격했다. 미국 사회학자 조지 리처는 『맥도날드 그리고 맥도날드화』에서 20세기 후반 미국의 문화가 패스트푸드 음식점과 같은 특징을 가진다고 주장했다(리처, 2003). '맥도날드화'라는 개념은 막스 베버가 말한 합리화

과정의 결과이다. 전통적 사고
가 합리적 사고로 전화되고 기
업 경영에서 과학적 관리가 도
입되었다. 베버가 현대 사회의
정부, 정당, 기업이 관료제의
특성을 가진다고 설명한 것처
럼, 리처는 패스트푸드 음식점
이 현대 사회의 특징을 잘 보여
준다고 주장했다. 맥도날드화
는 문화 현상을 설명하는 개념
으로도 활용되며, 문화가 전 세

그림 8-1 소스타인 베블런

계적으로 동질화되는 현상을 가리킨다. 리처는 패스트푸드 음식점의
원리가 미국 사회뿐 아니라 전 세계를 지배하고 있다고 본다. 맥도날
드화의 주요 구성 요소는 다음과 같다. 첫째, 효율성은 업무를 달성
하는 최적의 방법으로 중요하게 고려된다. 맥도날드의 고객은 자동
차를 타고 햄버거를 주문하며, 가장 빠른 시간에 배고픔에서 배부름
을 느낄 수 있는 방법을 선택한다. 둘째, 측정 가능성이 중시되며, 맛
과 같은 주관적 요소가 아니라 판매량과 같은 객관적 요소로 평가된
다. 셋째, 예측 가능성은 표준화되고 획일화된 서비스를 의미한다.
이러한 작업은 표준화되고, 반복적이고, 기계화된다. 넷째, 상품의
제조처럼 인간은 획일적 통제를 받으며, 인간은 언제든지 기계에 의
해 대체될 수 있다. 이러한 합리화 과정이 전 사회에 확산되면서 현
대 사회의 문화와 소비 양식도 획일화되고 문화의 동질화가 이루어
진다(리처, 2007).

위에서 소개한 베블런의 과시소비 이론과 리처의 맥도날드화

이론은 서로 대립하는 주장일까? 현대 사회에서 문화의 계층화와 동질화는 상호 모순적 과정으로 보이지만, 실제로는 동시에 발생하는 경우가 많다. 소비를 통해 다른 사람과 자신을 구별하려는 베블런 효과(Veblen effect)는 맥도날드 효과가 극대화되는 대량 생산과 대량 소비의 시대에도 완전히 사라지지 않았다. 게오르크 짐멜이 1904년에 발표된 「유행」이란 논문에서 현대인의 소비심리를 묘사한 것처럼, 현대 사회에는 모방과 구별이라는 서로 상반된 사회심리적 욕구가 존재한다(짐멜, 2005). 첫째, 사람들의 행동을 모방하려는 욕구는 다른 사람들과 가능하면 같이 행동하려는 욕구이다. 사람들은 다른 사람이 값비싼 상품을 사용하는 것을 보면 그에 뒤지지 않기 위해 다른 사람들이 사용하는 상품과 같은 것을 구입한다. 모방 풍조는 하류층은 중류층을 모방하고, 중류층은 상류층을 모방하면서 발생한다. 둘째, 다른 사람들의 행동을 모방하지 않으려는 욕구는 눈에 띌 정도로 다른 사람들과 다르게 행동하지 않으려는 욕구이다. 유행이란 모방 효과처럼 위계화된 계층 질서에서 하향식으로만 작용하는 것이 아니라, 역으로 모방하지 않으려는 상향식의 구별 효과에 의해 만들어진다. 예를 들어 신흥 중산층이 롤렉스와 카르티에 시계를 착용한다면 상류층은 파텍 필립과 바쉐론 콘스탄틴을 선호한다. 프랑스 코미디언 오드레 베르농이 말한 대로 "나이 40세에 롤렉스를 차고 다니면 당신은 부자가 아니다"(베르농, 2016). 롤렉스는 그저 졸부의 상징일 뿐이다. 이처럼 변덕스럽게 변하는 모방과 구별의 유행 심리처럼 현대 사회의 소비 행위는 지속적으로 사회적 관계의 영향을 받는다.

현대 사회에서 소비의 변화하는 특징 가운데 주목할 점은 상품 대신 기호가 소비되는 현상이다. 프랑스 사회학자 장 보드리야르는 『소비의 사회』를 통해 마르크스주의의 생산 양식에서 기호 체제로 분석의 초점을 바꾸면서 상품이 기호화되는 현실에 주목했다(보드리야르, 1992). 보드리야르는 젊은 시절 마르크스주의를 신봉했으나, 나중에 조르주 바타유의 주장(바타유, 2000)을 받아들여 경제를 움직이는 것은 생산이 아니라 소비라고 주장했다. 그는 현대 사회가 '성장 지향 사회'가 아니라 '소비 지향 사회'라고 보고, 생산의 영웅에 대한 찬가가 소비의 영웅에 대한 찬가로 바뀌었다고 지적했다. 창업자, 발명가, 재벌의 이야기가 아니라 영화배우, 스포츠 스타, 광고 모델의 신화로 변화했다. 보드리야르 주장의 핵심은 사람들이 상품의 구매를 통해 사물이 아니라 기호를 소비한다고 본다는 점이다. 사람들은 기호를 소비하면서 다른 사람과 구별하는 코드를 만들어 낸다. 남자의 자동차는 운송의 수단이 아니라 물질적 성공과 위세를 보여 주는 기호로 작동한다. 여자의 핸드백은 물건을 담는 가방이 아니라 사회적 위치를 보여 주는 기호로 소비된다. 이런 소비 행위를 결정하는 것은 개인의 욕구가 아니라 대중매체를 통해 조종되는 욕망이다. 사람들은 대중매체와 광고를 통해 실재보다 시뮬레이션이 된 이미지, 경험, 느낌에 의해 통제를 받는다.

　　대중매체가 소비의 기호 체제를 만들어 내는 현상은 생산자와 소비자의 관계에도 영향을 미친다. 현대 정보사회의 핵심적 요소인 '문화산업'은 독일 사회학자 테오도르 아도르노와 막스 호르크하이머의 비판을 받았지만, 사람들을 단순하게 문화산업의 수동적 이용자로 보기는 어렵다. 텔레비전을 바보상자로 보고 대중문화가 사람들의 취향을 저속하게 만들 것이라는 우려와 달리, 사람들의 소비 행위는 세련미를 추구하고 미학적 수준을 탐닉하는 경지로 변화했다. 스콧 래시와 존 어리(John Urry)는 현대 사회에서 문화와 기술이 맺는 관계의 양식이 변화했다고 주장한다(래쉬·어리, 1998). 애플의 아이폰

(iphone)과 뱅앤올룹슨(Bang & Olufsen)의 오디오는 기술적 수준뿐 아니라 첨단의 디자인 감각을 선보이기 위해 노력한다. 동시에 과거의 문화산업에서 수동적인 위치에 있었던 소비자들이 문화산업에 적극적으로 참여하는 이용자로 변화했다. 영국의 이엠아이(EMI) 레코드 회사와 계약을 맺었던 비틀스(Beatles)와 달리 유튜브라는 글로벌 사회적 연결망으로 연결된 팬들의 열성적인 참여가 방탄소년단(BTS)의 성공 비결이라는 지적도 있다.

그러나 문화산업의 지구화가 반드시 사람들의 미학적 수준과 자율성을 높이는 효과만 창출한 것은 아니다. 구글, 페이스북, 유튜브와 같은 소수의 글로벌 대기업이 신자유주의 이데올로기가 지배하는 세계에서 자유시장을 지나치게 강조하고 공적 의무를 회피하면서 문화가 시장에 의해 지배되고 종속되는 상황이 발생했다는 우려의 목소리도 크다. 정보기술이 중립적이라는 주장은 환상에 불과하고, 소수의 대기업과 부유층이 정보기술의 독점을 통해 사람들의 사고와 행동을 사실상 조종하고 있다는 비판도 제기되고 있다. 2016년 영국의 브렉시트(Brexit) 국민투표 당시 페이스북에 난무한 가짜 광고가 페이스북에 광고 비용을 지불한 영국독립당 등 극우파 정치인들이 만든 것이라는 지적에도 불구하고, 페이스북은 아무런 책임이 없다고 주장했다. 신자유주의의 시대에 국가와 공공기관이 쇠퇴하면서 다양한 문화 활동을 후원하는 대기업에 의해 문화가 더욱 자본과 시장에 종속되고, 사회의 자율성을 침해하고 있다는 피에르 부르디외의 지적은 여전히 중요한 의미를 가진다(부르디외, 2003).

과시소비와 지위 경쟁

소비의 계층화에 관한 베블런의 이론은 경제 호황기에서만 아니라 경제 불황기에도 여전히 관심을 끈다. 경제 침체가 장기화되어도 고가 장식품이나 고급 자동차를 구매하려는 수요가 줄어들지 않는다. 부유층의 구매력이 불황의 영향을 받지 않는 점도 있지만, 고가의 소비재를 통해 부를 과시하려는 욕구가 사라지지 않기 때문이기도 하다. 1997년 외환위기 이후 강남의 고급 백화점과 로데오 거리의 해외 브랜드 상점이 성황을 이룬 것은 우연이 아니다. 이 시대에 골프장과 해외 여행, 고급 레스토랑, 와인 바, 클럽과 파티 문화가 성황을 이루기 시작했다. 오늘날 한국 사회에서 개인의 사회적 지위는 학벌 및 교육 수준과 함께 문화와 소비 취향에 따라 구별되면서 상류층 문화를 모방하려는 중산층의 심리가 더욱 커졌다(함인희 외, 2001).

현대 사회의 소비는 단순한 사용가치의 실현이 아니라 사회적 지위를 실현하는 상징적 효과를 가진 '전시가치'를 실현한다. 전시가치는 계급의 구별을 가능하게 하는 수단인 동시에 개인의 소비를 부추기는 강력한 동기가 된다. 사용가치가 물질적, 경제적 기능을 수행하는 한편 전시적 가치는 심리적, 사회적 기능을 수행한다. 돈 드릴로의 소설 『코스모폴리스』에서 월스트리트의 억만장자 패커가 마크 로스코의 그림을 사고 싶어 하는 장면에서 볼 수 있듯이, 전시가치는 자신을 타인과 구별하는 상징적 효과를 획득하면서 개인의 정체성을 형성하는 중요한 자원이 된다. 전시적 가치는 두 가지 중요한 결과를 만든다. 첫째, 전시가치는 사람들에게 우월감과 열등감을 줄 수 있는 상징폭력의 효과를 획득한다. 둘째, 사람들은 자신의 직업과 학벌을 바꾸는 것보다 소비를 통해 전시적 가치를 갖는 것이 쉽다고 생각할

8장 소비와 문화

수 있다. 그래서 부자뿐 아니라 중산층과 저소득층도 사치품을 구매하기 위해 안간힘을 쏟는다. 남자들이 포르셰, 페라리, 마세라티 자동차를 선호하는 것만큼 여자들은 샤넬, 루이뷔통, 에르메스 핸드백을 원한다. 부유층과 빈곤층, 서울과 지방, 강남과 강북 간 패션의 차이도 약간 존재하지만, 여성의 핸드백, 시계, 장신구만큼 자신의 정체성을 드러나게 표현하는 수단은 없다. 유명 브랜드의 사치품을 구매하는 것은 전시적 가치를 획득하는 강력한 수단이다.

1950년대 미국 경제학자 하비 라이벤슈타인(Harvey Leibenstein)은 다른 사람의 구매에 따라 상품을 구매할 의사가 늘어나는 '밴드왜건 효과(bandwagon effect)'에 비해, 반대로 다른 사람의 구매에 따라 구매할 의도가 줄어드는 '스놉 효과(snob effect)'를 분석했다(Leibenstein, 1950). 밴드왜건 효과는 사람들이 거리의 행사 대열을 이끄는 악대 차량을 따라가 구경하는 것처럼 유행하는 물건을 좇아 구매하는 행위를 설명한다. 이와 달리 스놉 효과는 보통사람이 소비하는 제품을 구매하는 대신 고액 사치품을 구매하는 경향을 보여 준다. 그러나 사치품도 누구나 살 수 있는 품목이 되면 인기가 떨어지기 때문에 가격을 낮추거나 대중화하려는 시도를 회피한다.

라이벤슈타인이 말한 스놉 효과는 사회학적으로 흥미로운 개념이다. 스놉은 17세기 영국 케임브리지 대학에서 처음 쓰인 말인데, 당시 학생 중 평민의 아들을 귀족이 아니라는 뜻의 라틴어 '시네 노빌리타테(sine nobilitate)'라고 쓴 데서 유래했다. 약자로 'S.N.O.B.'로 쓰고 스놉이라고 불렀다. 원래 평민을 가리키는 말이었는데, 19세기 중반 산업사회가 등장한 이후 하층계급 출신의 부자들이 상류계급의 생활방식을 모방하는 유행이 확산되면서 스놉은 새로운 의미를 가졌다. 이 시기에 프랑스에서도 왕궁의 요리사가 개업한 고급 레스토랑이 유행했고, 브리야사바랭의 『미식 예찬』이 출간되었고, 귀족의 메뉴가 레스토랑에서 인기를 끌었다. 프랑스 혁명 이후 왕족과 귀족을 단두대로 보낸 부르주아지는 권력을 잡은 다음 처형당한 전통적 상류계급의 식사 메뉴를 모방한 저녁 만찬을 즐겼다.

19세기 이후 자본주의가 본격적으로 발전하면서 유럽과 미국의 신흥 부자들이 등장하였고, 이들은 자신의 부를 과시하기 위해 왕과 귀족의 전유물이었던 미술품과 각종 사치품을 구매했다. 전통적인 유럽 사회에서는 신분제의 전통이 강해서 미술품과 사치품은 소수 상류층의 상징자본으로 인식되었지만, 20세기 초 미국의 신흥 부자들은 유달리 거침이 없었다. 앤드루 멜론은 부르봉 왕조처럼 엄청난 미술품을 수집하고, 폴 게티는 로마 황제가 살았던 빌라를 모방해 로스앤젤레스 외곽에 거대한 미술관을 설립했다. 동시에 고가의 귀금속이나 고급 자동차를 사들였다. 이는 꼭 필요해서 구입하기보다 부를 과시하거나 개인의 허영심을 만족시키기 위한 경우가 많다. 이런 상품들은 오히려 가격이 비쌀수록 더 잘 팔린다. 이처럼 가격이 비싼 고급 제품이지만 외부에 과시하기 위한 소비의 경우, 오히려 가격이 오를수록 소비가 증가하는 현상을 베블런 효과라고도 부른다.

베블런이 지적했듯이 현대 사회의 소비는 단순한 사용가치가 아니라 사회적 지위를 과시하는 기능을 가진다. 개인의 정체성이 돈과 직업보다 문화적 취향에 따라 구별되면서 상류문화를 모방하려는 중산층의 심리도 커진다. 과시소비는 지위 경쟁의 수단이 된다. 1990년대 이후 한국 사회에서 소비문화가 확산되면서 럭셔리(luxury)는 사치품이 아니라 명품이라는 용어로 소개되었다. 럭셔리의 어원은 '불필요하게 과도하다'는 의미를 가지는 데 비해, 명품(masterpiece)은 '뛰어난 작품'을 가리킨다. 왕족과 귀족이 미술품을 사들여 자신의 부를 과시하듯이, 자본주의 사회의 속물들은 사치품을 예술품과 같은 탁월한 존재로 과장하여 자신의 사회적 지위를 부풀리고 싶었다. 심지어 자신은 시간강사 또는 비정규직 노동자에 불과하지만, 롤렉스 시계와 샤넬 백을 들고 다니며 상류층의 외피를 쓰고 다른 사람을 속일 수 있다는 환상은 과시소비의 강력한 동기이다.

한국뿐 아니라 일본, 대만, 홍콩 등 동아시아 국가에서 20세기 이후 급속한 경제 성장으로 신흥 중산층이 급증하여 베블런이 분석한 과시소비가 극단적으로 나타나고 있다. 동아시아 특유의 집단주의적 정체성은 어딘가에 소속되려는 강력한 욕구를 가지고 있기에 이들 국가에서는 더욱 지위 상징에 집착한다. 사람들은 어느 곳에서나 옷을 잘 입어야 대접을 잘 받는다고 생각한다. 볼품없는 사람으로 비칠까 두려워 사람들은 고급 백화점에 갈 때 옷을 잘 차려입고 간다. 그야말로 겉치장과 재산이 유일한 가치의 척도라고 보는 스놉 문화에 자연스럽게 적응해야 한다. 미모를 중시하는 문화가 확산되면서 화장품, 피부 관리, 성형수술이 새로운 쇼핑 리스트에 올라간다. 럭셔리 핸드백을 해외에서 구매하고 몰래 인천공항에 반입하려다 발각되어 관세법 위반으로 벌금을 물어야 하는 풍경은 속물의 저열한 도덕성을 초라하게 보여 준다. 사람들은 생산과 분배의 열등한 지위가 소비 수준의 향상을 통해 가려지거나, 대체되거나, 심지어 우월감으로 바뀔 수 있다는 기대감에 빠져든다. 자본주의 사회의 돈은 전통 사회의 신분을 해체하면서 과시소비를 통해 누구나 부자의 기분을 느낄 수 있다는 착각에 빠져들게 한다.

과시소비가 상류층의 전유물이 아니라 전 계층의 소비 트렌드가 되면서 경제구조에도 영향을 미쳤다. 국내 브랜드의 개발보다 해외 브랜드 수입이 더 돈벌이가 된다고 계산한 재벌들은 돈을 버는 사업이라면 무조건 뛰어들었다. LG그룹 창업자의 3세인 구본걸 회장은 LG상사를 LG그룹에서 분리한 후 LF패션으로 개조했으나, 패션산업의 경쟁력을 잃자 기술 혁신은 포기하고 해외 브랜드 수입업체로 변신했다. 결과적으로 버버리 및 살로몬과의 분쟁에서 회사 이름 베끼기 의혹을 받았으며, 라푸마와 헤지스의 브랜드 도용으로 소송을 당했다. 삼성의 이병철과 현대의 정주영 등 창업자가 가졌던 기업가 정신은 사라지고 수많은 재벌 3세 오너들은 빵집, 호텔, 등산복, 심지어 동네 상권에도 경쟁적으로 진출했다. LF그룹도 아예 생활전문기업을 표방하고 온라인 쇼핑몰, 아웃렛, 금융업, 부동산업에 공격적으로 투자하며 문어발식 경영을 확대했다. 온라인 쇼핑몰은 주로 해외 브랜드 수입에 치중하는데, 19세기 용어로 매판자본가 방식의 돈벌이에 몰두한다. 게다가 오랫동안 중소기업의 업종으로 간주된 식품업에 진출하여 일본 생라멘 전문점 인덜지(주류 유통), 모노링크(일본 식자재 유통), 구르메 F&B(유럽 식자재 유통) 등 식품음료 회사를 인수했다. 그 와중에 경영실적 부진으로 주가가 폭락했는데도 구본걸 회장의 급여는 8억에서 12억으로 인상하여 빈축을 샀다. 또한 구 회장의 아들이 14세 당시 90여 억 원이 넘는 회사 주식을 가진 것으로 알려져 세간의 손가락질을 받았다. 결국 해외 수입품을 통한 과시소비는 재벌 가문의 과시 축적과 세습에 이용되고 있다.

한국 사회에서 해외 브랜드를 숭배하는 과시소비는 새로운 계층 간 위계질서의 등장을 극명하게 보여 준다. 20세기에 들어서면서 급속한 자본주의 산업화를 통해 지주와 양반 중심의 전통적 신분 질서가 붕괴하면서 경제적 부를 장악한 신흥 부자가 새로운 상류층 문화를 창조했다. 이제 중국과 일본을 흉내 내는 대신 미국과 유럽의 상류층을 모방하는 새로운 소비문화가 등장했다. 삼성, 현대, LG, SK,

한진 등 재벌 창업자들은 전통적 귀족 출신이 아니라 고도 성장의 시기에 만들어진 졸부에 불과했지만, 자녀들이 높은 교육 수준과 문화적 취향을 획득하면서 배타적 상류사회를 형성하기 위해 안간힘을 썼다. 1990년대 이후 중산층에서 올라온 신흥 부자들은 미국의 부자들을 모방하여 강남에 로스앤젤레스의 로데오 거리와 미국식 레스토랑을 이식하고, 고급 호텔과 나이트클럽에서 파티를 열고, 호텔 피트니스클럽과 컨트리클럽을 드나들면서 자신의 부를 과시했다. 이 시기에 바로 '오렌지족'이 등장했다. 이들은 갑자기 큰돈을 번 부모의 재력으로 과시소비를 하는 젊은이들인데, '오렌지족'이라는 명칭 또한 스스로를 다른 사람과 구별하기 위한 이름이다. 이러한 천박한 스놉문화는 과시소비의 중요한 원동력이다.

　　시간이 지나면서 과시소비는 전 세대에 걸쳐 새로운 소비문화의 특징이 되었다. 중년 남자들의 골프장과 룸살롱 출입은 기업의 접대문화에 활용될 뿐 아니라 부유함의 상징이 되었다. 이곳에 출입하는 사람들은 접대받는 사람과 접대하는 사람으로 분류되며, 향응 제공과 함께 은밀한 육체적 쾌락도 선사했다. 이들은 접대를 통해 친교를 맺고, 함께 식사를 하고, 골프 이야기를 떠들면서 자신의 부와 지위를 과시한다. 특히 골프장은 단순히 운동을 위한 장소가 아니라, 부자들의 가난한 사람에 대한 상징폭력이 된다. 경기도 여주는 골프장이 난립하여 잔디 관리를 위한 제초제의 대량 살포로 환경이 파괴되었지만, 정작 여주 사람들 가운데 골프를 즐기는 사람은 적다. 여주의 '트리니티클럽'은 상위 1%의 골프장을 표방하며 회원제로 운영하고, 일반인의 출입을 아예 금지한다. 골프장과 룸살롱의 사례처럼 한국의 고도 성장이 문화에 미친 영향은 이중적이다. 대량 생산과 대량 소비의 시대에 들어서면서 문화는 더욱 평준화 또는 민주화되었

그림 8-2 서울 강남의 압구정 로데오 거리

지만, 다른 한편 문화의 계층화 또는 차별화를 통한 새로운 위계질서
를 만들었다.

　　1990년대 이후 한국 사회에 풍요로운 시대가 시작되면서 문
화의 계급적 성격이 강화되었고, 이에 따라 다양한 고급 소비재는 새
로운 지위 상징이 되었다. 특히 여성 핸드백과 패션, 장신구가 계급
적 정체성 또는 사회적 지위를 표현하는 수단이 되었다. 서양 사회에
서는 상류계급이 아니면 수백만 원 상당의 럭셔리 브랜드 가방을 사
지 않지만, 한국 사회에서는 중산층뿐 아니라 연봉 3000만 원의 사무
직 노동자들도 샤넬과 루이뷔통 가방을 선호한다. 고가 브랜드 가방
은 성공과 전문직의 이미지를 보여 주고, 텔레비전보다 주로 잡지 광
고를 통해 대중에게 전파된다. 루이뷔통 가방 광고에는 성공한 연예
인, 정치인, 예술인, 유명 인사를 주로 활용하는데, 배우 앤젤리나 졸
리와 카트린 드뇌브, 스포츠 스타 펠레, 앤드리 애거시, 음악가 키스
리처즈 등이 등장했다. 이런 점에서 브랜드 가방은 단지 물건이 아니
라 성공을 향한 열망을 표현한다.

사치와 소비문화

19세기 말 독일 경제학자이자 사회학자인 베르너 좀바르트 (Werner Sombart)는 『사치와 자본주의』에서 궁궐의 왕족과 상류층의 사치품에 대한 수요가 자본주의 발전의 원동력이 되었다고 주장했다(좀바르트, 2017). 종교의 시대에 비난을 받았던 사치품은 17세기 이후 단순한 탐욕의 대상뿐 아니라 수공업자와 장인 생산을 촉진하는 경제적 기능을 수행했다. 이런 주장은 베버의 『프로테스탄트 윤리와 자본주의 정신』에서 볼 수 있듯이, 근검, 절약, 저축의 문화를 가진 개신교도들이 자본주의 경제를 발전시켰다는 주장과는 사뭇 다르다. 영국 사회학자 콜린 캠벨(Colin Campbell)도 『낭만주의 윤리와 근대 소비주의 정신』에서 자본주의가 태동한 18세기 영국에서 프로테스탄트 윤리를 가진 중간계급이 쾌락주의 문화를 가졌다고 주장했다. 전통적 쾌락주의와 구별되는 현대적 쾌락주의는 일차적 관심이 감각에서 감정으로 이동하는 데서 발생한다. 개인은 제품에서 만족을 추구하는 것이 아니라 그 제품과 연관된 의미로부터 구성한 자기 환상적 경험에서 쾌락을 추구한다. 소비 행위의 본질은 제품을 구매하고 사용하는 것이 아니라, 제품의 이미지가 부여하는 상상적 쾌락을 추구하는 것이다.

베버가 전통주의와 현대 자본주의 정신을 구분했듯이, 캠벨은 전통적 쾌락주의와 현대적 쾌락주의를 구분한다. 또한 캠벨이 말하는 소비주의 정신과 직결되는 낭만주의 윤리는 사람들이 자신의 쾌락과 욕망을 점점 더 많이 자각하게 되는 감정주의적 생활 방식이다. 그에 따르면, 이러한 낭만주의 윤리는 현대 소비 행동의 토대를 이루는 것으로서, 자율적인 자기 환상적 쾌락주의라는 형태를 자극하고 정당화하는 기능을 수행한다. 소비사회의 등장은 부르주아지의 새로운 소비 윤리에 의해서 이루어졌으며, 소설 읽기 등 낭만적 문화의 향유와 함께 사치성 소비의 탐닉을 정당화함으로써 가능한 결과이었다. 이처럼 청교도주의와 낭만주의라는 얼핏 대립적인 문화적 전통은 산업사회의 지속을 위해 필수적인 상호의존적 요소가 되었다. 이두 가지 요소는 생산과 소비, 즉 일과 놀이와 깊은 관련을 가지며, 각자 합리성과 열정을 표현하며 생산혁명과 소비혁명을 이끌었다. 두가지 모순적 문화 사이의 긴장은 서구 사회의 역동성을 이끌었으며, 캠벨의 표현에 따르면, "쌍둥이 문화 전통이 가락에 맞추어 문화적 탱고를 추게 하는 장단의 근원"이라고 볼 수 있다.

　　20세기에 들어서면서 자본주의 경제는 노골적으로 소비주의 문화를 지지했다. 1929년 대공황이 발생했을 때 존 메이너드 케인스 (John Maynard Keynes)는 소비가 불황 극복에 도움이 된다고 주장했다. 케인스 경제학에 따르면 저축이 미덕이 아니라 소비가 미덕이다. 사람들이 미래를 대비하느라 저축만 한다면 사회적 총수요가 줄어 경제는 위축될 것이고, 소비를 늘린다면 투자와 생산이 늘어나 경제가 회복될 것이라고 믿었다. 소비주의는 경제학 이론으로 정당화되고, 대량 생산 시대의 필수적 기능이자 경제 성장의 원동력으로 간주되었다. 포드 자동차는 노동자에게 고임금을 제공하고 신용 판매와 할부 금융, 마케팅, 광고를 통해 새로운 소비 양식을 창안했다. 고삐 풀린 소비주의 문화는 포드주의 생산 체제와 일란성 쌍둥이처럼 동반자관계를 형성했고, 풍요로운 노동자의 신화를 만드는 데 중요한 역할을 수행했다.

　　포드주의 생산 체제가 쇠퇴하고 유연 전문화의 시대가 시작되어도 소비주의 문화는 여전히 건재했고, 오히려 지구적 자본주의의 확대와 함께 소비주의는 지구적 문화의 핵심 요소가 되었다. 자본주의 소비문화는 기술적, 심리적 진부화와 함께 상품의 수명을 제한하는 '계획적 진부화'를 통해 가속화된다(라투슈, 2014). 제너럴 일렉트릭 (GE)의 전구 수명이 1,000시간에 불과하고, 전자제품의 배터리 수명은 불과 1~2년으로 제한되면서 낭비와 폐기물은 소비 사회의 필연적 결과가 되었다. 그럼에도 불구하고 오늘날까지 대부분의 사회에서 많은 제품의 소비가 경제 성장에 도움이 된다는 견해가 널리 퍼져 있다. 더 많은 소비가 모두에게 좋은 것이라는 믿음이 확산되면서, 낭비에 대한 오랜 경계심도 급속하게 약화되었다. 기독교, 불교, 유교 등 종교의 시대에 탐욕을 자제하라는 계율은 흔적 없이 사라지고, 사치품의 과시소비조차 해악 없는 허영심만 제공할 뿐이지 도덕적으로 비난할 수 없는 것이라고 관대하게 보는 경향이 생겼다. 현대 사회에서 소비주의는 사실상 종교의 기능을 수행하고 있다.

20세기 초 독일 철학자 발터 벤야민은『아케이드 프로젝트』에서 19세기 후반 프랑스 파리의 회랑식 상가인 아케이드가 상품의 교환가치를 미화시키고 현실을 가리는 베일의 역할을 하는 판타스마고리를 분석했다(벤야민, 2005). 사람들은 번쩍거림에 도취되어 꿈을 꾸듯 자신들의 시대를 살아간다고 벤야민은 묘사했다. 그는 소비의 천국으로 변한 파리에 대하여 시적 묘사를 제공한 보들레르의 통찰력에 감탄했다. 이제 인류는 낙원에서 추방당하고 노동의 고통을 감내하는 대신 소유의 만족과 소비를 통한 쾌락으로 새로운 구원을 받는다고 상상했다. 하지만 대중 소비시장은 인간에게 새로운 변화를 요구했다. 사람들이 시장에서 상품을 사고파는 자유를 얻는 대신 인간의 노동과 육체도 상품으로 변화했다. 창세기의 원죄와 달리 자본주의 시대의 상품화는 세속화나 타락의 징표가 아니라 신성한 제단에 바쳐진 의례로 탈바꿈했다. 개인의 상품성과 경쟁력은 신의 은총이

되었고, 자기계발(몸과 마음 모두)
은 종교적 의무가 되었고, 다양
한 상품의 소비는 황홀한 체험
이 되었다. 자본주의가 종교를
이용하는 것이 아니라 자본주
의 자체가 종교가 되었다. 순교
자와 성인의 조각품이 위엄 있
게 서 있는 성당처럼 고액 상품
과 멋진 광고 모델이 늘어서 있
는 백화점은 새로운 신전이 되
었다.

그림 8-3 발터 벤야민

　　경제적 소유권을 토대로 한 소유적 개인주의는 초기 자본주
의 문화의 지배 이데올로기였다. 소비는 개인의 욕망을 실현하고 자
아 정체성을 표현하는 수단이 되었다. 그러나 경제적 소유권이 변화
하고 재산 소유자의 성격이 달라지면서 개인주의 문화는 새롭게 바
뀌었다. 개인주의 문화는 여전히 유지되고 있지만, 과거의 합리적 개
인주의에 비해 감정, 감각, 관능을 강조하는 문화와 깊이 연관되어 있
다. 이런 점에서 백화점과 기업의 광고는 개인의 합리적 이성을 기대
하는 대신, 기분을 좋게 하고, 감각을 일깨우고, 관능적 매력을 느끼
게 하는 전략으로 변화했다. 이러한 포스트모던 문화 현상은 새로운
대중매체와 광범한 인터넷의 소셜 네트워크 서비스를 통해 빠르게
확산되고 있다. 레스토랑의 음식, 자신이 구매한 패션 제품, 장신구,
그리고 자신이 여행한 휴양지, 고급 호텔, 리조트 사진을 소셜 네트워
크 서비스에 보여 주는 문화는 사생활의 기준에서 본다면 노출증처
럼 보인다. 인터넷에서 다른 사람의 사진을 들여다보는 문화는 관음

중의 한 유형이 되었다.

소비주의 이데올로기는 중세 가톨릭 교회의 고해, 또는 미국 복음주의 선교사의 부흥회처럼 지속적으로 자신을 고백하게 만든다. 그러나 소셜 네트워크에서 연출된 자아는 자신을 되돌아보는 성찰이 아니라 자신을 드러냄으로써 행복감을 얻는 의식이 된다. 이런 점에서 현대 문화의 소비는 단순한 과시 목적이 아니라 자신의 정체성을 표현하고, 사회적 위치를 확인하고, 심리적 만족을 얻기 위한 수단이 되었다. 지그문트 바우만(Zygmunt Bauman)이 지적한 대로, 포스트모던 문화와 대량 소비가 지배하는 사회에서 인간은 삶의 의미를 잃고, 어디에도 소속되지 않고 소외된 존재로 남는다. 이러한 인간의 취약함은 새로운 소비주의 문화에 의해 영향을 받기 쉽다(Bauman, 1992). 결국 인간의 욕망은 자신의 내면의 지성과 감정이 아니라 소비주의에 의해 지배된다. 인간의 욕망이 소비주의 문화를 만드는 것이 아니라 소비주의 문화가 지속적으로 인간의 새로운 욕망을 만든다.

광고와 소비주의 이데올로기

소비주의 이데올로기는 광고를 통해 극적으로 실현된다. 독일 사회학자 헤르베르트 마르쿠제는 『일차원적 인간』에서 "소비주의, 광고, 대중문화, 이데올로기"가 개인을 자본주의적 질서에 통합시켰다고 주장했다(마르쿠제, 2009). 광고는 상품 정보를 제공하는 수준을 넘어 사람들에게 상품의 구매를 설득하고, 충동하고, 강요한다. 마르크스가 상품의 물신화를 분석한 것처럼 마르쿠제는 자본주의에서 광고는 소비주의의 중요한 문화와 이데올로기가 되었다고 주장했다. 물질적으로 나은 삶에 대한 열망은 대량 생산의 사회에서 사람들을 모두 획일적 소비자가 되게 하고, 그들의 개성은 점점 쇠퇴한다. 동일한 상품을 구매하면서 서로 동일한 수준의 사람이 되었다는 환상을 갖게 한다. 대량 생산과 대량 소비야말로 현대인의 비판적 사고를 마비시키는 동시에 유토피아가 현실에서 이미 구현되었다는 착각을 불러일으킨다.

1991년 소련이 붕괴한 이래 러시아인들은 공산주의 유토피아 대신 가장 기본적 생존 조건인 물질의 소비에 맹목적으로 집착하기 시작했다. 이전에는 자본주의의 폐해라고 비판받던 물질지상주의와 소비지상주의는 서구의 무차별적 상품 공세에 의해 러시아인들로 하여금 서구의 풍족한 삶을 동경하도록 만들었다. 펩시콜라, 맥도날드 등 다양한 상품을 통해 현실적 풍요로움과 이상적 삶을 동경하게 만드는 광고는 공산주의의 정치 선전보다 더 효과적이었다. 빅토르 펠레빈의 『P세대』(1999)에서 말하는 카피라이터는 새로운 시대의 정치 위원이 되어 사람들에게 "소비의 불꽃"을 보도록 강요하는 사람이다. "무엇의 소비가 아니라, 누구의 소비인가라고 해야지. 사람은 자신이 소비를 한다고 생각하지만, 사실은 소비의 불꽃이 사람들에게 적당한 기쁨을 주면서 그들을 태우는 것이다"(펠레빈, 2012). 소비의 주제는 소비자가 아니라 광고를 만드는 감독, 카메라맨, 카피라이터라고 보는 것이 더 정확하다. 정보를 전달하는 주체만 공산당에서 광고 회사로 바뀌었을 뿐, 사람들은 대중매체에서 전달되는 정보를 맹목적으로 신뢰한다.

현대 사회에서 대중매체의 광고는 지속적으로 소비하라는 충동을 제공한다. 광고는 단순한 제품 정보의 제공에 그치지 않는다. 광고의 상징성은 마르크스가 말한 허위의식과 다르지만, 그렇다고 현실을 그대로 보여 주는 것은 아니다. 상품에 문화가 결합되면서 상품은 그 자체가 자율성을 가진 듯이 신비화되고 물신주의가 조장된다. 대중매체의 광고는 다른 프로그램보다 더 많은 비용을 지출하며 예술적 창의성으로 포장되지만, 사람들에게 광고란 어쩔 수 없이 시청해야 하는 존재이다. 광고는 자율적 선택이 아니라 강압적 노동이 된다. 광고는 상품에 대한 객관적 정보와 역사적 맥락을 거의 제공하지 않는다. 오늘날 광고는 단순한 상품 정보를 넘어서(아예 상품 정보는 없는 경우도 있다) 즉각 구매하라고 설득하고, 행복을 느끼라고 강요하고, 사회적 지위와 우월감도 선사한다. "마음이 시키는 대로 하라," "지금 하고 싶은 것 지금 하세요," "여러분 부자 되세요," "제 삶의 영원한 주제는 아름다움입니다," "여자의 신분은 피부가 말한다"라는 문구를 사람들의 귀에 속삭인다. 광고는 즉각적 만족, 쾌락, 부유함, 여자의 성적 매력에 대한 이미지를 집중적으로 제공한다. 시장과 거리의 상점에서 제품을 보지 않고도 텔레비전과 인터넷에서 전달되는 이미지와 문구는 지속적으로 사람들의 마음을 사로잡는다.

18세기 스코틀랜드 철학자 애덤 스미스(Adam Smith)는 사람들이 스스로 과소비를 자제할 것으로 보았지만, 그 당시의 제품 광고와 오늘날의 광고는 천양지차이다. 광고를 보면서 소비하지 않을 수 있는 사람은 예수의 기적을 보고도 믿음을 얻지 못하는 사람처럼 드물다. 19세기 자본주의가 본격적으로 발전한 시대에 영국 런던에서 살았던 마르크스는 자본주의 경제에서 상품 물신화가 발생하는 현상을 날카롭게 지적했다. 상품에 신과 같은 능력이 담겨 있다고 믿는 비인간적 조건을 우려했던 마르크스는 상품을 통해 자신을 신처럼 느끼는 사람들의 마음을 예측하지는 못했다. 그러나 광고의 진정한 본질은 잠재된 인간의 욕망을 일깨우는 것이 아니라, 애초에 존재하지 않은 욕망을 새롭게 제조하는 것이다. 광고는 사람들에게 분홍색 샤넬 핸드백이 아니라 상류층 여인과 재벌의 정부라는 상징가치를 제공하고, 비즈니스 클래스 좌석과 최고급 호텔의 접대를 받는 해외 여행이 아니라 영화 속의 부유한 주인공이 되는 상상을 하게 만들고, 미슐랭 별이 있는 레스토랑이 아니라 남이 느낄 수 없는 행복을 주는 전략을 구사한다. 현대 사회의 광고는 사람들에게 소비가 주는 즉각적 쾌락과 이로 인해 얻을 수 있는 행복감을 향유하라고 유혹한다.

　　20세기 초반에 에드워드 버네이스(Edward Bernays)는 홍보(PR)를 과학적 학문이자 독립적인 산업으로 만들었다. 버네이스는 대중심리학과 프로이트의 정신분석학을 결합하여 최초로 홍보와 선전에 이용했고, 대학에서 최초로 '홍보'라는 교과 과정을 가르쳤으며, 최초의 홍보 전문서를 출간했다. 1930년대에는 히틀러의 유명한 선전장관 괴벨스도 버네이스의 열렬한 팬으로서 그의 책을 탐독했다. 버네이스는 『프로파간다』에서 "대중의 책 읽는 관행과 의견을 의식과 지성을 발휘해 조작하는 것은 민주주의 사회에서 중요한 요소이다. 이러한 보이지 않는 메커니즘을 사회에서 조작하는 사람들이야말로 국가권력을 진정으로 지배하는 '보이지 않는 정부(invisible government)'를 이룬다"라고 말했다(버네이스, 2009: 61). 전쟁 후 버네이스는 프록터 앤 갬블과 비치너트패킹 컴퍼니, 아메리칸 토바코 컴퍼니 등 기업의 광고를 담당했고, 미국 대통령 선거에 나선 하딩과 쿨리지의 홍보 업무를 맡았다. 버네이스는 과테말라의 군사정부로부터 이권을 얻은 유나이티드 프루트 컴퍼니(United Fruit Company)를 돕기 위해 민주정부를 공산주의로 낙인찍는 여론을 조성했다. 결국 미국 중앙정보부(CIA)에 의해 민주정부가 전복되고 친미 성향의 독재정부가 등장했다.

　　현대적 홍보는 초기 단계에는 전쟁을 수행하는 국가의 도구로서 출발했으나 시간이 지나면서 자본주의 기업의 필수적 기능으로 변화했다. 광고에 의해 만들어진 소비의 욕망은 경제의 필수적 토대가 되는 동시에, 지속적으로 사치품이라는 새로운 상징재를 만들어 낸다. 물질적으로 더 나은 삶을 표현하는 사치품은 시장의 무한 확대를 통해 국제적 특징을 획득한다. 에르메스나 샤넬과 같은 럭셔리 브랜드 상품은 유럽에서는 전통적으로 상류층의 전유물이었지만, 오늘날 전 세계적으로 신흥 중산층이 가지고 싶어 하는 선망의 대상이 되었다. 럭셔리 브랜드는 광고를 통해 더 미학적이고, 더 고급스럽고, 더 품위 있는 평판을 얻은 기분을 제공한다. 광고는 소비재의 이미지 바로 옆에 고급문화의 상징을 가져다 놓는다. 계량화된 화폐가치의 서열보다 일상생활의 미학화가 더 중시된다. 레오나르도 다빈치의 〈모나리자〉, 미켈란젤로의 〈다비드〉, 보티첼리의 〈프리마베라〉, 뭉크의 〈절규〉, 고흐의 〈해바라기〉, 휘슬러의 〈예술가 어머니의 초상〉을 미술사 책이 아니라 광고를 통해 만나고 있다. 물랭루주의 광고판을 그렸던 툴루즈 로트레크와 달리 피카소는 상업적 이미지를 자신의 작품에 들여놓기도 했지만, 1950년대 이후 팝아티스트 앤디 워홀은 "비즈니스가 가장 노골적인 예술 형식"이라고 공공연하게 선언한다(트위첼, 2001: 70).

사회학자 스콧 래시와 존 어리는 소비의 심미적 가치가 확산되고 소비자의 문화 능력이 강화되어 소비자가 생산 논리에 이끌리고 조작당하는 객체가 아닌, 성찰적 주체로 변화한다고 보았다(래쉬·어리, 1998). 실제로 소비자 행동주의가 등장하고, 소비 패러다임으로 윤리적, 심미적, 인간적 소비의 관념이 널리 관심을 끌었다. 그러나 소비의 가치관이 아무리 바뀌어도 모든 사람이 소비시장에 평등한 지위를 가질 수는 없다. 대중 소비사회에서 소비할 수 있는 사람과 소비할 수 없는 사람의 격차는 점점 커지고 있다. 박정희 시대의 양담배, 양주, 외제 자동차, 해외 여행에 대한 규제는 모든 사람들에게 소비의 평준화를 느끼게 만들었다. 그러나 1990년대 이후 재벌 대기업이 해외 고가 브랜드 상품을 대거 수입하기 시작하면서 소비의 계층화가 발생했다. 중상층 인구들이 다양한 종류의 사치품을 소비할 수 있게 되면서, 이를 모방할 수 없는 하류층 사람들의 상대적 박탈감과 소외감은 커졌다. 고가의 핸드백, 레스토랑, 해외 여행을 향유하지 못하는 사람들은 자신의 형편을 비관하고 열등감에 사로잡힌다. 사치품을 구매하기 위해 수입에 걸맞지 않은 지출을 하고, 쇼핑 중독에 빠지기도 하고, 심지어 급증하는 신용 대출로 신용불량자가 되기도 한다.

대중의 사치품 열광이 커지면서 개인과 가계 부채가 증가하는 한편, 럭셔리 브랜드를 모방하는 짝퉁 상품이 놀라운 수준으로 확산되었다. 경제의 희소성이 사라지고 소비주의가 확산되면서 짝퉁을 향한 열광도 커지고 있다. 짝퉁을 만드는 기술은 명품 회사에 수리를 맡겨도 알아채지 못할 정도로 정교하다. 진품과 거의 구별할 수 없는 짝퉁이야말로, 발터 벤야민이 지적한 대로 진정성이 사라지고 무한정 대중 복제가 가능한 현대 사회의 한 단면을 보여 준다. 소비의 욕망은 지속적으로 많은 사람을 소비의 경쟁으로 몰아넣고, 궁극적으로 소비의 노예로 만든다. 개인이 사치품을 소유하는 것이 아니라 사치품이 개인을 소유한다.

광고는 모든 사람에게 동일한 이미지와 메시지를 전달한다는 점에서 평등하다. 그러나 광고를 통해 유혹을 받는 소비 충동이 모든 사람에게서 평등하게 실현되는 것은 아니다. 대중 소비사회에서 대중의 선택의 자유가 증가하는 것처럼 보이지만, 바우만이 지적한 대로 불평등한 사회는 사람들을 '자격을 갖춘 소비자'와 '자격이 없는 소비자'로 구분한다(Bauman, 2001). 소비시장에서 상품은 행복을 얻는 수단이 될 수 있지만, 모든 사람이 소비할 자격이 있는 것은 아니다. 소비자의 자격은 불평등하며, 소득과 재산 수준에 따라 철저하게 구별된다. 비행기의 퍼스트, 비즈니스, 이코노미 등급처럼 소비 행위는 위계질서에 따라 움직인다. 영화 〈설국열차〉처럼 3등석의 소비자는 1등석의 소비 행위에서 제외된다. 백화점 쇼핑은 현대판 교회 예배가 되고, 해외 여행지의 럭셔리 브랜드 아웃렛 쇼핑 코스는 21세기의 순례가 되었지만, 모든 사람들이 평등하게 누릴 수 있는 것은 아니다. 소비를 통해 사람들은 자신과 상대를 비교하고 소득 격차에 따른 우월감과 열등감이 함께 드러난다.

　　현대 사회의 광고는 지속적으로 모든 사람들에게 평등한 소비의 기회를 제공하는 것처럼 보이지만, 그 이면에서 부유층만을 위한 특별한 상징적 가치를 창출한다. 럭셔리 브랜드 광고는 부유층의 전유물이지만, 중산층과 빈곤층은 소득 수준에 걸맞지 않게 부유층의 과소비를 모방하고 소비의 유행을 추종한다. 냉장고, 텔레비전, 에어컨, 자동차, 휴대전화는 이제 모든 계층의 필수품이 된 지 오래이고, 지속적으로 새로운 사치품이 등장한다. 모든 가정의 식탁에 칠레산 와인, 태국산 망고, 미국산 오렌지, 프랑스산 치즈가 올라가고 있다. 레스토랑과 해외 여행의 사진을 블로그와 페이스북, 카카오톡, 인스타그램에 올리는 행위는 이제 국민적 취미가 되었다. 이러한 소비의 유행을 이끄는 동력은 부유층의 과시소비이다. 하지만 중산층이 부유층을 따라하려는 열망보다 부유층이 중산층과 구별 짓기를 위해 새로운 소비를 추구하려는 열망이 훨씬 더 강력하다. 부유층은 생산과 분배뿐 아니라 소비에서도 다른 계층과 구별하기 위해서 지속적으로 위계적 상징 질서를 만들어 내고 있다.

프랑스 사회학자 피에르 부르디외는 경제적, 사회적 자원의 차이가 어떻게 문화적 상징으로 표현되는지 설명했다. 그는 문화자본의 개념을 통해 부유층의 문화적 차별화 전략을 상징폭력이라고 불렀다(부르디외, 2005). 요한 제바스티안 바흐의 〈평균율〉, 안토니오 비발디의 〈사계〉, 요한 슈트라우스의 〈아름답고 푸른 도나우〉에는 문화의 위계질서가 존재한다. 제임스 조이스, 밀란 쿤데라, 무라카미 하루키 소설에는 문학적 취향의 서열이 존재한다. 심지어 대중이 쉽게 접근하는 영화에서도 스탠리 큐브릭, 우디 앨런, 스티븐 스필버그는 상이한 문화자본의 수준을 보여 준다.

캐나다 출신의 미국 사회학자 미셸 라몽(Michèle Lamont)은 미국과 프랑스의 중상계급이 다른 계급과 영역을 구별하기 위해 단순한 지위 범주와 취향, 재산, 소유의 척도를 넘어 도덕적, 문화적 차원의 역할을 중요하게 생각하는 경향을 분석했다(Lamont, 1992). 미국에서는 상대적으로 경제력을 중시하는 데 비해 프랑스에서는 인품과 문화적 세련됨을 중시하는 것으로 나타났다. 도덕적, 문화적 차원의 높은 위신과 평판을 획득하기 위해서는 오랜 시간 동안의 교육과 경험이 필요하다. 반면에 사치품을 구매하는 소비 행위는 돈만 있다면 즉각적 만족을 얻을 수 있다. 화폐의 가치와 연결된 상징적 위계질서의 서열화는 사람들로 하여금 더 쉽게 소비 행위에 빠져들게 만들고 소비를 통한 지위 경쟁에 몰두하게 만든다. 대중 소비사회에서 소비를 통한 구별 짓기는 대중의 사치품 열광을 촉진한다.

대부분의 경제학자들은 소비시장에서의 개인적 선택과 선호에 대해 관심을 갖지만, 사치품은 단순히 개인적 기호와 취향의 문제가 아니다. 현대 사회에서 사치품 열광은 개인의 주체적 욕망이 아니라 대부분 자본과 기업의 논리, 특히 광고와 소비주의 이데올로기에 의해 제조되고, 촉진되고, 조작된다. 광고는 경제적 필요에 의해서 만들어지지만, 궁극적으로 사회적 위계질서를 정당화하고 개인이 소비를 통해 자신의 욕망을 실현할 수 있다는 환상을 제공한다. 상품이 소비사회에서 사용가치를 넘어 물신주의적 숭배의 대상이 되는 것은 광고의 마법을 통해서 가능하다.

미국의 커뮤니케이션 학자 셧 잘리(Sut Jhally)는 현대 사회의 광고는 고대 사회의 연극처럼 신화의 영웅을 만들고 종교의 역할을 담당한다고 보았다(잘리, 1996). 현대 사회의 광고는 우상 숭배와 상징화의 단계를 넘어 사람들의 일상생활에 마법적 힘을 발휘하는 나르시시즘의 단계로 변화했다. 이러한 광고 형식의 변화는 광고가 사실상 종교와 이데올로기의 기능을 수행하고 있음을 보여 준다. 광고는 소비사회의 복음과 찬송가가 되었다. 한마디로 광고는 사실상 사람들의 사고와 행동을 통제한다.

소비사회를 넘어서

소비는 인간의 삶에서 필수적 요소이다. 소비는 생활을 유지하는 수단이고, 사회적 관계의 토대가 되고, 경제 성장에도 큰 영향을 미친다. 그런데 오늘날 대량 생산과 대량 소비, 대중매체가 끝없이 내놓는 새로운 즐거움, 소비자에 대한 신격화가 만든 문화적 결과는 무엇일까? 미국의 역사학자이자 사회비평가인 크리스토퍼 래시(Christopher Lasch)는 『나르시시즘의 문화』에서 고대 그리스의 나르키소스 신화를 소개하며 현대 문화의 특징을 설명한다(Lasch, 1979). 프로이트가 물에 비친 자기 모습과 사랑에 빠진 소년의 이야기로 나르시시즘이라는 심리적 효과를 소개했듯이, 래시는 현대판 나르시시즘이 개인적 취미와 오락을 삶의 중심에 두고, 당연히 그래야 한다고 생각한다고 지적한다. 그런 사람은 진정한 대상으로 다른 사람을 사랑하는 것이 불가능하다고 래시는 주장한다. 그는 청교도 노동 윤리와 다른 사람과 상관없이 그저 자신만 성공하면 된다는 생각을 대조하며, 현대 개인주의의 타락상을 세세하게 보여 준다. 역사의식의 결여, 기분을 좋게 해 주는 베스트셀러의 유행, 새로운 문맹, 권위의 붕괴, 감정으로부터의 도피가 그 결과이다. 여기에 한 가지 더 추가한다면, 바로 끝없는 소비의 욕망과 현재적, 물질적 쾌락을 충족하기 위해 더 많이 소비하려는 충동이다.

1960년대 이후 한국인은 급속한 경제 성장을 경험하면서 물질적 풍요와 개인적 오락의 증가와 함께 과시소비와 사치품 열풍에 휩싸였다. 사치품은 공간적 차원에서도 사회적 위계질서를 가시화한다. 1970년대 이후 압구정동에 아파트 단지가 만들어지고, 청담동에 샤넬, 카르티에, 에르메스 등 럭셔리 브랜드 상점이 들어서고, 대치동에 고액 학원이 세워지면서 '강남 특별구'가 탄생하였다. 보수와 진보의 경계를 뛰어넘어 강남 아파트와 함께 자녀의 해외 유학과 해외 여행이 부유함을 보여 주는 지위 상징이 되었다. 스타벅스에서 종이 컵에 담긴 커피를 마시며 미국식 생활 양식을 즐긴다고 상상하고, 고급 레스토랑, 해외 여행, 휴양지에서 찍은 사진을 소셜 네트워크 서비스에 올리며 부자와 유명 인사의 인생 체험을 했다는 기분을 갖는다. 부자를 열망하는 속물은 서구 사회의 부자들이 소유하는 구찌, 프라다 등 유명 브랜드 제품에 탐닉하며 자신의 성공과 지위를 표현하고자 노력했다. 그들은 졸부처럼 부동산에 투기하고, 고급 멤버십 골프장에 드나들면서 우월감을 느끼고, 고가의 레스토랑과 와인 바를 찾아다니며 돈을 쓴다. 부자들의 욕망은 끝이 없다. 영화 〈내부자들〉에서 재벌, 정치인, 언론인이 돈과 권력을 차지하려고 벌이는 추잡한 이전투구는 영화 속 스토리가 아니라 현실이 되었다. 기업인이 여자를 데리고 비밀 별장에서 벌이는 은밀한 접대, 섹스 파티의 비디오 촬영, 언론인이 연예인을 술집에 부르고 성 접대를 제공받은 사건은 모두 실제 상황이었다. 영화 〈베테랑〉의 가상현실은 강남의 르메르디앙 호텔 나이트클럽 버닝썬에서 벌어진 성폭력 사건으로 되살아나 텔레비전 뉴스를 통해 안방에 전달되었다.

현대 사회의 소비는 인간의 무한한 욕망의 결과이기도 하지만 자본주의 경제의 불가피한 부산물이다. 경제학의 아버지라 불리는 19세기 스코틀랜드 철학자 애덤 스미스는 소비가 모든 생산의 유일한 종말이자 목표라고 지적했듯이, 소비가 없다면 자본주의는 작동할 수 없다. 그래서 소비는 광고를 통해서 촉진되고, 기업은 엄청난 광고비를 대중매체에 뿌리고, 모든 사람은 소비의 강박에 휩싸인다. 소비와 문화의 만남이 이루어지면서 문화적 취향이 관심을 끌고 일상생활의 미학화가 발생하면서 문화적 위계질서가 등장했다. 누구나 소비할 수 있는 권리를 동등하게 가진 것처럼 보이지만, 사실상 소비 시장에는 경제적 능력에 따른 엄격한 계층이 존재한다. 사회에는 지나친 사치와 극단적 빈곤이 공존한다. 속물이 된 중산층이 부유층을 모방하여 소비에 탐닉하는 동안 가난한 사람들에 대한 멸시와 모욕도 커졌다. 부유층을 추종하는 중산층은 이웃 동네에 임대주택이 입주하는 것도 반대하고, 가난한 사람을 위한 복지 지출의 확대도 거부하고, 자녀들을 부유한 친구들만 사귈 수 있는 학교에 보내고 싶어 한다. 소비의 양극화는 결국 사회의 분열을 심화시킨다.

고대 시대에는 한 계층의 지나친 과소비는 다른 계층의 부러움과 불만을 야기할 수 있다는 이유로 사치 금지법이 강화되었다. 미국 경제학자 로버트 프랭크(Robert H. Frank)는 『사치 열병』에서 중산층의 과소비로 인한 거품경제를 막기 위해 누진적 소비세를 도입하자고 제안했다(프랭크, 2011). 하지만 매일 쏟아지는 상품 광고의 홍수를 보면, 약간의 세금 인상으로 인간의 끝없는 욕망을 제한하기는 어려워 보인다. 물질적 소비보다는 정신적 만족이 인간의 행복에서 더 중요하다고 주장하는 목소리는 점점 작아졌다. 그럼에도 불구하고 소비의 쾌락 대신 진정한 의미의 삶의 기쁨과 정신의 고양을 느끼는 일을 발견해야 한다는 목소리도 여전히 존재한다. 또한 탄소 배출, 지나친 쓰레기, 환경 파괴를 막기 위해 개인의 소비를 줄여야 하고, 지구적 정의와 생태계를 지키기 위해 소비의 패러다임이 바뀌어야 한다는 주장도 지속적으로 관심을 끌고 있다. 소비주의를 종교처럼 떠받드는 속물들이 세상을 망치도록 방치할 수 없다는 분노의 외침이 점점 커지고 있다.

자본주의의 소비문화는 어떻게 형성되었는가?

현대 사회의 소비 유형은 계층화되는가, 표준화되는가?

소비는 자아 또는 집단 정체성에 어떤 영향을 미치는가?

사치품 열광은 왜 발생하는가?

광고는 소비에 어떻게 영향을 미치는가?

더 읽을거리

조지 리처, 2003, 『맥도날드 그리고 맥도날드화』, 김종덕 옮김, 시유시.

콜린 캠벨, 2010, 『낭만주의 윤리와 근대 소비주의 정신』, 박형신·정헌주 옮김, 나남.

권창규, 2014, 『상품의 시대: 출세, 교양, 건강, 섹스, 애국 다섯 가지 키워드로 본 한국 소비 사회의 기원』, 민음사.

설혜심, 2017, 『소비의 역사』, 휴머니스트.

소스타인 베블런, 2019, 『유한계급론』, 박홍규 옮김, 문예출판사.

9장

음식과 문화

당신이 무엇을 먹는지 말해 주면 당신이 어떤 사람인지 알려 주겠다.

—브리야사바랭,『미식 예찬』

"어디서 태어나든 사람은 먹어야 한다. 야만인이든 문명인이든 이것은 가장 중요한 관심사이다. 하지만 차이가 있다. 야만인은 필요해서 먹지만, 문명인은 먹는 것을 즐긴다"(뒤마, 2014: 9). 19세기 프랑스 작가 알렉상드르 뒤마는 "문명인"을 위해 『요리사전』을 썼는데, 이 책은 그의 미식에 대한 열정을 보여 준다. 고대 아시리아 제국 아슈르바니팔왕이 "새로운 요리 발명자에게 황금을 내리겠노라"라고 말한 이래 수많은 사람들이 맛있는 음식을 추구했다. 고대의 로마와 중국에서도 영웅들은 맛있는 음식을 좋아했고 상류층들은 진귀한 음식에 돈 쓰기를 아까워하지 않았다. 현대 사회에는 레스토랑에 새로운 메뉴가 출현하고, 대형 식품점에는 수많은 음식 재료가 산더미처럼 쌓여 있다. 그러나 모든 사람이 같은 음식을 좋아하는 건 아니다. 사람들이 먹는 음식은 시대와 사회에 따라 끊임없이 변화했다.

오늘날 왜 사람들은 어떤 음식은 좋아하고 다른 음식은 싫어하는가? 왜 사람들은 맛집을 찾아다니는가? 왜 자신이 먹은 음식 사진을 페이스북과 인스타그램에 올리는가? 왜 텔레비전의 음식점 기행과 요리 프로그램이 인기를 얻는가? 이제 음식은 단순히 개인의 생존을 위한 필수적 영양을 공급하는 수단이 아니다. 음식은 개인의 취향을 반영하고, 집단적 소속감과 정체성을 부여하며, 사회적 지위의 표현 수단이 되고, 나아가 정치적 행위로 변화하고 있다. 사람들은 자신이 어떤 음식을 먹는지에 따라 자신이 스스로 어떤 사람인지를 생각한다. 음식을 통해 자신을 다른 사람과 구별하고, 취향의 위계질서를 만들고, 계급에 따른 음식문화를 창조한다. 음식의 취향은 오랜 습관을 통해 얻게 되지만 지역, 계층, 가족 배경에 의해 절대적으로 결정되는 것은 아니다. 때때로 개인은 자신이 먹는 음식을 성찰하고 스스로 음식을 선택하고, 나아가 음식을 통해 자신의 정체성을 새롭게 창조하기도 한다. 이런 점에서 음식을 단지 과학적, 경제적 관점에서 분석하는 것은 충분하지 않다. 음식이 문화적 맥락을 가지며 사회적 성격을 가진다는 점에서 사회학자들의 중요한 연구 주제로 떠오르는 것은 당연하다.

이 장에서는 음식에 관한 사회학적 이론을 검토하면서 음식을 통해 형성되는 개인의 취향, 사회적 정체성, 사회적 지위에 관한 논쟁을 평가할 것이다. 먼저 인류 역사에서 사람들이 어떻게 음식을 만들고 생각하는지, 어떻게 요리하는지, 그리고 음식을 먹는 문화가 어떻게 형성되고 변화하는지 살펴볼 것이다. 대표적으로 기능주의, 구조주의, 노르베르트 엘리아스(Norbert Elias)의 문명화 과정에 관한 논의를 평가할 것이다. 특히 대량 생산과 대량 소비의 운영 원리가 지배하는 현대 사회에서 어떻게 음식의 취향이 상업화되고, 규격화되고, 표준화되는지 분석할 것이다. 동시에 사회계급이 분화되는 사회에서 어떻게 음식에 대한 취향의 분화, 구별 짓기, 계층화 현상이 발생하는지 분석할 것이다. 동시에 전 세계적으로 다양한 지역, 민족, 종족별 음식문화가 어떻게 지구화 과정을 거치면서 서로 영향을 주고받는지 조사할 것이다. 이러한 과정을 통해 음식과 사회의 상호작용, 개인의 취향과 대안적 음식문화의 출현에 대한 이해를 제공할 것이다. 먼저 음식문화에 관한 역사적 변천 과정과 이와 관련된 다양한 이론적 논쟁을 소개한다.

역사적 과정과 이론

1980년대 이전까지 사회학자들은 음식에 거의 관심을 갖지 않았다. 음식에 관한 분석은 사회학보다는 인류학과 심리학에서 많이 이루어졌다. 특히 1930년대 폴란드 출신 인류학자 말리노프스키는 트로브리안드 군도의 음식 생산과 분배 체계에서 만들어진 복잡한 신념 체계와 사회적 호혜성을 자세하게 소개했다(Malinowski, 1935). 영국 인류학자 래드클리프브라운은 안다만 군도의 음식의 의례와 금기를 소개하면서 음식이 어떻게 사회적 의미를 가지고 공동체의 소속감을 만드는지 설명했다(Radcliffe-Brown, 1922). 이와 같은 기능주의 분석은 주로 음식의 사회화 과정을 강조하면서 음식의 생산과 분배가 어떻게 사회 내 호혜성, 상호 의무, 사회 통합을 유지하고 강화하는지 분석했다. 그러나 1960년대 후반 이후 사회학에서 기능주의 이론이 많은 비판을 받으면서 (음식의 사회적 기능에 대한 암시적 가정은 널리 받아들여지지만) 음식에 대한 기능주의적 설명은 큰 관심을 끌지 못했다.

1960년대 언어학의 구조주의 개념을 활용해 인류학의 새로운 지평을 연 프랑스 인류학자 클로드 레비스트로스는 음식에 대한 새로운 분석을 시도했다. 그는 기능주의 인류학자와 달리 음식의 사회적 기능에 관심을 갖지 않는 대신 음식 이면에 숨겨진 구조의 논리를 탐구했다. 레비스트로스는 요리의 구성 요소로 미각소(gustemes)의 개념을 제시하면서 특정한 이항 대립으로 요리를 분석한다. 그는 요리를 내생적(토속적)/외생적(이국적), 중심적(주식)/주변적(부식), 뚜렷한(맛이 강한)/뚜렷하지 않은(아무 맛이 없는) 특징으로 구분했다(Lévi-Strauss, 1963). 레비스트로스는 영국 요리와 프랑스 요리의 차이를 분석하면서, 영국 요리는 내생적/외생적 구분과 중심적/주변적 구분은 매우 적절하지만, 뚜렷한/뚜렷하지 않은 구분은 명확하지 않다고 지적한다. 반면에 프랑스 요리는 내생적/외생적 구분과 중심적/주변적 구분이 적절하지 않고, 뚜렷한/뚜렷하지 않은 구분이 강조된다고 보았다. 이처럼 구조주의 접근법은 음식과 요리 방법의 표면적 규칙이 심층적 구조를 보여 준다고 가정했다.

레비스트로스의 음식에 대한 분석에서 특히 주목할 만한 주장은 자연과 문화의 구별이다. 그는 아메리카 대륙 원주민의 신화를 분석하면서 음식을 날것과 익힌 것으로 구분했다. 신화에서 음식은 자연과 문화, 조야함과 세련됨, 야만과 문명이라는 이항 대립의 논리로 분류된다(레비-스트로스, 2005). 레비스트로스에 따르면, 날것은 음식 재료로서 자연적 요소이다. 익힌 것은 문화적 변형을 거친 것이다. 부패한 것은 자연적 변형으로 만들어진 것이다. 레비스트로스는 이를 '요리의 삼각형'이라고 불렀다(Lévi-Strauss, 1966). 그는 요리를 통해 음식은 자연적인 것에서 문화적인 것으로 변화한다고 강조했다. 고대 중국에서도 한족문화에 동화된 주변의 소수민족을 숙번(熟蕃)이라 부르고, 다른 민족을 생번(生蕃)이라 불렀다. 익힌 음식을 문명의 특징으로 간주한 것이다.

레비스트로스는 익힌 음식 가운데 삶은 음식보다 구운 음식이 높은 가치를 지닌 것으로 간주된다고 주장했다. 삶은 음식은 재료를 보존하는 특성이 강한 반면, 굽는 것은 재료를 파괴하는 특성이 강하다. 따라서 굽는 것은 낭비적이고 귀족적인 특성을 가지는 반면, 삶은 것은 경제적이고 서민적인 특성을 가진다. 18세기 영국의 상류층은 쇠고기를 구워 먹었고, 런던의 스테이크 하우스는 고급 레스토랑으로 유명했다. 반면에 하층민들은 쇠고기를 오래 삶아 스튜로 만들어 먹었다. 유럽과 미국에서도 오랫동안 로스트비프(roast beef)는 상류층의 음식으로 간주되었다.

　　그러나 레비스트로스의 접근 방식은 여러 가지 비판을 받았다. 레비스트로스는 한정된 경험적 증거를 통해 과학적 분석을 시도했지만, 문화의 다양성과 역동성을 제대로 설명하지 못하는 한계를 가진다(애슐리 외, 2004: 60~61). 실제로 음식을 자연과 문화의 이항 대립으로 단순하게 구분하기는 어렵다. 발효 음식의 경우 익히지 않는다는 점에서 날것 또는 썩히는 것으로 구분될 수 있지만, 효모 빵, 치즈, 식초, 간장, 된장, 낫토에 이르기까지 다양한 음식과 소스들이 오랜 문화적 전통을 갖고 있다. 또한 음식은 사회와 시대의 변화에 따라 다른 의미를 가진다. 오늘날 날것을 먹는 행위를 야만의 상징으로 보기는 어렵다. 유럽과 미국의 상류층도 채소와 과일을 날것으로 먹으며, 샐러드는 건강식으로 인정을 받는다. 이탈리아의 쇠고기 카르파초와 일본의 스시는 서양에서도 인기 있는 요리 또는 고급 요리로 간주된다. 오히려 굽는 요리는 건강에 나쁘다는 이유로 상류층은 더 이상즐겨 먹지 않는다. 샌프란시스코와 팔로알토의 부자들은 샐러드를 즐기고, 채식주의가 새로운 문화로 부상하기도 했다. 굽는 요리는 하층민의 상징이 되면서 지나친 육류 섭취로 비만한 사람들은 무시와 경멸의 대상이 되기도 한다. 요리 방법에 따른 음식의 종류는 역사적 과정에 따라 전혀 다른 의미를 가진다.

　　구조주의 분석은 음식의 생산, 분배, 소비의 과정이나 사회적, 역사적 조건에 대한 분석보다 음식의 분류, 요리 방법, 배합의 규칙과 관습에 주목한다. 따라서 구조주의는 음식의 사회적 의미가 변화하는 역사적 과정을 무시하는 경향이 많다. 음식은 단순히 생존을 위해 영양을 공급하는 수단이 아니라 의미와 상징적 효과를 가진다. 요리는 자연을 문화로 변형하는 수단이다. 음식의 종류와 형태는 개인의 취향뿐 아니라 사회적 소속감과 정체성을 만들며, 구별 짓기의 효과를 가진다. 이런 맥락에서 음식의 맛, 모양, 색깔은 시대에 따라 변화했으며, 음식을 먹는 장소의 분위기와 식탁 예절(테이블 매너)은 중요한 사회학적 연구의 주제가 되었다.

독일 사회학자 노르베르트 엘리아스는 1939년 유럽 상류층의 일상적 예절을 분석한 『문명화 과정』을 출간했다(엘리아스, 1996). 12세기에서 19세기에 이르기까지 유럽의 식사 예법, 코 풀고 침 뱉는 행위, 잠자는 습관, 남녀관계는 오랜 시간을 거쳐 서서히 변화했다. 상류층의 예법은 먼저 궁중 에티켓이 되었으며, 점차 궁중 밖에 있는 대부분의 사람들에게 널리 확산되었다. 중세 유럽에서 대부분의 사람들은 식사를 할 때 손을 사용했다. 다만 고기를 썰어 먹기 위해 '칼'을 사용했다. 누군가에게 치명상을 입힐 수 있는 칼이 문명의 도구가 되어 식탁에서 사용되었다. 엘리아스는 살인의 무기였던 칼이 어떻게 식사의 도구로 변화되는지 살펴보면서 야만의 상징이 문명의 도구가 되는 과정을 자세하게 설명한다. 또한 그의 책은 16세기 베네치아의 식탁에서 '포크'가 처음 등장한 후 가톨릭 교회에 의해 금지되었다가 오랜 세월에 거쳐 유럽 사회에 전파되는 과정도 분석했다.

엘리아스는 문명 자체보다는 문명화 '과정'에 관심을 가졌다. 그는 모든 사회적 관계가 아주 오랜 기간 동안 역사적 과정을 거치며 변화한다고 보았다. 식사 예절은 단순하게 개인의 선택과 취향의 문제가 아니라 복잡한 사회적 관계의 네트워크를 통해 개인에게 내면화된 '자기 강제'를 통해 형성된다. 이런 관점은 '식욕의 문명화'에 대한 설명에도 적용될 수 있으며, 오늘날 신경성 거식증과 채식주의 같은 현상을 분석하는 데 유용하다(Mennell, 1985: 29). 그러나 엘리아스의 결합태적(figurational) 또는 사회적 과정(sociogenic)에 대한 분석은 기능주의, 구조주의, 마르크스주의 사회학의 관점과 매우 달랐기에 오랫동안 사회학계의 관심을 받지 못했다. 1960년대 이후 역사학의 '아날(Annale)학파'의 영향력이 커지면서 엘리아스의 책이 문명화 과정을 분석하는 뛰어난 저서라는 뒤늦은 평가를 받았다. 아직도 그의 연구가 문명화 과정을 생산하는 원인과 과정을 체계적으로 설명하지 못했다는 비판도 제기되지만, 일상생활에 관한 탁월한 업적으로 널리 인정받고 있다.

　　대량 생산과 대량 소비의 운영 원리가 지배하는 현대 사회에서 음식문화는 새로운 변화를 겪는다. 미국 사회학자 조지 리처는 미국의 패스트푸드 음식점이 베버가 말한 것처럼 합리화의 결과라고 주장했다(리처, 2003). 맥도날드화(McDonaldization)는 포드주의 생산 방식처럼 음식의 표준화를 통해 효율성과 이윤 극대화를 추구한다. 맥도날드화는 세 가지 차원에서 합리화를 실현한다. 첫째, 회사는 고객의 취향을 표준적 기준으로 획일화하여 생산 원가를 절감한다. 식탁에 놓인 각기 다른 양념을 모두 없애고 모든 음식에 동일한 양념을 사용했다. 둘째, 판매자는 인력의 최소화를 통해 비용을 최소화한다. 음식 준비와 요리는 반복적인 작업으로 분리되었다. 셋째, 고객은 자동차에 탄 채로 햄버거를 주문하며 최단시간에 공복감에서 벗어나고 포만감을 얻을 수 있다. 이러한 음식 생산, 유통, 판매 과정은 맛보다

그림 9-1　노르베르트 엘리아스

는 배부름을 추구하고, 개인적 취향보다 표준적 기준을 강조하고, 삶의 질보다 경제적 효과를 중시한다. 맥도날드화는 결국 음식의 획일화를 추구하면서 사회 전체적으로 단일한 취향을 확산한다.

1930년대 맥도날드 형제가 샌버너디노(San Bernardino)에서 처음 식당을 개업한 이래 1950년대까지 12개의 가맹점을 만들었다. 맥도날드 회사가 일개 지역 식당에서 미국 대표 식당과 글로벌 대기업으로 성장하는 과정에서 레이 크록(Ray Kroc)의 역할이 컸다. 그는 다용도 믹서를 파는 세일즈맨이었는데, 맥도날드 형제로부터 프랜차이즈 권리를 인수했다. 그는 맥도날드 형제의 요리법, 분량, 준비 방법을 엄격하게 준수하도록 모든 프랜차이즈에 요구하면서 거대한 기업 네트워크를 유지했다. 그는 새로운 가맹점 주인을 부자로 만들었지만, 동시에 광범한 저임금 임시 노동자를 양산했다. 그는 1984년까지 전 세계 34개국에 8,300개 매장을 열었다. 1970년대부터 맥도날드는 해외 시장을 개척했고, 1972년에 파리에 1호점을 개장했다. 1990년에는 구소련의 모스크바에 진출했고, 중국의 맥도날드 1호점은 베이징이나 상하이 대신 광둥성의 선전시에 문을 열었다. 한국에서는 1988년 압구정동 로데오 거리에 맥도날드가 처음 등장했다.[36]

맥도날드의 역사는 음식의 생산 과정, 즉 경제적 또는 토대의 차원뿐 아니라 음식의 상징 체계 또는 상부구조의 차원에도 영향을 미쳤다. 포드주의의 발전으로 인해 자동차, 주택, 음식문화 등 표준화된 소비 양식이 확산되면서 사람들의 의식과 이데올로기에도 커다

---

36 소공동 롯데백화점에서 출발한 롯데리아는 1979년에 처음 개점했는데, 외국 프랜차이즈에 맞서 한국인 입맛에 맞는 불고기 버거를 개발했다. 1980년대 맥도날드, 버거킹, KFC 등 미국 프랜차이즈 기업이 국내에 상륙하기 전까지 미리 국내 패스트푸드 시장을 선점했다. 그러나 1990년대 후반 외환위기 이후 프랜차이즈 기업이 급성장하면서 음식의 표준화와 획일화 현상이 발생했다. 동시에 교통수단의 발전과 인구의 이동으로 인해 전국적으로 음식이 비슷해지는 현상이 확산되었다.

란 영향을 미쳤다. 그람시의 헤게모니 이론에서 볼 수 있듯이 맥도날드 식당은 단순히 음식을 파는 식당이 아니라 빅맥(Big Mac)을 통해 모든 사람을 연결하고, 동일한 음식을 함께 먹는 가족이라는 관념, 요리를 통해 가족을 먹이는 전통적 윤리 대신 글로벌 자본주의가 인류를 지구화된 가족 시민으로 만든다는 인식을 확산시켰다(애슐리 외, 2004: 43). 제한된 메뉴와 불편한 식탁과 좌석에 앉아서 고객은 여유 있는 만찬 대신 서둘러 식사를 마쳐야 하지만, 맥도날드는 언제나 가족의 소속감과 감정을 자극한다. 채소를 거의 먹지 않고 지방이 많은 고기를 먹지만 고객은 음식이 어디에서 오고, 어떤 음식이 건강에 좋은지, 음식을 요리하는 사람들이 어떤 처우를 받는지 진지하게 생각할 겨를이 없다. 음식을 먹는 것은 단지 소비의 행위이다. 결국 글로벌 대기업 맥도날드에서의 식사는 지극히 개인적인 행위가 된다.

정체성, 사회화, 규율

엘리아스는 1700년경 이전에는 서양의 식생활이 금식과 잔치의 불안한 순환을 겪었다고 주장했다(엘리아스, 1996). 당시에는 식량 공급도 어려웠지만, 종교적 규율로 인해 육식을 금지하기도 했다. 사람들은 언제 음식을 먹을 수 있을지 모르기 때문에 생존을 유지하기에 급급했다가 축제일이 되면 폭식을 하곤 했다. 피터르 브뤼헐의 그림 〈식도락의 마을〉은 이런 장면을 표현했다. 그러나 18세기 이후 식량 공급이 안정화되자 상류층들은 과거의 대규모 잔치를 촌스러운 폭식의 문화로 폄하했다. 기아의 공포가 사라지면서 세련된 고급 요리가 탄생했다. 이제 살기 위해서 먹는 것이 아니라 맛있는 음식을 먹는

그림 9-2   피터르 브뤼헐의 〈식도락의 마을(Das Schlaraffenland)〉(1567)

취향이 탄생한 것이다. 영어로 맛(taste)이라는 단어도 17세기 후반에
야 생겨났다. 18세기 후반부터는 고급 레스토랑이 탄생했다.

　　19세기 이후 유럽의 노동자들도 육류를 섭취하기 시작했다.
과거에 가난한 사람들이 주로 물에 밀가루와 잡곡을 넣고 끓인 묽은
죽 또는 포리지(porridge)를 먹었던 것에 비하면 음식문화가 획기적으
로 변화했다.[37] 그러나 빈민층이 먹는 고기는 동물의 가장 조악한 부
위, 즉 소의 발굽, 심장, 콩팥, 간, 위 등 내장, 양의 머리 등 부유층이
일반적으로 먹지 않는 부위였다. 돼지의 창자와 내장도 정식 식품으

37　포리지는 곡물과 귀리, 오트밀 가루에 물과 우유를 넣어 끓인 죽 요리이다. 영국 요리로 알려
　　져 있지만 북유럽에서 아침 식사로 많이 먹는다. 영양분의 흡수가 쉬워 병원에서 환자들에게
　　제공되는 경우가 많았다. 1950년대 영국에서 교도소 수감자에게 아침 식사로 포리지를 먹였
　　기 때문에 '복역하다'라는 의미의 속어로 'doing porridge'라는 말이 있었다. 그러나 지금은
　　더 이상 포리지가 제공되지 않는다. 한국에서도 '콩밥을 먹는다'는 말이 있었지만, 1980년대
　　후반 이후 감옥에서는 더 이상 콩밥을 제공하지 않는다.

로 간주되지 않았지만, 소시지가 되어 판매되었다. 감자와 소시지는 가난한 노동자 가족이 배불리 먹을 수 있는 음식이었다. 그 후 서양의 식생활에서 고기가 주식이고, 채소와 전분은 보조 음식이 되었다. 양고기와 당근과 감자를 곁들인 요리가 한 끼 식사로 제공되었다. 고기는 부와 행복과 풍요를 상징하는 음식으로 간주되었다. 영국 작가 조지 오웰은『위건 부두로 가는 길』에서 탄광 노동자들이 피시앤칩스(Fish and Chips)를 먹으면서 자신의 삶이 나아졌다고 느낀다고 기록했다. 이 시기 서구 사회의 음식문화에서는 미각적, 영양학적 욕구가 적극적으로 장려되고, 음식과 관련된 감각 활동이 사회의 일반적 관행으로 간주되었다(비어즈워스·케일, 2010: 100).

한국에서 음식문화가 현대적 소비 양식을 따르기까지는 오랜 시간이 걸렸다. 고려 시대에는 불교의 영향을 받아 고기 요리는 흔하지 않았다. 개경(개성)을 방문한 송나라 사신 서긍은『고려도경』에서 사람들이 돼지를 도살할 줄 몰라 쩔쩔매는 장면을 묘사했다. 조선 시대에도 농사에 필요한 소의 도살이 금지되었고, 왕실의 행사 또는 상류층의 잔치에서만 고기 요리가 등장할 수 있었다. 그래서 고기 요리, 예를 들어 산적, 갈비 요리는 주로 왕실 내부 또는 왕가의 묘지 근처에 사는 사람들만 먹을 수 있었다. 오늘날까지 태릉 갈비, 홍릉 갈비가 유명한 데는 이런 역사적 이유가 있다. 김홍도의 풍속화〈점심〉을 보면 일하는 농부들이 엄청나게 큰 그릇에 밥을 담아 먹는 모습을 볼 수 있다. 지금의 기준에서 보면 거의 3배에 달하는 양이다. 반면에 다른 음식은 약간의 소금에 절인 채소 이외에는 보이지 않는다. 당시에 쌀이 주식이었고, 고기와 생선을 먹는 일은 매우 드문 일이었다.

조선이 몰락하면서 궁중요리는 거의 사라졌지만 다양한 식당들이 새롭게 등장했다. 서울에 일부 고급 한식당과 불고기 식당이 있

그림 9-3 김홍도의 〈점심〉(18세기경)

었지만, 대부분의 사람들은 설렁탕, 추어탕, 해장국, 비빔밥 등 소박한 서민 음식을 주로 즐겼다. 이때 서울에서 이문설렁탕, 형제추어집, 청진옥, 하동관이 문을 열었다. 1960년대 이후 급속한 산업화가 이루어지면서 고기의 소비량이 급증하였고, 오늘날 고기구이 식당은 전국에 가득해졌다. 그 후 숯불에 고기를 구워 먹는 요리는 가장 인기 있는 메뉴가 되었다. 과거의 채식주의에 가까운 음식문화가 이렇게 육식을 즐겨 먹는 문화로 변화한 현상은 매우 주목할 만하다. 조정래의 소설 『한강』에서 "한일관 불고기나 한번 배 터지게 묵고 죽으면 내사 마 소원이 없겠다"라고 묘사한 대로 서민들의 소원이 이루어졌다. 1960년대 한일관 불고기는 서민들에게는 너무 비싼 음식이었지만 점점 대중적으로 변화했다.

　　가난에 벗어난 한국인들은 단지 육류뿐 아니라 점차 맛있는 음식에 대해 관심을 갖기 시작했다. 1990년대 이후 풍요로운 사회가 등장하면서 해외 상품 수입이 급증하고 다양한 해외 음식이 소개되었다. 햄버거와 핫도그, 프라이드치킨 이외에도 강남의 고급 프렌치 식당, 이탈리안 식당, 일본 식당이 인기를 끌었다. 이 시기에 강남의 팔레 드 고몽와 롯데호텔 피에르 가니에르가 개업했다. 해외 여행이 급속하게 증가하고 관광산업이 발전하면서 인도, 태국, 베트남 등에서 온 이국적 음식도 급속하게 늘어났다. 이러한 음식문화의 변화는 사회의 다양한 취향을 충족시키는 한편, 사회가 계층적으로 분화된 특징을 보여 주었다. 점차 부유층과 서민층의 음식문화의 차이가 드러나기 시작했다. 어떤 음식을 먹느냐는 바로 그 사람의 주관적 취향뿐만 아니라 사회적 정체성을 보여 주는 것이며, 위계적 사회 질서 속에서 그 사람의 사회적 위치를 표현하는 수단이 되었다.

먹는 행위는 단순히 생명과 건강을 유지하는 기능뿐 아니라 자아 정체성과 문화자본을 표현하는 수단이 된다. 어떤 음식을 먹느냐에 따라 그 사람의 사회적 지위가 드러난다. 햄버거 등 값싼 정크푸드를 먹는 사람은 하류층으로 간주되지만, 샐러드와 외국 음식을 먹는 사람은 상류층으로 간주된다. 어떤 음식을 먹느냐에 따라 그 사람의 사회계층이 표현된다. 음식에 관한 지식과 정보, 경험에 따라 그 사람의 사회적 정체성이 드러난다. 그래서 많은 사람들은 자신이 먹은 음식을 사진으로 찍어 페이스북과 인스타그램에 올린다. 고급 레스토랑과 유명 맛집에서 먹은 음식 사진을 자신의 스마트폰에 저장하는 데 그치지 않고 남에게 보이는 행위는 명백하게 음식을 통해 자신의 지위를 인정받기 위한 욕구의 표현이다. 이런 점에서 음식을 먹는 행위는 개인적 행위가 아니라 사회적 행위이다. 이러한 음식문화는 탈전통 사회에서 개인의 정체성을 스스로 구성하고, 표현하고,

인정을 받으려는 실천으로 보아야 한다.

전통 사회에서 음식은 다양한 규제를 받았다. 고려 시대에는 불교의 영향으로 육식문화는 많은 제한을 받았고, 조선 시대에는 유교의 금욕적 문화에 의해 사치 음식이 금지되었다. 고려 시대 귀족의 기호품인 차(茶)는 조선 시대에 전면적으로 금지되었다. 차를 좋아하는 김정희와 정약용도 사실상 몰래 차를 마실 수밖에 없었다. 왕과 양반의 음식도 윤리적 제재를 받았다. 조선 시대 요리에 관한 책인『시의전서(是議全書)』·『음식방문(飮食方文)』을 보면 9첩·7첩·5첩의 상차림 그림이 그려져 있는데, 이를 근거로 왕은 12첩 반상, 양반은 9첩 반상 이상을 먹을 수 없었다는 주장이 제기되었다.[38] 그러나 18세기 후반 혜경궁 홍씨의 환갑잔치를 기록한『원행을묘정리의궤』를 보면, 정조는 밥과 탕, 조치(국물이 있으면서 밥 먹을 때 도와주는 음식), 침채(채소 소금 절임) 등 기본 네 가지에 찬 세 가지로 구성된 수라상을 들었다. 유교국가인 조선에서 상류층의 음식이 훨씬 소박했음을 보여 주는 사료이다. 또한 흉년의 시기에는 왕의 식사 역시 훨씬 간소해졌다고 한다. 미식가로 유명한 조선 허균의『도문대작』에 소개된 음식도 그리 사치스러운 음식이라 보기는 어렵다.

1960년대 박정희 정부는 쌀이 부족하다는 이유로 혼식과 분식을 장려하고, 쌀 소비를 줄이기 위해 쌀 막걸리의 제조도 금지했다. 학교에서는 학생들의 도시락까지 검사했다. 또한 '가정의례준칙'을 만들어 집안의 제사 음식의 수를 규제했다. 식당에서는 반찬을 무료로 줄 수 없도록 제한하기도 했다. 정부는 양담배와 양주의 수입을 금

---

38 19세기 후반 조선 시대에 만들어진 요리책인데, 경상북도 상주의 양반 가문에서 보관한 필사본이 전해져 내려온다. 다양한 식품, 건어물, 채소, 그리고 17종의 양조 방법이 적혀 있다. 반상도식은 9첩 반상, 7첩 반상, 5첩 반상, 곁상, 술상, 신선로상, 입맛상 등을 그림과 함께 소개한다.

지했고, 이를 어길 경우 법률에 따라 처벌했다. 양담배 한 대에 10년 이하의 징역이라는 규정이 있을 정도였다. 1960년대 베트남 전쟁에 참전한 병사들은 미군 부대를 통해 양주를 가져왔고, 남대문 밀수시장인 '도깨비시장'에 팔았다. 조니 워커는 한국인들에게 가장 널리 알려진 위스키이자 서양 술이었다.

　미국의 압력으로 1986년 양담배 수입 금지가 해제된 이후 1991년 양주의 수입이 허용되었다. 당시 조니 워커 이외에 박정희 대통령이 마셨다는 시바스 리갈의 인기도 높았지만, 노태우 대통령이 좋아한다는 발렌타인이 큰 인기를 끌었다. 모두 프리미엄 위스키의 평판을 가지고 있지만, 한국에서 양주의 소비는 시대의 부침을 겪었다. 미국 흑인이 조니 워커를 즐겨 마신다는 이유로 박정희 시대 권력층들은 시바스 리갈을 선호했지만, 노태우 정부의 상류층은 차별화를 추구했다. 특히 스카치 위스키인 발렌타인은 숙성 기간에 따라 숫자가 표기되었는데, 이는 군대식 계급문화에 어울렸을 뿐 아니라 고급화를 추구하는 대기업의 접대문화에도 널리 활용되었다. 그러나 비싼 술조차 미국 노동자들이 즐겨 마시던 방식으로 폭탄주를 만들어 먹었다.

　대부분의 사회에서 술은 규제의 대상이 되었다. 고대 그리스와 유럽의 가톨릭문화에서 와인은 종교 의식에도 사용되었으나, 유럽의 개신교문화에서 점차 음주가 금지되었다. 루터는 맥주를 즐겨 마시고 폭음으로도 유명하지만, 미국으로 이주한 청교도는 일절 술을 마시지 않았다. 17세기 영국 청교도 혁명을 이끈 올리버 크롬웰은 술집과 춤까지 모조리 금지시켰다. 1930년대 미국의 금주법도 주류 소비를 규제했으며, 지금도 주류 판매에 대한 규제가 엄격하다. 세계에서 가장 먼저 증류주를 만든 중동에서는 이슬람 율법에 의해 음주

소비가 철저하게 제한된다. 역사상 많은 나라에서 규율을 통해 음식 소비를 규제하는 경우에 다양한 종교적 가치와 과학적 담론, 정치적 이데올로기를 동원한다. 특히 먹을 수 있는 고기와 먹을 수 없는 고기에 대한 구별과 이에 따른 규제가 대표적이다.

미국 인류학자 마빈 해리스(Marvin Harris)는 다양한 사회가 독특한 음식문화를 형성하는 과정을 탐구했다(해리스, 2018). 그는 단백질이 인간의 진화와 문명의 발전에 중요한 역할을 수행하면서 독특한 음식문화를 만들었다고 주장한다. 그는 힌두교도가 암소를 숭배하고, 이슬람교도가 돼지를 나쁘게 보는 이유를 종교적 교리가 아니라 생태적 제약에서 찾는다. 그의 문화유물론적 접근 방식은 기후와 생활 조건이 다르기 때문에 먹을 수 있는 음식과 먹을 수 없는 음식이 구분되었다고 강조한다. 힌두교의 경전 『베다』는 원래 소를 먹는 것을 금지하지 않았지만, 점차 인구가 증가하고 소가 중요한 농업 수단이 되면서 소의 식용을 금지했다. 암소는 우유를 주고 수소는 쟁기를 끈다. 소의 몸값이 올라가자 쇠고기는 음식으로 먹기에는 아까운 사치품으로 간주되었다. 이 상황에서 소를 먹지 않는 것은 합리적 행위가 되었다. 아랍의 이슬람교도는 건조한 사막 지대에서 생활하기에 돼지는 사치재가 될 수밖에 없다. 돼지가 풀 대신 인간이 먹는 곡물을 섭취하고, 스스로 체온 조절을 못해 야생 대신 인간의 돌봄이 필요하기 때문이다. 한국인이 개고기를 먹고 프랑스인은 먹지 않는 것도 환경적 제약의 차이에서 비롯되었다. 한국에서는 농업 수단인 소의 도살을 금지했고, 곡물을 많이 먹는 돼지를 키우기도 힘들었다. 이에 비해 개는 쉽게 키울 수 있기에 먹을 수 있는 동물로 간주되었다. 반면에 프랑스인은 한국인들이 거의 먹지 않는 토끼, 메추라기, 비둘기, 달팽이를 즐겨 먹는다.

음식문화는 생태적 조건, 종교적 교리, 정치적 제약, 경제적 필요성에 의해 많은 영향을 받으며, 오랜 시간을 거치며 특정 지역, 민족, 국가의 정체성에 필수적 요소가 된다.[39] 프랑스의 달팽이 요리, 영국의 피시앤칩스, 이탈리아의 피자와 스파게티, 독일의 소시지, 미국의 햄버거, 스위스의 퐁뒤가 대표적이다. 아시아에서도 중국의 오리 요리, 인도의 커리, 일본의 스시, 태국의 톰양쿵과 팟타이, 베트남의 쌀국수, 터키의 케밥이 유명하다. 휘황찬란한 중국 요리가 등장하는 대만 영화 〈음식남녀〉는 세대에 따른 입맛의 차이를 보여 주기도 하지만, 음식이 애정의 표현 수단이 되는 동시에 가족의 정체성을 형성하는 과정도 보여 준다. 한국의 경우 쌀밥, 김치, 불고기는 한국인의 정체성에 커다란 영향을 미쳤다. 한국인은 명절에 먹는 떡국과 송편, 생일상에 올라가는 미역국에 대한 오랜 추억을 간직하고 있다. 그러나 음식문화는 단일한 사회 내부에서도 계층과 직업에 따라 다양한 차이를 보인다. 특히 계급의 격차가 심한 사회일수록 음식문화의 구별 짓기가 많이 발견된다.

음식과 계급

고급 요리는 계급의 분화가 일어난 사회에서 발견되는 특수한 문화 현상이다. 수렵과 채집 사회에서 족장과 평범한 사람들은 동일

---

39 기후, 일조량, 강우량 등 생태적 조건은 음식문화에 큰 영향을 미친다. 중국의 경우에 강수량이 많아 논농사를 많이 하는 남부에서는 쌀을 즐겨 먹지만, 건조한 북부에서는 밀가루로 만든 국수를 즐겨 먹는다. 중국의 전통 음료인 차도 주로 고온다습한 남부에서 재배되었다. 유럽의 경우에도 남유럽은 올리브, 무화과 등 과일과 채소 요리가 풍부하지만, 북유럽은 밀, 잡곡 등 곡물이 대부분이다. 괴테가 『이탈리아 기행』에서 고대 로마의 건축과 조각뿐 아니라 지중해 연안의 태양과 올리브와 무화과의 맛에 감탄하게 된 이야기를 남겼다.

한 음식을 먹었다. 여자와 노인이 먹는 양은 적었지만, 큰 차이가 없다. 일반적으로 계급이 발달하지 않은 사회에서 상류층은 하류층에 비해 더 많은 양을 먹었을 뿐, 하류층과 같은 질의 음식을 먹었다. 결과적으로 계층에 따른 음식문화의 차이가 크게 드러나지 않았다. 그러나 영국 인류학자 잭 구디가 지적한 대로, 농업혁명 이후 계급 구별이 심화되면서 지배계급과 피지배계급이 먹는 음식에는 커다란 차이가 발생했다(Goody, 1982). 요리 재료뿐 아니라 요리 방법도 달랐고, 상류층은 자신들만의 독특한 '먹는 문화'를 만들었으며, 사치금지법을 통해 '다르게 먹는' 특권을 독점하려고 시도했다(구디, 2010).

고급 요리는 불평등이 심한 사회에서 더욱 발전했다. 대표적인 나라가 절대주의 왕정 시대의 프랑스이다. 구디의 주장처럼 사회 불평등은 미식의 등장에 필수적 조건이라고 볼 수 있지만, 충분한 조건은 아닐 수 있다. 미식의 발명은 매우 복잡한 사회의 분업과 상호의존이 증가한 결과이기도 하다. 프랑스에서 시작된 레스토랑은 부유한 사람들이 미식을 즐기는 곳으로 알려져 있는데, 이 역시 프랑스 사회의 분업과 복잡한 규제 장치의 영향을 받았다.

1789년 프랑스 혁명 이후 궁중 요리사가 파리 시내에 새로운 식당을 개업하고 신흥 부자들이 그런 곳을 즐겨 찾았다는 주장이 널리 알려져 있다. 그러나 레스토랑은 프랑스 혁명으로 부르봉 왕조가 몰락하기 전인 1766년에 이미 루브르 궁전 근처에 등장했다(리바트, 2017). 이때 레스토랑은 고급 음식을 파는 곳이 아니라 아픈 사람이나 환자에게 영양식을 공급하던 곳이었다. 레스토랑의 어원은 '회복하다'라는 단어에서 비롯되었다. 그곳에서 파는 음식은 주로 진한 고기 국물에 빵가루 또는 고기를 넣어 만든 수프이었다. 고기를 파는 길드와 빵을 만드는 길드에서는 이런 음식을 팔 수 없었는데, 이러한 규제의 틈새에서 신종 산업이 등장한 것이다.

프랑스 혁명 이전인 1686년 시칠리아 이민자가 파리에 문을
연 르프로코프(Le Procope)는 가장 오래된 카페로 유명한데, 커피와 함
께 음식도 팔았다. 이곳에 볼테르, 루소, 디드로가 출입했으며, 이 시
기에 하버마스가 말한 공론장이 등장했다. 프랑스 혁명으로 귀족이
몰락하면서 전속 요리사들이 실직하게 되자, 그들은 시내에 나와 새
로운 레스토랑을 개업했다. 이제 환자식뿐 아니라 귀족 요리가 메뉴
에 추가되면서 고급화되었다. 그 과정에서 브리야사바랭의 『미식 예
찬』이 출간되었다. 시간이 지나면서 음식을 한꺼번에 차려 놓는 대신
러시아 귀족을 따라 한 요리씩 차례로 먹는 코스 요리가 등장했다.
고급 레스토랑과 다르게 비스트로에서는 비교적 간단한 음식을 팔았
다. 이탈리아에서는 리스토란테(레스토랑) 이외에 트라토리아라는 작
은 식당에서 음식을 팔았다. 도시로 밀려오는 노동자의 수요에 맞추
어 식당은 다양한 수준으로 분화하기 시작했다. 자본주의 산업화가
본격화되면서 점차 식당의 수준과 메뉴의 가격이 달라졌고, 요리의
재료와 방법에도 차이가 발생했다.

자본주의가 발전하기 훨씬 이전에 최초의 레스토랑은 중국에
서 발전했다. 마르코 폴로는 1280년 항저우의 다양한 레스토랑에 대
해 썼는데, 이 가운데 어떤 식당은 200년이나 된 곳도 있었다. 10세기
와 13세기 송나라 시대에 농업 생산량이 증가하면서 식품 유통이 상
업적 거래와 결합되었다. 동시에 사치 식품을 거래하는 시장이 발달
하고 제비집, 해삼과 같은 식품이 유통되었다. 고대 철학자들은 거리
에서 사람들이 굶어 죽어 가는데 궁궐에서 잔치를 벌이는 통치자는
올바른 군주가 아니라 비난했지만, 맛있는 음식을 즐기려는 엘리트
층이 증가하면서 음식에 대한 취향이 달라졌다. 식도락에 대한 시적

묘사와 찬양이 증가했고, 미식법을 순수예술로 간주하는 경향도 나타났다. 송나라 수도 카이펑에는 무역상과 이주민을 위하여 중국 각지의 입맛을 맞추는 식당이 나타났으며, 이 가운데 무슬림이 찾아가는 식당도 있었다. 명대에도 사치품을 즐기는 특권층이 확대되었으며 거대한 소비시장이 발달하면서 미식문화도 확산되었다. 번성했던 강남 지역과 해산물로 유명한 쑤저우의 음식 관습은 당대의 유행이 되었다. 청대의 황실 연회에서 만주족과 한족의 요리가 결합한 사례는 엘리트층의 공동의 이해와 관심을 보여 준다. 다양한 종류의 고기, 생선, 야채, 과일 이외에도 차는 중요한 기호품으로 간주되었으며, 수많은 요리책이 출간되었다. 중국의 미식법은 가장 귀한 음식을 조달하여 맛을 보는 일이었고, 다른 하나는 미식에 대해 글을 쓰는 일이었다. 중국의 지배계급이 부유한 중소지주이자 학식을 갖춘 식자층이라는 점을 잘 보여 준다.

현대 사회에서 문화의 계층화에 대한 유명한 연구는 프랑스 사회학자 피에르 부르디외가 제시했다. 부르디외는 『구별 짓기』에서 1960년대 프랑스 상류계급과 노동자계급의 일상적 습관과 입맛을 분석했다(부르디외, 1995). 계급의 차이는 문화와 예술에 대한 취향뿐 아니라 음식에 대한 다른 입맛을 만든다. 노동자계급은 전통적으로 푸짐한 식사, 전분과 지방이 많이 들어서 열량이 높고, 분량도 많은 음식을 선호한다. 대표적으로 프랑스 남부 랑그도크의 요리인 카술레가 있는데 흰 강낭콩, 소시지, 오리고기, 거위고기를 넣어 오랫동안 삶아 만든 스튜이다. 상류계급은 커리와 같은 이국적인 음식이나 프랑스에 막 도착한 다른 민족의 음식, 또는 덜 기름진 건강식품을 더 높이 평가하는 경향을 보여 준다. 상류계급은 생선, 고기, 치즈, 후식의 순서로 식사를 즐긴다. 부르디외는 카술레와 커리 중 어느 음식이 더 나은지 평가할 수 없다고 말한다. 최신 유행에 민감하고 세련된 취향은 그저 상류계급이 자신들의 높은 지위를 과시하는 방식일 뿐이다. 그들은 문화적 취향을 통해 자신들의 계급과 다른 계급을 구별한다. 부르디외는 "취향은 일단, 그리고 무엇보다도 다른 사람들의 취향에 대한 … 부정이다"라고 말한다. 상류층은 자신들의 취향을 문화적 기준으로 만들면서 자신들의 사회적 지위를 유지한다.

부르디외가 만든 문화적 취향의 분석 모델은 음식의 유통과 광고에도 적용될 수 있다. 음식 재료를 구입하는 백화점, 대형 할인점, 전통시장에는 명백하게 위계질서가 존재하며, 단순히 가격의 차이가 아닌 질적인 차이를 강조한다. 고급 식자재에는 '최고 품질'과 '우수'라는 표시가 있고, 최근에는 '저지방' 또는 '유기농'이라고 적혀 있다. 또한 인공조미료, 착색제가 전혀 없다고 강조한다. 음식에 관한 상류층의 취향은 노동자계급이 먹는 것과 다르다는 구별 짓기에 의해 표현된다. 대중적 식품은 부자들에게 판매되는 것이 아니기 때문에 노동자계급을 겨냥한 광고는 '50년 전통,' '말하지 않아도 알아요,' '온 가족이 즐기는 새우깡'처럼 전통과 정서에 호소하는 전략을 구사한다. '사나이 울리는 신라면,' '국가대표 라면만 먹어요'처럼 남성 정체성과 국가 정체성을 이용하기도 한다. "단 한 사람이라도 더 행복할 수 있다면 더 험한 길도 두렵지 않은, 나는 초코파이입니다" 등 공익광고처럼 보이는 새로운 감성에 호소한다.

일반적으로 한국에서 서민층의 음식에 대한 광고는 가족과 전통을 강조하는 데 비해, 상류층과 부유한 중산층은 교육과 건강, 또는 남과 다른 특별한 것을 선호한다. 한편 남과 같은 취향을 지녔다는 사실이 사회정치적 효과를 가지는 경우도 발생한다. 정치인들은 선거 광고에서 한국 음식, 전통, 지역 공동체의 가치를 강조하며 평범한 사람의 취향을 가진 것처럼 보이려고 시도한다. 1960년대 대통령 선거에 박정희는 논두렁에 앉아서 막걸리를 마시는 장면을 보여 주었다. 어떤 정치인은 더 서민적인 이미지를 보여 주기 위해 전통시장에 찾아가 값이 저렴한 음식을 먹는 장면도 연출한다. 2007년 대통령 선거 광고에서 국밥을 먹는 장면을 보여 준 이명박 후보가 대표적이다. 음식은 건강과 역사의 의미만 갖는 것이 아니라 계급과 정치적 상징으로도 활용된다. 1996년 총선에서 야당은 정치 광고를 통해 장바구니 사진을 보여 주면서 물가 인상을 강조했다. 그들이 고급 백화점의 쇼핑백을 보여 주지 않은 것은 당연하다.

계급의 격차가 커지면서 부유층은 음식에 대한 취향에서 다른 계층과 구별되는 음식에 대한 문화적 취향을 과시하려고 시도했다. 1990년대 이후 강남의 압구정동과 청담동에 고급 레스토랑이 속속 등장하면서 다양한 미식문화가 소개되었다. 일반적으로 프랑스 요리와 일본 요리가 고급으로 인정받았으며, 코스 요리를 제공하는 중국 식당도 높은 평가를 받았다. 일본식 선술집인 로바타야키 또는 이자카야도 직장인과 젊은 층을 상대로 인기를 끌었다. 시간이 지나면서 유럽과 북미에서 시작된 고급 레스토랑의 평가 방식이 도입되었다. 2017년 한국에서도 프랑스 타이어 회사인 미슐랭이 발간하는 '미슐랭 가이드'가 등장했다.[40] 그러나 2019년 '미슐랭 가이드'에서 높은 평가를 받기 위해 돈이 거래되었다는 보도가 커다란 논쟁을 불러일으켰다. 한국 최초의 요리 평가서로는 2015년부터 발간하는 '블루리본

---

40 프랑스 타이어 회사 미슐랭은 1900년 자동차 운전자를 위한 식당 안내서를 처음 출간했다. 1926년 음식 맛으로 유명한 호텔에 별을 붙인 책이 '레드 가이드'라 불렸다. 1933년부터 전문 심사원이 몰래 식당에서 음식을 먹어 본 다음 별의 개수로 맛의 위계적 지위를 표현한다. 미슐랭 가이드에서 높은 평가를 받는 레스토랑에는 프랜차이즈가 아니라 장인정신이 깃든 피에르 가니에르, 알랭 뒤카스, 기 사부아 등이 선정되었다. 이 가운데 에스파냐의 엘불리와 일본의 지로도 유명하다.

서베이'가 있다.

부르디외의 연구 이후 사회계급에 따라 다른 음식을 소비한다는 분석이 제시되었다(DeVault, 1991). 이런 분석에서 음식을 소비하는 사람은 개인이 아니라 계급이다. 물론 개인은 자신이 속한 집단의 사회적, 경제적, 문화적 제약에 따라 음식 취향을 가지는 경향이 크다. 그러나 각 계급의 일반적 취향이 반드시 개인의 취향과 동일한 것은 아니다. 노동자계급이 주로 먹는 음식이라고 해서 그것이 곧 공장이나 회사에 다니는 모든 개인들의 취향이라고 볼 수는 없다. 어쩌면 그들은 생활 환경의 조건에 의해 어쩔 수 없이 그런 음식을 주로 선택하는 것인지도 모른다. 서울 성수동 공장 앞에는 삼겹살 구이 식당이 즐비하고, 종로 근처 회사 앞에는 찌개 요리 식당이 많은 데 비해, 강남의 테헤란로 근처에는 이탈리아 식당이 많을 수 있다. 또한 노동자계급 내부뿐 아니라 같은 가족 중에서도 음식에 대한 취향이 다를 수 있다. 부르디외의 구조적 분석과 달리 음식 취향은 개인의 음식 취향이라기보다 계급의 확률적 경향을 보여 주는 것이다.

음식은 계층별로 상류층이 먹는 고급 음식과 노동자계급과 서민층이 먹는 대중 음식 또는 서민 음식으로 구별할 수 있다. 한국에서 한우 고기, 신선로는 고급 음식이지만, 해장국과 추어탕은 서민 음식으로 분류된다. 그러나 음식의 계급적 서열도 시대에 따라 변화한다. 조선 시대에 밀가루로 만든 국수는 매우 비싼 음식이어서 잔칫날에만 먹을 수 있었지만, 오늘날에는 가장 저렴한 대중적 음식이 되었다(그러나 밀의 자급률은 1% 내외이며 거의 수입에 의존한다). 지금도 국수는 결혼식 피로연과 생일잔치에 반드시 등장한다. 100여 년 전 미국에서 원래 흑인 노예들의 음식이었던 가재는 이제 부자들이 즐겨 먹는 가장 비싼 음식이 되었다. 남부 흑인이 즐겨 먹던 프라이드치킨은 시간이 지나면서 미국의 대표 음식이 되었다. 18세기 이전에는 유럽의 부자들만 먹을 수 있었던 후추는 그 값이 금과 비슷했으나, 이제 대중적인 향신료가 되어 싸구려 식당의 식탁에도 놓여 있다. 이탈리아 나폴리에서 서민들이 즐겨 먹는 피자는 이탈리아의 대표 음식이 되었다. 이렇듯 음식 재료의 희소성에 따라 가격이 변화하고, 음식의 계급적 취향이 변하는 경우가 많다.

미국 사회학자 존스턴과 바우만은 미국의 고급 음식 잡지를 분석하면서 부르디외가 분석한 취향이 계급적 구별 대신 '잡식성'으로 변화하고 있다고 주장했다(Johnston and Baumann, 2007). 미국의 고급 레스토랑이 프랑스 전통 요리에서 벗어나 진정성(authenticity)과 이국적 취향을 강조하는 새로운 상류층 취향을 창조했다고 강조한다. 진정성은 주로 역사 및 전통과 밀접한 관련을 가지며, 특정한 지역과 토양, 그리고 소규모 작업장의 수제 작업과 장인 생산을 강조하는 특성을 가진다. 또한 새로운 상류층 취향은 단일한 고급문화 대신 다양한 문화를 강조한다. 한국에서도 2000년대 이후 프랑스의 전통적 상류층 음식과 유명 식당에만 관심을 갖기보다 다양한 형태의 오너 레스토랑, 요리사의 개성, 식자재와 조리법의 특성을 강조하는 식당이 새로운 고급 레스토랑으로 간주되는 경향이 있다.

음식의 위계적 서열에 대한 사람들의 생각은 고정적인 것이 아니라 유동적이다. 과거의 고급 음식이 대중화되기도 하고, 과거의 서민 음식이 시간이 지나 고급 음식으로 간주되기도 한다. 오늘날 한국의 상류층은 과거에는 서민층의 음식이었던 보리밥을 건강식으로 생각한다. 반면에 서민층은 과거에는 부유층의 전유물이었던 고기구이 요리를 즐겨 먹는다. 1960년대에 맥주는 대중적인 막걸리에 비해 비싼 고급 술로 간주되었지만, 오늘날 맥주는 가장 서민적인 주류가 되었다. 1990년대 이후 외국에서 수입하는 와인도 부유층과 중산층의 전유물이었지만, 더 이상 부유함과 이국적 기호의 상징으로 간주되지는 않는다. 이탈리아 나폴리의 서민 음식인 피자가 한국에서는 처음에 고급 음식으로 알려졌지만, 이제 대중적인 음식으로 변화하는 중이다. 선진 산업국가에서 맥도날드가 건강을 해칠 수 있다는 우려가 커지는 반면, 개발도상국에서는 여전히 맥도날드가 현대성의 상징으로 받아들여지고 있다. 이처럼 음식은 상이한 시간과 상이한 장소에서 독특한 의미와 상징을 획득한다.

　　개인은 '독립적' 자아 정체성과 '관계적' 자아 정체성을 동시에 갖고 있으며, 상황과 조건에 따라 다른 특성을 보여 준다. 우리는 음식이 갖는 전통과 감정을 중시하는 동시에 자신만의 개인적 취향과 독특한 경험도 강조한다. 달리 말하면 음식의 문화적 기호는 매우 가변적이며 개인과 집단의 관계는 미묘하다. 대부분의 사람들이 설날에 떡국을 먹고 추석에 송편을 먹는 등 동일한 음식을 먹으면서 서로 비슷한 사람들이라는 느낌을 가지기도 하고, 어린 시절 어머니의 추억과 고향의 냄새를 느끼는 음식을 찾기도 하지만, 때로는 뭔가 새로운 음식을 먹고 색다른 이국적 체험을 하고 싶어 한다. 우리는 아침에는 프랑스 스타일의 빵과 커피를 마시고, 점심에는 직장 동료와 함께 중국 요리나 태국 요리를 먹고, 저녁에는 가족과 함께 쌀밥, 생선, 된장국이 오르는 만찬을 즐길 수 있다. 도시에 사는 대부분의 사람들은 매 끼니마다 새로운 체험을 추구할 수 있다. 사람들은 음식을 통해 자신이 어떤 사람인지 정체성을 탐구하고 자신의 삶이 가지는 의미를 돌아보려고 한다.

음식과 글로벌 위험사회

음식은 세계화를 촉진하는 가장 중요한 요소 중 하나였다. 무엇보다도 아시아의 향신료는 유럽인의 항해와 지리상의 발견을 유도했으며, 이탈리아 항해자 크리스토퍼 콜럼버스는 에스파냐 여왕의 후원을 받아 대서양을 건너 카리브 제도에 도착했다. 그 후 아메리카의 카카오, 옥수수, 감자, 토마토, 호박이 유럽에 전래되었다. 하지만 콜럼버스가 얻고자 했던 향신료 교역의 중심지는 인도 케랄라주의 도시 캘리컷이었다. 남인도 산악 지대에서 나는 검은 후추와 섬에서 나는 향신료들이 아랍 무역상에게 팔려 예멘이나 호르무즈를 거쳐 지중해 동부 레반트 지역으로 운송되었다. 이 과정에서 오스만투르크와 베네치아 상인들이 향신료를 유럽의 다른 지역으로 판매하여 막대한 이익을 얻었다. 포르투갈 항해자들은 오스만투르크와 베네치아의 독점 판매망을 깨트리기 위해 1497년 바스쿠 다가마를 따라 아프리카를 돌아 캘리컷에 가려고 노력했다. 잉여식품, 보관, 교환은 거대한 제국의 물질적 토대가 되었으며 글로벌 문명을 이끄는 엔진이 되었다.

설탕도 대표적인 글로벌 식품이다. 인도가 원산지인 사탕수수는 원래 아랍을 거쳐 유럽에 전래되었는데, 후추, 향신료와 함께 인기 상품이었다. 18세기 이후 설탕은 포르투갈인에 의해 브라질에서 재배되었으며, 아프리카에서 잡혀 온 노예에 의한 대규모 설탕 플랜테이션이 건설되었다. 네덜란드인들은 사탕수수를 카리브해 섬으로 옮겨 플랜테이션을 건설했다. 18세기 동안 설탕은 엄청나게 인기를 끌었다. 영국의 설탕 소비량은 1710년보다 1770년에 5배 증가했으며, 18세기 중반에 설탕은 곡물을 제치고 유럽 무역에서 가장 가치 있는 상품이 되었다. 설탕은 전체 유럽 수입품의 20%를 차지했고, 18세기 후반에 설탕의 80%는 서인도 제도의 영국과 프랑스의 식민지로부터 수입되었다. 설탕은 유럽인들의 미각을 사로잡았으며, 시간이 지나면서 전 세계로 전파되었다.

향신료와 함께 음료도 새로운 기호품으로 각광을 받으면서 글로벌 식품이 되었다. 차는 전통적으로 중국의 음료로 사용되었는데, 18세기 이후 유럽에 소개되었다. 나중에 아프리카의 에티오피아에서 처음 발견된 커피도 세계적인 기호식품이 되었다. 커피는 중국의 차 가격이 지나치게 상승하자 대체 기호품으로 큰 인기를 끌었다. 아랍과 오스만투르크 상인을 거쳐 커피가 유럽에 퍼졌으며, 유럽 전역에 커피 하우스와 커피숍, 카페가 급증했다. 파리의 카페는 프랑스 혁명을 주도했던 혁명가들이 모여 정치와 예술을 토론한 곳으로 유명하다. 시간이 지나면서 커피를 마시는 일은 상류층뿐 아니라 모든 계층의 문화가 되었다. 한국에서는 고종 황제가 처음 커피를 마셨다는 주장이 있으나, 그 시기에 이미 서울 정동의 손탁호텔에 커피 하우스가 개업했다. 20세기 초에 널리 퍼진 '다방'에서 커피는 사람들이 가장 애용하는 음료가 되었다. 1999년 스타벅스가 서울에 처음 개업한 이래 다양한 원두커피가 엄청나게 소비되고 있다. 커피는 상류층의 사치재에서 수백 년 만에 광범한 대중의 기호품이 된 것이다.

패스트푸드(fast food)는 미국의 상징이고, 지구화 과정과 함께 전 세계로 수출되는 상품이다. 유럽과 아시아에서도 맥도날드와 KFC는 계속 새로운 매장을 개설하며 미국식 메뉴를 전파한다. 햄버거, 프라이드치킨, 케첩이 대표적이다. 그러나 대표적 미국식 소스로 알려진 케첩은 영어가 아니다. 프렌치프라이가 미국이 아닌 프랑스 또는 벨기에에서 유래된 것이라는 사실은 이름에서 쉽게 알 수 있지만,

케첩은 좀 알쏭달쏭하다. 케첩의 역사는 미국으로 이주한 중국인에서 비롯된다. 샌프란시스코로 이주한 광둥 사람들은 바다에서 고기와 새우를 잡으며 생활했는데, 케첩은 푸젠성의 방언로 생선 젓갈을 가리키는 말이다(주래프스키, 2014: 102). 간장과 발효한 생선 소스로 만든 케첩은 점차 일반명사가 되었다. 중국 광둥어로 '케'는 토마토를 가리키는 말이다. 시간이 지나면서 생선의 맛과 향기는 빠지고, 미국인이 좋아하는 달콤하고 새콤한 맛으로 변화했다. 1910년 하인즈(Heinz)사가 설탕과 식초를 많이 넣으면서 케첩의 보존 기간도 길어졌고, 오늘날 미국의 국민 소스가 되었다.

한국의 짜장면과 짬뽕도 국제 이민과 지구화의 역사와 깊은 관련이 있다. 짜장면은 원래 1880년대 청일전쟁 전후 중국에서 조선으로 이주한 중국인들에 의해 만들어졌다. 화교 상인들은 베이징과 북부 지역에서 즐겨 먹는 검정콩 소스를 국수에 비빈 '짜지앙미엔'을 변형하여 한국 사람들이 좋아하는 채소와 고기를 넣고 물과 전분을 섞어 걸쭉한 소스를 만들어 팔았다. 이것이 중국 식당 1호인 인천의 '공화춘'이 만든 최초의 짜장면이다. 그리하여 중국에는 없는 요리가 한국에서는 대표적인 중국 요리로 알려졌다. 짬뽕 역시 일본 나가사키로 이주한 중국인 노동자들이 국수에 해물을 넣어 먹던 요리에서 비롯되었다. 여기에 한국 사람들이 좋아하는 매운맛을 내기 위해 고춧가루를 넣어 짬뽕이 탄생했다. 이런 점에서 짬뽕은 한중일 3국 합작품이다. 한국인이 애호하는 고춧가루는 18세기 이후 인도와 동남아 향신료의 무역에 앞장선 포르투갈 상인 덕분으로 일본을 거쳐 수입되었는데, 결국 오랜 전통을 가진 김치도 순수한 한국 음식이 아니라 세계화의 영향을 받은 음식으로 볼 수 있다(주영하, 2011).

20세기에 들어서서 운송 수단이 발달하고 농업의 산업화가 이루어지면서 고기, 채소, 과일의 국제 교역량의 급증했다. 음식의 세계화가 이루어지면서 음식문화는 예기치 못한 도전에 직면했다. 바로 음식을 통한 질병의 전파이다. 1990년대 영국에서 광우병이 발생하면서 쇠고기가 주요 원인이라는 의학 보고서가 발표되었다. 그러나 처음에 이 견해는 무시당했으며, 위험을 경고한 과학자는 협박을 받고, 영국산 쇠고기가 안전하다고 주장하는 정치인은 텔레비전에 나와 영국산 쇠고기를 먹는 이벤트를 개최하기도 했다. 그러나 시간이 지나면서 쇠고기의 내장, 골, 뼈의 골수 등을 섞어 만든 햄버거의 패티를 먹은 사람들이 잇달아 사망했다는 뉴스가 보도되었다. 마거릿 대처의 보수당이 식품 규제를 없애면서 미친 양(羊)의 시체를 도살해 소의 사료로 사용한 것이 원인이라는 사실도 밝혀졌다. 그 후세계 각국에서 영국산 쇠고기의 수입이 금지되었다. 세계적 유통시장을 통해 거래되는 식품은 세계적 차원의 불안을 퍼트렸다. 얼마 후중국과 동남아시아에서 조류 인플루엔자(AI)가 닭고기 등 식품을 통해 전파된다는 보도가 동아시아뿐 아니라 세계적으로 커다란 공포를불러일으켰다.

　　독일 사회학자 울리히 벡은『위험사회』에서 현대 사회가 원자력, 방사선, 핵무기의 위험과 함께 식품의 위험에 직면했다고 지적했다(벡, 2006). 체르노빌 원전 사고와 기후 변화처럼 광우병은 전 세계사람들에게 가공할 공포를 불러일으켰다. 전문가의 주장은 의심을받았으며 과학적 탐구 자체에 대한 불신이 커졌다. 벡은 위험이 인간의 지각 범위를 벗어나고 산업의 논리 속에서 체계적으로 재생산되면서 현대 사회가 위험사회로 이행하고 있다고 주장했다. 농업혁명을 통해 비약적으로 농업 생산물이 증가했지만, 유전자 조작식품이 인류의 미래에 어떤 위험이 될지 아무도 알 수 없는 상황이 발생했다. 후쿠시마 원전 사고 이후 일본의 수산물에 대한 국제사회의 불안감도 매우 커졌다. 벡은 위험사회를 극복하기 위해 성찰적 현대화를 주장하면서 산업사회의 운영 원리를 성찰하고 새로운 사회를 구성해야 한다고 강조했다. 그는 투명한 정보 공개를 통한 정부와 기업의 신뢰 확보와 단순한 현대화를 뛰어넘는 성찰적 현대화의 필요성을 역설했다.

수입에 반대하는 대규모 시위가 발생하면서 식품 안전에 대한 대중적 관심이 커졌다. 광우병 오염이 의심되는 고기의 수입 허용은 외교적 쟁점이었는데, 이는 곧바로 국내의 정치적 갈등으로 비화되었다. 정당과 노동조합의 동원이 아니라 인터넷을 통해 자발적으로 모인 수많은 시민들과 학생들, 특히 수많은 고등학생들이 광화문 광장에 모여 촛불집회를 주도했다. 이 가운데 '소울 드레서(패션 미용 정보 공유 온라인 모임)'와 '쌍코 카페(쌍꺼풀과 코 성형수술 정보 공유 온라인 모임),' '화장발' 등 평소 정치적 시위에 나서지 않던 시민들이 대거 참여해 큰 관심을 끌었다. 음식은 일상생활과 관련이 크지만 오랫동안 비정치적 이슈로 간주되었는데, 촛불집회를 통해 정국을 뒤흔드는 폭풍의 핵심이 되었다. 음식에 대한 관심이 인터넷을 통한 소통 및 집단행동과 사회운동을 촉발하는 과정은 음식이 단순히 영양과 생물학적 주제가 아니라 사회적, 정치적 이슈가 될 수 있음을 보여 준다.

한국뿐 아니라 전 세계적으로 음식에 대한 관심과 우려가 커지면서 관련 문제가 공적 이슈로 부각되었다. 식품 첨가물, 착색제, 방부제, 합성조미료(MSG)뿐 아니라 유전자 조작 농산물(GMO)은 많은 사람을 불안하게 만들었다. 어린이에게 피부 질환, 성 조숙증, 정서 불안을 유발하는 것으로 알려진 과자, 사탕 등 다양한 음식에 대한 공포감도 커졌다. 1980년대 이후 전 세계적으로 탈규제와 기업의 자유로운 활동을 지지한 정부는 예기치 못한 비판에 직면하면서 식품 규제에 대한 새로운 대안을 모색해야 했다. 전 세계적으로 친환경 또는 유기농 식품에 대한 관심과 수요가 급증하면서 대안농업의 필요성도 대두되었다. 동물을 대량 사육하는 식품산업과 지구 환경을 위협하는 육식문화에 비판의 목소리가 커지면서 채식주의가 새로운 관심을 끌었다(리프킨, 2002).

소수의 지구적 식품 기업이 세계시장을 지배하는 현실에 대한 우려도 증가하고 있다. 개발도상국과 극빈국의 농민을 지원하는 공정무역과 선진 산업국가의 시민들이 주도한 윤리적 소비자운동도 커다란 관심을 끌고 있다. 식량 생산은 인류가 충분히 먹고도 남을 만큼 이루어짐에도 여전히 식량 부족으로 고통을 겪는 국가가 있다. 이러한 극빈국을 돕는 세계식량계획(WFP)이 중요한 활동을 하고 있지만, 아직도 극빈국에는 기아와 기근이 사라지지 않고 있다.[41] 나아가 기후 변화에 직면한 세계 사회에서는 사상 초유의 식량위기에 직면할 수 있다는 우려도 커지고 있다. 이런 점에서 음식은 지역적인 동시에 지구적인 문제라는 인식이 널리 퍼지고 있다. 지구적 위험사회에 대한 시민들의 성찰과 적극적 행동주의는 음식에 대한 새로운 관점을 제기한다.

---

41 1960년대 미국에서 시작된 푸드뱅크(Food Bank)는 기업의 식품 가운데 품질에는 이상이 없는데 단순한 포장의 손상 등으로 판매할 수 없는 식품을 기부받아 가난한 사람들에게 전달하는 운동이다. 푸드뱅크는 비영리조직으로 전 세계에 확산되었다. 한국에서는 1998년부터 보건복지부가 주관한 '한국 푸드뱅크'가 활동 중이다.

음식의 사회문화적 차원

메시코 작가 라우라 에스키벨의 『달콤 쌉싸름한 초콜릿』은 음식이 어떻게 사랑의 언어가 될 수 있는지에 대해 아름답게 묘사한다. 음식은 사회적 정체성의 중요한 요소이며, 『잃어버린 시간을 찾아서』의 작가 마르셀 프루스트의 마들렌처럼 소중한 추억을 떠올리게 만든다. 오늘날 혼밥의 시대가 도래하고 있지만, 음식은 여전히 인간의 소통에서 매우 중요한 수단이기 때문에 사회학의 중요한 관심 대상이다. 1990년대부터 음식의 사회학이 영미권 대학에서 새로운 강좌로 개설된 이래 세계적으로 많은 전문가들이 다양한 연구를 발표했다. 음식은 단순히 영양학적, 경제적 관점에서 이해될 수 있는 주제가 아니다. 음식에 대한 사회학적 관점은 음식의 의미와 상징에 대한 체계적 분석을 강조한다. 음식을 통해 사람들이 어떻게 개인의 정체성을 형성하는지, 사회적 지위를 획득하는지, 나아가 개인의 삶의 의미를 재구성하는지 깊이 이해하는 일은 문화사회학에서도 중요한 과제가 되고 있다.

음식 재료는 일정한 장소에서 식물로 재배되거나 동물로 사육되지만, 세계화 과정을 통해 세계적 이슈가 되고 있다(박상미, 2003). 중국의 차와 아프리카의 커피에서 아메리카의 감자와 카카오에 이르기까지 이제 모든 음식 재료는 지구적 차원에서 유통되고 소비되고 있다. 개별 국가와 특정 지역의 요리도 전 세계적으로 뒤섞이며 외식업은 지구적 산업이 되고 있다. 낭만적 사랑을 노래하는 유럽의 소설이 고대 페르시아의 전통적인 연시에서 비롯되었듯이, 중국 요리는 전 세계에 확산되어 외식산업의 대표적 사례가 되었다(구디, 2010). 이런 점에서 사랑과 마찬가지로 음식은 단순히 하나의 문명에만 머무르는

것이 아니라 상호관련성이 있는 존재로 바라보아야 한다. 음식문화
는 어느 한 문화에 의해 만들어진 것이 아니라 다양한 문화의 상호의
존성에 의해 지속적으로 변화한 것으로 보아야 한다. 지금 이 순간에
도 음식의 문화는 변화하는 중이다.

최근 음식은 영양학적, 생물학적 차원을 넘어 문화적, 윤리적,
정치적 차원에서도 새로운 주제가 되고 있다. 음식을 먹는 습관은 개
인의 선택에 의해 좌우되지만, 수많은 건강 정보, 요리 방법, 외식산
업의 광고, 국가의 권고에 의해 다양한 영향을 받는다. 유명 요리사
와 외식 사업가는 음식문화 트렌드에 커다란 영향을 미친다. 현대 사
회에서 식생활은 지속적으로 평가를 받고, 건강은 삶의 중요한 목표
가 된다. 미국 사회학자 데버러 럽턴은 몸을 통제하는 방식으로 먹기
습관을 규율하는 행위를 분석했다(럽턴, 2015). 규율은 단순히 외부의
힘에 의한 강제의 결과가 아니라 개인의 자유로운 선택에 의해 형성
되는 경우도 있다. 사람들은 전통적 음식만 지키는 것이 아니라 새로
운 음식문화를 창조한다. 전 세계적 차원의 유기농 열풍, 채식주의의
확산, 공정무역운동, 슬로푸드, 그리고 윤리적 소비주의가 대안적 음
식문화로 관심을 끌고 있다(싱어·메이슨, 2008). 불확실성과 성찰성의 시
대에서 음식의 의미는 지속적으로 변화하고 있다. 어떤 식품을 소비
할 것인지에 대한 대중의 관심이 커지는 시대에 음식의 사회학은 유
용한 지식을 제공할 수 있을 것이다. 브리야사바랭이 말한 대로 "영
혼이 있는 사람만이 먹을 줄 안다."

음식은 어떻게 문화적 의미를 갖는가?

음식에 따른 민족적 정체성은 어떻게 발생하는가?

고급 음식과 서민 음식은 어떻게 결정되는가?

글로벌 자본주의의 음식문화는 표준화되는가?

더 읽을거리

밥 애슐리·조안 홀로스·스티브 존스·벤 테일러, 2004, 『음식의 문화학』, 박형신·이혜경 옮김, 한울.

케네스 밴디너, 2004, 『그림으로 본 음식의 문화사』, 남경태 옮김, 예담.

앨런 비어즈워스·테레사 케일, 2010, 『메뉴의 사회학』, 박형신·정헌주 옮김, 한울.

주영하, 2013, 『식탁 위의 한국사』, 휴머니스트.

댄 주래프스키, 2014, 『음식의 언어』, 김병화 옮김, 어크로스.

해럴드 맥기, 2017, 『음식과 요리: 세상 모든 음식에 대한 과학적 지식과 요리의 비결』, 이희건 옮김, 이데아.

마빈 해리스, 2018, 『음식 문화의 수수께끼』, 서진영 옮김, 한길사.

10장

몸과 사회

술은 입으로 들어오고, 사랑은 눈으로 들어온다.

—윌리엄 버틀러 예이츠, 〈술 노래〉

미인은 스스로 탄생하는 것이 아니라 사회 속에서 만들어진다. 대한민국이 수립된 후 최초의 미인대회는 1949년 잡지 〈신태양〉이 개최한 '미스 대한 선발대회'이다. 사진 응모로 후보를 선발했다. 그러나 참가자가 너무 적었다. 기자들에게 미모가 있는 여자를 찾아오라는 지시가 떨어졌다. 다방 마담과 요정 직원으로 20명이 뽑혔다. 우승자로 명동의 다방 마담이었던 한 여성이 선발되었다. 그 후 '미스코리아'라는 이름으로 미인대회가 개최된 것은 1957년이다. 당시 〈한국일보〉가 개최한 미인대회의 참가 자격은 '18세에서 28세 사이 여성으로, 흥행단체 또는 접객업소에 종사한 일이 없는 미혼 여성'이었다. 미국을 본받아 원피스 수영복 심사도 포함되었다. 미스코리아 우승자는 미국에서 개최된 미스 유니버스 대회에 참가했다. 미인대회에 등장한 여성의 몸은 대중매체의 발전 및 사회문화적 구조의 변화와 밀접한 관련을 가지는 동시에 남자와 여자의 불평등한 권력관계를 적나라하게 보여 주는 역할을 수행했다.

지난 수십 년 동안 몸에 대한 사람들의 관심은 후기 산업사회의 변화와 밀접한 관련이 있었다. 특히 대중문화와 소비문화에서 몸의 이미지를 부각시키고 확산시키는 현상은 몸이 정치경제적 구조와 분리되면서 나타난 문화적 결과이다(터너, 2002: 99). 산업사회를 주도한 중공업과 육체노동자의 비중이 감소하고 서비스산업과 정신노동자와 감정노동자가 급증하면서 사람들의 몸에 대한 관심을 변화시켰다. 남성 노동자의 거칠고 억센 이미지 대신 부드럽고 세련된 이미지가 사람들의 눈길을 끌었다. 일하는 몸 대신 욕망을 느끼게 하는 몸이 더 중요해졌다. 여성의 경제 활동 증가와 결혼 연령의 지연, 혼전 동거, 이혼의 증가 등 가족구조의 변화는 여성의 몸에 대한 인식을 바꾸었다. 또한 피임 기구의 발달로 다양한 성적 파트너와 관계를 맺을 수 있게 되면서 대인관계의 성격이 변화했다. 무엇보다 대중매체, 홍보산업, 광고, 소비주의를 통해 전통적인 섹슈얼리티와 성적 매력의 기준이 변화되었다.

이런 문화적 변화는 쾌락주의, 나르시시즘, 상업주의, 소비주의의 등장과 밀접한 관련이 있다. 풍요로운 사회에서 개인은 즉각적, 물질적 쾌락을 추구하였고, 오락과 여가에 대한 관심이 급증하면서 몸을 제품처럼 소비하는 상업주의가 사람들의 의식을 바꾸었다(Falk, 1994). 이제 몸은 단순한 생물학적 신체가 아니라 사회적 지위를 보여 주고 미학적 기준을 충족시켜야 하는 소비의 대상이 되었다. 단순하게 건강한 이미지가 아니라 세련되고 아름다운 얼굴과 균형 있는 몸매, 젊어 보이는 피부를 가져야 한다. 화장품과 보기 좋은 헤어스타일, 멋진 옷으로는 충분하지 않다. 피트니스클럽에서 만들어진 근육, 성형외과에서 관리한 쌍꺼풀과 코, 피부과의 처방을 받은 매끈하고 하얀 피부는 구매의 대상이 되었다. 궁극적으로는 늙어 가는 몸은 거부되고, 인간의 몸은 신처럼 영원한 존재로 제조되고, 관리되고, 유지되어야만 한다. 젊고 아름다운 몸은 현대인의 삶의 목표가 되었다.

대니얼 벨은 『자본주의의 문화적 모순』에서 여가와 개성의 표현, 소비에 대한 관심이 커지면서 사람들은 몸을 하나의 프로젝트로 간주하기 시작했다고 지적했다(Bell, 1996). 몸이 문화를 표현하는 대상이 되면서 몸은 자신의 정체성과 사회적 소속을 보여 주는 지위의 상징이 되었다. 몸은 주체의 차원에서 욕망을 실현하는 장소가 되고,

쾌락을 실천하는 전략이 되고, 자신의 삶의 의미와 지향을 표현하는 수단이 되었다. 몸을 관리하는 실천은 건강을 정의하는 과학적 지식의 영향을 받으며, 특히 의학기술의 발전은 중요한 영향을 미친다(천선영, 2003). 가즈오 이시구로의 『나를 보내지 마』에서 볼 수 있듯이 몸은 재생 가능하고 영원히 사라지지 않는 뭔가로 변화할지 모른다. 기독교가 육체를 경멸하고 영혼의 불멸을 강조한 것과는 정반대로 오늘날 테크놀로지에 대한 숭배는 인간의 육체가 영원히 유지되는 포스트휴먼(posthuman)의 시대에 대한 기대로 이어지고 있다. 이런 점에서 몸의 연구는 역사학, 심리학, 문화연구 이외에 의료사회학과 과학사회학의 주요 주제가 되고 있다.

사회학에서 몸에 대한 학문적 관심은 1980년대 이후 급증했다. 오닐, 파커, 페더스톤, 터너 등 많은 사회학자들이 중요한 연구를 발표했으며, 1984년부터 『몸과 사회』라는 학술지가 출간되기도 했다. 오늘날 몸의 사회학은 사회학의 중요한 분야로 간주되고 있다. 많은 사회학자들은 몸을 관리하는 방법이 순수한 개인 차원의 선택에 따라 결정되는 것이 아니라 사회계급, 젠더, 세대의 차이에 따라 다르게 나타난다고 본다. 동시에 몸의 상징성은 시대와 사회의 조건에 따라 지속적으로 변화한다. 1950년대 인기를 끌었던 마릴린 먼로처럼 풍만한 몸매 대신 오늘날 케이트 모스와 지젤 번천과 같은 유명 모델과 배우들은 말라 보일 정도로 날씬한 몸매를 자랑한다. 1990년대에는 선탠을 한 얼굴과 근육질의 남성상이 부자의 상징이었지만, 햇볕으로 인하여 피부암이 생길 수 있다는 의사 경고가 있은 후에는 하얀 얼굴과 날씬한 몸매, 중성적이고 부드러운 용모가 인기를 끌고 있다. 오늘날 몸은 여성성과 남성성을 상징하는 중요한 요소일 뿐 아니라 개인의 정체성과 사회적 지위를 표현하는 수단이다. 몸의 체현에는 주관적 이해와 객관적 이해가 동시에 고려된다. 특히 여성의 몸은 단지 자신의 만족이나 아름다움의 갈망이 아니라, 남성의 욕망을 충족시키고 남성의 성적 환상의 기준에 따르고 있다는 주장은 많은 논쟁을 불러일으켰다.

　　여성운동과 페미니스트 이론가들은 여성의 몸이 근본적으로 가부장제 사회에서 남성의 욕망의 대상이 되고 있다고 비판했다. 그들은 멋진 몸이 곧 멋진 여자라는 등식이 미학의 원리가 되는 현실을 부정했다. 산업사회에서 여성이 경제 활동에 참여하고 교육 수준이 높아지면서 여성의 의식은 독립적이고 자신감이 있는 태도로 변화했다. 페미니스트 이론가들은 남성과 여성의 차이가 생물학적으로 결정되는 것이 아니라 사회문화적 의미로 구성된다고 주장했다. 여성의 몸과 아름다움에 대한 기준도 역사적 배경과 사회문화적 조건에 따라 달라질 수 있다고 본다. 페미니스트들은 여성의 몸을 성적 쾌락의 대상으로 보는 대중매체의 광고와 포르노그래피, 미인대회, 외모지상주의에 대해 적극적 비판을 주도했다.[42] 화장품, 패션 광고, 텔레비전 프로그램 진행자가 보여 주는 여성의 포르노적 이미지가 남성이 여성을 지배하는 가부장제를 강화한다고 지적했다. 최근에 등장한 남성사회학도 근육과 힘이 남성다움이라는 등식에 비판적인 태도를 보인다. 지난 수십 년 동안 여성운동과 페미니즘은 여성의 지위를 향상시키는 데 많은 기여를 했으나, 여성의 섹스, 섹슈얼리티, 아름다움의 기준에 대한 논쟁이 현재도 계속 진행되고 있다.

　　이 장에서는 몸에 대한 다양한 사회학적 논쟁을 살펴보고, 어

42　2000년 미국에서 〈뉴욕 타임스〉 칼럼니스트인 윌리엄 새파이어(William Safire)가 인종, 젠더, 민족에 이어 새로운 차별 요소로 '미모지상주의(lookism)'라는 용어를 사용했다. 외모가 개인의 우열을 결정한다고 간주하고 외모에 지나치게 집착하는 현상을 가리키는 말로, 외모차별주의라고 부르기도 한다.

떻게 사회의 변화가 몸의 아름다움에 대한 기준에 영향을 주었는지 평가할 것이다. 몸을 바라보는 사람들의 관점이 생물학적 본능이나 순수한 개인적 선택이 아니라 역사적 변화와 사회적 조건에 따라 어떻게 변화되는지 설명하려고 시도할 것이다. 산업사회가 등장한 이래 몸의 아름다움에 대한 기준은 계급, 젠더, 민족, 종족에 따라 차이가 존재했다. 하지만 최근 급속한 지구화가 이루어지고 디지털 대중매체가 확산되고 글로벌 차원의 몸에 대한 담론과 유행이 형성되면서 새로운 변화가 발생했다. 특히 글로벌 자본주의를 주도하는 자본과 기업의 논리는 인간의 몸을 상업주의, 소비주의, 쾌락주의를 위한 수단으로 간주하고, 지속적으로 몸을 관리하는 다양한 장치를 발전시켰다. 이에 따라 개인은 몸의 다양한 관리 방법을 자유시장에서 구매하면서 스스로 주체의 욕망을 실현한다고 믿는다. 몸은 지속적으로 새롭게 해석되며 상징적 가치를 가진 대상으로 만들어진다. 이 장에서는 몸의 재현과 상징 체계로서의 몸을 살펴보지만, 의학적 쟁점은 자세히 다루지 않았다. 건강, 질병, 노화 등에 관해 의료사회학에서 많은 논쟁이 제기되었지만, 아직 사회과학의 주류적 관심이 되지 못하는 상황을 고려했다. 대신 사회적 쟁점이 되는 여성의 육체적 아름다움과 성형수술, 미인대회에 대한 문제를 자세하게 다루었다. 먼저 역사적 차원에서 제기된 몸에 관한 사회학적 논쟁을 소개한다.

육체적 아름다움의 변화

독일 역사가 에두아르트 푹스(Eduard Fuchs)는 특정 시대의 육체적 아름다움은 항상 정치적으로 권력을 장악한 계급 또는 정치를 이끄는 이해관계에 부응해서 형성된다고 주장했다(푹스, 1986). 왕정 시대에는 빈둥거리며 생활할 수 있는 인간을 아름답게 묘사한 반면, 육체노동을 할 수 있는 몸은 모두 추한 것으로 간주하였다. 그러나 부르주아 시대가 등장하면서 새로운 육체적 아름다움이 강조되었다. 강한 의지와 아름다운 육체의 조화, 정력적인 눈빛, 강인해 보이는 몸짓, 고귀한 이상을 표현하는 태도가 이상적 아름다움으로 여겨졌다. 성적인 대상으로서의 몸도 단순한 쾌락의 대상이 되고, 어린아이 같은 미숙함과 순진함을 표현하던 미의 기준은 사라졌다. 완벽한 균형, 조각과 같은 우아함과 고귀함이 새로운 육체적 아름다움으로 간주되었다. 탁월한 쿠르베의 그림이나 위대한 로댕의 조각에서 나타나듯이, 남성의 경우에는 강인해 보이는 골격과 근육, 여성의 경우에는 아이를 낳는 골반과 젖을 먹이는 가슴의 아름다움이 두드러지게 강조되었다. 부르주아의 육체적 이상미는 영국에서 탄생하여 프랑스 혁명을 거쳐 승리하고, 자본주의가 전 세계로 확산되면서 절대적 기준이 되었다.

아리스토텔레스는 아름다움을 질서와 대칭과 명백함으로 정의했고, 키케로는 특정한 색깔의 매력과 연결된 손발의 특정한 대칭적 모양이라고 보았다. 그러나 자본주의의 발전이 가속되면서 여성의 몸은 남자의 쾌락을 위한 수단이나 사치품으로 전락했다. 여성의 아름다움은 남자의 성적 환상을 위해 지나치게 성적 매력에 의해 좌우되었으며, 육체적 쾌락을 위한 수단으로 변해 버렸다. 한마디로 여성의 몸은 남자를 위한 아름다운 살덩어리가 되었다. 여성은 몸에 비해 지나치게 큰 가슴, 잘록한 허리, 탄력 있게 튀어나온 엉덩이, 긴 다리와 단단한 허벅지, 조각처럼 보이는 몸매의 균형미를 갖추어야 했다(푹스, 1986: 25). 왜냐하면 부르주아지들은 자신들이 원하는 것을 뭐

든지 살 수 있는 돈을 가졌기 때문이다. 그들은 탐욕을 부끄러워하지 않았고 최대한 정욕을 채우고 성적 쾌락을 즐겼다. 그들의 화려한 사치와 방탕에는 끝이 없었다. 남성은 자신의 이상적 기준에 맞는 여성을 찾아 거액의 돈을 바쳤다. 에밀 졸라가 『나나』에서 묘사했듯이, 여성은 자신의 몸매를 과시하고 매혹적인 향기를 뿌려 남자를 유혹하는 창녀 기질을 발휘해야만 했다(푹스, 1986: 26). 매춘부들에게 섹시함은 직업상 필수적 조건이었고, 이들은 젊게 보이고, 아이를 잘 낳는 것처럼 보이는 것은 무엇이든지 했다. 두툼한 입술, 큰 눈, 붉은 뺨의 이미지는 립스틱, 아이섀도, 마스카라, 볼연지 산업의 기초가 되었다. 매춘부의 전유물이었던 머리 염색과 네일 컬러, 섹시한 속옷도 급속하게 확산되었다. 어제의 매춘부가 오늘의 매력녀가 되었다. 앵그르의 〈오달리스크〉에서 마네의 〈올랭피아〉와 피카소의 〈아비뇽의 처녀들〉에 이르기까지 위대한 화가의 그림에 나오는 여성은 매춘부와 같은 분위기를 풍겼다. 소설과 영화의 여자 주인공은 남자를 유혹하고 육체적 쾌락을 주는 특별한 재능을 가지거나, 치명적 매력으로 남자를 파멸로 이끌었다. 프로스페르 메리메의 『카르멘』에서 장뤼크 고다르의 〈비브르 사 비〉, 게리 마셜의 〈프리티 우먼〉에서 등장하는 여인은 바로 남성이 가진 환상을 표현한다.

현대적인 육체미에 대한 숭배는 개인의 욕망을 자극할 뿐 아니라 거대한 산업을 만들었다. 종교 신전에 서 있는 신과 영웅의 석상처럼 수많은 신문, 방송, 여성 잡지, 거리의 광고판에는 아름다운 육체를 가진 모델이 사진을 통해 전시된다. 아름다운 몸은 단지 바라보는 대상이 아니라 닮고 싶은 대상이 되고, 아름다운 몸을 가지려는 욕망을 가지도록 유혹하고, 설득하고, 강요한다(울프, 2016). 지난 수십 년 동안 남성의 몸을 가꾸기 위한 피트니스클럽과 스포츠 단체가 인

그림 10-1 앵그르의 〈오달리스크〉(1814)와 피카소의 〈아비뇽의 처녀들〉(1907)

기를 끌고, 여성의 몸을 이상적인 가슴, 풍만하고 성적 매력이 넘치는 골반으로 만들기 위한 성형수술이 커다란 유행이 되었다. 인류 역사상 이처럼 육체미에 관심을 가진 시대는 없었을 것이다. 가히 육체미의 대중화 또는 민주화라고 불릴 시대가 도래한 것이다. 남성의 좁은 어깨와 가는 팔과 다리는 부끄러운 것이 되었으며, 여성의 늘어진 가슴과 튀어나온 배는 수치스러운 것이 되었다. 남성의 근육을 만들고 여성의 가슴을 크게 만드는 광고는 대중매체에서 흔한 것이 되었다. 물론 이런 모든 일은 결국 기업과 상업적 병원에 막대한 수익을 안겨주었다. 대중매체의 시대에 자본과 첨단의학이 만나면서 이제 아름다움은 사고파는 거래의 대상이 되었다. 고대 그리스의 조각에 나오는 이상적으로 아름답고 완전한 육체를 가진 인간이 과연 존재하겠느냐는 질문은 이제 큰 의미를 가지지 않는다. 아름다운 인간은 이제 매일 만들어진다. 비너스와 아폴로는 태어나는 것이 아니라 만들어지는 것이다. 당연히 육체의 아름다움은 발견되는 것이 아니라 관리되는 것이다.

몸이 관리의 대상이 되면서, 이제 몸은 중요한 사회 제도에서 분리되어 독립적 기능을 수행한다. 몸은 부모의 유전을 재현하거나, 결혼 전략을 위한 수단이 되거나, 자녀를 재생산하기 위한 토대로만 간주되지 않는다. 『일리아드』의 헬레네처럼 폭력적 전쟁의 원인이 되거나, 한나라 궁녀 왕소군의 전설처럼 정략적 희생물이 되는 이야기에 몸이 등장하지는 않는다. 몸은 자본주의 소비문화의 논리에 따라 개인의 욕망이 표현되는 장소이자, 여가와 오락을 위한 도구이자, 상업주의의 중요한 표적이 된다. 무엇보다도 몸은 소비의 대상이 되고, 광고와 홍보산업에 이용되고, 현대적 개인 정체성의 중요한 요소가 되고 있다. 결국 소비하는 자아는 고프먼이 주장한 대로 연출하는 자아가 된다. 또한 몸이 전통적인 성적 기능에서 분리되면서 전통적인 이성애와 낭만적 사랑에 대한 관심 이외에 다양한 성적 취향과 동성애가 등장하는 데 영향을 주었다.

독일 사회학자 노르베르트 엘리아스는 『문명화 과정』에서 중세 유럽의 상류계급이 가진 예절의 역사를 분석하면서 몸의 역사적 과정을 설명했다(엘리아스, 1996). 중세 사람들은 코를 푸는 데 손가락을 사용했으며, 손수건은 17세기에야 상류층에 한해 사용되었다. 당시 여관에서는 동성이 침대를 함께 썼으며, 공중목욕탕에서 벌거벗고 있는 모습은 일상이었다. 시대와 나라에 따라 다르지만, 결혼식 하객이 신혼부부가 침대에 함께 눕도록 둘의 옷을 벗기는 관습도 있었다. 15세기 이후부터 점차 전통적 관습에 반대해서 예절을 옹호하는 현상이 발생했다. 엘리아스는 이 시기에 기존의 전사계급(기사)이 궁중사회로 재편되면서 새로운 귀족계급이 탄생하고, 궁전을 중심으로 사회 전체가 재편성되었다고 주장했다. 이어 신흥계급으로 부상한 부르주아가 상류계급과 경쟁하며 그들의 예절을 모방하려고 애쓰면서 예절은 사회 전체에 확산되었다. 엘리아스는 현대 국가의 형성 과정에서 폭력 수단의 집중, 행정, 세금의 관리 방식도 몸을 다루는 예절의 변화에 영향을 주었다고 보았다. 엘리아스의 생생한 예증은 몸을 바라보는 인간의 인식과 태도가 어떻게 미묘하게 달라졌는지 잘 보여 준다.

프랑스 철학자 미셸 푸코는 현대 사회가 몸을 어떻게 통제하는지에 대해 이해하기 위해 담론 분석을 시도한다. 그는 권력이 몸을 효과적으로 통제하는 사회의 출현에 관심을 가진다고 주장한다(푸코, 2016). 그에 따르면, 모든 사회에서 사람의 몸은 권력에 의해 통제되고 금지되며 조절되고 장려된다. 현대 사회에서는 감옥뿐만 아니라 군대, 학교, 병원, 공장, 회사 등의 모든 장소에서 몸을 효과적으로 통제하기 위해 일련의 기술이 활용된다. 권력은 거시적 정치 영역뿐 아니라 모든 일상생활의 영역에서 재생산되는데, 이는 미시적 기술로 작동한다. 푸코는 이를 '생체 권력'이라고 불렀다. 푸코는 훈육적 실천 대상으로서의 몸을 통제하는 여러 기술과 전술을 가리켜 규율이라고 불렀다. 규율적 권력이 동원하는 세 가지 주요 기법인 관찰, 규범적 판단, 검사의 방법은 모세혈관처럼 전 사회 영역을 관통하면서 사회 구성원들의 모든 것을 감시하고 규율하는 사회를 만든다. 나아가 인간의 정체성을 창출하는 장소가 바로 규율사회가 된다. 그러나 푸코의 주장은 현대적 규율을 지나치게 기술의 효과로 간주하여 개인의 경험과 실천을 부차적인 것으로 만드는 경향을 보인다. 이런 점에서 몸을 지배하는 권력의 훈육 효과에 대해 반대하고 저항할 수 있는 능력을 과소평가하는 경향을 보인다.

엘리아스와 푸코의 분석에서 볼 수 있듯이 몸은 개인이 스스로 관리하는 대상인 동시에 개인 외부의 힘에 의해 관리의 대상이 되기도 한다. 메를로퐁티의 몸 철학은 주체와 객체에 대한 문제를 다루는데, 육체가 정신을 통제하는 경우도 있고, 때로는 육체적인 것과 정신적인 것을 구분하기 어려운 경우도 발생한다. 몸은 이분법적으로 구분하기 어렵다. 현대 사회에서 표현되는 몸의 특징에 대해 설명하기 위해서는 개인과 사회가 어떻게 몸을 인식하고, 변형을 시도하고, 관리하려고 노력하는지 분석해야 한다. 현대 사회에서 개인의 신체적 특징은 스스로 자신을 인식하고, 다른 사람에게 자신을 표현하는 방식으로 중요하게 간주된다. 불확실성이 증가하는 한편 성찰성이 중요하게 고려되는 시대에서 몸은 개인이 스스로 변화시킬 수 있는 대상으로 간주된다.

개인은 시간과 장소에 맞는 옷을 골라 입어야 하고, 예절에 따라 몸을 표현하려고 노력한다. 미국 사회학자 다이애나 크레인은 시대에 따라 신분, 계급, 정체성을 표현하는 패션문화를 분석했다(크레인, 2004). 20세기 이후 패션산업이 부티크에서 거대 기업으로 이동하면서 계급 패션이 소비자 패션으로 전환하기 시작했다. 패션을 통한 정체성 표현이 부각되면서 수많은 패션문화가 탄생하고 사라졌다. 이 과정에서 패션모델이 새로운 역할 모델을 제시하면서 패션쇼와 패션 잡지의 광고는 여성의 몸을 상업적 대상으로 관리하기 시작했다.

몸을 관리하는 개인과 사회의 관계는 매우 미묘하며, 시간이 지나면서 지속적으로 변화한다. 오늘날 몸은 점점 더 자아 정체성의 표현 수단이 되고 있다. 개인은 운동을 통해 건강을 유지하고, 피부를 관리하여 젊게 보이도록 노력하고, 성형수술로 외모를 바꾸기도 한다. 폴란드 출신 영국 사회학자 지그문트 바우만은 혼돈스럽고 뒤죽박죽처럼 보이는 고도로 분화된 사회 체계가 자아의 형성에 미친 영향을 주의 깊게 관찰했다. 그는 탈현대성의 조건이 지배적인 사회에서 개인의 자아 정체성 형성은 어떤 평가 기준에도 구속되지 않고, 시간과 장소의 제한에서 벗어나고, 고정된 것이 없고 항상 액체처럼 변화한다고 주장했다(Bauman, 1991). 사람들은 자신의 정체성에 대한 불확실성에 직면하게 되고, 결국 자신의 정체성 형성에 유일한 가시적 매개물은 바로 몸이다. 포스트모던 사회에서 몸의 관리는 자아 정체성 형성에 매우 중요하다. 몸이 자아를 구성하는 과정에서 필수적 의미를 가지게 되면서 건강, 몸매, 노화, 피부와 같은 이슈에 대한 관심이 매우 커진다. 이러한 이슈는 지속적으로 불확실성, 성찰성, 자아 형성, 사회적 지위의 핵심적 문제가 된다.

많은 사회학자들은 현대 사회에서 몸이 자아의 '프로젝트'로 간주되고 있다고 본다(쉴링, 2011). 몸은 자연적 과정에서 탄생하지만, 문명화 과정을 거쳐서 변용되며, 자아 정체성과 사회적 지위를 표현하는 프로젝트로 작용한다. 몸이 기술의 지배를 받으면서 개인은 스스로 몸을 구성함으로써 자신의 감정적 욕구를 표현하고 욕망을 실현한다. 끝없는 건강, 운동, 젊음에 대한 새로운 신비화와 동경에 의해 노화와 죽음은 부인되고 거부된다. 이러한 관리 대상으로서의 몸은 현대 사회의 식이요법, 식품영양학, 공중보건학, 뷰티산업,

그림 10-2 지그문트 바우만

성형수술, 성적 매력의 강조, 재생산기술, 유전공학, 스포츠과학의 발달에 의해 더욱 체계적으로 통제된다. 살을 빼는 식이요법, 주름을 가리는 화장, 손톱에 바르는 매니큐어는 이제 몸의 인공적 개조로 보기도 어려울 정도이다. 미용수술로 쌍꺼풀을 만들고, 실리콘으로 가슴을 크게 하고, 필러와 리프팅과 같은 미용수술로 피부를 좋아 보이게 하는 수술은 물신화된 상품이 된다. 의학기술과 뷰티산업의 발전에 의해 몸은 원하는 대로 변화하고, 재구성되고, 재창조될 수 있다.

사람들은 사회에서 가치를 인정받기 위해 경쟁력 있는 '몸 자본'을 관리한다(김양선, 2014). 관리된 몸과 관리되지 않은 몸은 상이한 몸 자본을 갖는다. 몸 자본은 경제자본, 문화자본, 사회자본의 형태로 전환된다. 몸 자본은 더욱 복잡한 과정을 거쳐 신체적 매력의 중요한 요소가 된다. 영국 사회학자 캐서린 하킴(Catherine Hakim)은 아름다운 외모, 건강하고 섹시한 몸, 능수능란한 사교술과 유머, 패션스타일, 이성을 다루는 테크닉 등 사람을 매력적인 존재로 만드는 요인을 '매력자본(erotic capital)'이라고 설명한다(하킴, 2013). 매력자본은 연애, 사교 등 사적인 관계뿐 아니라 모든 사회적 관계망, 즉 직장, 정치, 공공 영역에서도 커다란 영향력을 발휘한다. 이런 점에서 몸은 미용성형 이외에 필라테스, 요가, 에티켓, 보디랭귀지, 패션, 얼굴 표정에 이르기까지 매력의 다양한 요소를 포함한 자기계발 프로젝트로 간주된다.

인간은 스스로 만든 몸의 프로젝트의 결과에 따라 자신의 자존감과 사회적 위치를 판단한다. 몸은 개인적 선택의 결과인 동시에 철저히 사회문화적 의미를 갖는다. 프로젝트로서의 몸은 개인의 정체성에 커다란 영향을 주며 삶을 바라보는 관점과 사회에서 살아가는 태도를 바꾸고 있다.

자아 프로젝트로서의 외모 가꾸기: 성형수술의 시대

부르디외는 인간이 문화적 취향의 위계질서를 통해 다른 사람과 차이를 만드는 행위로서의 '구별 짓기'를 분석했다(부르디외, 2005). 현대 사회에서 구별 짓기의 프로젝트는 인간의 몸을 통해 가장 극적으로 실현된다. 자신의 외모는 거울을 보지 않고는 거의 알 수 없지만, 외모를 가꾸는 작업이야말로 가장 중요한 일이다. 몸은 다양한 사회적 힘과 연관되어 발전하는 미완의 실체이며, 사회적 지위의 획득과 차별화의 중심 메커니즘으로 작동한다. 후기 산업사회와 포스트모던 문화의 시대에서 소비주의가 확산되면서 아름답고 젊은 몸이 동경과 숭배의 대상이 되었다. 진화생물학자들은 아름다운 얼굴과 매력적인 몸매를 건강과 출산 능력을 보여 주는 신호로 간주하고, 아름다움에 대한 숭배도 자연선택의 결과라고 해석한다. 그러나 현대 사회의 외모는 생물학적 욕구의 수준을 넘어 심리적, 사회적 차원의 동기에 의해 만들어지는 대상이 된다. 외모는 다른 사람과 구별되는 정체성을 표현하는 동시에 사회적 위계질서에서 자신의 위치를 표현하는 상징재이다. 또한 외모는 상당한 자본을 투입해야 하는 사업인 동시에 지속적으로 관리해야 하는 프로젝트이다(김고연주, 2010).

패션과 뷰티 산업은 외모를 통한 지위 경쟁에서 파생된 상업주의와 소비주의의 지배를 받으며, 개인에게 미모를 쇼핑할 수 있는 무한한 기회를 제공한다. 이런 점에서 외모는 불평등한 자원이 만든 문화적 결과이자 자신의 능력과 우월성을 보여 주는 사회적 매개체이다. 외모를 통해 위계화와 차별화가 발생한다. 궁극적으로 외모는 권력이다. 이 표현은 곧 외모가 다른 사람의 반대와 저항을 무력화시키는 강제력을 가질 수 있다는 의미이다. 2014년 세월호 참사가 벌어지던 날 청와대에서 미용시술을 한 박근혜 대통령의 사례는 권력 게임과 외모 게임의 관계를 극명하게 보여 준다. 지그문트 프로이트는 아름다워지기 위한 노력은 아름다워지기 위한 목적에서 억압된 충동의 완벽한 사례라고 보았다. 그는 지나치게 미를 가꾸는 것을 자아도취를 반영하는 것으로 보았고, 대개 여성의 문제라고 보았다. 자아도취는 수치심이나 존재에 대한 허무감을 가려 주는 감정의 외피라고 볼 수 있다. 그러나 프로이트는 외모가 어떻게 사회적 효용성을 갖는지, 타인에게 권력을 행사할 수 있는지, 사회적 차원에서 관리될 수 있는지 충분히 예측하지 못했다.

20세기 초 미국에서 미용수술이 등장한 이후, 이는 개인의 자원, 취향, 지위, 권력을 보여 주는 중요한 수단으로 변화하기 시작했다(하이켄, 2008). 처음에 미용수술이 의료 전문직의 권위를 손상시킨다고 경멸했던 의사들이, 생각을 바꾸어 미용수술이 기술의 의료적 필요뿐 아니라 소비자들의 꿈과 열망이었다는 점을 인정했다. 의사들은 사람들의 외모에 관한 열등 콤플렉스를 미용수술의 중요한 동기로 보았다. 환자들은 미용수술을 소비문화의 영역으로 생각했으며, 그중에서도 중요한 관심은 "팽팽한 얼굴, 커다란 가슴, 그리고 날씬한 허벅지"이었다. 전 세계적으로 전쟁 및 교통사고 부상과 기형을 치료하는 재건성형보다 미용성형이 더 돈벌이가 된다는 점은 중요한 의미를 가진다.

한국 사회의 뷰티산업에는 화장품, 헤어 디자인, 네일 아트, 피부 관리가 있지만, 가장 큰 관심을 끄는 사업은 단연 성형수술이다. 성형수술은 자아 형성 프로젝트로서 중요한 의미를 갖는다(임인숙, 2002). 국제미용성형외과학회(ISAPS)의 보고서에 따르면, 지난 수년간 인구수 대비 성형수술을 가장 많이 한 국가는 한국이다. 한국에 이어 중국, 미국에서도 성형수술이 많이 이루어졌는데, 대부분 빈부 격차와 남녀 격차가 가장 심한 사회이다. 불평등이 심한 브라질, 콜롬비아, 베네수엘라 등 남미 국가들에서 성형수술을 하는 사람이 많다. 미스 유니버스 미인대회에서 많은 우승자를 배출한 베네수엘라는 미인의 나라로 유명한 동시에 성형수술의 나라로도 유명하다. 성형수술의 높은 인기는 분명히 노동시장과 결혼시장의 위계질서 및 불평등과 밀접한 관련이 있다. 성형수술을 선택한 사람들은 외모가 취업과 결혼에 유리한 기회를 제공한다고 기대한다. 한편 자신의 외모로 인해 부당한 차별을 받을 수 있다고 두려워하며 성형외과를 통해 외모의 불평등을 해결할 수 있다고 기대한다. 성형수술은 단순히 의학기술의 문제가 아니라 명백하게 철학적, 사회학적, 심리학적 주제이다.

외모를 중시하는 사회에서 미용수술은 의료기술, 소비문화, 돈이 만나는 접점에서 확산된다. 미용수술은 개인의 열등 콤플렉스를 해결하는 심리적 효과를 가지는 한편, 다른 사람보다 나은 외모를 가지려 하는 사회적 효과를 가진다. 외모 경쟁이 가장 심각하게 발생

그림 10-3 한국의 성형외과

하는 곳은 결혼시장이다. 대부분의 남성은 여자친구나 배우자를 선택할 때 외모에 좌우되는 경향이 크다. 대부분의 여성이 남성의 경제적 능력을 중시하는 것과는 대조적이다. 남성과의 수입 차이가 클 때 여성은 더욱 성형수술을 해야 하는 압력을 받는다. 상위 10%의 부유한 남성을 만나기 위해서는 상위 10%의 외모를 가져야 하기 때문이다. 이런 점에서 외모의 기준은 상대적이며, 소득 불평등이 큰 사회일수록 성형수술을 선택하는 경향이 클 수밖에 없다(김윤태, 2017: 69). 한국의 결혼정보 회사에서 분류하는 회원 등급의 기준에도 남녀 간 차이가 있다. 남성은 학력, 재산에 의해 평가를 받지만, 여성의 경우에는 외모와 집안 배경이 가장 중요하다(남정욱, 2014). 이러한 서열 체계는 남성과 여성의 불평등을 재생산하는 기능을 수행한다. 결국 성형수술은 명백하게 사회적 산물이다.

　　1989년 바버라 크루거의 그림 〈당신의 몸은 전쟁터다(Your body is a battleground)〉는 낙태를 둘러싼 논쟁을 표현했지만, 오늘날 여성의 몸은 미인대회와 성형수술을 둘러싼 전쟁터가 되었다. 여성의 몸은 정교한 군사전략의 정복 대상이 된다. 경제 불황이 장기화되고 노동시장의 소득 격차가 커질수록 외모 경쟁은 더욱 격화된다. 의학기술과 뷰티산업이 발전하면서 외모 관리를 위해 지출하는 비용도 급증한다. 여성뿐만 아니라 남성의 화장품, 피부 관리, 성형수술을 위한 지출도 증가한다. 이러한 외모 경쟁의 결과는 외모의 서열화를 만든다. 최신 헤어스타일, 네일 아트, 피부 관리가 새로운 부의 상징이 되었다. 청담동에서는 여성의 쌍꺼풀과 코 수술에 이어 다양한 미용수술이 유행한다. 아도르노가 말한 대로 상품의 이데올로기는 상품 자체에서 나온다. 몸이 사회적 실천이 되면서 사람들은 자신의 몸을 사회생활에서 체면을 유지하고, 취향을 드러내고, 나아가 성적 매력을 과시하는 수단으로 간주한다. 이런 점에서 몸은 단순히 인간의 유전적으로 체현된 특성이거나, 생물학적으로 결정된 외부 환경이 아니라 누구나 스스로 실천을 통해 바꿀 수 있는 대상이 된다. 부모에게 물려받은 몸을 손대지 않고 그대로 두어야 한다는 전통적 관념이 사라지는 대신 몸은 지속적으로 관리되고, 태어날 때보다 더 나은 상태가 되어야 하고, 나아가서는 노화와 죽음에 맞설 수 있는 상태로 개선되어야 하는 대상이 된다.

사람들이 일상생활에서 실천의 대상으로 몸을 보는 현상은 부르디외의 아비투스 개념을 통해 이해할 수 있다. 사람들의 취향을 나타내는 행위 체계로서 아비투스는 미모 경쟁에서도 효과를 발휘한다. 어린 시절부터 대중매체와 광고를 통해 형성된 미모에 대한 관념과 이미지는 개인의 욕망을 창조하고, 자극하고, 촉진하며 개인의 일상생활에 큰 영향을 준다. 진 킬번(Jean Kilbourne)의 다큐멘터리 〈킬링 어스 소프틀리(Killing Us Softly)〉가 지적했듯이, 광고에서 보여 주는 여성성의 이미지는 몸은 날씬한데 가슴과 엉덩이만 크고, 야한 속옷 차림이거나 거의 알몸을 노출한 채 환하게 웃으며 성적 매력을 과장하여 표현한다. 이런 모습은 모델의 실제 모습이 아니다. 대부분 포토샵과 합성으로 조작된 이미지이다. 소비사회의 광고는 사람들에게 광고 모델의 몸을 모방하도록 부추기고, 만약 그렇지 못할 경우에 열등감과 죄책감에 빠지게 만든다. 여성의 몸에 관한 이미지는 사회적으로 형성되지만, 특히 화장품, 자동차, 아파트, 피트니스클럽 등 기업의 광고를 통해 만들어진다.

소비사회에서 몸은 사회적 실천을 통해 표현되는 일종의 자본이다. 성형수술이 단지 아름다움을 위한 본능이거나 개인의 취향에 따른 선택이라고 말하는 이는 현실의 변화에 대해 무지하거나 의도적으로 사실을 왜곡하는 사람이다. 한국의 신문, 방송, 인터넷을 통해 수많은 사람들은 성형수술을 권유하는 수많은 광고에 직면한다. '달라졌어요,' '한 번의 성형수술 평생을 좌우한다,' '칼 안 대는 성형수술,' '딸아, 걱정마라,' '싹 다 고쳤지~,' '인생을 업그레이드하세요' 등 수많은 광고 문구와 책 제목이 마을버스에서 지하철에 이르기까지 세상을 뒤덮고 있다. 성형수술은 명백하게 병원, 의료기술, 자본이 결합한 외모상업주의의 산물이다. 배우, 광고 모델, 방송인 등 유명인사들은 성형수술의 경험을 스스럼없이 말하고, 심지어 성형한 병원과 가격까지 공개적으로 드러내기도 한다. 미모 관리의 실천은 단순히 취향이나 아비투스의 차원이 아니라 신경 강박증이 된다. 성형수술은 사랑과 성공과 행복을 약속하는 '육체 담보 서브프라임모기지'가 되고, 누구나 '플라스틱 제국'의 거짓 복음의 광신도가 된다(에시그, 2014). 성형수술을 위해 막대한 돈을 지출하고, 성형 중독이 되거나 심지어 성형으로 큰 부작용을 입는 경우도 발생한다.

　　　남성의 몸에 대한 관심도 점차 증가하고 남성성의 평가도 몸을 통해 실현된다. 강하고 야성적인 남성성은 오랜 역사를 통해 형성되었지만, 후기 산업사회에서 남성의 몸은 새로운 변화를 경험한다. 두 차례의 세계대전을 거치면서 패권적 제국주의 남성성은 전쟁의 폐허에서 더 이상 힘을 되찾지 못했다. 정보기술의 발전으로 남성의 육체노동이 현저하게 줄어들고 수많은 남성들이 직장에서 해고되었다. 그 사회적 결과는 남성은 전업노동자, 여성은 전업주부라는 전통적 성별 노동분업의 약화이다. 미국 사회학자 존 베이넌(John Beynon)은 무기력해진 남성들이 남성성을 다시 회복하기 위해 스포츠에 커다란 관심을 가진다고 지적했다(베이넌, 2011). 남성의 재남성화, 제국주의적 남성성의 부활은 축구장과 야구장, 격투기 경기장에서 다시 시도할 수 있다. UFC(Ultimate Fighting Championship)나 K1의 높은 시청률은 근육을 가진 남성성의 신화를 보여 준다. 전쟁의 치열한 경쟁은 스포츠 경쟁으로 바뀌었고, 우람한 근육은 남성성의 상징으로 간주되었다. 할리우드 영화 〈람보〉의 실베스터 스탤론과 〈터미네이터〉의 아널드 슈워제네거가 커다란 인기를 얻었다. 근육을 관리하는 것은 남성성을 표현하는 동시에 인생을 적극적으로 살고 있음을 보여 주기도 한다.

1990년대 이후 근육질의 남성성은 새롭게 변화했다. 근육질이지만 섬세하기도 하고, 터프한 성격을 가지면서도 옷을 세련되게 입는 새로운 남성성이 출현했다. 브래드 피트와 레오나르도 디카프리오가 새로운 인기 배우가 되었다. 한국에서도 정우성과 송중기가 주목을 받는 남성상이 되었다. 전사와 신사의 이미지를 동시에 가져야 한다. 베이넌은 이런 변화의 배경에 패션산업과 뷰티산업의 이해관계가 작동하고 있다고 주장했다(베이넌, 2011). 1980년대 이후 남성을 위한 기성복 할인 매장이 전 세계로 확산되고, 새로운 남성성을 보여 주는 상품 광고와 마케팅이 대중매체를 통해 광범위하게 확산되었다. 남성의 균형 잡힌 몸매도 과거에 여성의 몸이 그런 것처럼 성적 매력을 표현하는 상업적 마케팅의 수단이 되었다. 남성의 몸으로 에로틱한 분위기를 표현하는 광고가 쏟아져 나왔다. 남성 화장품의 광고도 급증하면서 매출도 폭발적으로 상승했다.

한국에서도 새로운 남성 이미지는 광고시장에서 널리 발견할 수 있다. 강하면서도 부드럽고, 근육질이면서 섬세하고, 활동적이면서 지적인 이미지를 가진 남성 모델이 인기를 끌었다. 배우와 광고 모델뿐 아니라 대중매체에 등장하는 모든 사람이 새로운 남성성을 기준으로 평가를 받기 시작했다. 새로운 남성성은 소비주의 문화를 이끄는 중요한 요소가 되었고, 당연하게 남성의 외모 경쟁도 심화되기 시작했다. 결과적으로 남성의 화장품 매출은 전 세계에서 한국이 가장 높다. 피트니스클럽에서 몸매를 관리하고, 정기적으로 피부 관리를 하며, 성형수술을 하는 남성들의 수가 증가하고 있다. 이제 남성도 여성처럼 자신의 몸을 관리해야 한다.

몸 만들기 열풍은 복잡한 사회적 과정의 결과이다. 김양선은 이미지가 중시되는 시대, 몸을 관리하는 산업과 미디어의 이윤 창출 동기, 외모가 취업과 사회적 차별에 영향을 미치는 사회적 환경이 몸 만들기 열풍의 원인이라고 분석했다(김양선, 2014: 278~291). 성형수술과 뷰티산업을 비롯한 몸을 관리하는 기술은 자본의 논리에서 출발했지만, 사람들로 하여금 외모에 따른 사회 내 위계질서에서 더 높은 위치를 차지하려는 욕망을 갖게 했다. 개인적 차원에서 보면, 외모 경쟁은 외모의 서열화가 이루어진 사회에서 평등을 향한 열망을 실현하는 방법일 수 있다. 하지만 지나친 외모 경쟁은 결과적으로 외모를 통한 자원과 권력의 불평등을 재생산하는 메커니즘으로 작동한다. 사람들은 미용성형을 자기계발을 위한 선택과 소비로 생각하지만, 그것은 결국 의료기술과 시장의 논리에 따라 제약을 받는 불완전한 프로젝트에 그친다(태희원, 2012). 외모로 차별받는다고 화를 내는 사람들마저 외모로 인한 차별을 줄이거나 없애는 노력을 하는 대신 더 나은 외모를 추구한다면, 외모 서열화의 재생산은 더욱 공고해질 것이다. 특히 다양한 사회 활동의 공간에서 자신의 능력이나 실력으로 평가받지 않고 성형수술과 뷰티산업에 의해 관리된 외모로 보상이 결정된다면, 절차의 공정성과 사회정의가 실현되기 어려울 것이다. 그러나 아직도 많은 사람이 외모지상주의를 비판하면서도 남에게 뒤처지지 않기 위해서 스스로 외모지상주의에 편승한다. 외모에 관한 문화적 모순을 대표적으로 보여 주는 사례는 미인대회이다.

미인대회와 성의 상품화

오랜 역사에서 인간은 누구나 아름다움을 동경했다. 『일리아드』속 사과를 든 파리스의 심판에서 볼 수 있듯이 아름다움을 얻으려는 욕망에는 끝이 없다. 예로부터 아름다움이 뛰어난 여인은 세상 사람들로부터 많은 찬탄을 받았다. 아름다운 여인은 신의 은총을 받은 것으로 간주되고 주술적, 종교적 차원에서 숭배의 대상이 되기도 했다. 그러나 전통적 미인 숭배와 달리 오늘날 상업적 미인대회는 매우 현대적인 현상이고, 철저하게 남성의 지배와 자본의 논리에 의해 만들어진 것이다. 페미니스트들은 돈을 벌기 위해 여성의 몸을 상품으로 이용하는 자본의 논리가 결국 여성을 남성의 노리개로 만드는 족쇄가 되고 있다고 비판한다. 21세기의 '미투(Me Too)' 시대가 열리면서 낡은 유물이 된 미인대회는 끊임없는 비판의 대상이 되고 있다. 양성평등의 시대에 과연 여성 미인대회가 존재해야 하는지 진지하게 고민해야 한다는 목소리가 커졌다.

오늘날 전 세계에 널리 퍼진 상업적 미인대회는 철저하게 자본주의 경제의 부산물이다. 미인대회는 미국을 중심으로 한 자본주의 진영에서 등장했다. 본격적 미인대회는 1888년에 애덤 포어포프에 의해 개최되었다. 그가 서커스 사업가였다는 점은 흥미롭다. 진귀한 동물이나 곡예를 보여 주고 돈을 버는 서커스 사업가의 손에서 미인대회가 탄생한 것이다. 1만 달러의 상금이 걸린 예선전에 1만 1000명의 여성이 사진을 제출했다. 그러나 수익이 충분치 않아 곧 막을 내리는 운명에 처했다. 그 후 1921년 5월에야 최초의 현대적 미인대회가 세상에 등장했다. 애틀랜타에서 개최한 첫 번째 미스아메리카 대회에 돈을 투자한 사람은 애틀랜타 호텔 사장들이었다. 숙박업 사업가들은 미인대회를 관광사업의 기회로 활용하고자 했다. 이들은 여성에게 원피스 수영복을 입혀 무대에 세우는 이벤트를 고안했다. 그러나 많은 어려움에 부딪혔다. 우선 미인대회에 참가할 여성을 구하기가 어려웠다. 더 큰 문제는 대다수 관광객인 중산층에게는 수영복 심사가 지나치게 천박한 행사로 보였다. 당시 미국의 해변에서 원피스 수영복은 불법이었다. 그러나 애틀랜타 시장이 미인대회의 수영복 심사를 허용하자, 온 미국의 눈길이 미인대회에 쏠렸다. 여성단체들은 돈에 미친 남성들이 성적 매력을 착취한다며 수영복 심사를 비난했다. 그 후 비판은 끊이지 않았지만, 미스아메리카 대회는 수영복 심사를 유지했다. 지금도 미스월드, 미스유니버스, 미스인터내셔널, 미스어스 등 세계 4대 미인대회의 하이라이트는 수영복 심사이다.

한국에서 미인대회의 역사는 1949년으로 거슬러 올라가지만, 1972년 지상파 방송 중계가 시작되면서 미인대회에 대한 대중적 관심이 급증했다. 미스코리아 대회가 열리는 날 저녁에는 모든 국민이 텔레비전 앞에 앉았다. 미인대회는 170센티미터와 50킬로그램과 같은 키와 몸무게뿐 아니라 33, 24, 36처럼 가슴, 허리, 엉덩이 크기의 수치를 그대로 보여 주었다. 원피스 수영복 심사에서는 여성의 체형이 그대로 드러났고, 대부분 남성으로 이루어진 심사위원들은 여성의 몸매를 세심하게 바라보면서 평가지에 점수를 기록했다. 사회자는 미인대회에서 장래 희망이 무엇이냐, 특기가 무엇이냐 등 어린아이에게나 적합한 질문을 던지고, 교양이나 정치, 사회 문제에 대한 관심을 묻지는 않는다. 참가자들은 스스로를 이렇게 소개한다. "저의 장점은 운동으로 다져진 탄탄한 몸매입니다. 저만의 건강미를 보여 드리겠습니다." "저는 섹시함과 귀여움을 동시에 갖췄습니다. 예쁘게 봐 주세요." 무대 위에 오른 참가자들의 미모는 숫자로 평가되고, 우승자는 순위로 발표되고, 최종 서열에 따라 돈(상금)을 받는다. 이것이 미인대회의 핵심 운영 원리이다.

　한때 공중파 방송을 통해 세상의 관심을 끌었던 미스코리아 대회는 거센 비판을 받기 시작했다. 특히 1987년 민주화 이후 여성운동이 강화되고 양성평등의 관념이 확산되면서 여성의 상품화를 반대하는 목소리가 커졌다. 획일적 미의 기준 강요, 외모지상주의 조장, 여성의 상품화, 연예계 등용문으로의 전락 등의 각종 비판을 받았다. 1989년 〈여성신문〉은 미스코리아를 "알몸의 노예를 고르는 노예시장"이라고 비난했다. 1999년에는 미스코리아 지상파 중계를 반대하는 '안티 미스코리아 대회'가 개최되었다. 결국 2002년 미스코리아 대회가 공중파에서 퇴출당했다. 시대가 변하고 여성의 의식이 깨어나면서 미스코리아 대회는 손가락질을 받고 저속한 행사로 추락했다. 그러나 미스코리아 대회가 안방에서 쫓겨난 이후에도 전국에 각종 미인대회는 더욱 늘어났고 여성에 대한 노골적인 성적 상품화 현상은

그림 10-4　한국의 미인대회(1962년 미스코리아 선발대회)

계속 심화되었다. 여성의 교육 수준이 높아지고 대학 진학률이 남자와 동등해졌지만 여전히 미인대회가 유지되고 있다. 심지어 2018년 미스코리아 대회는 원피스 수영복에서 비키니 수영복 심사로 바뀌었다가, 다음 해에는 한복을 변형하여 노출이 심한 선정적 의상을 입고 나와 사회적 논란을 일으켰다. 그럼에도 불구하고 미인대회를 보고 싶어 하는 사람들의 욕망과 미인을 돈벌이에 이용하려는 재벌 대기업의 이익에 따라 미인대회는 좀비처럼 죽지 않고 있다. 심지어 미인대회가 전국적으로 확산되고 지방자치단체가 국민의 세금으로 재정 지원을 하는 경우도 있어 뜨거운 비난을 받았다(《한겨레》 2019. 7. 20.).

현대 자본주의가 발전하면서 미인을 뽑는 행사는 철저하게 자본의 논리와 결합되었다. 국제적 미인대회도 궁극적으로 상업적 이익을 중시한다. 미의 보편성에 대한 논란이 있지만, 전 세계 인종이 한 자리에 모여서 최고 미인을 뽑는 것은 글로벌 비즈니스가 되었다. 미스유니버스는 원래 수영복 회사의 후원을 받아 발전했는데, 1996년 부동산 재벌 도널드 트럼프가 미스유니버스 대회를 1000만 달러에 인수했다는 이야기는 유명하다. 트럼프는 수십 년 동안 NBC방송과 미스유니버스 공동 소유주가 되어 막대한 수익을 얻었다. 트럼프는 미인대회의 10대 참가자들이 알몸으로 옷을 갈아입는 장소에 들어갔다는 사실을 스스로 자랑처럼 밝혀 논란을 일으켰다. 한국에서도 미인대회 수상자들이 재벌가의 며느리가 되었다가 쫓겨나거나 재벌 3세의 정부로 추문을 일으키는 사례가 꼬리를 물었다. 에두아르도 파올로치(Eduardo Luigi Paolozzi)의 팝아트 〈나는 부유한 남자의 노리개였다〉에서 볼 수 있듯이, 돈이 미인을 얻을 수 있다는 시대의 진리를 보여 준 것이다.

한국의 미스코리아 대회는 화장품, 패션 등 뷰티산업을 선도

했다. 미스코리아 수상자들은 최고의 광고 모델이었다. 아모레퍼시픽, 애경 등 재벌 대기업은 미스코리아 대회 협찬에 끼어들었다. 보드리야르가 말했듯이 대기업은 막대한 부의 축적에만 만족하는 것이 아니라 유명세와 권력의 기호 작용도 통제하려고 한다. 겉으로는 미스코리아 대회가 재벌의 후원을 받는 것처럼 보이지만 실제로는 대부분 재벌의 노리개인데, 후원자와 미인대회의 관계는 고상한 의무의 관계라기보다 상업적 거래 —광고비 회수를 위한 수단— 의 관계이다. 미스코리아 대회는 연예인들의 등용문이기도 했지만, 미모가 소비 가능한 상품이 되면서 미스코리아 수상자들은 광고 모델로 활동하여 보통사람이 상상할 수 없는 거액을 벌기도 했다. 미스코리아 수상자들은 화장품뿐 아니라 아파트 광고에도 등장했다. 미인대회 출신 모델은 미용성형을 한 후 아파트 광고 모델이 되어 수억 원의 모델료를 받았다. 당시 재벌 대기업들이 시공한 아파트의 지나친 분양가로 논란이 일어나면서, 시민단체들은 서민에게 부담을 주는 지나친 광고비에 대해서도 강하게 비판했다. 사회적 책임을 고려하지 않은 채 고액 광고료를 받는 이기적이고 천박한 행위에 대한 부정적 여론이 확산되었다. 그 후로는 아파트 광고에 유명 배우나 미스코리아 출신 모델이 등장하는 사례가 현저히 줄어들었다.

자본주의 경제에서 광고의 효과는 엄청나기 때문에 기업은 광고 모델에게 막대한 모델료를 지급한다. 결과적으로 미모는 돈벌이 수단이 되었다. 이런 상황에서 미인은 시장을 통해 상품화되고, 미인이라는 의미는 불리한 시장 위치를 가진 사람들을 더욱 주변적 위치로 몰아넣는다. 미인대회의 상업화는 사회적 계층화를 조장할 뿐 아니라 경제적으로도 해악을 끼친다. 광고 모델에게 가는 막대한 돈은 결국 화장품과 아파트를 구매하는 중산층과 저소득층의 부담으로 고스란히 돌아간다. 또한 너무나 쉽게 거액의 돈을 번 모델과 연예인들은 아파트와 상가를 구매하고 불로소득을 추구하는데, 그들의 부동산 투기는 거품경제를 만들고 궁극적으로 지대와 임대료 상승에 악영향을 끼친다. 미모 물신화가 지배적 경향이 되는 상황에서 미인대회 후보들은 거액의 돈을 벌 기회를 잡기 위해서 불법적 행위도 서슴지 않았다. 1990년 미스코리아 대회에서는 〈한국일보〉 임원과 미용실 원장이 뇌물수수 혐의로 구속되었다. 1993년 미스코리아 대회 역시 뇌물의 결과로 드러났고, 관련 인물이 구속되었다. 이러한 부정부패가 드러나면서 미스코리아 대회는 비리의 온상이라는 비난을 받고 사회의 밑바닥으로 추락했다. 미인대회가 인간을 미덕에 둔감하게 만들고 타락으로 이끈다는 사실은 다양한 종류의 재벌의 노리개들에서 잘 발견할 수 있다.

미인대회의 심각한 해악은 아름다움의 기준을 획일화한다는 점이다. 자본주의가 돈을 절대적 기준으로 만든 것처럼 미인대회는 미모의 특정 기준을 절대화한다. 미스코리아 대회만큼 여성의 신체를 노골적으로 규격화하고, 여성을 바라보는 획일적인 기준을 제시하는 것은 없다. 미인대회는 서양식 기준인 큰 눈, 높은 코, 큰 가슴, 큰 키, 긴 다리를 강요한다. 서양식 기준이 지배하면서 비서양적 외모는 열등한 것으로 간주되고, 대다수 사람들은 서양식 기준을 따라잡기 위해 안간힘을 쓴다. 성형외과 의사들은 완벽한 수술을 위해 레오나르도 다빈치와 알브레히트 뒤러를 표준적 모델로 생각하지만, 한국에서 쌍꺼풀과 코 수술은 가장 인기 있는 성형수술이다. 서양 여자를 닮기 위한 가슴 성형수술도 불사한다. 유럽과 미국의 럭셔리 브랜드 상점이 즐비한 청담동에 성형외과 병원과 뷰티산업이 성행하는 것은 우연이라고 볼 수 없다. 서구중심주의, 또는 에드워드 사이드가 말한 오리엔탈리즘은 뷰티산업에서 적나라하게 드러난다. 두말할 필요 없이 '케이 뷰티(K-Beauty)'는 본질적으로 한국적 미가 아니다. 이는 미모를 상품화하고 상업적 이익을 노리는 거대한 산업의 논리에 의해 작동된다.

미인대회가 유발하는 부정적인 사회적 효과는 지나친 미모 경쟁을 부추긴다는 점이다. 노동시장 불평등이 지나친 학력 경쟁과 사교육비 지출을 유발하듯이, 미모의 계층화는 지나친 미모 경쟁과 성형수술을 강요한다. 다른 여자들보다 더 아름답게 보여 취업, 연애, 결혼시장에서 비교우위를 갖기 위한 끝없는 경쟁이 계속된다. 여성은 아무리 능력이 뛰어나도 아름다워지기 위해서 열심히 노력하지 않는다면 게으르거나 자기관리를 제대로 못하는 사람이라는 낙인이 찍힌다. 여성단체들의 항의로 결국 폐지된 텔레비전 프로그램 〈렛미인〉은 성형수술이 여성에게 인생을 역전시킬 수 있는 수단처럼 보이게 만들었다. 다양한 차원의 미모지상주의 이데올로기는 여성 스스로 자신의 몸을 서양이나 남자가 만든 기준에 맞추어 관리하도록 집요하게 설득하고 강요한다. 결국 미인대회는 여자를 남자보다 열등한, 또는 남자에 종속된 존재로 격하시키고 가부장제를 유지하는 문화적 효과를 가진다.

1968년 미국의 여성운동가들이 미스아메리카 대회 반대 시위를 벌인 것은 매우 상징적 의미가 가진다. 페미니스트 그룹 '뉴욕의 급진 여성들(New York Radical Women)'의 주도로 미스아메리카 대회가 열리는 애틀랜틱시티에 여성 400여 명이 모였다. 일부는 대회장에 들어가 '여성 해방' 깃발을 펼치고 '노 모어 미스아메리카(No More Miss America)'를 외쳤고, 이 장면이 생중계됐다. 성희롱과 성추행을 범죄로 간주하고 여성의 권리를 지키려는 21세기 미투 운동의 시대에도 미인대회를 비판하는 목소리는 더욱 커졌다. 나아가 미인대회가 조장한 미모지상주의와 성의 상품화에 저항하는 대중운동이 확산되었다. 2018년 한국에서 미투 운동이 폭발한 가운데 '탈코르셋 운동'의 바람도 거세게 불고 있다. 코르셋은 16세기 이래 프랑스 여성들이 허리가 날씬하고 엉덩이가 크게 보이도록 입었던 보정 속옷이다. 몸을 꽉 조이는 코르셋 때문에 숨지는 여성이 있을 정도로 엄청난 고통을 주는 족쇄였다. 오늘날 코르셋은 강요된 아름다움의 상징이 되었다. 탈코르셋 운동은 화장, 날씬한 몸매, 긴 머리, 예쁜 옷 입기 등 여성에게 강요하는 모든 미적 기준을 현대판 코르셋으로 규정하고 거부하려는 운동이다(제프리스, 2018). 이 운동에 동참하는 여성들은 외모에 대한 평가를 거부하고 화장, 성형수술, 피부 관리, 네일 아트, 예쁜 옷 고르기 등 과도한 '꾸밈 노동'을 하지 않겠다고 선언한다. 탈코르셋 운동은 사회를 지배하는 외모지상주의와 상업주의에 대한 비판의 출발점이 되고 있다.

최근 미인대회 수상자를 방송 프로그램, 광고에서 우대하는

그림 10-5 1970년대 미국의 여성운동

사회 풍조가 바뀌어야 한다는 목소리도 커지고 있다. 텔레비전 방송에서는 시청률 경쟁에만 매몰되어 아름답고 젊은 미인에게만 진행을 맡긴다. KBS, MBC에서 JTBC와 YTN에 이르기까지 여러 방송사에서 꼭 중년 남성과 젊은 여성이 방송 진행자로 텔레비전에 나와야 하는지 질문을 던지는 것은 사회에 대한 성찰을 보여 주는 기준이 될 것이다. 심지어 종편방송 진행자가 진한 화장을 하고 나와 짧은 치마를 입고 긴 다리의 속살을 보여 주는 것은 많은 여성들에게 모욕감을 준다는 분노를 불러일으켰다. 왜 여성은 자신의 능력 대신 몸을 드러내도록 강요당하는 것인지 반발하는 사람들이 늘고 있다. 하지만 평범한 외모를 가진 여성 또는 다양한 개성의 외모를 가진 여성이 방송에 나올 필요가 있다는 주장은 작은 목소리에 그치고 있다. 이제는 인종, 민족, 계층, 연령 등 사회의 다양성을 대중매체에 반영하듯이 외모의 다양성도 반영되는 규정이 마련되어야 한다는 주장에 귀를 기울일 필요가 있다.

외모의 상업화를 넘어서

프랑스 사회학자 에바 일루즈(Eva Illouz)는 외면적 아름다움과 내적 개성의 분열이 현대적 현상이라고 주장했다(일루즈, 2014). 심지어 섹시함도 아름다움에서 분리되고 있다. 오랫동안 서양에서나 동양에서나 아름다움은 외모만이 아니라 내면적 성격과 윤리적 이상이 함께 결합되어야 한다고 생각했다. 물론 오늘날 보통사람들이 아름다운 몸을 무시하고 정신적 특성만 강조하는 사도 바울이나 중세 가톨릭 신부의 교리로 돌아가는 것은 거의 불가능하다. 그러나 한국 사회는 이러한 조화로운 아름다움의 이상을 잃은 지 너무 오래다. 고대 그리스 시대에 사포는 아름다움이 선이라고 말했고, 18세기 영국 시인 존 키츠는 아름다움이 진리라고 말했지만, 오늘날에 아름다움은 돈이고, 성취이고, 권력이다. 포스트모던 관점은 아름다움을 상대적인 것으로 보고, 보는 눈과 문화에 따라 다르게 보인다고 말하지만, 오늘날 아름다움은 분명한 공식을 가지고 있다. 현시대의 아름다움은 명백하게 공장의 상품처럼 제조되고 있다.

클레오파트라와 양귀비의 전설과 마찬가지로 지금도 이 세상에서 가장 강력한 힘은 젊음과 아름다움이다. 그러나 상업적 목적으로 출발한 미인대회에서는 여성이 지나치게 외모로만 평가받고, 이는 남녀의 불평등한 권력관계를 강화하는 강력한 메커니즘으로 전락했다. 지난 100년 동안 미인대회가 사회에 영향을 미친 잘못된 이데올로기의 뿌리는 너무나 깊다. 1970년대에 원더 우먼을 연기한 미국 배우 린다 카터는 이렇게 말했다. "나는 미인대회에 동의하지 않는다. 나도 한 번 참여한 적이 있다. 나는 '원더 우먼'이 되는 것은 당혹스럽지 않았지만, 비키니를 입고 무대 위를 걸어가는 미인대회는 당혹스러웠다. 그것은 우스꽝스럽고, 멍청한 짓이고, 모욕적이다."

미인대회는 근본적으로 남자가 만든 기준에 따른 외모를 가진 여성에게 상을 주는 행사이다. 여성을 능력과 재능이 아니라 외모로만 평가하고, 여성의 성적 매력을 상품화하는 사회에서 여성의 인권은 쓰레기장에서 장미를 찾는 것만큼 어려운 일이다. 또한 미인대회는 아름다움의 경연장이 아니라 자본의 논리와 성형외과 병원과 화장품 회사 등 뷰티산업의 조작에 얼룩진 걸레가 되었다. 미인대회가 수영복 심사를 폐지하고 참가자들에게 시사문제에 대한 의견을 물어도 그 본질은 바뀌지 않는다. 몸의 상업화가 존재하는 한 양성 평등이 존재할 수 없다는 지적은 의미심장하다.

한국 영화 〈미녀는 괴로워〉는 성형수술로 미인이 된 여자의 삶의 변화를 보여 준다. 성형수술은 단지 외모를 바꾸는 것이 아니라 개인의 사회적 지위도 바꾼다. 스스로 필요하다고 판단하는 경우 누구나 미용수술을 할 권리는 갖고 있지만, 미용수술이 자신의 모든 것을 바꿀 수는 없다. 몸에 보형물을 넣고, 주기적으로 얼굴 리프팅, 필러, 보톡스로 피부를 관리하고, 호텔 피트니스클럽에서 몸을 관리하는 사람들은 아름다운 겉치레와 달리 내면에서는 역겨운 악취가 나는 경우가 있다. 고급 골프장에서 기업의 향응을 받고, 해외 여행에 동반하고, 재벌의 별장에서 은밀한 접대를 받는 행위도 부끄러워하지 않을 정도로 몸과 영혼이 타락한 경우도 있다. 다른 사람이 바라보는 것을 의식하여 인위적이고, 과장되고, 속이고, 계산된, 자기만족적인, 부자연스러운 일체의 행위는 인간이 스스로 자유로운 존재가 아니라 타인에 의해 예속된 존재라는 것을 보여 준다. 결국 기술로 관리된 몸은 자신의 소유물이 아니라 부자의 노리개가 되고 말 것이다.

아름다움은 인공적으로 완성되는 것이 아니라 자신의 진실한 모습에서 빛을 발하는 것이다. 화장을 통해 아름답게 보일 수 있지만 화장을 지운 얼굴을 아무에게도 보여 주지 않고 살아간다면, 자신조차 속이는 것이다. 습관적인 미용성형은 자신뿐 아니라 모든 사람을 속이는 것이다. 기만이 결코 영혼의 아름다움을 만들지는 못한다. 이제 몸의 아름다움의 기준도 새롭게 정의되어야 한다. 아름다움의 기준도 다양할 수 있다. 큰 눈, 높은 코, 큰 가슴과 엉덩이, 긴 다리 등 신체 규격만이 아니라 지적, 문화적 소양과 사회적 책임을 갖춘 미인이 나올 수 있는 교육과 문화적 환경을 만드는 일이 중요한 의미를 가진다. 배우 오드리 헵번은 "여성의 아름다움은 얼굴에만 있는 것이 아니라, 진정한 아름다움은 영혼에서 나타난다"라고 말했다. 여성의 가치가 외적 미모만으로 평가되는 한, 남성과 여성의 가치가 동등하게 취급될 수 없다. 남성이 지배하는 세상에서 아름다운 여성과 아름답지 않은 여성을 구분하는 것은 철저하게 남성들이 만든 지배 이데올로기일 뿐이다. 양성 평등의 시대를 위해서는 미에 대한 새로운 정의가 필요하다.

토론 주제

육체적 아름다움의 기준은 어떻게 변화하는가?

몸은 사회의 변화와 어떤 관련을 가지는가?

권력과 몸의 관계를 논하라.

한국 사회에서 미용성형이 유행하는 이유는 무엇인가?

미스코리아 선발대회가 성의 상품화를 조장한다는 논리에 대해 평가하라.

더 읽을거리

진 킬번, 1979, 다큐멘터리 〈Killing Us Softly〉.

샌더 L. 길먼, 2003, 『성형수술의 문화사』, 곽재은 옮김, 이소출판사.

데버러 L. 로드, 2011, 『아름다움이란 이름의 편견』, 권기대 옮김, 베가북스.

이영아, 2011, 『예쁜 여자 만들기』, 푸른역사.

크리스 쉴링, 2011, 『몸의 사회학』, 임인숙 옮김, 나남.

한병철, 2016, 『아름다움의 구원』, 이재영 옮김, 문학과지성사.

정치와 문화

규율 장치들이 도처에 존재함으로써 지탱되고 모든 감금 장치에
의존하는 규범화 권력은 우리 사회의 중요한 기능 중 하나가 되
었다.

—미셸 푸코, 『감시와 처벌』

2016년 촛불집회가 폭발했을 때 광화문에서 열린 행사는 '촛불 문화제'였다. 안치환, 양희은, 정태춘의 노래가 울려 퍼지는 문화 축제를 개최하고 정치적 시위를 벌인다는 것은 문화와 정치의 특별한 만남을 상징적으로 보여 준다. 시위의 구호와 함께 기타를 든 가수의 노랫소리가 울려 퍼지는 일은 2008년 광우병 촛불집회에서도 등장한 바 있다. 더 멀리 거슬러 올라가면 1963년 '워싱턴 행진'에서 흑인 민권운동을 상징하는 마틴 루서 킹 목사의 연설에 이어 밥 딜런와 존 바에즈의 노래가 기타 연주와 함께 사람들의 가슴을 울렸다. 이제 정치적 구호와 노랫소리의 만남은 전혀 어색하지 않다. 선거운동도 문화공연과 비슷해지고 있으며, 문화적 상징을 활용한 정치 광고가 늘어나고, 문화와 연결되지 않은 정치는 거의 존재하지 않는다. 여성운동과 환경운동이 이끄는 신사회운동도 새로운 문화의 출현을 표현하고, 일상생활을 정치적 메시지로 전달하고, 문화투쟁을 통해 정치적 행동에 나선다. 많은 사회학자들이 문화와 정치의 관계에 대한 연구를 발표하는 시기도 바로 이때부터이다.

　　문화와 정치의 관계에 대한 학문적 관심의 폭발은 1968년 학생운동과 신좌파운동의 등장과 밀접한 관련이 있다. 전 세계를 뒤흔든 '68혁명'은 기성사회에 대한 전면적 도전을 시도했으며, 정치적 급진주의와 문화적 다원주의의 결합을 추구했다. 마오쩌둥과 게바라의 사진을 앞세운 학생혁명은 자본주의와 공산주의를 비판하는 동시에 로큰롤, 마약, 자유연애, 혼전 동거, 동성애로 상징되는 대안적 생활 방식을 추구했다. 모든 개인적인 것은 정치적인 것으로 해석되었으며, 사회혁명보다 개인혁명을 더 앞세웠다. 혁명적 열기는 정치와 경제 체제의 전환보다 문화혁명을 추구했다. 미국에서 히피(hippie)로 상징되는 새로운 반문화는 기성 세대에 강한 충격을 주었다. 긴 머리, 청바지, 로큰롤, 마리화나는 저항과 젊은이의 상징이 되었다. 한편 1960년대 중국에서는 붉은색 마오쩌둥 어록을 손에 든 학생들이 주도하는 '문화대혁명'이 폭발하면서 중국 사회를 거대한 정치적 소용돌이에 빠지게 했다. 엘리자베스의 시대에 셰익스피어가 글로브 극장에서 〈리처드 2세〉를 상연하는 것이 정치적 의도로 보인 것처럼, 마오쩌둥의 시대에 베이징에서 상연된 우한의 연극 〈해서파관〉은 문화대혁명 5인조의 등장에 직면했다.

　　서구의 68혁명과 중국의 문화대혁명은 문화와 정치의 거대한 융합을 만들었으며, 그 후 문화의 정치화에 대한 지적 관심이 급증하기 시작했다. 문학과 미학에 대한 정치적 해석이 새로운 논쟁을 이끌었고, 모든 문화는 정치적인 것으로 간주되었다. 1990년대를 거치면서 사회학에서도 '문화적 전환(cultural turn)'이라고 불릴 만큼 문화에 대한 관심이 폭발했다. 대중문화, 예술, 미디어, 젠더, 몸, 섹슈얼리티, 정체성 등 다양한 주제가 문화사회학 연구에 커다란 영향을 미쳤다. 미국 사회학자 제프리 알렉산더를 비롯한 다양한 연구는 문화의 재발견이라고 정의할 수 있을 정도로 문화연구에 대한 관심을 확대했다. 이들의 연구는 전통적인 탈콧 파슨스의 기능주의 패러다임을 뛰어넘어 문화의 자율적 역할을 탐구하는 동시에 학제적 연구를 활용하여 문화적 분석의 영역을 확대하는 데 큰 기여를 했다.

　　그러나 사회학에서 문화와 정치의 관계에 대한 관심이 완전히 새로운 것은 아니다. 1960년대 이후 영국 버밍엄 대학의 현대문화연구소가 문화연구를 체계적으로 발전시키면서 다양한 성과가 발표되었다. 스튜어트 홀, 폴 윌리스, 딕 헵디지, 리처드 존슨, 안젤라 맥로비 등 문화연구자들의 텍스트와 맥락, 수용자, 민속지학, 이데올로기에 대한 연구는 문화의 정치적 성격을 이해하는 데 도움을 주었다. 대표적으로 스튜어트 홀은 그람시의 헤게모니 개념을 활용하여 영국 정치와 문화의 역동적 변화에 대한 체계적인 설명을 시도했다(홀, 2007). 그에 따르면, 1979년 마거릿 대처의 집권은 단순한 정권 교체가 아니라 새로운 문화와 이데올로기를 통해 사회의 급진적 재구성을 추구하는 정치적 프로젝트의 출발이다. 대처가 추진한 경제자유화, 공기업의 매각, 금융시장의 빅뱅, 탈규제, 감세, 복지 축소는 단순한 정책의 변화가 아니라 신자유주의 또는 신보수주의라는 거대한 문화적 변동을 수반했다. 스튜어트 홀은 이러한 변화를 '대처주의'라고 정의하며, 모든 문화적 변동은 필연적으로 권력과 관련을 가진다고 날카롭게 지적했다.

1980년대 이후 급속하게 확산된 포스트모더니즘의 문화 역시 자본주의의 변화와 밀접한 관련을 가진다. 포스트모더니즘은 유연전문화의 확산, 사회의 파편화, 계급 정체성의 약화, 계급정치의 소멸을 주장한다. 여기서는 이성과 합리성을 강조한 계몽주의의 유산인 자유주의와 사회주의라는 현대적 정치 프로젝트가 사실상 수명을 다했다고 본다. 포스트모더니즘은 모든 해석, 생활 방식, 가치 등의 차이에 대한 상대주의를 강조한다. 진정한 자아라는 존재를 부정하는 대신 넓은 사회와 개인의 존재 안에서 차이와 더불어 살며 충실성과 도덕성 등 제한적인 개념을 버리고 쾌락을 선택함으로써 의미에 대한 불안감을 떨쳐 버리고자 한다. 또한 실제적인 의미를 찾으려는 사람들에 대한 적대감을 보이기도 한다. 포스트모더니즘은 계몽주의에 대한 가장 급진적 비판에서 출발했지만, 결과적으로 기존 질서를 그대로 유지하거나 반동적 주장을 그대로 수용하는 경향을 보였다.

미국의 기능주의적 문화사회학과 포스트모더니즘 이론은 문화에서 정치의 역할을 축소하거나 배제한다. 자율적인 문화구조, 언어의 놀이 또는 이미지의 시뮬라시옹이 독자적인 역할을 수행하는 것으로 간주되기도 한다. 그러나 여전히 문화는 정치와 밀접한 관련을 가진다. 모든 문화의 형성은 정치적 성격을 가지며, 언어와 이미지도 복잡한 정치적 과정을 통해 표현된다. 문화의 다양한 유형은 단지 개인의 선호와 취향으로 결정되거나 시장에서의 공급과 소비로 좌우되는 것이 아니라 다양한 정치적 과정을 통해 형성되고 유지된다. 이러한 과정에는 국가, 기업, 미디어, 문화산업, 예술가, 유명 인사 등이 광범위하게 관여하면서 상이한 이해관계와 전략이 충돌하고 서로 결합된다. 이런 점에서 현대 문화의 형성은 많은 경우 정치적 프로젝트로 기획되며, 정치적 역학관계에 따라 문화적 내용과 형식이 결정된다.

현대 사회에서 '문화정치(cultural politics)'라는 개념은 문화와 정치가 명백하게 분리될 수 없는 현실을 표현한다. 문화정치는 사람의 태도, 견해, 신념, 관점, 미디어나 예술로 표현되는 문화가 사회와 정치적 견해를 형성하고, 사회경제적, 법률적 실재를 만드는 모든 과정을 가리킨다. 예를 들어 안희정 충남도지사의 성폭력 행위는 개인의 일탈 행위로 그친 것이 아니라 젠더 불평등에 대한 대중의 관심을 촉발하고, 미투 운동을 확산시키고, '성 인지 감수성'이라는 개념이 재판부의 판결문에 등장하는 현실을 초래했다. 현대 사회에서 문화와 정치를 분리하여 설명하는 것은 사실상 불가능하다. 한 사회의 지식, 담론, 이데올로기, 도덕, 규범과 마찬가지로 다양한 예술과 대중문화도 정치와 권력의 관계 속에서 생산되고, 유통되고, 소비된다. 군주와 교회에서 정부와 기업에 이르기까지 사회의 지배 세력은 예술과 대중문화를 지배하고, 통제하고, 활용하려고 시도한다. 예술과 대중문화가 정치에서 독립해야 한다는 주장이야말로 정치적인 주장이다. 그런 주장이야말로 사회의 기득권을 암묵적으로, 때로는 공공연하게 인정하는 것이기 때문이다. 어떤 예술과 대중문화도 정치권력에 순응하거나 저항하는 과정에서 스스로의 모습을 드러낼 수밖에 없다. 문화는 정치권력에 협력하기도 하고 갈등을 일으키기도 하지만, 정치권력과 완전히 동떨어져 존재하는 것은 불가능하다. 결국 문화의 모든 과정에서 정치는 필수적이다. 이러한 관점에서 이 장에서는 문화와 정치의 관계를 설명하는 다양한 이론적 논의를 평가하고 다양한 사회학적 분석을 살펴볼 것이다.

헤게모니, 이데올로기, 문화

문화와 정치의 관계를 설명하기 위해 그람시의 헤게모니 개념이 널리 활용된다. 헤게모니 개념은 원래 러시아 혁명가 플레하노프가 사용한 용어이다. 레닌은 헤게모니를 노동자계급의 혁명 전략의 차원에서 보았지만, 그람시는 계급관계를 비롯한 일반적인 권력관계를 분석하기 위한 개념과 전반적인 역사적 이행을 이해하는 개념으로 제시했다. 그람시에 따르면, 헤게모니는 물리력에 의한 지배력과 달리 피지배계급의 동의를 전제로 한다. 국가 기구, 학교, 미디어, 교회 등을 통해 창조되는 헤게모니는 자본주의 사회의 위계질서를 유지하는 핵심 수단이다.

그람시의 주장은 경제를 가장 우선시하는 당대의 마르크스주의와 매우 달랐다. 그람시에 따르면 이데올로기, 정치, 도덕 등 상부구조는 경제적 토대를 그대로 반영하는 것이 아니라 일정한 자율성을 가진다. 역사는 인간 외부의 객관적 힘, 관계, 구조에 의해 결정되는 것이 아니라 인간의 투쟁과 노력에 의해 만들어지기 때문이다. 당연하게도 사회혁명은 자본주의 위기에 따른 필연적 결과가 아니다. 이런 점에서 그람시의 이론은 20세기 초반의 속류 마르크스주의 또는 경제결정론과 충돌한다. 그람시는 시민사회를 국가의 통제를 받는 부속물로 볼 수 없다고 보았다. 시민사회는 사람들의 동의를 만들고, 개인의 가치와 태도에 영향을 미치고, 다양한 담론을 제공한다. 시민사회에는 지배계급과 피지배계급이 존재하는데, 지배계급이 지적, 도덕적 헤게모니를 확보하여 자체 이익에 필요한 이데올로기를 창조하고 유지한다.

역사적으로 한 사회의 이데올로기는 사회에서 권력, 부, 지식을 많이 가진 영향력이 큰 사람들에 의해 만들어진다. 지배계급은 피지배계급을 설득하기 위해 경제적 특권을 공동선을 위한 것으로 정당화하는 다양한 상징, 언어, 신화, 담론을 생산한다. 전통적 농경사회는 종교의 권위, 순응과 순종, 근검과 절약, 공동체 윤리를 강조한데 비해, 현대 자본주의 사회에서는 물질적 성공에 대한 선망, 더 많은 부를 획득하려는 도전정신, 능력에 따른 보상의 차이, 소비주의, 개인의 선택과 자유를 강조하는 문화와 이데올로기가 중요하게 간주되었다. 지배계급의 권력은 피지배계급의 저항에도 불구하고 이데올로기를 유지하는 능력을 발휘한다. 이 과정에서 이데올로기가 사회의 모든 성원이 자발적으로 동의하고 복종하도록 직접적, 간접적 수단을 통해 지속적으로 설득하고 지배의 구조를 형성한다. 지배계급은 권위의 위계질서와 불평등한 자원 배분을 정당화한다. 자본주의 사회의 지배계급은 경제적 자원과 자본의 형성뿐 아니라 언론, 대학, 정당에 중요한 영향을 미치고, 대중적 신념, 학술적 담론, 정치적 이데올로기를 재생산하며 사회적 관계와 법률적 관계를 구축한다. 이러한 이데올로기는 사회적 관계를 구성하는 모든 요소와 상호 교차하며 작용한다. 이를 통해 사회에 영향을 주는 정책을 결정하는 사회 체계 내부에서 일관성이 있는 가치와 신념 체계가 권위를 유지한다 (김윤태, 2017).

그람시는 헤게모니를 절대적인 힘을 가진 것으로 보지는 않았다. 사회에서 모든 지배에 반대하는 저항이 존재하듯이 지배 이데올로기에 대응하는 저항 이데올로기가 형성될 수 있다. 지배 이데올로기는 반증할 수 있는 증거에 의해 허위가 폭로되기도 하고, 대안적 담론의 도전을 받기도 하고, 대중의 저항에 직면할 수도 있다. 결국 사회의 지배 세력은 지속적으로 대중의 사고와 행동에 영향을 미치는 지배의 구조를 강화하면서 강제와 동의를 동시에 추구할 수밖에 없다. 그람시에 따르면, 헤게모니의 변화 과정은 매우 복잡하다. 한 사회에서 정치적 수준부터 도덕적, 지적 수준까지 통합하여 공통의 집단의지를 창출하는 '역사적 지배 블록'이 형성되지만, 반드시 고정되거나 불변의 상태에 머무르는 것은 아니다. 그람시가 강조한 '변형주의'는 지배 세력이 동맹 세력의 능동적 요소뿐 아니라 적대 세력의 요소도 점진적으로 흡수하고, 반대를 무력화시키는 과정을 가리킨다. 수동적 동의를 통해 궁극적으로는 기존 지배 질서의 유지를 추구하고 '확장적 헤게모니'를 실현한다. 이는 진정으로 다양한 계급의 동맹, 융합의 범위를 확대하여 궁극적으로 민족적, 민중적 의지가 되는 헤게모니를 가리킨다.

그람시가 제시한 '수동 혁명'의 개념은 민중적 저항에 의해 위기에 처하게 된 지배 세력이 위기를 극복하기 위하여 지배의 혁신을 추구하는 과정을 가리킨다. 수동 혁명의 대표적 사례는 20세기 전반기에 등장했다. 1920년대를 거치며 서구 사회에서 노동자계급의 혁명운동은 거의 실패했으며 자본주의의 지배는 더욱 공고해졌다. 미국의 뉴딜과 독일의 파시즘은 자본주의를 재구조화하려는 정치적 기획으로 등장했으며, 대중을 설득하기 위한 광범한 문화적 헤게모니를 구축하려고 시도했다. 이 과정에서 라디오, 영화, 음악 등 다양한 매체가 동원되었고 문화 과정에서 정치적 성격이 강화되었다. 독일 감독 레니 리펜슈탈(Leni Riefenstahl)의 〈의지의 승리〉와 〈올림피아〉는 파시즘을 홍보하는 영화로 유명한데, 이는 문화와 정치의 새로운 관계를 보여 준다. 영화는 2차 세계대전을 거치며 전쟁을 수행하는 자원을 동원하기 위한 가장 극단적인 선전(propaganda) 수단이 되었다. 종전 이후 평화의 시기에도 대부분의 문화는 지배계급의 지배와 통제를 받았다. 이제는 텔레비전을 통해 선정적인 이야기와 섹스와 폭력의 꾸러미가 전파를 타고 가정에 배달되었다.

2차 세계대전 이후 아도르노와 프랑크푸르트학파는 파시즘의 등장에 대한 연구를 수행했는데, 문화산업이 대중문화를 만들어 자본주의의 지배를 강화한다고 주장했다(아도르노·호르크하이머, 2001: 107). 그들은 문화산업이 자본주의에 대한 비판을 거부하게 하거나 무관심하게 만들어 현상 유지를 위한 수단으로 이용된다고 보았다. 그러나 대중이 문화산업의 지배를 받는다는 프랑크푸르트학파의 주장은 많은 비판에 직면했다. 첫째, 자본주의 사회의 문화산업은 지배문화의 이데올로기에 부합하는 문화만 생산하는 것이 아니라, 때로는 자본주의와 모순되거나 그에 저항하는 문화를 만들기도 한다. 거대 자본이 지배하는 문화산업과 달리 상대적으로 자본의 통제가 약한 경우에 사회의 기존 질서를 비판하는 문화를 표현하기도 한다. 둘째, 대중을 문화산업을 수동적으로 수용하고 지배 이데올로기에 순응하는 무기력한 수용자로 볼 수는 없다. 대중은 어느 상황에서 사회의 지배적 가치에 동조하고 추종하는 것처럼 보이지만, 다른 상황에서 지배적 가치에 반대하고 저항하는 역동성을 보여 준다. 결과적으로 사회 내 지배문화와 저항문화는 항상 공존하며, 상호 긴장과 갈등을 통해 복잡한 정치적 과정을 보여 준다. 셋째, 자본주의 사회의 문화는 국가별로 다양한 특징을 보이며 사회구조의 변화에 따라 문화적 특성이 변화할 수 있다. 예를 들어 개신교문화의 영미권 국가, 가톨릭문화의 유럽 대륙 국가, 유교문화의 동아시아 국가에서는 자본주의 경제의 발전에도 불구하고 다양한 문화적 영향을 받는다.

1960년대 미국 정치학자 알먼드와 버바는 『시민 문화』에서 독일의 권위주의 문화가 독재 정부의 등장에 영향을 주었다고 보았다 (Almond and Verba, 1989). 시민문화의 관점은 각국 사람들의 문화적 특성이 정치 체제의 성격에 영향을 주는데, 영미권보다 독일, 남유럽에서 더 권위주의적인 문화를 가지고 있기에 형식적으로 민주적 정치 제도가 도입되어도 민주주의가 발전하기 어려울 것이라고 예측했다.[43] 그러나 시민문화 명제와 달리 전후 독일은 자유선거와 언론의 자유를 보장하는 가장 성공적인 민주적 정치 체제를 운영하는 것으로 평가받고 있다. 특히 정당명부 비례대표제는 유권자의 참여와 정당의

---

43 1950년 독일 사회학자 테오도르 아도르노 등이 저술한 『권위주의적 성격』은 프로이트의 정신분석학을 활용하여 파시즘의 등장에 병리학적으로 접근했다(Adorno et al., 1950). 아도르노는 1930년대 권위주의적 가족을 유지하고 있던 독일의 중간계급이 민족주의와 반유대주의를 내세운 히틀러의 나치당을 지지하는 성향을 '파시스트 성격'으로 분류했다. 파시스트 성격은 전통적 가치에 대한 순응, 권위에 대한 복종, 전통적 가치를 따르지 않는 사람을 징벌하고 비난하는 공격성 등의 특징을 가진다.

발전뿐 아니라 연합정부와 합의민주주의의 정치적 토대가 되었다. 결과적으로 문화적 특성이 정치의 성격을 절대적으로 규정하는 것은 아니라는 반론을 제기할 수 있다. 한편 이탈리아와 일본에서는 미국에 의해 민주적 정치 제도가 이식되었지만, 여전히 권위주의와 정치부패의 문화가 유지되고 있다. 이런 점에서 볼 때 제도의 변화를 반드시 정치문화의 변화와 정부의 효과성을 높일 수 있는 것으로 보기는 어렵다.

　　1970년대 베버주의 사회학자들은 한 사회의 지배 이데올로기가 지배계급의 이데올로기라는 마르크스주의의 이론을 비판했다 (Abercrombie et al., 1990). 그들은 중세 유럽 사회에서 기독교문화가 다른 문화와 공존했다고 보았다. 현대 자본주의 사회에서도 자본주의 문화가 아닌 다른 문화가 존재한다고 주장했다. 이들은 모든 사회에는 지배문화 이외에도 다양한 문화가 존재한다고 지적하면서 지배 이데올로기 이론을 반박했다. 그러나 베버주의 학자들의 다원주의적 관점과 달리 다양한 계급의 문화가 비슷한 영향력을 가진다고 보기는 어렵다. 일반적으로 지배계급의 문화는 상대적으로 우월한 권력과 자원을 보유하며 사회의 구성원들에게 더 많은 영향력을 행사한다. 그렇다고 지배계급이 항상 모든 문화를 결정하는 것은 아니다. 지배문화와 하위문화의 관계는 불균등한 권력을 표현하면서도 역동적으로 서로 영향을 주며 상호 변화한다(Hall, 1992). 결국 지배문화는 어떤 상황에서 하위문화와 상호 공존하지만, 다른 상황에서 경쟁과 갈등을 일으키면서 지속적으로 헤게모니를 확장하려고 시도한다. 다른 관점에서 루이 알튀세르와 같은 구조주의적 마르크스주의자는 경제, 정치, 이데올로기 등 다양한 심급들의 '중층적 결정'을 강조했지만, 결국 최종 심급에서 경제가 결정적 역할을 수행한다고 주장했다

(알튀세르, 1997). 이런 점에서 문화와 이데올로기로 형성되는 상부구조는 '상대적 자율성'을 가진다. 그러나 알튀세르가 제시한 상대적 자율성의 개념은 상당히 모호하며, 상부구조가 얼마나 자율성을 가지는지 경험적 분석을 통해 설명하기 어렵다.

1980년대 이후 경제의 우선성을 중시하는 마르크스주의의 관점은 더욱 심각한 도전을 받았다. 샹탈 무페(Chantal Mouffe)와 에르네스토 라클라우(Ernesto Laclau)는 『헤게모니와 사회주의 전략』에서 경제 결정론의 경향을 가진 마르크스주의 이론을 비판했다(무페·라클라우, 2012). 그들은 생산 양식과 계급 정체성을 강조하는 마르크스주의에 반대하고 기존 지배 질서에 저항하는 광범한 헤게모니의 형성을 분석했다. 무페와 라클라우는 좌파가 급진적인 민주주의와 다원주의를 확대해야 한다고 주장하며, 프롤레타리아 독재의 대안으로 급진적 민주주의를 제시했다. 마르크스는 프롤레타리아를 인간 해방과 사회 변혁을 수행하는 행위자로 간주했지만, 포스트마르크스주의(post-marxism)는 주류에서 배제된 다양한 사람들이 새로운 정치의 주체가 되어야 한다고 주장한다. 이런 주장은 안토니오 네그리와 마이클 하트의 『다중』, 조르조 아감벤의 『호모 사케르』, 알랭 바디우의 『메타 정치』와도 연결된다. 특히 미셸 푸코의 권력에 대한 분석은 이러한 정치의 변화를 위한 중요한 지적 영감을 제공했다.

푸코의 권력 효과

1980년대 마르크스주의가 쇠퇴하고 구조주의 인류학 또는 상대주의가 반향을 일으킨 이후 담론 분석을 통한 문화의 이해가 관심을 끌었다. 대표적으로 미셸 푸코는 지식에 영향을 미치는 권력의 효과에 주목했다. 그는 콜레주 드 프랑스의 '사상 체계의 역사' 담당 교수이었으며, 철학뿐 아니라 사회학에 가장 큰 영향을 미치는 학자 중한 사람으로 평가받는다. 사르트르의 실존주의에 반대하는 구조주의사상을 계승한 푸코는 인간과 사회에 관한 구조주의적 설명을 제공했다. 그의 기본적 주장은 언어와 지식은 실제의 사회적 구성에서 권력의 토대가 된다는 명제이다. 푸코의 대표적 저서로『광기의 역사』 (1961),『감시와 처벌』(1975),『성의 역사』(1976)가 꼽힌다.

　　권력 효과에 대한 푸코의 주장을 평가하기 위해서는 그의 광기에 대한 역사적 분석을 이해해야 한다.『광기의 역사』는 푸코가 파리 대학에 제출한 박사논문으로 1961년에 출간되었다. 역사적 자료의 연구를 통해 프랑스의 중세에서 19세기까지 광기가 이성에 내쫓기는 과정을 추적하면서 사회학적 담론을 분석하는 동시에 광기와 이성에 담긴 철학적 명제를 정교하게 분석했다. 푸코에 따르면, 서구 사회의 이성은 유일무이한 보편적 사유 방식을 확립하기 위해 '이성 자체로 동화될 수 없는 타자'를 배제했다. '고전주의 시대'라 불리는 17세기에 이성이 하나의 사유 방식이 아니라, 사유 자체와 이질적인 것으로 배제한 것이 바로 광기다. 푸코에 따르면, 서구에서 광인들을 대중 앞에 노출시키는 것은 확실히 중세적인 관행이다(푸코, 2003: 98). 고전주의 시대는 광기를 비이성에 대한 총체적인 경험 속에 포함시켰다. 르네상스나 중세가 개별화시켰던 광기의 특수한 형태들을 모든 형태의 비이성의 이해 속으로 추상화시킨 것이다. 동시에 고전주의 시대는 광기에 특별한 기호를 부여했다. 병자의 기호가 아니라 영광의 추문의 기회를 가졌다. 18세기에 행해졌던 광기의 전시와 르네상스 시대에 광인이 누렸던 자유 사이에서는 어떤 공통점도 발견할 수 없다(푸코, 2003: 101). 현대인에게는 비이성적이라는 것이 광기의 한 현상 형태이기 때문이다. 반면에 고전주의 시대의 비이성은 규범적인 가치를 가졌다(푸코, 2003: 116).

푸코에 따르면, 고전주의 시대의 광기는 〈리어왕〉이나 〈돈키호테〉에서 볼 수 있듯이 "햇빛 아래 활보"할 수 있었다. 그러나 반세기도 지나지 않아서 "광기는 이성과 굳건히 결합된 감금의 요새로, 도덕성의 규칙 속으로, 그들에게 마련된 단조로운 밤으로 퇴각해 갔다"(푸코, 2003: 93). 감금은 17세기의 고유한 창조적인 제도적 고안이었다(푸코, 2003: 92). 게으름의 추방과 더불어 광기도 추방되었다는 것은 사소한 문제가 아니다. 처음에는 광인들도 빈민, 게으른 자들과 함께 감금되었다. 그들과 마찬가지로 광인들도 강제노동의 규칙에 따라야 했다. 르네상스 때까지 광기는 상상의 초월적 존재의 현존으로 지각되었다. 고전주의 시대가 되어서야 비로소 광기는 게으름이라는 도덕적 비난의 대상이 되었고, 노동 공동체에 의해 보증된 사회적 내재성 속에서 지각되었다(푸코, 2003: 96). 17세기 갈릴레이는 지동설을 주장하여 당대의 지식을 해석하는 최고의 권위를 가진 가톨릭 교회와 정면에서 충돌하였다. 그러나 푸코는 현대 사회에서 권력과 지식은 서로 대립적 관계가 아니라, 서로 정교하게 결합되고 있다고 보았다. 계몽주의 시대 이후 권력은 스스로 진리를 표현하는 것처럼 변화했다. 푸코에 의하면, 진리와 합리성은 '일정한 권력 효과를 동반하면서 사용되는 말의 흐름과 사용으로서의 담론'에 불과하다. "권력과 지식은 서로 직접 포함하고 있다는 점, 어떤 지식의 영역과의 상관관계가 조립되지 않는 권력관계는 존재하지 않으며, 동시에 권력적 관련을 상정하거나 조립하거나 하지 않는 지식은 존재하지 않는다"(푸코, 2003).

푸코의 권력 효과에 대한 분석은 감옥에 대한 연구에서 가장

11장 정치와 문화

빛을 발한다. 1975년 출간한 푸코의『감시와 처벌』은 현대 사회에서 감옥의 파놉티콘(panopticon)과 같은 다양한 감시와 처벌의 기구 ─가정, 학교, 군대, 병원, 공장─ 가 운영되고 있다고 본다(푸코, 2016). 파놉티콘은 1791년 영국 철학자 제러미 벤담(Jeremy Bentham)이 제안한 개념으로, 오각형의 감시 장치를 가리킨다. 벤담은 권력이 비가시적이고 확인할 수 없는 것이 되어야 한다는 원칙을 세웠다. 필요한 일은 중앙 탑에 감독자를 배치하고, 각 방에 광인, 환자, 유죄 선고를 받은 사람, 노동자 혹은 학생들을 가두어 놓는 일이다. 푸코는 파놉티콘의 죄수들을 감시하듯이 개인의 출산에서 죽음까지 대중을 통제하고 관리하는 규율 중심적 사회의 역사적 형성이 전체주의적 권력의 도구로 이용된다고 지적하였다. 개인이 항상 관찰되고 있다는 사실은 그 사람의 복종을 유지하게 만드는 권력의 핵심 요소이다. 조지 오웰의 『1984』의 망령은 소련 사회에 대한 비판뿐 아니라 미국 중앙정보부(CIA) 직원 에드워드 스노든이 폭로한 미국의 위성통신 감청망 애셜론(echelon)을 이용한 감시 체제에도 적용된다.

푸코는 현대 사회가 자유를 확대한 것이 아니라 사실상 감시사회, 감금사회, 관리사회, 처벌사회가 되었다고 주장한다. 이러한 변화는 서구에서 시작했지만 동양과 전 세계에 커다란 영향을 미쳤다. 그러면 18세기 서구의 형벌 제도 개혁은 무엇을 바꾸었는가? 푸코는 개인의 자유를 강조하는 계몽주의의 확산과 더불어 도입된 처벌의 인간화는 표면적인 관대함과는 달리 사실상 처벌 효과를 극대화시키는 장치라고 주장했다. 공개 고문, 신체형 대신 감금형이 도입되고 처벌보다 인도주의적 교화를 강조했지만, 궁극적으로 형벌의 개혁은 "덜 처벌하는 데 주안점이 있지 않았고 오히려 더 효과적으로 처벌하기" 위한 것이었다. 결국 사회 제도 내부에서 처벌하는 권력을

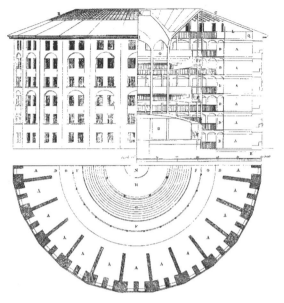

그림 11-1　제러미 벤담의 파놉티콘 도안

더욱 확산시키는 결과를 만들었다.

　　푸코는 인간의 자유를 발명한 계몽주의가 사실 규율권력이라
고 불리는 새로운 예속 메커니즘을 만들었다고 보았다. 푸코는 부르
주아지가 18세기를 통해 정치적 지배계급이 된 과정은 명시적이고
명문화되고 형식적으로 평등한 법적 틀의 설정과 의회제 및 대의제
의 형식을 띤 체제의 조직화에 의지한 것으로 보았다. 하지만 규율
장치의 발전과 일반화는 어두운 이면을 만들어 놓았다. 그는 평등주
의적 권리 체계를 보증했던 일반적인 법률 형태는 사소하고 일상적
이며 물리적인 메커니즘에 의해, 규율로 형성된 본질적으로 불평등
하고 불균형적인 권력의 모든 체계에 의해 그 바탕이 만들어진 것으
로 보았다. 푸코에 따르면, 현실적이고 신체적인 규율은 형식적이고
법률적인 자유의 토대를 형성했다. 한마디로 인간의 자유를 발견한

계몽주의 시대는 또한 규율을 발명한 시대였다(푸코, 2016).

　　푸코는 권력에 대한 전통적 관념을 해체하고 재구성한다. 권력은 의회, 행정부, 대법원과 같은 형식적, 제도적 공간이 아니라 일상생활의 공간에서 작동한다. 권력이 작동하는 실제 영역은 감옥과 병원, 학교, 군대, 공장과 같은 장소이다. 여기에서 개인들을 개인으로 만드는 규율권력이 작동한다. 규율은 복종되고 훈련된 신체, 순종하는 신체를 만들어 낸다. 규율은 (효용이라는 경제적 관계에서 보았을 때는) 신체의 힘을 증대시키고 (복종이라는 정치적 관계에서 보았을 때는) 동일하게 그 힘을 감소시킨다. 간단히 말하면 규율은 신체와 능력을 분리시킨다(푸코, 2016). 감옥의 역사에 대한 탐구는 현대적 개인을 만든 규율권력에 관한 탐구이다. 사회는 자유주의가 말하는 것처럼 개인들의 자유로운 계약이 아니라 규율권력에 의해 만들어진다. 마르크스주의가 말하는 사회경제적 토대보다 예속적 주체를 생산하는 메커니즘을 움직이는 규율권력이 더욱 중요하다.

　　푸코는 권력 효과가 인간의 성에 대한 인식에도 영향을 미친다고 보았다. 그는『성의 역사』네 권을 통해 성에 대한 담론을 분석했는데, 언어와 지식이 인간의 신체를 통제하는 데 중요한 역할을 수행한다고 주장했다. 성에 대한 억압의 가설을 살펴보고, 억압이 출현한 배경, 또는 억압을 만든 권력의 전략을 분석하여 성의 억압이 갖고 있는 허구성을 폭로했다. 푸코는 18세기 영국 빅토리아 시대에 성에 관한 의학적, 과학적 지식이 등장하면서 그것이 인간의 성적 태도와 의식을 통제했다고 설명했다. 당시의 의학적 지식은 동성애, 변태 성행위, 자위 행위 등을 병리적 행동으로 간주했다. 성에 관한 담론은 본질적으로 부르주아지가 자기 확인과 자신의 주도권을 만들기 위해 활용한 자아의 기술 체계이다. 푸코는 과학적 지식이 어떻게 권력을 획득하는지 분석하면서 지식과 권력의 관계를 탐구한다. 성의 담론에 관한 연구에서 푸코는 기능주의 이론이 사용하는 사회화라는 개념 대신 예속화를 강조한다. 하지만 푸코는 예속화가 영구적 특성을 가지는 것은 아니며, 예속에 대한 저항이 발생한다고 보았다(Mouzelis, 1995: 107). 『성의 역사』 마지막 두 권에서 푸코는 예속의 실행뿐 아니라 자유의 실행도 언급했다. 그럼에도 불구하고 주체의 상대적 자율성을 집합행동의 수준으로 확장하지는 않으며, 사회적 실천은 여전히 분산적이고, 주체 없이 표출된다. 결과적으로 푸코의 주장은 기능주의에 대한 적대적인 공언과 달리 파슨스나 알튀세르와 마찬가지로 기능주의적 사고에 빠져든다. 행위자를 주변화하면 결국 사회 현상과 사회 변동을 체계 요구나 숨은 규칙에 의해 설명하는 결과에 직면한다.

1980년대 이후 푸코는 권력 효과를 설명하기 위해 '통치성'이라는 개념을 활용한다. 통치성이란 인간 행위를 이끌어 가는 어떤 종류의 합리성을 가리킨다. 푸코는 주로 현대 사회에서 등장한 국가와 행정 기구가 주도하는 통치 방식을 분석했다. 푸코는 자유주의라고 불리는 새로운 통치 합리성의 출현에 주목하였다. 전통적인 통치에서는 주권과 신민의 관계처럼 외적인 강압이 핵심 요소이다. 반면에 16세기 이후 등장한 새로운 통치에서는 사물이나 인간에게 직접적으로 개입하지 않고, 적절한 통치를 위해 스스로를 제한하는 내적인 합리성이 핵심 요소가 된다. 특히 자유주의는 모든 인간을 비용과 편익의 계산을 중심으로 경쟁하고 모든 위험 부담을 스스로 책임지는 주체로 변형시킨다는 것이다. 푸코는 사람들이 이러한 품행으로 처신하고 행위하도록 이끄는 기술이나 절차, 자격, 합리성 따위를 통치성이라 불렀다. 푸코의 강의록 13강 가운데 『사회를 보호해야 한다』(1975~1976)와 『안전, 영토, 인구』(1977~1978)와 『생명관리정치의 탄생』
(1978~1979)은 신자유주의를 해석하고 비판하는 3부작으로 꼽힌다. 신
자유주의는 경제적 인간을 만들고, 끊임없이 자유를 생산하고 조직
화하며, 그 속에서 벌어지는 이해관계를 조정하는 메커니즘을 생성
하여 자유주의 통치성이 작동하도록 한다. 자유주의 통치성은 시장
영역뿐 아니라 일상적인 삶의 논리도 모두 경쟁과 수익성 위주로 재
편한다. 인간의 모든 행위는 투자로 간주되며 사람들 각각의 삶 자체
가 바뀐다. 신자유주의를 극복하는 방법은 정권 교체, 경제 정책 변
경, 복지 제도 확대만으로 불가능하다. 개인의 삶, 가치관, 행위 양식
을 전면적으로 바꾸는 근본적인 대응이 필요하다.

　　푸코 강의록 『생명관리정치의 탄생』은 통치성이란 관점을 통
해 중심으로 17~20세기 자유주의와 신자유주의의 계보를 추적한다
(푸코, 2013). 푸코는 1930~1950년대 독일의 질서자유주의와 1950~1970
년대 미국 시카고학파의 자유시장주의가 자유주의 통치성의 위기
에 대한 새로운 프로그래밍이라고 보았다. 먼저 발터 오이켄, 프란츠
뵘, 알프레트 뮐러-아르마크 등 독일의 질서자유주의자들은 경제 성
장을 실현하는 방식으로 자유주의의 위기를 극복하려고 시도했다.
독일의 질서자유주의는 고전적 자유주의와 다르게 시장 메커니즘이
등가적 교환이 아니라 불평등을 낳는 경쟁의 논리에 따라 작동하며,
국가가 사회의 모든 영역에서 경쟁 메커니즘을 강화하는 질서를 유
지해야 한다고 주장했다. 이러한 접근법은 정치권력 행사를 시장경
제의 원리와 연동시키는 새로운 통치성을 제시했고, 사회적 시장경
제의 토대가 되었다. 둘째, 미국 시카고학파의 신자유주의는 독일의
질서자유주의보다 더 급진적인 시장주의에 속한다. 푸코는 시어도어
슐츠, 게리 베커 등이 주창한 인적 자본 이론에 대한 분석에서, 가족

이나 출생률, 형벌 정책 등 이전까지 경제 영역으로 인식되지 않았던 영역까지 경제 영역으로 확대하여 인간의 삶 전체에 시장의 합리성을 적용하는 관점을 비판했다. 독일의 질서자유주의와 미국의 자유지상주의는 내용상 서로 다른 점이 많지만, 사회적인 것을 경제적인 것으로 대체하고 모든 영역에 시장 원리를 침투시키는 방향으로 자유주의 통치성을 재구성하려 했다는 점에서 공통적이다. 신자유주의 통치성 아래에서 인간은 스스로 자기 자신에 대한 기업가가 되는 경제적 인간으로 살아간다.

푸코가 신자유주의 통치성을 비판하려는 의도를 가진 것은 분명해 보이지만, 신자유주의가 지배하는 시대에 어떻게 개인의 해방이 가능한가의 질문에 명확하게 답변하지는 못했다. 그렇다고 그의 연구가 단지 현실을 비판하는 것에 그친 것은 아니다. 그는 어떻게 적극적으로 삶을 영위할 것인가에 대한 답변을 찾기 위해 '자아의 기술'에 관심을 가졌다(푸코, 2007). 푸코의 강의록 『주체의 해석학』을 보면, 자기 자신을 다스릴 줄 아는 주체의 형성에 내포된 엄격성의 요구는 각자, 그리고 모두가 따라야 할 보편적 법칙의 형태로 제시되지 않는다. 오히려 이것은 자신의 삶에 가장 아름답고 완성된 형식을 부여하고자 하는 사람들에게 행동을 양식화하는 원리로서 제시된다. 역사상 그리스인과 로마인들의 삶은 획일적으로 규칙에 종속되지 않았으며, 오히려 자유인으로서 자신의 삶이 따라야 할 규칙을 독자적으로 창조하는 것이 중요한 문제였다. 실존의 방식을 창조하는 일은 예술작품을 창조하는 일과 비슷하다. 이를 실존미학이라고 부른다.

푸코가 어떻게 사회의 억압 메커니즘에 맞서 해방의 가능성을 구상했는지 정확하게 알기는 어렵다. 그의 때 이른 죽음은 그의 답변을 들을 수 없게 만들었다. 물론 푸코는 생전에 감옥 제도의 개혁과 재소자의 인권 개선을 위해 열정적으로 행동에 나섰지만, 그의 이론에서 사회적 차원의 대안과 전략을 발견하기는 쉽지 않다. 이런 점에서 푸코가 해방의 불가능성을 주장한 비관주의에 빠졌거나, 또는 개인적 차원의 노력만 강조하고 집단적 실천을 무시했다는 비판도 제기되지만, 푸코는 대안적 사고의 출발점을 이해할 수 있는 자료를 남겼다. 푸코가 마지막 강의(1983~1984년)에서 발굴한 고대 그리스의 '파레시아(parrhesia)' 개념은 원래 '모든 것을 말하기'라는 의미를 가진다(푸코, 2017). 푸코는 파레시아를 '위험을 감수하는 진실 말하기'로 해석하고, 파레시아가 그리스 민주정치를 가능하게 만든 힘이라고 주장했다. 고대 그리스를 되돌아보려고 시도했던 푸코는 진리를 말하는 철학자의 역할을 통해 해방의 실현을 꿈꾸었는지도 모른다.

그림 11-2 필립 폰 폴츠(Philipp von Foltz)의 〈페리클레스의 장례 연설〉(1852)

자유의지와 이성을 가진 현대 사회의 인간들이 사실은 미시적 권력과 자유주의 통치성에 의해 지배당하는 노예라고 비판한 푸코의 주장은 많은 비판에 직면했다. 하버마스는 푸코가 해체하려고 한 계몽주의 원칙에 은밀하게 의존하면서 그를 "겉으로 드러나지 않은 규범주의자"라고 비판했다. 또한 푸코는 칸트와 니체의 접근법을 동시에 이용한다고 지적했다(하버마스, 1994). 푸코가 제시한 개념에 대해서도 비판이 따랐다. 니코스 무젤리스(Nicos Mouzelis)는 푸코의 핵심 개념인 권력과 생체권력이 너무 포괄적이며, 배타주의적으로 구성되었다고 비판했다(Mouzelis, 1995). 또한 푸코가 이데올로기라는 개념 대신 담론을 사용했는데, 이러한 표현은 사회의 지배관계를 모호하게 만드는 효과를 가진다. 사회의 지배 세력이 누구인지 명확하지 않은 것처럼 푸코가 말한 저항이 어디에서 생성되는지 분명하게 이해하기 힘들다. 결국 권력과 지식의 관계에 대한 사회학적 설명이 없다면, 권력에 대한 저항은 공허할 수밖에 없다. 스튜어트 홀에 따르면, 상이한 계급과 진리 체계들의 관계를 이해하기 위해서는 이데올로기 효과가 여전히 중요하다(Chen and Morley, 2006: 135~136). 결과적으로 푸코가 말한 규율사회에서는 개인의 자율성이 거의 사라지면서 해방을 위한 어떠한 노력이나 탈출구도 발견하기 어렵다. 푸코는 사회계급의 구분이 모호해지면서 부유한 사람이 더 많은 자유를 가지는 반면에 가난한 사람의 자유는 형편없이 작아지는 이유도 충분히 설명하지 않았다.

다양한 비판에도 불구하고 푸코의 권력 효과에 관한 이론은 지금도 매우 중요한 의미를 가진다. 푸코는 사회에 존재하는 억압의 가설을 살펴보고, 억압이 출현한 배경, 또는 억압을 만든 권력의 전략을 분석하여 억압이 갖고 있는 허구성을 폭로했다. 특히 과학적 지식의 권력 효과에 대해 푸코의 통찰력은 사회학에 커다란 영향을 미치고 있다. 지금까지도 지배 이데올로기를 분석하는 방법으로 푸코의 담론 분석은 중요한 관점을 제공한다. 푸코는 주디스 버틀러, 조르조 아감벤, 알랭 바디우, 자크 랑시에르와 같은 현대 철학자들의 사유에 강력한 영향을 미치고 있다. 푸코를 격렬하게 비판한 하버마스도 20세기 후반 철학자 집단 가운데 푸코가 시대정신에 가장 지속적인 영향력을 행사하고 있다고 평가했다.

생활세계의 식민화, 신사회운동, 인정투쟁

독일 사회학자 위르겐 하버마스는 현대 사회의 문화가 진정한 가치를 잃어버리고 자율성을 상실했다고 주장했다. 그람시와 푸코와 마찬가지로 하버마스는 문화가 권력과 자본의 논리에 종속된다고 보았다. 1980년대에 출간한 『의사소통행위이론』에서 하버마스는 권력과 화폐가 주도하는 체계가 사실상 생활세계를 지배하고 있다고 주장했다(하버마스, 2006). 하버마스는 마르크스주의의 전통을 계승했지만, 현상학에서 사용하는 생활세계의 개념을 활용하여 의사소통 행위의 변화를 분석했다. 하버마스에 따르면, 생활세계는 문화, 사회, 개인의 세 가지 요소로 구성되며, 의사소통 행위를 통해 경제, 국가, 가족, 법과 같은 사회 체계를 구성한다고 보았다. 사람들은 생활세계를 진정한 것으로 간주하는 반면, 합리화된 사회 체계의 제도는 허위이거나 만들어진 것으로 생각한다. 현대 사회에서는 사회 체계와 생활세계 사이의 중요한 차이가 발생하며, 현대화와 합리화의 과정을 통해 '생활세계의 식민화'가 발생한다. 이에 따라 생활세계에서 의사소통을 통한 전통적 토대가 해체되면서, 의사소통 행위는 문화적, 사회적, 개인적 차원으로 분화된다. 의사소통의 합리성이 약화되면서 문화가 왜곡되고 생활세계의 병리적 현상이 증가한다.

하버마스에 따르면, 체계와 생활세계는 서로 분리되어 있으면서 서로 영향을 주고 있었는데, 산업화가 진행되고 복지국가가 확대되자 체계가 복잡해지고 국가의 사회에 대한 개입이 확대되어 결국 생활세계를 침범하게 되었다. 그리하여 의사소통의 합리성이 합리적 목적성을 압도하여 일상생활의 영역이 파괴되고, 체계의 비대화가 지식 생산의 제도화를 초래하고 대중이 배제되면서 문화적 빈곤 상태로 전락한다. 기술의 발전으로 대중매체를 통해 엄청난 양의 정보가 전달되고 대중문화가 세상을 뒤엎을 기세를 보이지만, 사실상 진정한 삶의 의미와 감동을 주는 문화는 찾기 어렵다. 결과적으로 체계는 물질적 생산 영역에서 축적의 위기를 겪게 되고, 생활세계에서도 아노미, 신경 쇠약, 목적의식의 상실과 같은 병리적 현상이 증가한다. 한편 생활세계의 식민화에 저항하는 개인과 사회의 반응은 다양한 형태의 신사회운동으로 등장했다.

20세기 후반 후기 탈산업사회의 긴장이 증가하면서 사회운동의 변화는 매우 주목할 만한 특징을 보였다. 19세기 이후 산업사회의 노동운동은 노동자계급의 이익과 생활 수준의 향상을 강조하는 반면,

그림 11-3 위르겐 하버마스

20세기 중반 이후 탈산업사회의 여성운동, 환경운동, 흑인 민권운동, 동성애자 운동은 개인의 정체성과 소통을 강조하는 경향이 강하다. 계급의 이익은 주로 물질적 이익에 집중하는 반면, 개인적 이익은 다양한 탈물질적 요구를 포함하기도 한다. 이 과정에서 국가, 인종, 계급이라는 집단적 정체성에 의해 은폐되고 억압된 개인의 다양하고 복잡한 관심이 표출되었다. 개인의 관심은 생활세계에서 추구하고 싶은 문화적, 정신적 욕구까지 포함한다. 하버마스는 신사회운동의 등장을 탈산업사회의 결과라고 보고, 체계를 생활세계를 침범하는 경향에 대한 저항으로 보았다. 그는 19세기 사회운동은 물질적인 재생산 과정에서 발생하는 반면, 20세기 후반의 신사회운동은 탈산업사회의 문화적 재생산 과정과 사회적 통합 과정의 결과라는 견해를 제시했다.

하버마스가 진지하게 탐구하고 분석한 신사회운동의 등장은 무엇보다도 1968년 전 세계를 휩쓴 학생운동과 밀접한 관련이 있다. 그런데 하버마스와 그의 스승 아도르노가 1968년 학생혁명 당시 심각한 고초를 겪은 것은 역사의 아이러니이다. 신좌파(New Left) 대학생들은 프랑크푸르트 대학 사회조사연구소를 점거하고, 아도르노의 강의실에 들어가 "아도르노가 평화롭게 지낸다면 자본주의는 영원히 중단하지 않을 것이다"라고 칠판에 적었다. 이에 충격을 받은 아도르노는 크게 상심하고 얼마 후 심장마비로 세상을 떠났다. 하버마스는 대학을 혼란에 몰아넣은 신좌파 대학생들을 "좌익 파시즘"이라고 비판한 후 대학을 옮겼다. 68혁명을 주도한 학생운동의 지도자들은 초기에는 마르크스-레닌주의, 모택동 사상, 체 게바라, 무정부주의 등 다양한 이념적 색채를 보였지만, 사회에 진출한 후에는 새로운 사회운동을 모색하면서 이념적 실험을 추진했다. 그들의 주장 가운데 문화와 미학의 정치화는 사회운동에 중요한 지적 영감과 상상력을 제공했다. 신사회운동은 과거의 사회운동과 달리 대중매체와 문화적 상징을 활용한 소통, 풀뿌리 차원의 수평적 조직문화, 대안적인 생활방식의 제시를 통해 문화의 정치화를 추구했다. 신사회운동은 정치와 경제의 독점에 반대하기 위하여 수평적 네트워크를 강조하는 동시에 문화적, 상징적 이슈를 제기하는 대중운동을 전개했다. 신사회운동의 참가자들은 정당의 관료화된 중앙집권적 조직에 반대하고, 지역 단위의 커뮤니케이션 네트워크를 강조했다. 신사회운동의 목표는 '지구적으로 생각하고, 지역적으로 행동하라(Think Global, Act Local)'는 문구로 대변된다.

신사회운동의 성공과 확산은 광범한 대중의 인식과 태도의 변화와도 깊은 관련이 있다. 초기 산업사회의 중요한 사회적 동력은 기계와 공장과 같은 물적 자본이었고, 물적 자본의 소유관계에서 파생된 계급 갈등이 사회의 주요 모순이었다. 그러나 미국 정치사회학자 로널드 잉글하트(Ronald Inglehart)는 탈산업사회에서 사회적 동력은 물적 자본 대신 지식과 기술이라는 문화자본으로 바뀌었다고 주장했다 (Inglehart, 1990). 문화적 상징을 활용한 유형·무형의 재화를 생산하는 서비스산업의 비중이 커지면서 사회의 권력관계가 급속하게 변화했다. 후기 자본주의 사회에서 문화자본의 비중이 증대하면서 전통적인 자본가계급의 사회적 권력이 약화되었다. 동시에 초기 산업사회를 지배했던 물질적 욕구가 약화되면서 후기 산업사회에서 점차 환경, 인권, 삶의 질 등 탈물질적 욕구가 증가했다. 반면 전통적 좌파와 우파 정당과 노동조합이 이러한 탈물질적 욕구를 무시하면서 신사회운동은 급속하게 확산되었다.

그러나 신사회운동의 등장이 곧바로 전통적 노동운동을 대체한다고 보기는 어렵다. 탈산업사회에서 육체노동자의 비중이 지속적으로 감소하지만 노동운동의 역할이 완전히 소멸된 것은 아니다. 앤서니 기든스는 서구 사회에서 복지국가가 등장하면서 노동자계급은 더 이상 혁명적 역할을 수행하지 않았다고 평가하지만, 하버마스가 주장하는 것처럼 생활세계의 식민지화를 거부하는 신사회운동이 노동운동을 완전히 대체한다고 기대하지는 않았다(기든스, 1997). 오늘날 환경운동은 격렬하게 자본주의 경제를 비판하지만, 자본주의에 대한 명확한 비판 세력과 대안은 사실상 존재하지 않는 것처럼 보인다. 그러나 정치와 경제의 체계에서도 여전히 독점과 불평등에 맞서는 저항이 계속되고 있다. 경우에 따라 전통적 노동운동은 신사회운동과 긴장과 갈등을 일으키기도 하지만 상호 협력관계를 유지하기도 한다. 이런 관점에서 기든스는 노동운동, 언론 민주화운동과 같은 전통적 사회운동과 평화운동, 환경운동과 같은 신사회운동이 여전히 사회의 변화를 촉발하고 미래를 현실화하는 수단이라고 평가했다(기든스, 1997).

신사회운동이 등장하면서 과거의 정당정치나 선거정치와 다른 정치투쟁이 등장하고 있다. 지난 수십 년 동안 정당의 참여율과 선거의 투표율은 지속적으로 약화되는 가운데 정당과 관련이 없는 대중이 주도하는 대규모 집회와 시위는 지속적으로 폭발하였다. 2011년 '월가를 점령하라' 시위, '아랍의 봄,' 2014년 홍콩의 '우산혁명,' 2016년 한국의 촛불시민혁명, 2018년 프랑스의 '노란조끼 시위'에 이르기까지 대중의 직접행동은 이제 너무나 자주 발생하는 사건이 되었다. 정당과 정치인에 대한 신뢰가 추락하는 가운데 개인이 자발적으로 집회에 나서거나 인터넷과 소셜 네트워크 서비스를 통한 온라인 행동에 나서는 양상은 주목할 만한 사회 현상이다(김윤태, 2018).

과거에 비정상적 행동으로 보였던 대중운동이 이제는 정상적인 것으로 보이고 있다. 독일 사회학자 울리히 벡이 말한 '비정상의 정상화'처럼 이러한 대중운동은 현대 정치의 새로운 특징을 보여 주고 있다(벡, 2000). 그리고 이러한 대중운동은 뚜렷한 지도자도 조직도 목표도 없이 거대한 해일처럼 커지다가 어느 순간에 갑자기 거품처럼 사라지기도 한다. 무정형의 대중운동은 사회운동이라기보다 집합행동으로 보이지만, 예리한 관찰자는 대중운동의 참가자들이 경제적 이익보다 사회적 인정을 더 중시하는 중요한 공통점을 발견할 수 있다.

독일 사회학자 악셀 호네트(Axel Honneth)는 헤겔 철학의 개념을 인용한 '인정투쟁'의 개념을 통해 사회운동의 새로운 변화를 설명했다(호네트, 2011). 흑인, 여성, 이주노동자, 동성애자와 같이 사회적으로 배제된 사람은 사회적 인정과 사회적 가치를 박탈당한다. 신사회운동에 참여하는 사람들은 물질적 재분배보다 자신의 정체성에 더 큰 관심을 갖는 경향이 있다. 그러나 현시대의 사회운동이 분배보다 인정을 중시한다는 주장에 모든 학자들이 동의하는 것은 아니다. 미국 철학자 낸시 프레이저는 분배와 인정은 밀접히 연관되어 있지만 환원될 수 없는 관계라고 주장하면서, 분배와 정의를 동시에 추구하는 이차원적 정의관을 제안했다(Fraser, 2000). 이러한 비판에 반해 호네트는 분배를 인정의 또 다른 표현으로 보고, 불평등한 분배의 심층적 토대인 사회적 인정을 더 강조한다. 호네트는 사회의 모든 성원의 평등성과 특수성이 제도적으로 인정되어 사회적 포용의 범위가 확대되고 개성의 확대가 이루어져야 한다고 주장한다. 인정투쟁은 권력과 자원의 분배를 넘어 문화적 정체성이 어떻게 사회의 변화에 영향을 주는지 이해하기 위한 중요한 관점을 제공했다.

호네트와 프레이저의 논쟁에서 볼 수 있듯이 경제적 분배와 사회적 인정의 관계는 현실에서 매우 복잡한 양상을 보인다. 일반적으로 저소득층이 사회적으로 배제되고 적절한 인정을 받지 못하는 사례가 많이 발견되지만, 상당한 수준의 학력과 직업적 위신에도 불구하고 사회적 인정을 받지 못하는 경우도 발생한다. 특히 서비스노동자의 경우 높은 학력 수준과 전문적 지식에도 불구하고 자율성이 제한되고 개인의 특성이 무시되는 경우가 발생한다. 고학력 화이트칼라가 무력감과 소외감을 느끼는 경우가 빈번하게 발생하고 있다. 1970년대에 미국 사회학자 해리 브레이버만(Harry Braverman)은 자본주의 경제에서 화이트칼라 노동자의 탈숙련화(deskilling)가 진행되면서 자신의 직무가 단조롭고, 지루하고, 무기력하다고 느낀다고 주장한 바 있다(브레이버만, 1998). 그는 화이트칼라 노동자는 블루칼라 노동계급과 동질화되고, 신중간계급 대신 신노동계급으로 전락했다고 강조했다. 실제로 교사, 공무원의 임금 수준과 사회적 평판은 다른 직업보다 높지만, 스스로 자신의 계급 위치를 노동자로 인식하면서 노동조합을 결성하기도 한다. 한편 서비스산업에 많은 고학력자가 유입되면서 자신의 직업적 위신과 달리 정체성 혼란을 경험하는 사례가 증가하면서 인정투쟁에 대한 관심도 커졌다.

자본주의의 새로운 문화와 상징투쟁

미국 사회학자 앨리 혹실드(Arlie Russell Hochschild)는 현대 사회에서 감정노동(emotional labor)이 상품화되는 과정을 탐구했다(혹실드, 2009). 낯선 사람에게 항상 웃으면서 친절하게 대해야 하는 사람들, 다른 사람들에게 사랑한다고 말하는 사람들, 항상 웃어야 사는 사람들은 육

체노동이나 정신노동과 다른
감정노동을 수행한다. 이들은
마치 배우가 연기를 하는 것처
럼 자신의 진짜 감정을 숨긴 채
직업에 따른 감정을 표현해야
한다. 감정노동은 육체노동이
나 정신노동과 구분되며, 개인
의 사적 생활과 공적 생활에서
다양한 교환 행위로 나타난다.
결국 자본의 논리는 노동 과정
에서 문화의 자율성을 지배하

그림 11-4 앨리 혹실드

고 조작한다. 소외되고 왜곡된 감정노동은 서비스직, 항공사 승무원,
백화점 판매직에서 주로 나타난다. 주목할 점은 감정노동이 주로 여
성에게 요구된다는 점이다. 혹실드는 미국 항공사 델타 항공의 임원
과 승무원을 대상으로 인터뷰와 참여관찰을 진행하고, 채권 추심원
처럼 친절하지 않은 감정노동을 수행하는 사람들의 인터뷰 자료도
활용했는데, 시장에서 감정노동이 상품화되면서 가짜로 만들어지고
관리되고 상품이 된 감정과 인간 본연의 감정이 달라지면서 겪는 인
간의 고통과 소외를 추적했다.

　　현대 사회의 노동 과정과 문화의 관계에 대한 주목할 만한 연
구는 미국 사회학자 리처드 세넷에 의해 제시되었다. 그는 1980년대
이후 자본주의의 성격이 변화하면서 '새로운 문화'가 등장했다고 주
장했다. 세넷은 『뉴캐피털리즘』에서 현대 자본주의의 조직 형태가 관
료제에서 네트워크로 바뀌고, 유연 노동시장이 증가하며, 자주 직장
을 옮겨야 하는 문화적 변화가 사람들에게 어떤 영향을 주고 있는지

에 대해 연구했다(세넷, 2009). 인간이 인간을 대하거나 평가할 때 그 사람이 어떠한 경험을 해 왔고 어떠한 삶을 살아 왔든 그것에 대한 관심이 없어진다. 대신 그 사람에 대한 잠재력에만 주의를 기울인다. 이 사람을 고용하면 얼마만큼 성과를 내고 이득이 될 것인가만 평가한다. 다른 사람들과 자신의 과거를 공유할 필요도 없고, 인간관계에서도 장기적 관계보다는 단기적 관계로 가는 경우가 증가한다. 짧은 기간 동안의 근무는 스스로 업무 효율을 높이고 시간을 투자하는 것에만 집중하는 대신, 다른 사람을 배려하거나 이해하려는 문화를 쇠퇴시킨다. 노동의 유연화는 기업의 인사관리에서 효율성을 높이는 수단이지만, 개인의 삶이 사회 체계에 의해 압도당하는 상황을 만드는 위험을 가지고 있다. 기업문화의 변화는 단순한 경제적 차원뿐 아니라 중요한 사회학적 의미를 가지고 있다.

　　세넷의 분석이 자본주의 사회의 새로운 문화에 대한 날카로운 분석을 제공하는데, 새로운 자본주의의 문화가 모든 사람에게 동일하게 적용되지 않는다는 사실도 주목해야 한다. 노동자계급의 문화에서 자율성이 사라지고 진정한 의미의 자유의 가치가 사라지고 있지만, 부유한 상층계급은 상대적으로 더 많은 자원과 기회를 향유하고 있다. 그러면 이런 계급적 불평등이 지속하는 현실에서 왜 하층계급은 제대로 저항하지 않는 것일까? 상층계급은 세금 인하,

그림 11-5　리처드 세넷

복지 축소, 공기업 사유화, 사립학교, 개인연금의 자유를 외치며 계급투쟁에 열중하는 반면, 왜 하층계급은 계급투쟁에 소극적일까? 부르디외는 개인이 과거에 가졌던 기억, 사회적 관습, 감정과 같은 다양한 요인의 집합으로 재현되는 아비투스의 차이를 분석했다. 현대 사회의 기술 발전과 중앙집중화의 경향에도 불구하고 계급문화는 상이한 양상을 보이며, 개인 또는 집단이 속한 위계질서는 독특한 문화적 형태로 유지된다. 부르디외에 따르면, 상류층의 아비투스와 빈곤층의 아비투스는 다르다(부르디외, 1995). 문화적 취향, 기호, 선호는 오랜 시간에 걸쳐 만들어진다. 특히 높은 수준의 문화를 즐기는 능력은 오랜 훈련을 통해 길러진다. 현대 사회의 불평등 상태는 문화적 생활 양식을 통해 개인의 무의식과 습관을 지배하며, 현대 사회의 권력관계와 상징폭력은 표면적으로 가시화되지 않는다. 부르디외는 현대 사회에서 사람들이 보이지 않는 문화권력의 그물망에서 평등의 실체를 망각하고 계급적 불평등에 익숙한 채 살아가고 있다고 비판한다.

부르디외는 현대 문화의 생산 과정에 대해 날카롭게 비판한다. 대중매체가 주식회사가 되고 대중의 참여가 확대되어도 사실상 그들은 진정한 주인이 아니다. 대중매체는 사실상 특정 계급에 의해 장악되고 있으며 대부분의 사람들이 겪는 삶의 비참함과 고통은 거의 외면한다. 대중매체는 지속적으로 섹스, 폭력, 선정적 뉴스, 유명 인사와 연예인의 가십(gossip), 그리고 지엽 말단의 잡다한 정보로 가득 채워진다. 왜 이런 일이 계속되는 것일까? 부르디외는 『여론이란 존재하지 않는다』와 『텔레비전에 관하여』에서 민주사회에서의 여론과 언론의 유착관계를 비판한다. 마르크스가 비판했던 자본주의 경제의 상품물신주의가 현대 사회에서는 정치적 영역에서 출현한다. 현대 정치는 민주적 형식을 갖고 있지만, 사실상 권력, 돈, 여론 조작에 의해서 끊임없이 왜곡되고 있다. 부르디외의 언론 비판은 공적 영역이 이상적 발화 상황을 통해 민주적 정치에 기여할 수 있다는 하버마스의 공론장 이론과는 큰 차이를 보인다.

부르디외는 정치적 행위가 결국 문화에 의해 좌우될 수 있다고 주장한다. 그는 프랑스 노동자계급이 자신의 계급적 기반과 다르게 투표하는 행동은 자신들의 세계관을 표현할 수 있는 언어를 소유하고 있지 못하기 때문이라고 보고, 실제로 노동계급의 정치적 투표권의 행사가 왜곡되고 있다고 분석했다. 부르디외는 마르크스의 허위의식과 그람시의 헤게모니 이론을 활용하여 실증적인 문화 분석을 시도했다. 개인의 의사 결정과 정치적 행동을 결정하는 요인으로 물질적 조건이 가장 중요한 변수이지만, 상징자본과 물적 자본의 비율이 어떻게 배분되는가를 고려해야 한다. 정치적 가치 판단이 경제적 변수만으로 설명될 수는 없기 때문이다.

1980년대에는 전 세계적으로 보수적 이데올로기와 문화가 정치에 커다란 영향을 미쳤다. 특히 미국에서 레이건이 집권하면서 발생한 보수정치의 변화는 문화가 어떻게 정치를 변화시키는지에 대한 중요한 사례를 제공한다. 미국 역사학자 토머스 프랭크(Thomas Frank)는 『왜 가난한 사람들은 부자를 위해 투표하는가』라는 책에서 미국의 신보수주의(네오콘) 세력이 부자, 보수 기독교, 영향력 있는 언론사와 가치의 연합전선을 구축해 보수적 가치를 전파했다고 분석한다(프랭크, 2012). 이 과정에서 가난한 사람들이 빈곤의 원인인 경제문제를 외면한 채 낙태와 동성애 반대 등 보수적 문화와 가치관에 사로잡혀 공화당을 노동자, 농민을 위한 정당으로 믿게 되었다는 것이다. 신보수주의의 정치적 성공은 1960년대 신좌파운동이 문화의 정치화를 추구한 것처럼 명백하게 문화정치를 보수주의 선전에 효과적으로 활용한 결과이다.

미국 경제학자이자 정치철학자인 앨버트 허시먼(Albert Hirschman)은 1980년대 미국에서 신보수주의자들이 정치적 담론, 주장, 수사법과 같은 언어적 기능을 활용하는 전략에 주목했다(허시먼, 2010). 허시먼은 현상 유지를 추구하는 보수파의 시도를 혁명이나 개혁이 정반대의 결과를 만들 것이라고 주장하는 역효과 명제, 기존 체제가 변화하지 않을 것이라는 무용 명제, 자유와 민주주의가 위험해질 것이라는 위험 명제로 설명했다. 모든 개혁을 위협으로 간주하는 보수파의 주장은 구조적 차원에서, 때로는 개인적인 차원에서 반복해 나타나면서 강력한 영향력을 발휘한다. 허시먼이 시도한 역사적 전환기에 작용하는 '반동의 수사학(rhetoric of reaction)'에 대한 분석은 문화정치가 역동적으로 변화하는 구조적 틀을 바라보는 시각을 제시한다.

아도르노의 문화산업론이 권력의 문화적 연계를 분석하려고 시도한 것처럼 허시먼은 권력의 이데올로기 연계에 대한 분석을 제공하려고 시도했다. 그러나 허시먼은 이데올로기의 부정적 차원에 초점을 맞추면서 어떻게 이데올로기가 광범한 대중의 동의를 이끌어내는지에 대한 충분한 설명을 제시하지는 못했다. 그람시의 헤게모니 개념에서 제시된 것처럼 이데올로기는 경쟁적 이데올로기에 대한 부정적 공격 이외에 대중을 설득하는 강력한 권력 효과를 창출한다. 실제로 1980년대 하이에크의 신자유주의는 단순히 케인스 경제학과 사회민주주의에 대한 반대가 아니라 개인의 자유, 기업의 경쟁력, 효율성이라는 긍정적 가치를 강조하며 대중을 사로잡았다. 대중은 공포와 강제의 의해 이데올로기에 끌려가기도 하지만, 때로는 스스로 열정을 가지고 이데올로기를 추종하고 지지하기도 한다.

한국 정치에서도 수사학은 중요한 역할을 수행했다. 한국 정치에서 지배 세력은 오랫동안 반공주의와 지역주의의 수사학을 통해 유권자의 의식을 지배했다. 군사정부가 통치하던 시절에는 빨갱이와 용공이라는 상징적 낙인이 강력한 정치적 효과를 발휘했다. 1987년 이후에는 호남을 배제하는 지역주의 이데올로기가 한국 정치를 지배했다. 지역주의 정체성은 경제적 이익과 정치적 권력을 둘러싸고 개인들 사이에서 벌어지는 지역 차별의 결과라기보다 반호남 감정을 활용한 지배 세력의 정치 전략으로 활용되었다. 1990년 3당 합당 이후 보수정당의 전략은 호남을 혐오하는 서민층을 사로잡았으며, 이 때부터 '민주당은 호남당'이라는 낙인이 찍혔다. 선거 경쟁에서 지역주의 감정이 (종종 지역 개발 공약을 활용하여) 계층 이슈를 몰아내고 중요한 요소로 부각되었다. 특히 영남 유권자는 계층의 이해관계보다 반호남 정서의 영향을 받았다. 정당의 사회적 토대가 변한 것이 아니라 정당의 전략이 계급 투표에 영향을 준 것으로 볼 수 있다. 계급 투표가 완전히 (최소한 수도권에서는) 사라진 것은 아니었지만, 대부분의 선거구에서 노동자들이 보수정당을 지지하는 계급 배반 투표가 지배적 경향이 되었다. 다른 한편 수도권과 청년층에서는 지역주의 정당 일체감과 충성심이 쇠퇴하면서 무당파 유권자들이 증가했다.

1998년 김대중 정부가 등장한 후에 반공주의와 지역주의가 쇠퇴하면서 신자유주의가 강력한 상징권력을 획득했다. 그러나 과거의 유령은 햇볕 속에서 죽지 않고 지속적으로 재등장하려고 시도했다. 김종필의 자민련에 이어 이회창은 자유선진당을 창당했고, 한화갑의 민주당이 쇠퇴하면서 안철수의 국민의당이 지역주의 정치라는 좀비를 이끌고 여의도에 입성했다. 2016년 총선에서 안철수의 국민의당은 노골적으로 지역감정을 이용했으며 '호남 정치 부활'을 최대 목표로 내세웠다. '새로운 정치'를 표방했던 안철수는 '호남 홀대론'을 내세우며 호남 유권자에게 파고들었다. 이런 지역주의 전략은 지역 이익을 대변한다는 합리적 행위가 아니라 영남 출신의 문재인이 싫다는 '감정의 정치'를 적극적으로 활용했다. 실제로 정치에서 이익과 손해의 계산보다 좋음과 싫음의 감정이 더 중요한 변수가 되는 경우가 많다.

일본 정치학자 요시다 도루는 『정치는 감정에 따라 움직인다』에서 정치란 감정과 상징에 의해 지배되는 행위라고 주장했다(도오루, 2015). 그는 인간이 이성으로 환원될 수 없는 목적을 설정하지 않으면 합리적인 행동을 취할 수 없다고 보았다. 현대 정치에서는 정책과 공약에 대한 합리적 판단보다 감정이 중요한 역할을 수행한다(박형신·정수남, 2015). 에드워드 사이드가 지적한 대로 오늘날 서구 사회는 아랍 무슬림들이 공격적이고, 광신적이고, 비합리적인 사람들이라는 편견에 사로잡혀 있다(사이드, 2001). 미국의 트럼프 현상과 영국의 브렉시트 투표의 배후에도 보호무역과 유럽연합 탈퇴에 대한 비용 편익 계산보다 외국인에 대한 혐오가 중요한 작용을 했다. 미국 대선과 영국 국민투표에서 볼 수 있듯이 페이스북, 트위터 등 소셜 네트워크 서비스의 역할이 커지면서 대중의 감정을 조작하고 통제하는 정치인의 메시지와 이미지 메이킹 전략은 선거운동에 중요한 영향을 미친다.

현대 정치에 강력한 영향을 미치는 문화와 이데올로기는 다양한 담론, 상징, 이미지를 통해 사회정치적, 심리적, 경제적 차원의 권력 효과로 작용한다(김윤태, 2017). 다양한 문화와 이데올로기가 서로 공존하거나 경쟁하는 것처럼 보이지만, 실제로는 막강한 자본과 기술력을 소유한 세력에 의해 지배를 받는 경우가 많다. 결국 문화와 이데올로기의 지배력을 강화하는 다양한 요소는 대중매체를 통해 전파되고 사람들을 지속적으로 설득한다. 이러한 과정은 문화와 이데올로기를 유지하는 구성요소로 기능하는 동시에 부르디외가 지적한 '상징권력'을 획득한다. 마르크스가 주목한 노동자계급의 소외는 부르주아의 경제적 착취에 관심에 가진 반면, 부르디외의 '상징폭력'은 부르주아의 문화적 지배를 강조한다. 이는 루카치, 그람시, 프랑크푸르트학파의 문화와 이데올로기에 대한 관심과 유사하다.

마르크스는 사회혁명을 생산관계의 변화라고 보지만, 부르디외는 문화적 취향의 변화가 어떻게 이루어지는지에 대해 분명하게 설명하지 않았다. 그럼에도 불구하고 부르디외는 대중의 인식에 영향을 미치는 대중매체의 정치적 효과에 주목했다. 마르크스가 비판했던 자본주의 경제의 상품물신주의가 현대 사회에서는 정치적 영역에서 출현한 것으로 보았다. 하버마스가 말한 공론장은 모든 사람의 합리적 의사소통을 통한 이상적 담화 상황을 만들 가능성을 표현했지만, 현대 사회에서 공론장은 제대로 작동하지 못하고 있다. 현대 정치는 민주적 형식을 갖고 있지만, 사실상 권력, 돈, 여론 조작에 의해서 끊임없이 왜곡되고 있다. 부르디외가 강조한 상징폭력의 지배 효과를 내면화하는 피지배자의 수용 메커니즘에 대한 분석은 사회학자의 중요한 과제이다. 이런 점에서 부르디외의 상징폭력 개념은 문화정치의 역동성을 이해하는 데 중요한 관점을 제시하고 있다.

문화와 정치의 만남

2000년대 노무현 대통령의 선거운동, 월드컵 열풍, 효순과 미선 추모 촛불집회는 한국 정치의 새로운 문화적 차원을 보여 주었다. 386세대와 탈권위주의 논쟁도 정치와 문화의 만남을 상징적으로 보여 준다. 냉전의 시대가 사라지면서 새뮤얼 헌팅턴은 『문명의 충돌』을 통해 다가올 시대의 충돌의 근본적 원인이 이데올로기나 경제적 요인이 아니라 분명히 문화가 될 것이라고 주장하며, 기독교와 이슬람 문명의 충돌을 예측했다(헌팅턴, 1997). 오늘날 중국과 미국의 무역 전쟁에서 볼 수 있듯이 지금도 문화는 국제 정치의 키워드가 되고 있다. 선거 캠페인을 벌이던 중 텔레비전에 비친 클린턴의 색소폰 연주 장면, 클린턴과 르윈스키의 섹스 스캔들, 9.11 테러, 이라크 전쟁은 단순히 미디어를 통한 이미지의 재현이 아니라 문화와 정치의 상호관계에 의해 만들어진 상징적 풍경을 보여 준다. 모든 정치적 논쟁은 학자와 정치인들의 수사뿐 아니라 다양한 문화적 특성과 연결되어 새로운 담론, 규범, 도덕, 상징, 이미지를 만들어 내기 때문이다.

현대 사회에서 문화와 정치의 만남은 기술의 변화와 사회구조의 역동성에 따라 다양한 특징을 보인다. 20세기의 라디오와 텔레비전에서 21세기의 인터넷 블로그와 소셜 네트워크 서비스, 팟캐스트, 유튜브의 1인 미디어에 이르기까지 문화는 지속적으로 새로운 정보기술의 발전을 활용한다. 이에 따라 20세기의 일방향적 의사소통에서 21세기에는 쌍방향적 의사소통의 가능성이 점차 증가한다. 동시에 정치적 수사와 메시지에 대한 기술의 지배력이 강화되면서 소수의 전문가, 레거시 미디어, 지식인의 영향력이 감소한다. 21세기의 좌익과 우익을 막론한 포퓰리즘 정치의 강화는 이런 기술적 변화의 산물이기도 하다. 아랍의 봄, '월가를 점령하라'에 이어 미국의 트럼프 현상과 영국의 브렉시트를 단순히 디지털기술의 결과라고 볼 수는 없지만, 이러한 사회운동의 출현은 인터넷의 확산과 분리할 수 없는 관계를 가지고 있다.

문화는 기술의 매개작용을 통해 다양한 방법으로 정치에 영향을 미친다. 푸코의 분석처럼 역사적으로 인간 사회의 모든 지식과 담론은 의학, 과학, 기술을 지배하는 권력과 밀접한 관련을 가진다. 낙태, 동성애 결혼, 출산, 미용성형, 존엄사, 배아줄기세포에 관한 논쟁은 기술과 정치의 복잡한 상호관련성을 보여 준다. 그러나 기술 자체가 문화에 미치는 효과와 함께 누가 기술을 소유하고 통제하느냐에 관한 문제도 중요하다. 과거 문화에 미치는 권력은 교회, 군주, 대학, 정부에서 비롯되었지만, 현대 자본주의에서는 점차 기업의 권력이 커다란 지배적 요소가 되고 있다. 한국에서도 재벌 대기업의 영향력이 커질수록 소비주의, 물질주의, 쾌락주의의 문화가 확산되고, 케이팝과 같은 제조화되는 대중문화가 산업으로 탈바꿈하기도 한다. 한편 문화의 역동성은 권력에 영향을 미친다. 문화는 단순하게 정치권력의 결과물이거나 수동적 반영에 그치는 것은 아니다. 문화가 정치적 관계를 변화시키면서 정치권력을 강화시키기도 하고 약화시키기도 한다. 문화의 형성과 유지의 과정에서 수많은 행위자들이 개입하고 상호 관련을 맺으며, 서로 갈등을 만들기도 하고 협력을 추구하기 때문이다. 이런 점에서 문화의 다양성과 역동성에 대한 이해에서는 개인적, 심리적 차원보다 사회학적 접근이 더 중요하다.

역사적으로 보면 문화는 언제나 지배계급의 통제를 받았으며 피지배계급의 문화는 주변화되거나 소수화되는 경우가 많았다. 그러나 현대 자본주의와 국민국가가 등장하면서 다양한 계급과 계층의 문화가 복잡한 상호과정을 거쳐 국민적 정체성을 만들었다. 대부분 지배계급 또는 지적, 문화적 엘리트계층이 문화 형성의 주도적 역할을 수행했지만, 피지배계층과 광범한 민중 부문의 역할도 점차 커졌다. 초계급적 차원에서 국민적 문화의 탄생은 국민적 정체성과 국민국가의 형성에 커다란 영향을 미쳤다. 이러한 과정을 거치면서 사회 내 다양한 개인들과 집단들은 국가적 차원에서 문화의 창조, 유지, 변화에 다양한 영향을 미친다. 경우에 따라 특정 집단의 문화들이 서로 충돌하는 경우도 있지만, 서로 융합되는 경우도 발생한다. 이 경우 문화의 상징, 기호, 이미지는 복잡한 정치적 과정에서 표현되며 권력관계에 따라 다양한 결과를 만들기도 한다.

현대 사회의 문화는 국민국가의 정치적 프로젝트에 의해 형성되는 경우가 많았다. 국민적 정체성을 강조하는 국민주의 또는 민족주의 문화와 이데올로기는 현대 사회를 움직이는 강력한 요소이다. 빅토르 위고와 하인리히 하이네의 문학과 도니체티와 베르디의 오페라에서 할리우드의 영화와 쇼스타코비치의 교향곡에 이르기까지 문화는 정치 이데올로기와 밀접한 관련을 가졌다. 이 과정에서 전 세계적으로 '상상의 공동체(imagined community)'를 만드는 지식인, 작가, 예술가, 교육자들이 중요한 역할을 수행했다(앤더슨, 2003). 하지만 수십년 동안 국가의 역량과 역할이 축소되면서 문화에 영향을 미치는 기업의 힘이 강화되는 경향을 보인다. 기업이 신문, 방송, 영화, 대학, 연구소를 장악하면서 기업이 필요한 개인주의적 능력주의, 경쟁주의, 소비주의 문화와 이데올로기가 사회에 널리 확산되는 것은 우연이 아니다. 오늘날 기업은 정당과 정부에도 막강한 영향력을 행사하면서 사실상 사회에서 가장 중요한 지배 세력으로 부상했다. 컴퓨터, 인터넷 등 정보기술이 급속하게 발전하고 구글과 페이스북과 같은 인터넷 기업이 사실상 사회를 움직이는 거대한 기업 제국을 만들었다는 지적도 있다. 한국에서도 재벌 대기업의 영향력은 경제적 영역뿐 아니라 정치, 대학, 언론 등 사회의 모든 영역을 지배하고 있으며, 대중의 라이프스타일, 규범, 의식, 태도, 일상생활을 사실상 통제하고 있다.

68혁명이 세계를 휩쓸기 한 해 전인 1967년, 프랑스 철학자 기 드보르(Guy Debord)는 '스펙터클(spectacle)'이라는 용어를 통해 인간의 삶이 자본주의 기업과 관료제에 의한 '외양의 지배'에 불과하다고 주장했다. 상황주의 인터네셔널에 가담한 드보르는 삶의 진실, 삶의 진정한 모습들은 은폐되면서 우리의 눈앞에 보이는 것이 표상과 허위의 식뿐이라고 주장했다(드보르, 2014). 실제로 문학, 예술, 정치의 토론이 이루어진 공론장이 쇠퇴하면서 오락, 광고, 대중의 관심을 끄는 스펙터클이 지배하는 대중매체가 지배적 힘을 가지게 되었고, 문화는 하나의 소비 가능한 상품으로 전락하고, 정치는 단지 다양한 의견을 표출하는 과정으로 간주되기 시작했다. 텔레비전, 영화, 비디오는 다양한 이미지를 제조하고 복사하고 유통하면서 문화의 독창성이 약화되고 대량 복제된 시뮬라크르(simulacre)만 강조된다. 이와 같이 사회의 표면에만 관심을 가지며 깊이를 상실한 포스트모던 문화의 등장을 프레드릭 제임슨은 "후기 자본주의의 문화적 논리"라고 보았다 (Jameson, 1984).

현대 사회에서 다양한 사고 및 가치와 부딪히지만 문화는 무엇이 옳고 그른지 분명한 판단을 내리지 않는다. 사적인 이해관계와 공적인 이해관계의 매개였던 문화의 가치는 축소되고, 소비와 통제의 형식으로 문화가 확장된다. 이런 포스트모더니즘의 문화가 확산되면서 부르주아지는 아방가르드 예술가와 문화 전문가를 버리고 돈이 되는 취향과 가치의 제조자만 찾게 된다. 취향의 다양화는 자유시장과 찰떡궁합이 되어 선택의 자유는 결국 현상 유지를 합리화하는 논리가 된다. 과거의 서사를 부정하고 미래의 전망도 포기한 채 다양한 취향만 강조하는, 즉 현재주의(presentism)를 강조하는 견해는 역설적으로 현재의 억압과 통제의 권력관계를 철저히 외면한다.

그러나 포스트모던 문화의 확산에도 불구하고 대중이 반드시 지배계급의 이익에 봉사하거나 현상 유지에 기여하는 것은 아니다. 페이스북과 트위터를 사용하며 '아랍의 봄'을 주도한 젊은이들은 새로운 정치적, 경제적, 사회적 세력이 등장했다. 전 세계 금융자본의 중심지인 월가를 점령한 성난 '보통사람들'이 주목받고 있다. 정치에 무관심했던 사람들을 새로운 방식으로 하나로 결집시킨 인터넷의 힘이 발휘된 것이다(카스텔, 2015). 수많은 개인들의 적극적인 사회 참여의 새로운 방식으로 자리 잡은 소셜 네트워크 서비스는 새로운 대중운동을 촉발하고 있다. 물론 구글이 중국에서 정보의 민주적 운영에 반대하고, 페이스북이 극단주의 정치 세력에 이용되는 사례에서 볼 수 있듯이 정보기술의 발전이 반드시 문화의 다양화를 만드는 것은 아니다. 이런 점에서 정보기술은 중립적인 도구가 아니며, 사회의 권력 관계와 제도의 성격에 따라 매우 다른 결과를 만들 것이다. 정보기술의 중요성이 커지는 시대에 문화와 정치의 만남은 과거와는 전혀 다른 양상을 만들 수 있다.

토론 주제

정치는 문화의 영향을 받는가?

지배계급의 문화적 헤게모니는 어떻게 형성되는가?

문화의 변화는 사회운동에 어떤 영향을 미치는가?

자본주의 문화는 어떻게 현대 정치의 성격을 바꾸는가?

더 읽을거리

강내희, 2003,『한국의 문화변동과 문화정치』, 문화과학사.

제임스 프록터, 2006,『지금 스튜어트 홀』, 손유경 옮김, 엘피.

이진경, 2007,『문화정치학의 영토들』, 그린비.

이성철, 2009,『안토니오 그람시와 문화정치학의 지형학』, 호밀밭.

홍성민, 2009,『문화정치학 서설』, 나남.

조흡, 2016,『문화정치와 감성이론』, 개마고원.

12장

정보사회와 문화

컴퓨터는 가장 새롭고, 명백히 가장 강력한 기술 혁신 중 하나이지만, 그것의 상징화는 이전의 것과 거의 같다. 기술 담론의 문화 구조는 확고하게 정립되어 있다.

—제프리 C. 알렉산더, 『사회적 삶의 의미』

1946년에 최초의 컴퓨터로 알려져 있는 애니악(Electronic Numerical Integrator And Computer: ENIAC)이 개발되고 1990년대에 들어서야 PC(Personal Computer)에 인터넷이 연결되었다. 이후 지난 30년 동안 정보통신기술의 발달과 인터넷 확산, 소셜미디어 등 뉴미디어의 발전, 지식이나 정보 관련 경제의 비중 확대, 정보노동자의 증가, 정보의 양적 그리고 질적 변화 등으로 특징지어지는 정보화가 급속하게 진행되었다. 이러한 정보화는 사회 환경과 상호작용하면서 인간관계와 같은 개인적인 측면뿐만 아니라 조직, 산업구조 그리고 정치에 이르기까지의 사회구조적인 측면에도 지대한 영향을 미치고 있다. 이 장에서는 정보기술의 변화가 가져온 사회적 현상에 대한 의미를 살펴보고, 정보기술의 발달이 가져온 미디어의 변화가 일상문화에 미치는 영향, 개인의 정체성의 변화, 그리고 정보기술의 변화와 시민운동과의 관계에 대해서 논의한다.

정보사회에 대한 일반사회학적 접근과 문화사회학적 접근

새로운 정보통신기술과 정보사회에 대한 일반적인 사회학적 설명을 크게 나누어 보면, 정보기술의 발전이 새로운 유토피아(utopia)를 가져다줄 것이라는 기대와 이러한 기술의 발달이 가져올 음울한 디스토피아(dystopia)에 대한 우려로 분류할 수 있다.

정보사회를 유토피아로 묘사하는 낙관론은 기술의 발전이 사회 변동을 가져오며 정보사회는 이전의 산업사회와 질적으로 다른 단절된 사회라고 주장한다. 이러한 주장은 대니얼 벨의 탈산업사회주의(post-industrialism), 마크 포스터(Mark Poster)의 탈근대주의(postmodernism), 마누엘 카스텔(Manuel Castells)의 정보적 발전 양식(information mode of development), 앨빈 토플러(Alvin Toffler)의 제3물결 문명론(civilization of the third wave) 등에서 찾아볼 수 있다(웹스터, 2016). 예를 들면, 벨은 『탈산업사회의 도래』(1973)에서 정보의 양적 증가와 질적 변화로 새로운 정보사회가 출현하여 산업사회를 대체했다고 설명한다. 그는 발전 단계에 따라 전산업사회(pre-industrial society), 산업사회(industrial society) 및 탈산업사회(post-industrial society)로 구분하고, 탈산업사회를 자원 또는 동력이 아닌 지식과 정보가 핵심 자원이 되고, 재화 생산 중심사회가 아닌 서비스 생산 중심사회로 규정한다. 과거에는 사회구조, 정치, 문화의 세 가지 영역이 공통 가치 체계로 연결되어 있었으나 세 영역의 분리가 증가하고 있으며 사회구조상의 변동으로부터 탈산업사회가 출현하고 있다고 주장한다.

토플러는 『제3의 물결』(1980)에서 약 1만 년 전 '농업혁명'으로 출현하여 17세기까지 유지된 제1의 물결, 그리고 18세기경 '산업혁명' 이래로 현대까지 이어지고 있는 제2의 물결과는 전혀 다르게 정보와 지식 등에 기초한 새로운 제3의 물결이 시작되고 있다고 설명한다. 생산과 소비가 분리된 제2 물결의 행동 규범 즉 표준화, 전문화, 동시화, 집중화, 극대화, 중앙집권화의 원리에서 탈피하여 기술혁명, 표준화와 동시화의 붕괴, 탈집중화, 탈극대화, 생산소비자의 출현, 국민국가의 균열과 초국가적 기업 등의 등장이라는 새로운 대변혁 시대가 도래했다고 주장한다.

벨과 토플러의 논의에서 살펴볼 수 있듯이 단절론자들은 정보사회를 이전의 사회와는 다른 매체와 커뮤니케이션 수단을 가진, 다른 문화를 가진 새로운 사회라고 전망하고 새로운 사회에서는 정치, 경제, 사회, 문화적 혁신이 이루어질 것이라는 대체로 긍정적인 기대를 제시하고 있다.

한편 정보사회를 비관적으로 설명하는 입장은 기술의 발전이 사회구조 내에서 이루어지고 사회 체계나 구조의 변화 없이 기존의 틀 내에서 일정한 변화가 진행되고 있을 뿐이며 결과적으로 정보사회는 이전 체계와 연속성을 유지한다고 강조한다. 이러한 주장의 대표적인 논의로는 허버트 실러(Hebert Shiller)의 신마르크스주의(neo-marxism), 미셸 아글리에타(Michel Aglietta)의 조절학파 이론(regulation theory), 데이비드 하비(David Harvey)의 유연적 축적론(flexible accumulation), 앤서니 기든스의 성찰적 근대화론(reflexive modernization), 위르겐 하버마스의 공론장(the public sphere) 등을 들 수 있다(웹스터, 2016). 예를 들면, 실러는 정보와 통신이 자본주의에서도 존재했으며 질적인 변화를 거쳐 새롭게 등장한 요소가 아니라고 주장한다. 정보의 발전 과정에도 여전히 시장 기준이 적용되고 계급 불평등이 정보의 분배, 접근, 창출 능력의 중요한 결정요인으로 여전히 작용하고 있다고 지적한다. 그는 이러한 관점에서 커뮤니케이션 혁명은 기존의 전 지구적 기업구조를 가진 이들이 새로운 체계를 유지하기 위해 노력한 결과이며 기존의 산업사회의 차별과 불평등이 새로운 수단과 과정에 의해서 심화, 확대된 것이라고 주장한다. 또한 정보화가 새로운 사회로의 이행을 촉발하지 않으며 기존의 문제점을 더욱 심화시킬 것이라는 비관적인 전망을 하고 있다.

기든스는 정보사회는 최근의 정보혁명에 의해서 새롭게 등장한 사회가 아니라고 주장한다. 그는 17세기 말을 전후로 전쟁 와중에 형성된 민족국가가 자국의 영토 보호와 세금 징수·징집 등을 위해 구성원들에 대한 감시와 이를 위한 정보의 수집·저장 및 통제를 필요로 했다고 지적한다. 이처럼 정보사회란 20세기 말에 이르러 처음 출현한 것이 아니라 근대 사회의 출현과 함께 등장했다는 것이다. 이와 같이 연속론의 입장은 정보사회의 특징으로 일컬어지는 현상들이 산업자본주의의 발달과 민족국가의 공고화, 그리고 자본주의에 입각한 초국가적 조직의 전 지구화 등으로 20세기 후반에 가속화된 것으로 파악하고, 정보사회를 비관적으로 전망한다.

위와 같은 정보사회 낙관론과 비관론은 정보사회의 전망에 대해서는 의견을 달리하지만, 기술을 객관적이고 합리적인 대상으로 이해하고 접근한다는 공통점을 지니고 있다. 그러나 알렉산더는 "기술은 사회와 감성의 요구에 반응하기 때문에 기술을 담론으로" 보아야 하며, "기술의식이 담론에 의해 구성"된다고 주장한다(알렉산더, 2007). 그는 컴퓨터의 등장을 설명하는 담론들을 분석하면서 컴퓨터에 대한 초기의 수사들이 두 가지 형태, 즉 구원의 수사와 파멸의 수사로 나타나고 있음을 보여 준다. 그의 분석은 구원의 수사가 컴퓨터가 인간의 문제를 해결하고 행복을 가져다줄 것이며, 컴퓨터에는 경이로운 힘이 있어 컴퓨터가 혼돈에서 질서를 이끌어 낼 것이라는 담론들로 구성되고 있음을 확인한다. 반면에 파멸의 수사는 세상의 종말을 상징하는 계시론적 담론으로, 컴퓨터로 인한 타락의 두려움, 인간을 객체화하여 기계인간으로 대체할 것이라는 두려움, 우리의 토대를 파괴할 수 있는 대격변을 가져올 수 있다는 담론들로 표출되고 있음을 보여 준다. 그는 이처럼 기술의 발달에 대한 이해는 과학적 객관성에 의한 합리적인 이해라기보다는 사회 속의 문화구조를 기반으로 한 이해이어야 한다고 주장한다. 알렉산더는 이러한 문화사회학적 이해만이 기술의 담론으로 인한 환상과 실제 상황 간의 차이를 식별할 수 있고, 기술에 대한 통제를 가능케 한다고 강조한다.

> 기술이 근대의 삶에 야기하는 커다란 위험은 인간 의식을 침체시키거나 경제 혹은 정치적 현실에 예속시키는 것이 아니다. 그와는 반대로, 기술이 구원과 계시라는 환상에 머물기 때문에 기술에 의한 위험은 현실적인 것이다. 기술의식이 담론에 의해 구성된다는 점을 이해해야만 물질적 형태의 기술에 대한 통제를 기대할 수 있다.[44]

정보사회에서 나타나는 현상도 우리가 가지고 있는 문화구조 내에서 조명될 수 있다. 예를 들어 2016년 이세돌 9단과의 대국에서 승리한 알파고는 4차 산업혁명이 가져올 기술 혁신에 대한 기대와 인간이 발명한 인공지능이 인간을 넘어서면서 가져올 수 있는 상황에 대한 공포를 동시에 불러일으키며 전 세계인들을 충격에 빠트렸다. 2017년 스티븐 호킹(Stephen Hawking)은 "효과적인 인공지능을 창조해낸다면 인류 문명사에서 최대의 사건이 되겠지만 그러지 못한다면 최악의 사건이 될 수 있다"라고 경고하고 있다(〈중앙일보〉 2017. 11. 7.).

---

44 제프리 C. 알렉산더, 『사회적 삶의 의미: 문화사회학』, p. 390.

정보사회와 미디어의 변화

이미지는 깊은 사실성의 반영이다.
이미지는 깊은 사실성을 감추고 변질시킨다.
이미지는 깊은 사실성의 부재를 감춘다.
이미지는 그것이 무엇이건 간에 어떠한 사실성과도 무관하
다: 이미지는 자기 자신의 순수한 시뮬라크르이다.[45]

미디어는 일반적으로 커뮤니케이션을 매개하는 수단이자 기반으로 정의되고 있다. 미디어의 변화는 커뮤니케이션 수단의 교체라는 단순한 의미로 해석될 수도 있다. 그러나 매클루언(Marshall McLuhan)의 "미디어는 메시지다(The medium is the message)"라는 명제처럼, 동일한 사건이 미디어 종류에 따라 다르게 이해될 수 있다. 이런 맥락에 따라 정보사회에서 미디어 변화의 의미를 정확하게 이해하기 위해서는 먼저 미디어의 발전 과정을 살펴볼 필요가 있다.

근대 이후 발달한 전통 미디어는 인쇄미디어와 영상미디어로 나뉠 수 있다. 인쇄미디어의 대표적인 예로는 신문과 잡지를 들 수 있다. 서구의 근대 신문은 17세기에 주간신문 형태로 발행되기 시작하여 18세기부터 일간지로 발간되었으며, 19세기에 들어서는 교육과 문자 해독력의 증가에 따라 대중화되었다. 근대 잡지는 19세기 말 미국에서 등장하였으며 대중사회의 발달과 함께 발행이 확대되었다. 이는 시사종합지 등의 대중지, 문학 잡지 등의 전문 잡지, 시민단체 기관지 등의 특수 잡지 등 주제와 독자에 따라 점차 다양화되었다.

---

45 장 보드리야르, 2001, 『시뮬라시옹』, 하태환 옮김, 민음사, p. 27.

영상미디어로는 텔레비전과 영화가 대표적이다. 텔레비전은 근대 사회의 일상생활에서 많은 부분을 차지해 왔다. 텔레비전은 현대의 가장 강력한 문화적 매체로서의 역할을 행사해 왔다. 드라마, 음악, 쇼, 교양, 미술 등 여러 장르의 문화를 포함하는 종합 문화예술 매체로 기능하고, 신문과 달리 영상을 사용하여 뉴스를 전달하기 때문에 정치, 경제, 사회, 문화적인 영향이 더 강력해질 수 있다. 또한 텔레비전은 정치인들에게 대중과 접촉하는 중요한 통로를 제공하여 대중 정치인을 만들거나 대통령 선거에 결정적인 영향력을 행사하기도 하고 사회적인 이슈에 대중을 동원시키기도 했다. 이렇듯 텔레비전은 광범위하게, 그리고 장기적으로 우리의 사회현실 인식에 영향을 행사하고 있으며, 포스트모던 이론가인 보드리야르의 시뮬라크르처럼 텔레비전에서 구성된 상황을 마치 실제 현실인 것으로 인식하게 만든다고 지적되고 있다.

영화는 1895년 프랑스의 뤼미에르 형제에 의해서 현재와 흡사한 최초의 영화가 만들어진 이래 영화 제작기술의 발달에 따라 진화되었다. 1903년에서 1927년의 무성영화 시대를 거쳐 1933년 이후 유성영화 시대로 진입하였으며, 1970년대에는 비디오가 등장하면서 미국 할리우드 영화의 세계시장 진출이 확대되었다.

이와 같이 전통 미디어는 커뮤니케이션 수단의 일반 접근성이 강화되는 방향으로 발전되어 왔다. 동일한 정보가 불특정 다수에게 유통되고 획득될 수 있도록 진화되어 온 것이다. 미디어의 보편 접근성 강화가 갖는 역사적, 그리고 사회적 의미는 매우 컸다. 그 단적인 예는 1455년경 독일의 구텐베르크에 의해서 발간된 『구텐베르크 성경』이나 1517년 마틴 루터가 작성한 '95개의 반박문'의 대량 배포에서 찾아볼 수 있다. 성경 인쇄본의 보급은 지식과 교육을 독점하던 수도원의 힘을 약화시키는 계기로 작용하였으며, 대량 배포된 문서는 종교개혁의 촉매로 기능하였다. 전통 미디어의 형식도 정보기술의 발달에 따라 점차 변화되었다. 예를 들면 〈뉴스위크(Newsweek)〉는 2012년 12월 종이 잡지 출판을 중단하고 디지털 매체로 전환하였으며, 뉴스 콘텐츠 또한 종이 신문보다는 인터넷이나 모바일을 통해 제공되는 비중이 증가하고 있다. 영화도 상영관뿐만 아니라 새로운 플랫폼을 통해 제공되고 있다. 1997년 인터넷에서 주문을 받아 우편으로 DVD를 대여해 주는 서비스로 출발한 '넷플릭스'는 지금은 전 세계 190여 개국에서 2018년 3분기 실적 기준 1억 3700만 명(〈지디넷〉, 2018. 10. 17.)의 가입자에게 서비스를 하고 있다.

그러나 정보기술의 발전은 전통 미디어의 단순한 외형적인 변모를 넘어서 근본적인 특성 변화를 수반한 새로운 미디어의 등장을 가져왔다. 새로운 미디어의 주요 특성으로는 커뮤니케이션의 상호작용성(interaction)과 디지털화(digitalization)를 꼽을 수 있다. 먼저, 새로운 미디어는 양방향 커뮤니케이션이 이루어지는 상호작용성이라는 특성을 지닌다. 신문, 잡지 등 전통 미디어에서는 커뮤니케이션의 생산자와 소비자가 각각 존재하지만, 새로운 미디어에서는 개인이 '생산자이자 소비자(prosumer)'이다. 개인이 커뮤니케이션의 수동적 대상으로 머물지 않고 끊임없이 커뮤니케이션 상대방에게 피드백하고 콘텐츠를 능동적으로 선택하게 된다. 전통 미디어가 표준화된 정보와 이미지를 제공하는 일방통행의 커뮤니케이션 수단이었다면, 새로운 미디어는 쌍방향의 커뮤니케이션 수단으로 탈바꿈한 것이다(오택섭 외, 2015: 288~290).

새로운 미디어의 또 다른 특성은 디지털화이다. 디지털화는 사람들이 읽고 듣고 보는 콘텐츠가 컴퓨터가 읽고 처리하는 형태로 구현되는 과정이다. 디지털기술을 통해 콘텐츠의 제작, 처리, 전송이 디지털화된다. 예를 들어 디지털 TV 시스템은 디지털카메라를 이용하여 프로그램 콘텐츠를 제작하고 그 디지털화된 정보신호를 디지털 전송기술을 이용하여 수용자가 시청할 수 있도록 디지털 TV 수상기로 전송한다. 이에 따라 새로운 미디어는 다양한 양식의 정보를 하나의 통합된 정보로 전달하는 멀티미디어(multimedia)적인 특징을 보여준다.

일반적으로 멀티미디어란 상호작용적으로 접근 가능한 동영상, 정지화상, 오디오, 텍스트 등을 전자적으로 함께 전달하는 미디어 조합을 일컫는다. 전통 미디어는 신문, 잡지, 도서, 라디오, 텔레비전, 전신, 전화 등 콘텐츠의 표현 수단에 따라 별개로 구분되어 있었으나, 다양한 형태의 정보가 동일한 방식으로 처리할 수 있는 디지털화의 구현 때문에 미디어 간의 차이나 경계가 사라지면서 각각 다른 미디어가 하나의 미디어로 융합될 수 있게 되었다. 또한 새로운 미디어는 정보를 개개인이 원하는 시간에 비동시적으로 제공할 수 있는 비동시성의 특징을 가진다. 예를 들어 라디오, 텔레비전 등의 전통 미디어는 동일한 콘텐츠를 같은 시간에 동시에 전달하였으나, 새로운 미디어는 디지털기술을 이용한 저장 녹음기술을 활용하여 요청되는 콘텐츠를 원하는 시간에 언제든지 제공할 수 있게 되었다. 마지막으로 새로운 미디어는 정보를 선별적으로 개인화하여 제공하는 탈대중화의 특성을 가진다. 전통 미디어는 다양한 기호를 가진 대중에게 동질적인 메시지와 정보를 무차별적으로 전달하였으나, 이제는 디지털기술의 발달로 수백 개의 채널과 다양한 영상미디어를 통해 개개인이 원하고 필요로 하는 정보를 따로 전달할 수 있게 되었다.

이러한 디지털미디어의 발달은 소셜 네크워크 서비스의 확대를 촉발하였다. 인터넷의 확산과 함께 블로그 등 UCC(User Created Contents)를 통해 제공되는 콘텐츠의 양이 늘어나자 콘텐츠의 중요성이 커졌으며, 콘텐츠를 공유하며 자신의 존재를 알리고 사회적 인정을 받으려는 욕구도 한층 강화되었다. 이에 따라 정보 검색과 포털 서비스 사이트보다는 페이스북과 트위터와 같은 소셜 네트워크 서비스(SNS)가 크게 성장하게 되었다. SNS는 기존의 콘텐츠를 사용자에게 제공하는 것이 아니라, 친구나 지인과의 사회적 관계를 기반으로 사용자가 많은 콘텐츠를 제공하고 유통시키기 때문에 콘텐츠가 다양화된다. SNS라는 사회적 연결망을 통해 인터넷 이용자들은 사회적 관계를 맺고 유지, 확장시키면서 사적인 의견과 정보뿐만 아니라 공적인 의견과 정보의 유통이 활발해진다.

페이스북의 창업자 마크 저커버그는 2015년 8월 페이스북의 하루 이용자가 10억 명을 넘어섰다는 사실을 자신의 페이스북에 포스팅하면서 전 지구상 인구의 일곱 명 중 한 명이 그날 하루에 페이스북에 접속했음을 알렸다. 이처럼 소셜 네크워크는 전 세계인을 사회적 관계로 연결하는 강력한 수단이며, 정보가 신속하고 효율적으로 유통되는 통로가 되었다. 한국인터넷진흥원의 통계에 의하면 2017년 조사 기준 만 3세 이상 인구의 인터넷 이용률은 90.3%이며, 만 6세 이상 인터넷 이용자 중 인스턴트 메시지 이용자는 95.1%, 만 6세 이상 인구의 SNS 이용률은 68.2%로 조사되었다. 한국 사회에서도 인터넷을 이용한 메시지와 SNS가 사회적 관계를 연결하는 중요한 매체임을 알 수 있다.

그렇다면 이러한 미디어의 변화가 가져온 영향은 무엇일까? 소셜 네트워크 서비스 확산의 영향은 개인 차원뿐만 아니라 사회 전체 차원에서 나타나고 있다. 미디어 변화의 개인 차원의 영향에 대해서는 긍정적인 측면과 부정적인 측면이 함께 표출되고 있다. 일련의 연구는 소셜 네트워크와 같은 미디어의 발전으로 새로운 정보를 빠르고 쉽게 얻을 수 있고, 이용자들의 인간관계가 확대되는 등 긍정적인 변화를 경험했다는 연구 결과를 제시하고 있다(이윤희, 2014). 반면에 직장 상사와의 '단톡' 스트레스를 호소하며(〈조선일보〉 2015. 3. 13.), 직장인들이 퇴근 후 소셜미디어를 통해 업무 지시를 하는 상사에 대한 불만으로 퇴근 후 소셜미디어를 차단하는 사례 등 부정적인 영향 또한 확인되고 있다(〈동아일보〉 2017. 3. 9.). 이러한 부정적 측면 때문에 독일과 프랑스 등에서는 법으로 보장하고 있는 '연결되지 않을 권리'에 대한 요구들이 대두되고 있다(〈YTN〉 2016. 3. 30.).

네트워크화된 인간관계는 개인의 친밀성 영역에도 영향을 미친다. 바우만은 『리퀴드 러브(Liquid Love)』에서 현대인을 "유대 없는 인간"으로 개념화하고 "가족, 계급, 종교, 결혼 등 어디에도 소속되지 않는 현대인"들은 영원히 지속되는 끈을 상실한 '유동적 액체'라고 설명한다. 바우만에 따르면, 현대인에게는 자유를 향한 욕구가 끊임없이 존재하는 반면에 아무 곳에도 귀속되지 않는 데서 오는 공허함 때문에 귀속하고픈 욕구 또한 강해지는 양면성이 존재한다.

> 휴대폰은 서로 떨어져 있는 사람들이 접촉할 수 있도록 해 준다. 휴대폰은 접촉하고 있는 사람들이 따로 떨어져 있을 수 있도록 해 준다.[46]

현대인은 느슨한 끈 속으로 도피하려는 유혹과 자신과 파트너

---

46 지그문트 바우만, 2013, 『리퀴드 러브』, 권태우 · 조형준 옮김, 새물결, p. 153.

를 단단히 묶어 줄 안전한 끈을 향한 갈망 사이에서 양극단의 조화를 모색하는 존재라는 것이다. 바우만은 가상적 인접성의 도래로 인해 인간들 간의 접속이 보다 빈번해진 동시에 보다 얕아지고, 보다 집중적으로 된 동시에 보다 짧아졌음을 지적한다. 유대관계로 발전하기에는 접속들이 너무 얕아졌고, 너무 짧아지는 경향이 있다고 설명한다.

> 가상적 인접성은 실제 비-가상적 인접성이 행사하곤 하는 압력을 완화시킨다. 그것은 또한 다른 모든 인접성의 패턴을 정한다. 이제 모든 인접성은 가상적 인접성을 기준으로 장단점을 가늠하지 않을 수 없게 되었다.[47]

인간관계는 원래 많은 노력과 시간을 들여야 발전하는 것이지만, 이제 계약을 맺는 데 필요한 시간과 노력은 줄고 있으며, 결과적으로 그것을 깨는 것도 마찬가지라는 것이다(바우만, 2013: 155~156). 현대인의 이러한 특성은 관계의 깊이가 아니라 관계의 접촉의 빈도가 중요해지는 현상에서 잘 포착된다. 메시지의 내용이 아니라 관계가 유지되고 있다는 느낌이 더 중요해진 것이다. 바우만은 현대인들 사이에는 헌신과 몰입으로부터 네트워크로 관계의 재구조화가 이루어지고 있다고 주장한다. 오늘날 연인들이 헤어질 때 자신의 소셜 네트워크의 상태 메시지를 바꿈으로써 자신의 결별을 알리고, 상대와 연결된 네트워크를 끊음으로써 결별의 상태를 받아들이는 현상은 바우만이 지적한 네트워크화된 친밀한 관계의 단면을 보여 주는 현상이라고 할 수 있다. 바우만의 지적이 지나치게 비관적이라는 비판도 있지

438

---

47 지그문트 바우만, 『리퀴드 러브』, p. 157.

만, 정보기술과 함께 변화한 미디어의 발달이 우리의 인간관계를 어떻게 규정하고 변화시키는지를 잘 보여 주고 있다.

미디어 변화의 사회적 영향도 다양하게 나타나고 있다. 먼저 소셜미디어를 통해 개개인의 의견과 정보가 자유롭게 유통될 수 있어 정보의 생산자로서의 개인의 역할과 표현의 자유가 강조되고 있다. 인터넷 확산과 소셜미디어의 발달은 일대일, 일대다, 다대다, 실시간, 일방향, 쌍방향 등 다양한 형태의 커뮤니케이션을 가능하게 만들었다. 간단한 메시지의 교환뿐만 아니라 매매 및 투표 등의 사회적 행위도 커뮤니케이션의 일환으로 네트워크를 통해 가능하게 되었다. 유튜브 등의 1인 미디어 발달에서 알 수 있듯이 누구나 출판이나 방송을 하는 것이 가능하며 표현의 자유의 가치가 증대되고 있는 것이다. 한편 표현의 자유의 증대와 함께 사이버 명예훼손, 개인정보 유출이나 사생활 침해 등의 문제도 대두되고 있다.

인터넷이 약자들을 위한 신문고 역할도 하는 반면에 잘못된 정보로 인한 부작용을 키울 수도 있다고 볼 수 있다. 사이버 공간의 익명성의 특성과 소셜미디어의 손쉬운 퍼 나르기 기능으로 잘못된 정보가 짧은 시간에 확산될 수 있는 것이다. 한국에서 사이버 명예훼손의 수는 급격히 증가하여 2005년 3,600건이었으나, 2014년부터 2018년 8월까지 4년간 발생한 사이버 명예훼손·모욕범죄 건수는 총 6만 2050건으로 집계되었다(〈매일노동뉴스〉 2018. 10. 4.). 또한 사생활 침해와 통제의 우려도 심각하게 제기되고 있다. 소셜미디어는 개인의 정보 제공량에 따라 개인화된 서비스를 차별하여 보상하거나 네트워크 내 활동에 따라 개인화된 추천 서비스를 제공한다. 개인은 자신의 정보를 제공하고 네트워크로 연결되는 '네트워크화된 개체(networked individual)'가 되고, 제공된 개인정보는 네트워크화된 개인들의 정보와 결합되어 '네크워크 집합화(networked grouping)' 과정을 거쳐 가공된 개인정보로 변환되어 결과적으로 개인은 탈개체화된다(이항우 외, 2011: 230). 이렇게 개인은 자신의 의사와 상관없이 시장의 대상으로 포섭되고 네크워크 안에서 통제 대상으로 전환된다.

정보사회와 정체성

"'나' 또는 '우리'는 누구인가," "'나' 또는 '우리'는 어떻게 재현되는가"라는 질문, 즉 정체성은 사회·문화 이론의 중요한 화두라고 할 수 있다. 에릭슨에 따르면 '나("the real me")'라는 정체성의 감각은 반성(reflection)과 관찰(observation)의 과정을 통해 형성된 동일성과 연속성에

"On the Internet, nobody knows you're a dog."

그림 12-1 피터 스타이너(Peter Steiner), 〈뉴요커(The New Yorker)〉

대한 주관적 감각이다. 정체성은 자기 독자적으로 개념화되기보다는 타인이나 타 집단의 정체성과 관련되어 있으며, 의미 있는 타자들(significant others)과의 관계에서 형성된다(Erikson, 1968). 또한 정체성은 단일하고 안정적이라기보다는 다양하고 유동적이다.

미드는 산업화의 진전, 그리고 복잡하고 광범위한 사회 분화가 진행되면서 정체성은 자신의 행동을 자유롭게 선택하고 결정하는 주체로서의 나(I)뿐만 아니라 사회 내 상호작용을 통해 타인들의 기대로 구성되는 일반화된 타자(generalized other)로서의 나(Me)로 구성된다고 주장한다(미드, 2010). 미드의 개념을 심화시킨 터너는 일반화된 타자로서의 나(Me)는 분화되는 사회구조 속에서 주어지는 다양한 역할을 수행하면서 복합적이고 중층적으로 구성되기 때문에 다수의 정체성(multiple identities)이라는 특성을 갖는다고 강조한다(터너, 2019). 홀(Hall, 1996)과 기든스(Giddens, 1991)는 포스트모던 문화와 구조 변화에 따라 정체성의 요소가 통일적이고 안정적이라기보다는 탈중심적이고 유동적이며 분산적으로 재구성되고 재변형되고 있다고 주장한다. 정보사회에서의 정체성도 개인적, 그리고 사회적 수준에서 광범위하게 변화되고 있다(Bell, 2006).

정보사회 속 정체성의 변화에서 나타나는 가장 큰 특징은 개인들이 현실 공간의 정체성과 가상 공간의 정체성을 구성할 수 있다는 점이다. 정보기술의 발달은 개인에게 가상 공간에서 자신을 표현하고 상호작용할 수 있는 수단들, 즉 아바타 등 개인 캐릭터, 블로그 등 개인 홈페이지, 인터넷 카페, 인스턴트 메시지 플랫폼, 채팅 룸, 영상 공유 사이트 등을 허용한다. 개인의 정체성이 자유롭게 재구성될 수 있는 또 하나의 사회적 공간이 허용되고(Turkle, 1995) 다양한 공간에 존재하는 개인들을 연결하는 가상 통로가 제공되는 셈이다.

현실 공간의 정체성과 가상 공간의 정체성의 존재로 인하여 몇 가지 이슈가 지속적으로 논의되어 왔다. 첫 번째 이슈는 정체성의 진정성이다. 두 정체성의 관계 설정이 어떠한가 하는 것이다. 가상 공간에서 정체성을 어떻게 설정하고 표현하는가는 개인의 자유와 선택의 문제이다. 개인들은 가상 공간에서의 익명성으로 인하여 연령, 성별 등에 제한을 두지 않고 현실 공간에서 형성하기 어려운 정체성을 가상 공간에서 구성하고 표현할 수도 있고, 여러 가지 정체성을 탐색하고 실험해 볼 수도 있다. 따라서 성별, 인종 등과 같이 차별을 야기할 수 있는 소수집단이라는 현실 공간의 정체성을 숨기고 가상 공간에서 주류집단의 일부로서의 정체성을 만들어 낼 수도 있다. 예를 들면, 게임상의 캐릭터나 인터넷 채팅 사이트 등에서 정체성을 구성하게 되는데, 성별, 연령, 인종, 계급 등 실제 내가 누구인지를 구성해 내는 중요한 특성들을 현실 공간의 정체성과 다르게 가상으로 구성한다는 것이다. 그러나 이러한 주장에 대해서는 개인은 가상 공간의 정체성과 현실 공간의 정체성의 일관성을 유지한다는 반론이 제기된다. 개인의 정체성 구성 과정은 의미 있는 타자의 평가를 반영하기 때문에 개인들은 가상 공간에서도 의미 있는 타자들과의 상호작용에 기초한 일관성이 있는 정체성을 구성하고 표현하는 데 관심을 둔다는 것이다(Baym, 1998). 가상 공간의 정체성과 현실 공간의 정체성은 서로 엮여 있으며, 정보기술을 활용하여 가상 공간에서 현실 공간의 정체성 중 감추어진 측면을 드러내고 'real me'를 표현한다고 주장되고 있다.

또 다른 이슈는 정체성 차별의 존재 여부다. 현실 공간의 정체성 차별이 가상 공간의 정체성에서도 유지되느냐는 것이다. 정보사회의 특징 중 하나는 다양한 정체성을 경험할 수 있는 자유가 부여된다는 점이다. 정보기술의 발달로 정체성을 구현하는 방법이 다양해짐에 따라 개인은 다양하고 유동적인 정체성을 구성할 수 있다는 것이다. 예를 들면, 메신저의 대화명이나 캐릭터를 통한 단순한 정체성 구성부터 개인 홈페이지의 자기 소개, 사진, 링크, 댓글 등을 통한 입체적인 정체성 구성 등 정체성의 다양한 면이 표현될 수 있는 수단들이 제공되고 있다. 따라서 일련의 연구는 정보기술의 발달로 인해 개인이 가상 공간에서 인종, 계급, 성별, 국가 등의 정체성을 재구성하는 자유를 향유할 수 있다고 강조한다. 그러나 정체성의 차별이 현실 공간에서 가상 공간으로 고스란히 전달되고 있다는 주장도 강하게 제기되고 있다(Loader et al., 2004; Bell, 2006). 예를 들면, 가상 공간에서 여성은 여전히 소외되고 있으며, 가상 공간에 대한 접근의 불평등은 현실 공간의 불평등에 기초하여 가상 공간에서의 정체성 형성의 자유가 모든 개인들에게 동일하게 부여되고 있지 않다는 것이다.

마지막 이슈는 다수의 정체성의 존재 결과와 관련되어 있다. 다수의 정체성이 정체성의 분열을 초래하는지 아니면 확장을 가져오는지, 그리고 사회자본의 훼손을 야기하는지 아니면 증가시킬 수 있는지에 대한 질문이다. 다수의 정체성에 대한 낙관적인 견해는 정보사회에서 정체성은 불안정하고 다양하고 분산된 형태로 구성되지만, 정체성 구성의 가능성이 확장된다고 주장한다(Poster, 1995). 물리적 제약과 육체의 한계에서 벗어나서 상상력에 따라 새로운 정체성을 구성할 수 있다는 자유로움에 주목하고 있는 것이다. 가상 공간에서 다른 역할, 정체성, 행동을 시도해 볼 기회를 가질 수 있기 때문에 현실 공간에서 자신의 정체성을 더 잘 이해할 수 있으며, 다양한 정체성의 경험이 현실 공간에 심리적인 안정을 가져올 수 있고, 결과적으로 보다 적극적인 사회생활을 영위하는 데 도움이 될 수 있다는 점을 강조한다(Turkle, 1995).

사람들은 가상 공간에서는 사회적 분열과 소외를 가져오는 사회적 사고방식에 사로잡히지 않고 낯선 사람들과 교제할 수 있으며 성별, 연령, 인종, 사회계층에 대한 편견 없이 대화를 나눌 수 있게 된다고 주장된다. 가상 공간에서의 활동의 많은 부분이 사회적 유대관계를 유지하고 키우는 것과 관련되어 있으며, 가상 공간은 새로운 사회생활을 경험할 수 있더라도 개인이 사회적 상호작용을 그만두기보다는 오히려 적극적으로 사회적 상호작용을 추구한다는 것이다.

반면에 정체성의 복잡성은 타인에 대한 배려나 자신에 대한 책임의 약화를 초래할 수 있다는 주장도 제기되고 있다(Gur-Ze'ev, 1999). 현실 공간과 가상 공간에서 통일되고 일관된 정체성은 유지되지 못하고 포기될 수밖에 없으므로 사랑, 우정, 관대함 등과 같은 인간관계가 더 어렵게 된다고 비판한다(Robins, 1995). 다양한 정체성의 존재는 정체성의 해체로 연결되고, 일탈과 범죄로도 이어질 수 있다고 주장된다. 익명으로 존재할 수 있거나 익명이라고 생각할 수 있는 가상 공간의 특성으로 인하여 비방, 욕설, 인신공격과 같은 플레이밍(flaming), 괴롭힘, 증오심 표출과 같은 행위가 가능해진다는 것이다. 최근 들어 한국 사회에서 사회문제가 되고 있는 온라인상의 상호 비방이나 신상 털기 혹은 인터넷상에 다른 사람의 사진이나 프로필을 사용하는 정체성 도용문제는 부정적인 현상의 예가 될 수 있다.

정보화와 시민운동의 변화

정보기술의 발달은 정보 양과 질의 확대, 시공간적 거리감 축소, 커뮤니케이션의 상호작용성 증가 등을 가져왔다. 각 개인이 수동적인 미디어의 소비자로서만 한정된 정보를 공급받는 것이 아니라 능동적인 미디어의 이용자이자 생산자로서 시공간적 제약을 극복하면서 대량의 정보를 빠르게 유통할 수 있게 된 것이다. 예를 들면, 개인은 텍스트, 이미지, 사운드를 활용하여 메시지, 이미지, 동영상 등 콘텐츠를 제작한 후 온라인에 업로드하고, 이를 공유하여 미디어 이용자와 상호작용할 수 있게 되었다. 이러한 정보기술의 변화가 시민운동에 미치는 영향에 대한 논의를 살펴보면 상반된 견해가 존재하고 있음을 알 수 있다.

먼저 일련의 주장은 정보사회에서 시민운동의 긍정적 변화를 주장한다. 이들은 정보기술의 도구적 기능과 시민운동의 구조적 변화에 주목한다(Shirky, 2008). 정보기술이 사회의 소통 비용을 줄임으로써 개인들의 집단행동 참여를 촉진하여 시민운동의 네트워크 폭을 넓힐 수 있다고 설명한다. 기존의 사회운동이 위계적 특성을 지닌 조직의 소수를 중심으로 하여 집회 등의 물리적 행동 위주로 전개된 반면에, 정보사회에서 소셜미디어 등을 활용한 사회운동은 탈위계적인 특성을 가지고 댓글 달기, 퍼 나르기, 해시태그 달기 등으로 다양하게 전개되고 있어 시민운동의 상호작용 증가, 인식 공유 확산을 통한 통합행동 전개 등이 용이해지고 활발해질 수 있다고 강조한다. 또한 시민사회의 변화를 위한 정보의 확산과 공유뿐만 아니라 시민사회 변동을 위한 의제를 적극적으로 설정하여 유통한다고 설명한다. 정보사회에서 시민운동이 집단행동(collective action)에서 연결행동(connective action)으로 변화되고 있다는 것이다(Bennett and Segerberg, 2012).

반면에 시민운동의 부정적 변화를 지적하는 견해는 소셜미디어 등을 활용한 시민운동은 강한 연대(strong ties)에 기반한 기존의 시민운동과 달리 약한 연대(weak ties)를 토대로 하고 있어 사회 변동을 야기할 수 있는 집단행동이나 통합행동으로 발전하기 어렵거나 개인적인 관심사에 머물 수 있다고 비판한다(Gladwell, 2010). 정보사회에서 시민운동은 특정 집단에 집중되고, 시민운동 조직이 탈위계적이라기보다는 사실상 위계적 특성을 가지고 있으며 결과적으로 집단 간 이질성이 확대될 것이라고 주장한다. 이와 같이 정보기술의 발달과 시민운동의 변화에 대해 주장이 대립되고 있어 양자의 관계에 대한 선험적이고 이론적인 논의뿐만 아니라 엄밀하고 체계적인, 경험적이고 실증적인 분석도 함께 진행될 필요가 있다고 하겠다.

한국 사회의 경우 정보화의 확산과 민주화 이행 과정을 거치면서 시민운동의 변화를 경험하였다. PC통신이 보급되고 인터넷이 상용화되는 시기인 1990년대 이후 온라인을 이용한 시민운동이 적극적으로 전개되었다. 예를 들면, 2000년의 낙선운동은 시민운동 전반에 인터넷을 이용한 사회운동의 파급력을 확인시켜 준 사례였다. '2000년 총선시민연대'는 홈페이지를 개설하여 낙선운동 관련 소식들을 공지하고, 게시판을 개설하여 시민들의 의견을 교환할 수 있도록 하였다. 시민들은 홈페이지를 방문하여 낙선운동과 관련된 자료들을 검색할 수 있었으며 중요한 행사 일정을 확인할 수 있었다. 이러한 활동은 후보자의 당락에 큰 영향을 주었고, 2000년의 낙선운동으로 인터넷이 시민운동에 큰 영향을 주었다고 평가되고 있다. 그 이후 2002년 대통령 선거에서의 인터넷 커뮤니티 활동, 2002년 촛불집회, 2004년 대통령 탄핵반대 집회, 2008년 쇠고기 수입반대 촛불집회, 2010년 지방선거에서의 시민 정치 참여, 2014년 4월 세월호 사건에서 인터넷과 스마트폰을 이용한 '노란리본 달기 캠페인' 등 인터넷 정보기술을 활용한 시민운동이 전개되었다.

그림 12-2 2016년 광화문 촛불집회 ©한국저작권위원회

2016년 촛불집회에서도 촛불집회 장소와 일정이 촛불집회 주최 측의 인터넷 홈페이지를 통해 공지되면서 시민들의 집회 참여를 유도하였으며, 촛불집회의 내용과 방향에 대한 온라인상 토론도 적극적으로 이루어졌다. 이처럼 정보기술의 발달은 한국 사회 시민운동의 조직화에 영향을 미쳤으며 인터넷과 소셜미디어 등은 시민들의 자발적 참여와 적극적인 의견 개진이 이루어지는 공론의 장으로서 기능하였다. 시민운동 변화를 구체적으로 살펴보면, 우선 인터넷 등을 통한 비제도적인 정치 참여가 증가하고 있음이 관측된다. 정당이나 시민사회단체, 노동조합과 같은 제도화된 조직을 통한 사회운동보다는 인터넷과 소셜미디어 등의 네트워크를 통해서 지식을 집단적으로 생산하고 공유하며, 사회적이고 공적인 이슈에 비제도적이고 네크워크적으로 참여하는 경향을 보인다(조화순, 2012). 예를 들면, 2002년의 촛불집회는 인터넷 뉴스매체에 실린 한 네티즌의 제안에서 시작

되었다. 한 개인의 제안이 기존의 시민사회단체를 중심으로 진행되던 시민사회운동과 결합되어 수많은 시민들이 직접 거리에서 만날 수 있는 계기를 마련해 주었다고 할 수 있다.

2008년 쇠고기 수입반대 집회, 2016년 대통령 퇴진요구 촛불집회에서도 또한 정당을 통한 정치 참여가 아니라 비제도적인 형태의 시민운동 참여가 이루어졌다. 시민 개개인의 페이스북, 트위터, 인스타그램 등을 통한 의견 개진, 인터넷 토론방에서의 적극적인 토론을 통한 사회적 의제 설정과 여론 주도 등 비제도적인 형태의 시민운동 참여가 활발하게 진행되었다. 이러한 시민운동 전개는 참여민주주의의 확대와 시민에 의한 사회 변동 가능성을 보여 주었지만, 이슈 중심의 시민운동 참여에 그치고 제도적인 개선이 수반되지 못한 한계도 드러냈다고 할 수 있다.

한편, 정보기술 발달은 시민운동에서 '감정의 동원과 확산'을 촉발하는 수단을 제공하고 있다(이항우 외, 2011). 신문 기사나 방송 보도 등 일방향적 미디어에 의존할 경우 시민운동의 감정의 동원과 확산이 제한적일 수 있으나 인터넷, 소셜미디어 등이 시민운동에 활용되면서 감정의 동원과 확산의 폭과 깊이가 크게 확장되고 있다. 예를 들면, 직접 현장에 참여하지 못한 시민들도 인터넷에서 공유되는 사진, 동영상의 공유와 댓글, 소셜미디어에 동의 표시 등의 방식으로 상호 감정교환과 확산을 경험할 수 있게 된 것이다. 이러한 현상은 2016년 촛불집회를 문화사회학적 관점에서 분석한 최종렬(2017)의 연구에서도 잘 드러난다. 그는 촛불집회라는 사회적 공연을 통해 시민들이 민주주의라는 성스러운 체험을 공유하고, 이러한 공동의 감정구조를 통해 시민사회의 제도를 스스로가 조절할 수 있다는 자신감을 가지게 되었다고 설명하고 있다. 촛불집회에 대한 영상과 사진,

기사 등이 공유되고 의견이 확산되면서 시민들은 집합적 공동의 감정을 확인하고 공유하는 상태를 경험하게 되는 셈이다. 뒤르켐(1992)의 "집합적 감정과 집합적 관념을 일정한 간격을 두고 유지하고 공고히" 하는 의례가 온라인상에서 나타나고 있다고 할 수 있다.

토론 주제

정보사회에 대한 단절론과 연속론적 입장의 차이를 논하라.

정보기술의 발달로 인한 새로운 미디어의 등장이 가져온 긍정적, 부정적
영향은 무엇인가?

다수의 정체성의 존재가 가져오는 영향은 무엇인가?

소셜 네트워크 서비스(SNS)의 확산이 미래 사회에 미치는 변화는 무엇인가?

더 읽을거리

마크 포스터, 1994, 『뉴미디어의 철학』, 김성기 옮김, 민음사.

앤서니 기든스, 2001, 『현대성과 자아정체성』, 권기돈 옮김, 새물결.

지그문트 바우만, 2013, 『리퀴드 러브』, 권태우·조형준 옮김, 새물결.

프랭크 웹스터, 2016, 『현대정보사회이론』, 조동기 옮김, 나남.

강진석, 2004, 『중국의 문화코드』, 살림.

고쿠분 고이치로, 2014, 『인간은 언제부터 지루해했을까?: 한가함과 지루함의 윤리학』, 최재혁 옮김, 오늘의책.

고프먼, 어빙, 2016(1959), 『자아 연출의 사회학』, 진수미 옮김, 현암사.

골드만, 루시앙, 1987, 『소설사회학을 위하여』, 조경숙 옮김, 청하.

구디, 잭, 2010, 『잭 구디의 역사인류학 강의: 요리, 사랑, 문자로 풀어낸 동서양 문명의 발달사』, 김지혜 옮김, 산책자.

굼브레히트, 한스 U., 2008, 『매혹과 열광 어느 인문학자의 스포츠 예찬』, 한창호 옮김, 돌베개.

그람시, 안토니오, 1999, 『그람시의 옥중수고』, 이상훈 옮김, 거름.

_____, 2003, 『대중문학론』, 박상진 옮김, 책세상.

기든스, 앤서니, 1997, 『좌파와 우파를 넘어서』, 김현옥 옮김, 한울.

기든스, 앤서니·울리히 벡·스콧 래쉬, 2010, 『성찰적 근대화』, 임현진·정일준 옮김, 한울.

김고연주, 2010, 「'나 주식회사'와 외모 관리」, 『친밀한 적』, 이후.

김남옥, 2010, 「'386' 세대 경험의 문학적 형상화: 김인숙·공지영을 중심으로」, 『사회와 이론』 16.

김남옥·석승혜, 2017, 「그녀들의 음지문화, 아이돌 팬픽」, 『Journal of Korean Culture』 37.

김동일, 2009, 「단토 대 부르디외: 예술계(artworld)에 대한 두 개의 시선」, 『문화와 사회』 6월호.

김문조, 2007, 「문화연구의 과제와 방법」, 『사회와 이론』 10.

김성식, 2008, 「학생 배경에 따른 대학진학 기회의 차이」, 『아시아교육연구』 9(2).

김숙영, 2001, 「스포츠 소비문화 특성에 관한 연구」, 연세대학교 석사학위논문.

김양선, 2014, 「신자유주의 시대 경쟁하는 몸」, 『젠더와 사회』, 한국여성연구소.

김원제, 2005, 『미디어 스포츠 사회학』, 커뮤니케이션북스.

김윤태, 2017, 「불평등과 이데올로기」, 『한국학연구』 67.

_____, 2018, 『정치사회학: 국가, 권력, 정치갈등의 사회학적 이해』, 세창출판사.

김창남, 1998, 『대중문화와 문화실천』, 한울.

_____, 2018, 『대중문화의 이해』, 한울.

나이팅게일, 버지니아, 2002, 『수용자연구』, 박찬희·김형곤 옮김, 커뮤니케이션북스.

남정욱, 2014, 『결혼』, 살림.

노명우, 2015, 『호모 루덴스: 놀이하는 인간을 꿈꾸다』, 사계절.

단토, 아서, 2016a, 『일상적인 것의 변용』, 김혜련 옮김, 한길사.

_____, 2016b, 『예술의 종말 이후』, 이성훈·김광우 옮김, 미술문화.

_____, 2017a, 『무엇이 예술인가』, 김한영 옮김, 은행나무.

_____, 2017b, 『미를 욕보이다』, 김한영 옮김, 바다출판사.

데리다, 자크, 2001, 『글쓰기와 차이』, 남수인 옮김, 동문선.

_____, 2010, 『그라마톨로지』, 김성도 옮김, 민음사.

도오루, 요시다, 2015, 『정치는 감정에 따라 움직인다』, 김상운 옮김, 바다출판사.

〈동아일보〉 2017. 3. 9., "직장인 울리는 퇴근 후 카톡… '부장님 단톡방 탈퇴 좀.'"

뒤르켐, 에밀, 1992(1916), 『종교생활의 원초적 형태』, 노치준·민혜숙 옮김, 민음사.

_____, 1992, 『종교생활의 원초적 형태』, 노치준·민혜숙 옮김, 민영사.

_____, 1999, 『사회분업론』, 임희섭 옮김, 삼성출판사.

_____, 2008, 『에밀 뒤르켐의 자살론』, 황보종우 옮김, 청아출판사.

뒤마, 알렉상드르, 2014, 『뒤마 요리사전』, 홍문우 옮김, 봄아필.

드보르, 기, 2014, 『스펙타클의 사회』, 유재홍 옮김, 울력.

디사나야케, 엘렌, 2016, 『예술은 무엇을 위해 존재하는가』, 김성동 옮김, 연암서가.

라이히, 빌헬름, 2006, 『파시즘의 대중심리』, 황선길 옮김, 그린비.

라캉, 자크, 2008, 『자크 라캉 세미나 11』, 맹정현·이수련 옮김, 새물결.

라투슈, 세르주, 2014, 『낭비사회를 넘어서: 계획적 진부화라는 광기에 대한 보고서』, 정기헌 옮김, 민음사.

라파르그, 폴, 2005, 『게으를 수 있는 권리』, 조형준 옮김, 새물결.

래쉬, 스코트·존 어리, 1998, 『기호와 공간의 경제』, 박형준·권기돈 옮김, 현대미학사.

레오나르도, 미카엘라 디·로저 랭카스터, 2012, 「젠더, 섹슈얼리티, 정치경제」, 『페미니즘, 왼쪽 날개를 펴다』, 유강은 옮김, 메이데이.

러너, 거다, 2004, 『가부장제의 창조』, 강세영 옮김, 당대.

럽턴, 데버러, 2015, 『음식과 먹기의 사회학: 음식, 몸, 자아』, 박형신 옮김, 한울.

레비-스트로스, 클로드, 1998(1935), 『슬픈 열대』, 박옥줄 옮김, 한길사.

_____, 2005, 『신화학 1: 날것과 익힌 것』, 임봉길 옮김, 한길사.

로버트슨, 롤런드, 2013, 『세계화: 사회이론과 전 지구적 문화』, 이정구 옮김, 현대문화사.

로스, 도로시, 2005, 『미국 사회과학의 기원 1·2』, 백창재·정병기 옮김, 나남.

로잘도, 미셸 짐발리스트·루이스 램피어, 2008, 『여성·문화·사회』, 권숙인·김현미 옮김, 한길사.

루만, 니클라스, 2007, 『사회체계이론』, 박여성 옮김, 한길사.

_____, 2009, 『열정으로서의 사랑』, 정성훈·권기돈·조형준 옮김, 새물결.

루빈, 게일, 2015, 『일탈』 임옥희·조혜영·신혜수·허윤 옮김, 현실문화.

루이스, 오스카, 2013, 『산체스네 아이들: 빈곤의 문화와 어느 멕시코 가족에 관한 인류학적 르포르타주』, 박현수 옮김, 이매진.

루카치, 게오르크, 1999, 『역사와 계급의식』, 박정호·조만영 옮김, 거름.

_____, 2007, 『소설의 이론』, 김경식 옮김, 문예출판사.

리바트, 크리스토프, 2017, 『레스토랑에서』, 이수영 옮김, 열린책들.

리스먼, 데이비드, 1999, 『고독한 군중』, 이상률 옮김, 문예출판사.

리, 존, 2019, 『케이팝』, 김혜진 옮김, 소명출판.

리오타르, 장프랑수아, 1992, 『포스트모던의 조건』, 유정완·이삼출·민승기 옮김, 민음사.

리처, 조지, 2003, 『맥도날드 그리고 맥도날드화』, 김종덕 옮김, 시유시.

_____, 2007, 『소비사회학의 탐색: 패스트푸드, 신용카드, 카지노』, 정헌주 옮김, 일신사.

리프킨, 제레미, 2002, 『육식의 종말』, 신현승 옮김, 시공사.

마르쿠제, 헤르베르트, 2004, 『에로스와 문명: 프로이트 이론의 철학적 연구』, 김인환 옮김, 나남.

_____, 2009, 『일차원적 인간』, 박병진 옮김, 한마음사.

마르크스, 칼, 2001, 『자본 1』, 강신준 옮김, 길.

_____, 2011, 『정치경제학 비판 요강』, 김호균 옮김, 지만지.

마르크스, 칼·프리드리히 엥겔스, 2007, 『독일 이데올로기 1』, 박재희 옮김, 청년사.

마투라나, 움베르토·프란시스코 바렐라, 2007, 『앎의 나무』, 최호영 옮김, 갈무리.

〈매일노동뉴스〉 2018. 10. 4., "사이버 명예훼손 범죄 최근 4년간 1.5배 증가."

매클루언, 마셜, 2011(1964), 『미디어의 이해: 인간의 확장』, 김상호 옮김, 커뮤니케이션북스.

무젤리스, 니코스, 2013, 『사회학 이론, 무엇이 문제인가』, 정헌주 옮김, 아카넷.

무페, 샹탈·에르네스토 라클라우, 2012, 『헤게모니와 사회주의 전략: 급진 민주주의 정치를 향하여』, 이승원 옮김, 후마니타스.

미드, 마거릿, 1998, 『세 부족사회에서의 성과 기질』, 조한혜정 옮김, 이화여자대학교출판문화원.

미드, 조지 허버트, 2010(1934), 『정신·자아·사회』, 나은영 옮김, 한길사.

미즈, 마리아, 2014, 『가부장제와 자본주의』, 최재인 옮김, 갈무리.

미첼, 줄리엣, 1984, 『여성의 지위』, 이형랑·김상희 옮김, 동녘.

밀레트, 케이트, 1989, 『성의 정치학』 (하), 정의숙 옮김, 현대사상사.

_____, 1990, 『성의 정치학』 (상), 정의숙·조정호 옮김, 현대사상사.

밀즈, 찰스 라이트, 2004, 『사회학적 상상력』, 강희경·이해찬 옮김, 돌베개.

버네이스, 에드워드, 2009, 『프로파간다: 대중 심리를 조종하는 선전 전략』, 강미경 옮김, 공존.

바르트, 롤랑, 1997a, 『현대의 신화』, 이화여자대학교 기호학연구소 옮김, 동문선.

_____, 1997b, 『텍스트의 즐거움』, 김희영 옮김, 동문선.

_____, 2004, 『사랑의 단상』, 김희영 옮김, 동문선.

바우만, 지그문트, 2013(2003), 『리퀴드 러브』, 권태우·조형준 옮김, 새물결.

바우어, 요아힘, 2015, 『왜 우리는 행복을 일에서 찾고, 일을 하며 병들어갈까?: 번아웃 시대의 행복한 삶을 위하여』, 전진만 옮김, 책세상.

바타유, 조르주, 2000, 『저주의 몫』, 조한경 옮김, 문학동네.

박상미, 2003, "맛과 취향의 정체성과 경계 넘기: 전지구화 과정 속의 음식문화," 『현상과 인식』 27(3).

박성희, 2015, "때론 매개된 폭력이 더 폭력적이다," 『지식의 지평』 18.

박찬웅, 2007, "예술세계 연결망과 예술시장 성과에 대한 관계론적 접근: 예술사진 분야를 중심으로," 『한국사회학』 41(4).

박형신·정수남, 2015, 『감정은 사회를 어떻게 움직이는가』, 한길사.

버거, 피터·토마스 루크만, 2014, 『실재의 사회적 구성』, 하홍규 옮김, 문학과지성사.

버만, 마셜, 2004, 『현대성의 경험』, 윤호병 옮김, 현대미학사.

버틀러, 주디스, 2008, 『젠더 트러블』, 조현준 옮김, 문학동네.

베르농, 오드레, 2016, 『그래서 나는 억만장자와 결혼했다』, 유정애 옮김, 한빛비즈.

베버, 막스, 2010(1905), 『프로테스탄트 윤리와 자본주의 정신』, 김덕영 옮김, 길.

베블런, 소스타인, 2019, 『유한계급론』, 박홍규 옮김, 문예출판사.

베이넌, 존, 2011, 『남성성과 문화』, 임인숙·김미영 옮김, 고려대학교출판부.

벡, 울리히, 2000, 『적이 사라진 민주주의』, 정일준 옮김, 새물결.

_____, 2006, 『위험사회』, 홍성태 옮김, 새물결.

벡, 울리히·엘리자베트 벡-게른스하임, 1999, 『사랑은 지독한, 그러나 너무나 정상적인 혼란』, 배은
경·권기돈·강수영 옮김, 새물결.

벤야민, 발터, 2005, 『아케이드 프로젝트 1』, 조형준 옮김, 새물결.

벨, 다니엘, 2006(1973), 『탈산업사회의 도래』, 김원동·박형신 옮김, 아카넷.

보드리야르, 장, 2001(1981), 『시뮬라시옹』, 하태환 옮김, 민음사.

_____, 1992, 『소비의 사회』, 이상률 옮김, 문예출판사.

보들레르, 샤를 피에르, 2008, 『파리의 우울』, 윤영애 옮김, 민음사.

보부아르, 시몬 드, 1993, 『제2의 성 (상·하)』, 조홍식 옮김, 을유문화사.

볼드윈, 일레인 외, 2008, 『문화코드, 어떻게 읽을 것인가』, 조애리 외 옮김, 한울아카데미.

부르디외, 피에르, 1995, 『자본주의의 아비투스』, 최종철 옮김, 동문선.

_____, 1998, 『텔레비전에 대하여』, 현택수 옮김, 동문선.

_____, 2000, 『호모 아카데미쿠스』, 김정곤·임기대 옮김, 동문선.

_____, 2003, 『맞불 2』, 김교신 옮김, 문예출판사.

_____, 2005, 『구별 짓기: 문화와 취향의 사회학』, 최종철 옮김, 새물결.

부르디외, 피에르, 장 클로드 파세롱, 2000(1970), 『재생산: 교육체계 이론을 위한 요소들』, 이상호 옮김,
동문선.

브라이도티, 로지, 1995, 『여성과 환경 그리고 지속가능한 개발』, 이진아 옮김, 나라사랑.

_____, 2004, 『유목적 주체: 우리시대 페미니즘 이론에서 체현과 성차의 문제』, 박미선 옮
김, 여성문화이론연구소.

_____, 2011, 『트랜스포지션: 유목적 윤리학』, 김은주·박미선·이현재·황주영 옮김, 문화
과학사.

_____, 2015, 『포스트휴먼』, 이경란 옮김, 아카넷.

브레이버만, 해리, 1998, 『노동과 독점자본: 20세기에서의 노동의 쇠퇴』, 이한주·강남훈 옮김, 까치.

브룩스, 데이비드, 2001, 『보보스: 디지털 시대의 엘리트』, 형선호 옮김, 동방미디어.

비어즈위스, 앨런·테레사 케일, 2010, 『메뉴의 사회학』, 박형신·정헌주 옮김, 한울.

비트겐슈타인, 루트비히, 2006(1921), 『논리-철학 논고』, 이영철 옮김, 책세상.

454

_____, 2019,『철학적 탐구』, 이영철 옮김, 책세상.

사이드, 에드워드, 2001,『도전받는 오리엔탈리즘』, 성일권 편역, 김영사.

세넷, 리처드, 2009,『뉴캐피털리즘: 표류하는 개인과 소멸하는 열정』, 유병선 옮김, 위즈덤하우스.

소쉬르, 페르디낭 드, 2006,『일반언어학 강의』, 최승언 옮김, 민음사.

쉴링, 크리스, 2011,『몸의 사회학』, 임인숙 옮김, 나남.

스미스, 필립, 2015,『문화 이론』, 한국문화사회학회 옮김, 이학사.

스탠딩, 가이, 2014,『프레카리아트: 새로운 위험한 계급』, 김태호 옮김, 박종철출판사.

스토리, 존, 2014,『대중문화와 문화이론』, 박만준 옮김, 경문사.

_____, 2011,『대중문화란 무엇인가』, 유영민 옮김, 태학사.

신영락·강준호, 2003,『프로스포츠 비즈니스』, 국민체육진흥공단.

심보선, 2011, "사회학과 비평 사이의 길 내기,"『한국사회학』45(2).

싱어, 밥·질 메이슨, 2008,『죽음의 밥상』, 함규진 옮김, 산책자.

아도르노, 테오도르 W. · 막스 호르크하이머, 2001(1947),『계몽의 변증법』, 김유동 옮김, 문학과지성사.

아렌트, 한나, 2006,『전체주의의 기원 1·2』, 박미애·이진우 옮김, 한길사.

_____, 2015,『인간의 조건』, 이진우·태정호 옮김, 한길사.

안민석·정준영, 2002,『월드컵 그 열정의 사회학』, 한울.

알렉산더, 빅토리아 D., 2011,『예술사회학』, 최샛별·한준·김은하 옮김, 살림.

알렉산더, 제프리 C., 2007,『사회적 삶의 의미: 문화사회학』, 박선웅 옮김, 한울아카데미.

알튀세르, 루이, 2017(1965),『마르크스를 위하여』, 서관모 옮김, 후마니타스.

_____, 1997,『맑스를 위하여』, 이종영 옮김, 백의.

애슐리, 밥·조안 홀로스·스티브 존스·벤 테일러, 2004,『음식의 문화학』, 박형신·이혜경 옮김, 한울.

앤더슨, 베네딕트, 2003,『상상의 공동체』, 윤형숙 옮김, 나남.

양종회, 1985, "예술의 사회학 이론: 하워드 베커와 쟈네트 울프를 중심으로,"『외국문학』4.

_____, 2009, "철학적 예술세계론과 예술사회학: 단토, 디키, 울프를 중심으로,"『사회와 이론』15.

에시그, 로리, 2014,『유혹하는 플라스틱: 신용카드와 성형수술의 달콤한 거짓말』, 이재영 옮김, 이른
       아침.

엘리아스, 노르베르트, 1996,『문명화 과정 1』, 박미애 옮김, 한길사.

엥겔스, 프리드리히, 2012,『가족, 사유재산, 국가의 기원』, 김대웅 옮김, 두레.

〈오마이뉴스〉 2018. 8. 2., "청와대 '국민청원' 게시판 운영 1년, 무엇을 남겼나?"

오르테가 이 가세트, 호세, 2005,『대중의 반역』, 황보영조 옮김, 역사비평사.

오카모토 유이치로 외, 2016,『현대철학 로드맵』, 전경아 옮김, 아르테.

오택섭·강현두·최정호·안재현, 2015,『뉴미디어와 정보사회』, 나남.

〈YTN〉 2016. 3. 30., "퇴근 후 울리는 카톡… '연결되지 않을 권리' 있다."

울프, 나오미, 2016,『무엇이 아름다움을 강요하는가』, 윤길순 옮김, 김영사.

윌리스, 폴, 2004,『학교와 계급 재생산』, 김찬호·김영훈 옮김, 이매진.

월비, 실비아, 1996,『가부장제 이론』, 유희정 옮김, 이화여자대학교출판부.

웹스터, 프랭크, 2016, 『현대정보사회이론』, 조동기 옮김, 나남.

윌리스, 폴, 2004, 『학교와 계급 재생산』, 김찬호·김영훈 옮김, 이매진.

윌리엄스, 레이먼드, 2010(1976), 『키워드』, 김성기·유리 옮김, 민음사.

윌킨슨, 리처드·케이트 피킷, 2012, 『평등이 답이다: 왜 평등한 사회는 늘 바람직한가?』, 전재웅 옮김,
      이후.

월프, 재닛, 1992, 『예술의 사회적 생산』, 이성훈·이현석 옮김, 한마당.

_____, 1997, 『미학과 예술사회학』, 이성훈 옮김, 이론과실천.

유승호, 2019, 『스타벅스화: 스타벅스는 어떻게 낭만적 소비자들의 진지가 되었나』, 따비.

이동연, 2001, 「팬덤의 기호와 문화정치」, 『진보평론』 8.

_____, 2010, 『문화자본의 시대』, 문화과학사.

이동현, 2002, 「피에르 부르디외의 예술론」, 『월간미술』 213.

이리가라이, 뤼스, 2000, 『하나이지 않은 성』, 이은민 옮김, 동문선.

이연희, 2014, 『문화 팬덤 스포츠』, 그린.

이옥순, 2012, 『게으름은 왜 죄가 되었나: 부지런함이 숨긴 게으름의 역사』, 서해문집.

이윤희, 2014, 「국내 SNS의 이용 현황과 주요 이슈 분석」, 『Internet & Security Focus』 8.

이항우·이창호·김종철·임현경 외, 2011, 『정보사회의 이해』, 미래인.

이혜진, 2002, 「팬십 차원에 따른 미디어스포츠 이용행태 연구」, 성균관대학교 석사학위논문.

일루즈, 에바, 2014, 『낭만적 유토피아 소비하기: 사랑과 자본주의의 문화적 모순』, 박형신·권오헌 옮
      김, 이학사.

일리치, 이반, 2014, 『누가 나를 쓸모없게 만드는가』, 허택 옮김, 느린걸음.

임인숙, 2002, 「한국사회의 몸 프로젝트: 미용성형 산업의 팽창을 중심으로」, 『한국사회학』 36(3).

잘리, 셧, 1996, 『광고 문화: 소비의 정치 경제학』, 윤선희 옮김, 한나래.

장갑선, 2001, 「미디어의 스포츠 스타 만들기와 팬클럽의 스타 수용(fandom)에 관한 연구」, 고려대학교
      석사학위논문.

정재철, 2002, 「스포츠 팬덤 문화연구: 그 과제와 전망」, 『프로그램/텍스트』 6.

정철연, 2015, 『문화정책』, 서울경제경영.

제프리스, 쉴라, 2018, 『코르셋: 아름다움과 여성혐오』, 유혜담 옮김, 열다북스.

젠킨스, 헨리, 2008, 『팬, 블로거, 게이머』, 정현진 옮김, 비즈앤비즈.

조광익, 2010, 『여가의 사회이론』, 대왕사.

〈조선일보〉 2016. 3. 13., "부장과도 시댁과도 24시간 연결 … '단톡방 스트레스.'"

〈조선일보〉 2017. 7. 27., "잔혹물 보고 폭력에 둔감해져… 자해하거나 '칼빵'하는 학생들도."

조화순, 2012, 「SNS와 정당정치의 변화」, 『한국언론학회 심포지움 및 세미나』.

존스, 오언, 2014, 『차브: 영국식 잉여 유발 사건』, 이세영·안병률 옮김, 북인더갭.

졸버그, 베라 L., 2000, 『예술사회학』, 현택수 옮김, 나남.

좀바르트, 베르너, 2017, 『사치와 자본주의』, 이상률 옮김, 문예출판사.

〈주간경향〉 2010. 6. 3., 「틴맘-미혼모 만화 논란에서 챙겨야 할 것들」.

주래프스키, 댄, 2014,『음식의 언어』, 김병화 옮김, 어크로스.

주영하, 2011,『음식 인문학: 음식으로 본 한국의 역사와 문화』, 휴머니스트.

줄리아노티, 리처드, 2004,『축구의 사회학』, 복진선 옮김, 현실문화연구.

〈중앙일보〉2017. 11. 7., "스티븐 호킹 'AI, 문명사에 최악의 사건이 될 수도.'"

〈지디넷〉2018. 10. 17., "넷플렉스 또 웃었다… 가입자 매출 예상치 상회."

지젝, 슬라보예, 1995,『삐딱하게 보기』, 김소연·유재희 옮김, 시각과언어.

짐멜, 게오르그, 2005,『짐멜의 모더니티 읽기』, 김덕영·윤미애 옮김, 새물결.

_____, 2013(1990),『돈의 철학』, 김덕영 옮김, 길.

천선영, 2003,「'몸'의 현재적 의미에 대한 사회학적 고찰: 몸에 대한 의과학적 지식의 독점권과 권력
　　　화를 중심으로」,『사회과학연구』11.

최샛별, 2002,「상류계층 공고화에 있어서의 상류계층 여성과 문화자본: 한국의 서양고전음악전공여
　　　성 사례」,『한국사회학』36(1).

최샛별·최흡, 2009,『만화! 문화사회학적 읽기』, 이화여자대학교출판부.

최종렬, 2017,「이게 나라냐?: 박근혜 게이트와 시민영역」,『문화와 사회』23.

카스텔, 마누엘, 2015,『분노와 희망의 네트워크: 인터넷 시대의 사회운동』, 김양욱 옮김, 한울아카데미.

캠벨, 콜린, 2010,『낭만주의 윤리와 근대 소비주의 정신』, 박형신·정헌주 옮김, 나남.

코틀러, 필립·어빙 레인·벤 셜즈, 2009,『스포츠팬을 잡아라』, 서원재·성용준 옮김, 지식의날개.

콜린스, 패트리샤 힐, 2009,『흑인 페미니즘 사상』, 박미선·주해연 옮김, 여성문화이론연구소.

크레인, 다이애나, 2004,『패션의 문화와 사회사』, 서미석 옮김, 한길사.

타타르키비츠, 블라디슬로프, 1993,『예술개념의 역사』, 김채현 옮김, 열화당.

터너, 그레임, 2011,『문화연구 입문』, 김연종 옮김, 한나래.

터너, 브라이언, 2002,『몸과 사회』, 임인숙 옮김, 몸과마음.

터너, 조나단 H., 2019,『현대사회학이론』(8판), 김윤태 외 옮김, 나남.

토니, 리처드 H., 1990(1926),『종교와 자본주의의 발흥』, 김종철 옮김, 한길사.

토크빌, A., 1997,『미국의 민주주의 1, 2』, 임효선·박지동 옮김, 한길사.

토플러, 앨빈, 2006(1980),『제3의 물결』, 원창엽 옮김, 홍신문화사.

트위첼, 제임스, 2001,『욕망, 광고, 소비의 문화사』, 김철호 옮김, 청년사.

태희원, 2012,「신자유주의적 통치성과 자기계발로서의 미용 성형 소비」,『페미니즘 연구』12(1).

파슨스, 탈콧트, 1999(1971),『현대 사회들의 체계』, 윤원근 옮김, 새물결.

파이어스톤, 슐라미스, 2016,『성의 변증법』, 김민예숙·유숙열 옮김, 꾸리에.

페더스톤, 마이크, 1999,『포스트모더니즘과 소비문화』, 정숙경 옮김, 현대미학사.

펠레빈, 빅토르, 2012,『P세대』, 박혜경 옮김, 문학동네.

포스터, 마크, 1994,『뉴미디어의 철학』, 김성기 옮김, 민음사.

포퍼, 칼, 2001,『추측과 논박: 과학적 지식의 성장 1, 2』, 이한구 옮김, 민음사.

푸코, 미셸, 2003,『광기의 역사』, 이규현 옮김, 나남.

_____, 2007,『주체의 해석학: 1981-1982, 콜레주 드 프랑스에서의 강의』, 심세광 옮김, 동문선.

_____, 2010, 『성의 역사 1: 지식의 의지』, 이규현 옮김, 나남.

_____, 2012, 『말과 사물』, 이규현 옮김, 민음사.

_____, 2013, 『생명관리정치의 탄생: 콜레주드프랑스 강의, 1978-79』, 오트르망 옮김, 난장.

_____, 2015, 『사회를 보호해야 한다: 콜레주드프랑스 강의 1975-76년』, 김상운 옮김, 난장.

_____, 2016, 『감시와 처벌』, 오생근 옮김, 나남.

_____, 2017, 『담론과 진실』, 오트르망 옮김, 동녘.

_____, 2019, 『성의 역사 4: 육체의 고백』, 오생근 옮김, 나남.

푹스, 에두아르트, 1986, 『풍속의 역사 4: 부르주아의 시대』, 이기웅·박종만 옮김, 까치.

풀란차스, 니코스, 1996, 『정치권력과 사회계급』, 홍순권·조형제 옮김, 풀빛.

퍼트넘, 로버트 D., 2006, 『사회적 자본과 민주주의』, 안청시 외 옮김, 박영사.

_____, 2009, 『나 홀로 볼링』, 정승현 옮김, 페이퍼로드.

프랭크, 로버트 H., 2011, 『사치 열병: 과잉 시대의 돈과 행복』, 이한 옮김, 미지북스.

프랭크, 토마스, 2012, 『왜 가난한 사람들은 부자를 위해 투표하는가』, 김병순 옮김, 갈라파고스.

프레이저, 낸시, 2017, 『전진하는 페미니즘』, 임옥희 옮김, 돌베개.

프로이트, 지그문트, 2004, 『문명 속의 불만』, 김석희 옮김, 열린책들.

프롬, 에리히, 2012, 『자유로부터의 도피』, 김석희 옮김, 휴머니스트.

피스크, 존·존 하틀리, 1997, 『TV 읽기』, 이익성·이은호 옮김, 현대미학사.

하버마스, 위르겐, 2006, 『의사소통행위이론 1, 2』, 장춘익 옮김, 나남.

_____, 1994, 『현대성의 철학적 담론』, 이진우 옮김, 문예출판사,

하우저, 아르놀트, 1997, 『문학과 예술의 사회사』, 백낙청 외 옮김, 창작과비평사.

하이켄, 엘리자베스, 2008, 『비너스의 유혹: 성형수술의 역사』, 권복규·정진영 옮김, 문학과지성사.

하킨, 제임스, 2012, 『니치』, 고동홍 옮김, 더숲.

하킴, 캐서린, 2013, 『매력자본』, 이현주 옮김, 민음사.

〈한겨레〉 2019. 7. 20., "세금까지 써가며 언제까지 '아가씨 타령' 할 건가."

한병철, 2012, 『피로사회』, 김태환 옮김, 문학과지성사.

함민복, 1996, 『모든 경계에는 꽃이 핀다』, 창작과비평사.

함인희·이동원·박선웅, 2001, 『중산층의 정체성과 소비문화』, 집문당.

해러웨이, 도나, 2019, 『해러웨이 선언문』, 황희선 옮김, 책세상.

_____, 2007, 『겸손한_목격자@제2의_천년.여성인간ⓒ_앙코마우스TM를_만나다』, 민경숙 옮
김, 갈무리.

해리스, 마빈, 2018, 『음식 문화의 수수께끼』, 서진영 옮김, 한길사.

해링턴, 오스틴, 2015, 『예술과 사회이론』, 정우진 옮김, 이학사.

허시먼, 앨버트 O., 2010, 『보수는 어떻게 지배하는가』, 이근영 옮김, 웅진지식하우스.

헌팅턴, 새뮤얼, 1997, 『문명의 충돌』, 이희재 옮김, 김영사.

호가트, 리처드, 2016, 『교양의 효용: 노동자계급의 삶과 문화에 관한 연구』, 이규탁 옮김, 오월의봄.

호네트, 악셀, 2011, 『인정투쟁: 사회적 갈등의 도덕적 형식론』, 이현재·문성훈 옮김, 사월의책.

혹실드, 앨리 러셀, 2009,『감정노동』, 이가람 옮김, 이매진.

홀, 스튜어트, 2007,『대처리즘의 문화정치』, 임영호 옮김, 한나래.

홍찬숙, 2012,「여성억압의 물적 토대를 찾다」, 한정숙 엮음,『여성주의 고전을 읽는다』, 한길사.

Anderson, Nels, 1961, *Work and Leisure*, Routledge & Paul.

Adorno, Theodor W., Else Frenkel-Brunswik, Daniel Levinson and Nevitt Sanford, 1950, *The Authoritarian Personality, Studies in Prejudice Series, Volume 1*, Harper & Row, 1950. W. W. Norton & Company.

Adorno, Theodor W., Max Horkheimer, 1979, *Dialectic of Enlightenment*, Verso.

Abercrombie, Nicholas, Stephen Hill, Bryan S. Turner, 1990, *Dominant Ideologies*, Unwin Hyman.

Almond, Gabriel A. and Sidney Verba, 1989, *The Civic Culture: Political Attitdues and Democracy in Five Nations*, Sage.

Andrews, D. & Jackson, S., 2001, *Sport Starts: The Cultural Politics of Sporting Celebrity*, Routledge.

Auletta, Ken, 1982, *The Underclass*, Random House.

Barad, Karen, 2007, *Meeting the Universe Halfway. Quantum Physics and the Entanglement of Matter and Meaning*, Duke University Press.

Bauman, Zygmunt, 1991, *Modernity and Ambivalence*, Cornell University Press.

_____, 1992, *Intimations of Postmodernity*, Routledge.

_____, 2001, *Consuming Life*, Polity.

Baym, N. K., 1998, "The emergence of on-line community," Steven G. Jones ed., *Cybersociety 2.0: Revisiting Computermediated Communication and Community*: 35~68.

Becker, Howard S., 1974, "Art as Collective Action," *American Sociological Review* 39(6): 767~776.

_____, 1982, *Art Worlds*, University of California Press.

_____, 1997(1963), *Outsiders*, Free Press.

Bell, Daniel, 1996, *The Cultural Contradictions Of Capitalism*, Basic Books.

Bell, David, 2006, *An Introduction to Cybercultures*, Routledge.

Bennett, W. Lance and Alexandra Segerberg, 2012, "The Logic of Connective Action," *Information, Communication & Society* 15(5): 739~768.

Bernstein, Basil, 1971, *Class, Codes and Control: Volume 1: Theoretical Studies Towards A Sociology Of Language*, Routledge.

Bolye, R. & R. Haynes, 2000, *Power Play: Sport, the Media and the Popular Culture*, Person Education Limited.

Bourdieu, Pierre, 1985, *Distinction: A Social Critique of the Judgement of Taste*, Harvard University Press.

_____, 1994, *The Field of Cultural Production*, Columbia University Press.

Bourdieu, Pierre and Jean-Claude Passeron, 1979, *The Inheritors: French Students and Their Relation to Culture*, University of Chicago Press.

Brightbill, Charles Kestner, 1960, *The challenge of leisure*, Prentice-Hall.

Chan, T. W. ed., 2010, *Social Status and Cultural Consumption*, Cambridge University Press.

Chen, Kuan-Hsing, David Morley, 2006, "On Postmodernism and Articulation," *Stuart Hall: Critical Dialogues in Cultural Studies*, Routledge.

Clulely, R., 2012, "Art Words and Art Worlds: The Methodological Importance of Language Use in Howard S. Becker's Sociology of Art and Cultural Production," *Cultural Sociology* 6(2): 201~216.

DeVault, Marjorie L., 1991, *Feeding the Family: the social organization of caring as gendered work*, The University of Chicago Press.

DiMaggio, Paul, 1998, *Cultural Entrepreneurship in Nineteenth-Century Boston*, Universidad de Quilmes.

Dumazedier, Joffre, 1962, *Vers une civilisation du loisir?*, Seuil.

_____, 1974, *Sociologie empirique du loisir*, Seuil.

Dyer, R., 1982, *Stars*, British Film Institute.

Erikson, Erik H., 1968, *Identity: Youth and Crisis*, W. W. Morton & Company.

Falk, Pasi, 1994, *The Consuming Body*, Sage.

Fiske, J., 1992, "The Cultural Economy of Fandom," L. Lewis ed., *The Adoring Audiences: Fan Culture and Popular Media*, Psychology Press.

Fraser, Nancy, 2000, "Rethinking Recognition," *New Left Review* 3: 107~120.

Friedmann, Georges, 1992, *Travail et loisir, aujourd'hui et demain*, extrait de *Où va le travail humain?* (1962), repris dans La sociologie, Paris.

Gallie, Duncan, 1994, "Are The Unemployed An Underclass? Some Evidence From The Social Change and Economic Life Initiative," *Sociology* 28(3): 737~757.

Gans, Herbert J., 1995, *The War Against the Poor*, Basic Books.

Garfinkel, Harold, 1991(1967), *Studies in Ethnomethodology*, Polity.

Gellner, Ernest, 1992, *Postmodernism, Reason and Religion*, Routledge.

Giddens, Anthony, 1991, *Modernity and Self-Identity: self and society in the late modern age*, Polity Press.

Gladwell, Malcolm, 2010, "Small Change," *The New Yorker* October 4: 42~49.

Godelier, Maurice, 2013, *Rationality and Irrationality in Economics*, Verso.

Goody, Jack, 1982, *Cooking, Cuisine and Class: A Study in Comparative Sociology*, Cambridge University Press.

Gottdiener, Mark ed., 1995, *New Forms of Consumption: Consumers, Culture, and Commodification*, Sage.

Gouldner, Alvin, 1980, *The Coming Crisis of Western Sociology*, Basic Books.

Grazia, Sebastian De, 1962, *Of time, Work, and Leisure*, Twentieth Century Fund.

Griswold, W., 1994, *Cultures and Societies in a Changing Worlds*, Pine Forge Press.

Grossberg, L., 1992, "*Is there a Fan in the House?*," L. Lewis ed., *The Adoring Audiences: Fan Culture and Popular Media*, Routledge.

Gur-Ze'ev, Ilan, 1999, "Cyberfeminism and education in the era of the exile of spirit," *Educational Theory* 49(4): 437~455.

Habermas, W., 1986, "Taking Aim at the Heart of the Present," D. Hoy eds., *Foucault: A critical reader*, Blackwell.

Hall, Stuart, 1992, "The West and the Rest: Discourse and Power," Stuart Hall and Bram Gieben eds., *Formations of Modernity*, Open University Press.

_____, 1996, "The question of cultural identity," S. Hall, D. Held, D. Hubert and K. Thompson eds., *Modernity: An Introduction to Modern Societies*, Blackwell.

_____, 2016, "Encoding/Decording," Meenakshi Gigi Durham and Douglas M. Kellner ed., *Media and Cultural Studies*, Blackwell.

Hirsch, Paul M., 1972, "Processing Fads and Fashions," *American Journal of Sociology* 77(4): 639~659.

Holt, Douglas B., 1998, "Does Cultural Capital Structure American Consumption?," *Journal of Consumer Research* 25(1): 1~25.

Inglehart, Ronald, 1990, *Culture Shift in Advanced Industrial Society*, Princeton University Press.

Jameson, Fredric, 1984, *Postmodernism, Or Cultural Logic of Late Capitalism*, Verso.

Jay, Martin, 1993, *Force Fields: Between Intellectual History and Cultural Criticism*, Routledge.

Johnston, Josée and Shyon Baumann, 2007, "Democracy versus Distinction: A Study of Omnivorousness in Gourmet Food Writing," *American Journal of Sociology* 113(1): 165~204.

Kaplan, Max, 1960, *Leisure in America*, Wiley.

Kelly, John R., 1982, *Leisure*, Prentice-Hall.

King, B., 1985, "Articulating Stardom," C. Gledhill eds., 1991, *Stardom: Industry of Desire*, Routledge.

Lamont, Michèle, 1992, *Money, Morals, and Manners: The Culture of the French and the American Upper Middle Class*, University of Chicago Press.

Lasch, Christopher, 1979, *The Culture of Narcissism: American Life in an Age of Diminishing Expectations*, W. W. Norton.

Leibenstein, H., 1950, "Bandwagon, Snob, and Veblen Effects in the Theory of Consumers' Demand," *The Quarterly Journal of Economics* 64(2): 183~207.

Lévi-Strauss, Claude, 1963, *Structural Anthropology*, Basic Books.

_____, 1966, "The culinary triangle," *Partisan Review* 33: 586~595.

Levy, Emanuel, 1990, "Social attributes of American movie stars," *Media, Culture & Society* 12(2): 247~267.

Lewis, Oscar, 1959, *Five Families: Mexican case studies in the culture of poverty*, Basic Books.

참고문헌

Loader, Brian D., David J. Bell, Nicholas Pleace and Douglas Schuler, 2004, *Cyberculture: The Key Concepts*, Routledge.

Malinowski, Bronislaw, 1935, *Coral Gardens and Their Magic: A Study of the Methods of Tilling the Soil and of Agricultural Rites in the Trobriand Islands*, American Book Company.

Maanen, Hans van, 2009, *How to Study Art Worlds*, Amsterdam University Press.

Mennell, Stephen, 1985, *All Manners of Food: Eating and Taste in England and France from the Middle Age to the Present*, Blackwell.

Mouzelis, Nicos, 1995, *Sociological Theory: What went Wrong?: Diagnosis and Remedies*, Routledge.

Murray, Charles, 1984, *Losing Ground: American Social Policy 1950~1980*, Basic Books.

Murray, Charles and Richard J. Hermstein, 1994, "The Bell Curve: Intelligence and Class Structure," *American Life*, Free Press.

Parker, Stanley, 1972, *The Future of Work and leisure*, Paladin.

Peterson, R. A. and A. Simkus, 1992, "How Musical Tastes Mark Occupational Status Groups," M. Lamont and M. Fournier eds., *Cultivating Differences*, University of Chicago Press: 152~186.

Poster, Mark, 1995, "Postmodern virtualities," *Body & Society* 1(3~4): 79~95.

Radcliffe-Brown, Alfred G., 1922, *The Andaman Islanders: a study in social anthropology*, Cambridge University Press.

Robins, Kevin, 1995, "Cyberspace and the world we live in," *Body & Society* 1(3~4): 135~155.

Rojek, Chris, 1985, *Capitalism and Leisure Theory*, Tavistock.

_____, 1996, *Decentring Leisure: Rethingking Leisure Theory*, Sage.

Schutz, Alfred, 1967, *The Phenomenology of the Social World*, Northwestern University Press.

Shirky, Clay, 2008, *Here Comes Everybody: The power of organizing without organizations*, Penguin.

Tanner, J., 2003, *The Sociology of Art: A Reader*, Routledge.

Turkle, Sherry, 1995, *Life on the Screen: Identity in the Age of the Internet*, Simon & Schuster.

Tunstall, Jeremy, 1962, *The Fishermen*, MacGibbon & Kee.

Tylor, Edward, 1871, *Primitive Culture*, John Murray.

Veblen, Thorstein, 1912, *The Theory of the Leisure Class*, Macmillan.

Warde, Alan, David Wright and Modesto Gayo-Cal, 2007, "Understanding Cultural Omnivorousness: Or, the Myth of the Cultural Omnivore," *Cultural Sociology* 1(2): 143~163.

Zolberg, Vera L., 2014, "A cultural sociology of the arts," *Current Sociology* 63(6): 896~915.

邸永君, 2009, 汉语"文化"一词的由来, 中国华文教育网.

百度百科(Baidu Baike), "文明." (검색일: 2020. 6. 29.)

김윤태

고려대학교 공공정책대학 사회학 교수이다. 영국 런던정경대학(LSE)에서 사회학 박사학위를 취득했다. 미국 컬럼비아대학 객원연구원, 독일 베를린자유대학 초빙교수, 중국 홍콩중문대학 객원연구원을 역임했다. 주요 연구 분야는 정치사회학, 사회학이론, 문화변동이다. 주요 저서로『사회학 입문』,『모두를 위한 사회과학』,『사회적 인간의 몰락』,『불평등이 문제다』,『정치사회학』등을 출간했다. 편저로『창의성에 관한 11가지 생각』,『세계의 정치와 경제』,『복지와 사상』등을 출간했다.

김남옥

강원대학교 사회통합연구센터 연구교수이다. 고려대학교에서 사회학 박사학위를 받았으며, 주요 연구 분야는 문화사회학, 몸의 사회학, 예술사회학, 대중문화 등이다. 주요 저서로『마누엘 카스텔』과『불안한 사냥꾼의 사회』(석승혜 공저)를 출간했다.

손동기

호남대학교 교양학부 조교수이다. 프랑스 파리 제5대학에서 사회학 박사학위를 받았다. 주요 연구 분야는 문화사회학, 여가사회학, 문화정책 등이다. 주요 저서는『사회보장론: 제도의 원리와 형태』(공저)를 출간했다.

이연희

이화여자대학교 사회과학원 비상임연구위원이다. 이화여자대학교에서 사회학 박사학위를 받았으며, 주요 연구 분야는 사회학 이론, 문화사회학, 영화, 스포츠, 여가 및 여행 등이다. 저서로『문화·팬덤·스포츠』,『가장 가까운 유럽 핀란드』(따루 살미넨 공저)를 출간했다.

이희정

중앙대학교 사회학과 BK21플러스 사업팀 연구원이다. 영국 버밍엄 대학에서 사회학 박사학위를 취득했다. 주요 연구 분야는 문화사회학, 정보사회학, 사회정책, 사회 불평등이다.

홍찬숙

서울대학교 여성학협동과정 강사이다. 독일 뮌헨 소재 루트비히 막시밀리안 대학에서 사회학 박사학위를 받았다. 주요 연구 분야는 현대 사회학 이론, 한국사회 변동, 젠더사회학이다. 단독 저서로『개인화: 해방과 위험의 양면성』,『울리히 벡』,『울리히 벡 읽기』가 있고, 공저로『독일의 사회통합과 새로운 위험』,『정보혁명』,『한국의 압축근대 생활세계』,『세월호가 묻고 사회과학이 답하다』,『한국사회 정의 바로 세우기』가 있다. 울리히 벡의 저서를 다수 번역했다.